도암집

이 책은 2018년도 정부(교육부)의 재원으로 한국고전번역원의 지원을 받아
수행된 '권역별거점연구소협동번역사업'의 결과물임.

This work was supported by Institute for the Translation of Korean Classics - Grant funded by the Korean Government.

한국고전번역원 한국문집번역총서 / 단국대학교 동양학연구원

도암집 11

陶菴集

이재 지음
李縡

최예심 옮김
장유승
권진옥
이승용

일러두기

1. 이 책의 번역은 한국고전번역원에서 간행한 한국문집총간 195집 소재《도암집(陶菴集)》을 대본으로 하였다. 번역 대본의 원문 텍스트와 원문 이미지는 한국고전종합DB(http://db.itkc.or.kr)에서 확인할 수 있다.
2. 내용이 간단한 역주는 간주(間註)로, 긴 역주는 각주(脚註)로 처리하였다.
3. 대본의 본문과 원주의 구분이 명확하지 않은 경우는 역자가 임의로 조정하였다.
4. 한자는 필요한 경우 이해를 돕기 위하여 넣었으며, 운문(韻文)은 원문을 병기하였다.
5. 맞춤법과 띄어쓰기는 한글 맞춤법과 표준어 규정을 따랐다.
6. 이 책에서 사용한 부호는 다음과 같다.
   ( ) : 번역문과 음이 같은 한자를 묶는다.
   〔 〕: 번역문과 뜻은 같으나 음이 다른 한자를 묶는다.
   " " : 대화 등의 인용문을 묶는다.
   ' ' : " " 안의 재인용 또는 강조 문구를 묶는다.
   「 」: ' ' 안의 재인용을 묶는다.
   『 』: 「 」 안의 재인용을 묶는다.
   《 》: 책명 및 각주의 전거(典據)를 묶는다.
   〈 〉: 책의 편명 및 운문·산문의 제목을 묶는다.

차례

도암집 제46권

묘지墓誌

도암집 제47권

시장諡狀

도암집 제48권

도암집 제49권

도암집 제50권

행장行狀

도암집

제46권

묘지 墓誌

9대조 관찰사 부군 묘지[1]

九代祖觀察使府君墓誌

이길배(李吉培) 공의 무덤이 광주(廣州) 구천(龜川)에 있었는데, 실전된 지 몇백 년 만에 그 마을 사람이 알려주었다. 을미년(1715, 숙종 41) 8월에 후손 만성(晩成)과 만견(晩堅), 그리고 조카 재(縡)가 속히 달려가서 무덤에 배알하였다. 무덤에는 작은 비석이 있었는데 돌 위의 글은 이지러졌으나 관작과 성명만은 완연하여 읽을 수 있었다. 부인 밀양 박씨(密陽朴氏)는 봉분을 따로 하여 합장되어 있었다. 이달 임진일에 제종(諸宗)들과 함께 봉분을 보수하여 높이 쌓고 묘지기를 두었으며 해마다 제사지내기를 상례(常例)로 삼았다. 또 큰 비석을 세우려고 돌을 캐내어 광진(廣津) 가에 두었는데 미처 완수하기 전에 두 숙부가 세상을 떠났다. 재(縡)는 눈물을 흘리며 말하기를,

"아! 이 일은 나의 책임이다. 그러나 우선 기다리겠다."

라고 하고서 마침내 지석(誌石)을 새겨 공의 세계(世系) 및 환적(宦蹟), 후손을 드러내어 무덤에 기록한다.

세계는 다음과 같다.

고려 시중 삼주백(三州伯) 공성(公靖)이 있으니, 삼주(三州)는 지금의 우봉(牛峰)이다. 시중으로부터 평장사 자의(子儀), 고공랑 연종(延宗), 국자 전주 시(蒔), 판군자감사 희담(希聃), 전객 판서 득구(得丘), 판종부시사 주(周)를 거쳐 공에 이르기까지 모두 7대이다. 부인의

1 9대조……묘지 : 저자가 그의 9대조 이길배(李吉培, ?~1440)를 위해 쓴 묘지명이다.

부친은 현감 의림(義林)이다.

환적은 다음과 같다.

공은 일찍 급제하였으니, 바로 우리 태종 신묘년(1411, 태종11)에 권극중(權克中)이 1등으로 급제한 명단에서 정과(丁科) 20등으로 급제하였다. 선덕(宣德) 무신년(1428, 세종10)에 선산도호부사(善山都護府使)에 제수되어 정사를 맑게 하고 송사를 간결하게 처리하였으며 또 학문을 권장하는 데 힘써 향교의 유생 가운데 급제한 자가 많았다. 이에 세종께서 가상히 여기고 특별히 두 자급을 더해 주었다. 경신년(1440, 세종22)에 황해도 관찰사(黃海道觀察使)에 제수되어 12월 6일에 순시차 안악(安岳)에 이르러 병으로 세상을 떠났다. 《여지승람(輿地勝覽)》의 〈우봉현・인물〉 조목과 〈선산부・명환〉 조목에 상세히 기재되어 있다.

후손은 다음과 같다.

감찰 기(圻), 대사간 질(垤)은 이분의 아들이고, 대사성 승녕(承寧), 판서 승건(承健), 봉교 승장(承張)은 아들의 아들이고, 사의 심(諶), 편수관 당(塘), 관찰사 지행(之行), 부제학 지신(之信), 삼우당(三友堂) 지충(之忠), 승문원 박사 응원(應元)은 손자의 아들 및 손자이다. 이후 후손들은 찬성에 추증된 할(劼), 참의에 이르고 영의정에 추증된 유겸(有謙), 정랑 분(翂), 도정 핵(翮), 지평에 추증된 흡(翕), 대사헌 상(翔), 우의정 숙(翻), 이조 판서 익(翊), 참판에 추증된 만창(晩昌), 병조 판서 만성(晩成), 대사간 만견(晩堅), 정랑을 지내고 집의에 추증된 구(絿) 등이 모두 5대이니 많아서 다 기록하지 않는다.

공이 안장된 이후 후손 가운데 이곳을 다스린 이가 네 명이었으니, 지신(之信)은 목사를, 숙(翻)과 익(翊)은 유수를, 만견(晩堅)은 부윤을 지냈다. 유수와 부윤이 앞뒤로 와서 무덤을 찾았는데 부윤이 체직되어 돌아간 지 몇 달 지나지 않아 무덤을 찾게 되었다. 이는 비록 지극한 정성에 감응한 것이나 묻혀 있다가 밖으로 드러난 것은 하늘의 뜻이다. 공은 인(仁)을 몸에 쌓아 그 후손을 비호해 주었으니 무궁하게 보답을 누리는 것이 마땅하건만 유독 가승(家乘)이 산일되어 공의 덕과 행실을 확인할 길이 없으니 이 또한 때가 되면 드러나 우리 두 숙부의 뜻을 이루어줄 것이다. 재(縡)가 기다리는 것은 본디 여기에 있다.

8대조 감찰 부군 묘지[2]

八代祖監察府君墓誌

공은 휘가 기(圻)이고 성은 이씨(李氏)이니 우봉(牛峰) 사람이다. 시조는 고려 때의 시중 공정(公靖)이며, 증조 휘 득구(得丘)는 전객 판서를 지냈고 조부 휘 주(周)는 종부시 정을 지냈고 부친 휘 길배(吉培)는 황해도 관찰사(黃海道觀察使)를 지냈다. 모친 밀양 박씨(密陽朴氏)는 현감 의림(義林)의 딸이다. 사헌부 감찰, 통례원 인의를 역임하고, 외직으로 나가 은진(恩津), 함열(咸悅), 강동(江東) 세 고을을 다스렸는데 모두 치적이 있었으며, 의정부 좌참찬 겸 지의금부사에 추증되었으니 이것이 공의 관력(官歷)과 세계(世系)의 대략이다.

무덤은 고양(高陽) 향동(香洞)의 모좌(某坐) 언덕에 있고 부인 유씨(柳氏)를 합장하였다. 유씨는 문화(文化)의 큰 성씨로 부친은 안정공(安靖公) 강(江)이다. 2남1녀를 두었으니, 장남 승녕(承寧)은 성균관 대사성을 지냈고 차남 승건(承健)은 예조 판서를 지냈으며, 딸은 군수 유인홍(柳仁洪)에게 시집갔다. 후손 가운데 현달한 이로는 관찰사 지행(之行), 지신(之信), 삼우당(三友堂) 지충(之忠), 참의 유겸(有謙), 대사헌 상(翔), 우의정 숙(翽), 판서 익(翊), 판서 만성(晩成), 관찰사 만견(晩堅)이다. 연대가 이미 멀어서 공이 태어나고 죽은 날짜는 상세히 알 수 없으나, 듣자니 공은 기량과 풍도가 엄숙하고 강직하여 법도로 집안을 다스려 자제들이 잘못이 있으면 조금도 용서하지 않았다고

2 8대조……묘지 : 저자가 그의 8대조 이기(李圻, ?~?)를 위해 쓴 묘지명이다.

한다. 이 때문에 두 아들이 어질고 현달하였으며 후손들 모두 효우(孝友)와 인후(仁厚)로써 집안을 계승하였으니, 이를 보건대 공의 법도를 상상할 수 있다. 이로써 묘지문을 삼는다.

7대조 판서 부군 묘지 후기[3]

七代祖判書府君墓誌後記

우리 선조 판서 부군은 성종조(成宗朝)의 사관(史官)이었는데, 일찍이 점필재(佔畢齋) 김종직(金宗直) 공의 일에 대해 쓰면서,

"남쪽 사람들은 스승이 제자를 칭찬하고 제자가 스승을 칭찬한다."[4]

하였는데, 18년 뒤 무오년(1498, 연산군4)에 흉인들이 사화(士禍)를 일으키면서 공이 쓴 기록을 얻고는 뛸 듯이 기뻐하며 "이 사람은 정직한 사관이다."라고 하였다.

공은 점필재와 평소 친한 벗으로 공이 기록한 것은 우연히 한때의 의견을 따른 것이지 사적인 호오(好惡)가 없었건만 흉당이 긴요하게 의지할 구실이 될 줄을 어찌 공이 미리 헤아릴 수 있었겠는가. 더군다나 당시 사화가 일어난 것은 다만 선대 조정의 일[5]을 구실로 삼은 것이

3 7대조……후기 : 저자가 그의 7대조 이승건(李承健, 1452~1502)을 위해 쓴 묘지명이다.

4 남쪽……칭찬한다 : 《성종실록(成宗實錄)》에는 보이지 않고, 《중종실록(中宗實錄)》 1518년(중종13) 4월 28일조에 조광조(趙光祖)의 말에 이와 관련된 내용이 보인다. 조광조가 아뢰기를 "이승건(李承健)의 일은 사림이 통탄하고 있습니다. 이승건은 성종조에서 나라의 두터운 은혜를 입어 2품의 지위에까지 올랐으나, 그때에 조그마한 보필도 하지 못하고, 한갓 사림의 화만을 지었습니다. 승건이 한림(翰林)이 되었을 때 김종직(金宗直), 김일손 등의 소행을 미워하여 국사(國史)에 쓰기를 '남쪽 지방 사람들은 스승이 제자를 칭찬하고 제자가 스승을 칭찬하여 서로 밀어주어서 하나의 당(黨)을 만든다.' 하였습니다."라고 하였다.

5 선대 조정의 일 : 무오사화는 1498년(연산군4)에 유자광(柳子光)을 중심으로 한 훈

고 공이 쓴 기록 때문이 아니었는데도 단지 사람들이 슬퍼하고 공론이 격분하였기에 공을 용서하지 않고 왕왕 책망하는 말이 있었다. 아! 이것이 어찌 공의 본심이었겠는가.

연산군(燕山君)이 궁중 정원에서 손수 돼지에게 화살을 쏘았는데 그 돼지가 달려 홍문관으로 돌진하는 바람에 흐르는 피가 땅에 흥건하였다. 공이 당시 부제학이었는데 동료 홍한(洪瀚), 성중엄(成重淹) 등과 함께 차자를 올려 간절하게 간하였으나 연산군은 성을 내며 살피지 않았다. 공이 세상을 떠나고 3년이 되는 갑자년(1504, 연산군10)에 이전의 차자에 대한 사후의 처벌이 내려졌는데 공이 선동했다는 이유로 땅속에 묻혀있는 백골에 미치는 화난(禍難)이 있었다. 중종 반정 때 공을 가엾게 여겨 은혜를 더욱 베풀었다. 공이 비록 불행히 비방을 받았으나 끝내 사류(士類)와 함께 화복을 함께 하여 자신의 본심을 스스로 드러내었으니, 세상에 공을 알아주는 이는 적으나 공을 알아주는 것은 하늘이다.

공의 장남 심(諶)은 장례원 사의를 지냈고 순(詢)은 생원이다. 사의의 장남 지문(之文)은 참봉을 지냈고 지행(之行)은 관찰사를 지냈으며 지신(之信)은 부제학을 지냈다. 참판 정유선(鄭惟善)과 별좌 조위(趙褘)는 공의 사위이다. 생원의 아들 지충(之忠)은 참봉을 지냈는데 세상에서 훌륭한 선비로 일컬어졌다. 부제학의 손자 유겸(有謙)은 참의를 지냈는데 유학과 정사로 세상에 이름이 났다. 이분이 도정 핵(翮)과

구파가 《성종실록》에 실린 사초(史草) 조의제문(弔義帝文)으로 사림파를 모함하여 일어난 사화이다. 이 사화로 조의제문을 지은 김종직(金宗直)은 부관참시(剖棺斬屍)되고, 김일손(金馹孫)을 비롯한 많은 명신이 죽임을 당하고 쫓겨났다.

지평에 추증된 흡(翕)을 낳았으니 모두 효행으로 정려문이 내려졌으며, 상(翔)은 유일(遺逸)로 천거되어 대사헌을 지냈고 숙(翻)은 우의정을 지냈고 익(翊)은 판서를 지냈다. 우의정의 아들은 판서 만성(晩成), 대사간 만견(晩堅)이다. 이분들이 가장 이름난 분들이다. 나머지는 다 기록하지 않는다. 정승 이행(李荇)이 일찍이 공의 묘지문을 지었는데[6] 사적이 대부분 누락되어 있기에 그 큰 사적을 대략 보충하고 이어서 후손들을 기록하여 무덤에 들인다.

6 이행(李荇)이……지었는데 : 이행(李荇)의 《용재집(容齋集)》 권10 〈증 자헌대부 예조 판서 이공과 정부인 김씨의 묘지〔贈資憲大夫禮曹判書李公貞夫人金氏墓誌〕〉를 가리킨다.

6대조 사의 부군 묘지[7]

六代祖司議府君墓誌

공은 휘가 심(諶)이고 자는 군량(君諒)이니 예조 판서 휘 승건(承健)의 장남이다. 우봉 이씨(牛峰李氏)는 고려 시중 공정(公靖)을 시작으로 대대로 고관대작이 있었으니 조선에 들어와 도관찰사 휘 길배(吉培)가 순량(循良)으로 이름이 났다. 이분이 휘 기(圻)를 낳았으니 사헌부 감찰을 지내고 의정부 좌참찬에 추증되었으며 공의 조부가 된다. 모친 안동 김씨(安東金氏)는 생원 변(汴)의 딸이다.

연산군(燕山君) 갑자년(1504, 연산군10)에 판서공이 땅 속에 묻혀 있는 백골에 미치는 화난(禍難)을 당해 공은 연좌되어 경성(鏡城)으로 유배되었는데, 병인년(1506, 중종1)에 정국이 바뀌자 판서공의 관작을 회복시키고 공은 마침내 풀려나 돌아왔다. 모친의 명으로 과거에 응시하였는데 이듬해 생원시에 2등으로 합격하였다. 공은 젊은 시절에 정승감이란 명망을 지녔는데 스스로 화를 당한 집안의 자제라는 이유로 다시는 과거에 응시하지 않았으니, 조정에서 공의 재능을 아까워하여 특별히 의금부 도사에 제수하였고 종부시 주부에 올랐다. 원주 판관(原州判官), 강서 현령(江西縣令)을 역임하였는데 인애(仁愛)가 넘쳐 흘러 부임하는 곳마다 치적이 있었다. 조정에 들어와서 호조 좌랑을 지내고 장례원 사의로 옮겼는데 송사(訟事)를 물 흐르듯 처리하였다. 가정(嘉靖) 기해년(1539, 선소32) 1월 3일에 세상을 떠나니 공이 대이

7 6대조……묘지 : 저자가 그의 6대조 이심(李諶, 1476～1539)을 위해 쓴 묘지명이다.

난 홍치(弘治) 병신년(1476, 성종7)으로부터 63년이다. 훗날 아들이 존귀하게 되자 이조 참판에 추증되었다. 부인 선산 김씨(善山金氏)는 이조 좌랑 숙향(叔嚮)의 딸이니 전의현(全義縣) 서쪽 유좌(酉坐)의 언덕에 합장하였다.

공은 기량과 식견이 고매하여 개연히 현인을 바라고 고인을 사모하는 것을 자신의 소임으로 여겼기에 마지못해 녹봉을 위해 벼슬살이하였으나 공의 뜻이 아니었다. 독서를 매우 좋아하여 깊이 생각하고 탐구하기를 늙어서도 게을리하지 않았다. 가법이 엄격하여 자제들은 혹서에도 두건과 버선을 착용하였다. 아우의 아들 지충(之忠)이 어린나이에 고아가 되자 지극한 정성으로 교육시켰는데 항상 그의 등을 쓰다듬으며 말하기를,

"이 아이는 높은 식견을 지녔으니 필시 도의(道義)를 천명할 것이다." 하였는데, 훗날 과연 이름난 선비가 되었다.

또 후생들을 인도하기 좋아하여 한 시대의 어질고 뛰어난 인물들이 대부분 공의 문하에서 나왔는데, 그 가운데 더욱 뛰어난 이로 상국 이탁(李鐸)과 상서 유강(兪絳)이 있다.

공은 3남을 두었으니 장남 지문(之文)은 참봉을 지냈고 차남 지행(之行)은 관찰사를 지냈고 막내 지신(之信)은 부제학을 지냈으며, 딸들은 각각 참판 정유선(鄭惟善)과 별좌 조위(趙禕)에게 시집갔다. 참봉은 후사가 없었고, 관찰사는 측실 소생의 2남이 있었으며, 부제학의 아들 소(劭)는 참봉을 지냈고 할(劼)은 찬성에 추증되었다. 참봉은 유빙(有憑), 유항(有恒)을 낳았고, 찬성은 유용(有容), 유경(有敬), 유광(有光), 유성(有誠), 참의 유겸(有謙)을 낳았는데 유겸은 학행(學行)으로 세상에 이름이 났다. 참의의 후손이 가장 현달하였으니 도정

핵(翮)과 지평에 추증된 흡(翖)은 모두 효행으로 이름이 났고, 대사헌 상(翔), 우의정 숙(䎘), 이조 판서 익(翊), 병조 판서 만성(晩成), 관찰사 만견(晩堅)이 참의의 아들과 손자이다. 나머지는 다 기록하지 않는다.

아! 지금은 공과 백여 년 떨어져 있기에 가승(家乘)이 산일되어 공의 언행을 확인할 길이 없다. 그러나 자신을 선(善)하게 한 뒤에 남에게 미칠 수 있으니, 공이 이처럼 남을 이루어주었으니 그 자신이 선을 소유하였음을 알 수 있다. 자신이 덕과 인을 쌓아 우리 후손들에게 복을 남겨준 것이 마땅하니 어찌 위대하지 않은가. 그 큰 사적을 대략 기록하여 여기 오는 이들에게 알게 하노라.

5대조비 정부인 진주 유씨 묘지[8]

五代祖妣貞夫人晉州柳氏墓誌

전의현(全義縣) 서쪽 몇 리 되는 곳에 우봉 이씨(牛峰李氏) 족장지(族葬地)가 있는데 정부인 진주 유씨(晉州柳氏)가 거기에 묻혀있다. 그 위로 몇 걸음 되는 곳에 묻혀있는 예조 판서 휘 승건(承健)이 시아버지의 부친이고, 언덕 오른쪽에 묻혀있는 사의 휘 심(諶)이 시아버지이다. 사의공의 막내 휘 지신(之信)은 홍문관 부제학을 지냈는데 고양(高陽) 향동(香洞)에 별도로 안장되었다. 부인은 부제학공의 계배(繼配)이다. 부인의 부친은 참봉 인동(寅仝)이고, 정평공(靖平公) 구(玽)의 후손이다. 모친 의성 김씨(義城金氏)는 참봉 연(漣)의 딸이자 모재선생(慕齋先生) 안국(安國)의 누이이다. 모년 모월 모일에 태어나 모년 2월 4일에 세상을 떠났다.

2남1녀을 두었으니 장남 소(劭)는 참봉을 지냈고 차남 할(劼)은 찬성에 추증되었으며 사위 손억(孫億)은 시로 이름이 났다. 참봉의 아들 유항(有恒), 유항의 아들 정랑 분(玢), 분의 아들 현감 만형(晩亨)은 모두 지극한 행실이 있었다. 찬성은 5남을 두었는데 막내 유겸(有謙)은 참의를 지냈고 학행(學行)으로 세상에 이름이 났다. 유겸의 아들은 도정 핵(翮), 지평에 추증된 흡(翕), 대사헌 상(翔), 우의정 숙(翿), 판서 익(翊)이다. 우의정의 아들 만창(晩昌)은 참판에 추증되었는데

8 5대조비……묘지 : 저자가 그의 5대조비 진주 유씨(晉州柳氏)를 위해 쓴 묘지명이다.

재(縡)의 선친이다. 만성(晩成)은 판서를 지내고 만견(晩堅)은 관찰사를 지냈다. 우리 이씨(李氏)가 이때에 이르러 더욱 크게 현달하였으니, 어찌 부인이 쌓은 복과 훌륭한 가르침에서 연유한 것이 아니겠는가. 이로써 묘지문을 삼는다.

참봉 부군 묘지[9]

參奉府君墓誌

우리 우봉 이씨(牛峰李氏)는 고려 시중 공정(公靖)에서 시작하여 조선에 들어와 관찰사 길배(吉培)와 판서 승건(承健)이 가장 현달하였다. 판서공이 장례원 사의를 지낸 심(諶)을 낳고 사의공에게 세 아들이 있었으니 공은 장남으로 휘가 지문(之文)이고 아우는 관찰사를 지낸 지행(之行)과 부제학을 지낸 지신(之信)이다.

공은 젊은 시절에 문장으로 명망이 있었으나 급제하지 못하고 만년에 처음으로 벼슬하여 중부 참봉(中部參奉)을 지냈다. 죽은 날이 1월 16일이다. 무덤은 고양(高陽)의 향동(香洞)에 있는데, 감찰 휘 기(圻)의 무덤 왼쪽에 있으니 감찰공은 공의 증조부이다. 유인(孺人) 완산 이씨(完山李氏)는 계림정(雞林正) 탄(坦)의 딸이자 양녕대군(讓寧大君)의 후손이다. 전의(全義) 장항(麞項)의 판서공 무덤 곁에 별도로 안장하였다.

공은 아들이 없어 부제학공의 막내 할(劼)을 데려와 양자로 삼았는데 할은 좌찬성에 추증되었다. 찬성공의 아들과 손자, 증손자 가운데 현달한 이로 참의 유겸(有謙), 대사헌 상(翔), 우의정 숙(翽), 판서 익(翊), 판서 만성(晩成), 관찰사 만견(晩堅)이 있고, 공의 묘지문을 쓰는 이는 찬성공의 현손 홍문관 부제학 재(縡)이다.

9 참봉 부군 묘지 : 저자가 집안 선조인 이지문(李之文, ?~?)을 위해 쓴 묘지명이다.

유인 전주 이씨 묘지[10]

孺人全州李氏墓誌

참봉을 지낸 우봉(牛峰) 이지문(李之文) 공의 부인은 유인(孺人) 전주 이씨(全州李氏)이다. 공의 무덤은 고양(高陽) 향동(香洞)에 있지만, 공의 부친인 사의 휘 심(諶)과 조부인 예조 판서 휘 승건(承健)이 전의현(全義縣) 서쪽에 안장하였기에 유인은 실로 그 선영에 묻혔다. 마을 사람들이 지금까지 소주(少主 왕실의 여자)의 무덤이라고 일컫는다.

유인은 양녕대군(讓寧大君)의 현손으로 그 부친은 계림정(雞林正) 탄(坦)이다. 유인이 태어난 연월을 상세히 알 수 없으나 죽은 연월은 모년 1월 27일로 참봉공보다 먼저 세상을 떠났다. 아들이 없어 참봉공이 아우인 부제학 지신(之信)의 아들 할(劼)을 데려와 양자로 삼았으니 할은 의정부 좌찬성에 추증되었다. 참의 유겸(有謙), 대사헌 상(翔), 우의정 숙(翻), 판서 익(翊), 판서 만성(晩成), 관찰사 만견(晩堅)은 그의 아들 및 손자, 증손자 가운데 현달한 분들이다. 나머지는 다 기록하지 않는다. 찬성공의 현손 모관 아무개가 삼가 기록한다.

10 유인……묘지 : 저자가 집안 선조인 이지문(李之文, ?~?)의 부인 전주 이씨(全州李氏)를 위해 쓴 묘지명이다.

고조부 증 찬성 부군 묘지[11]

高祖考贈贊成府君墓誌

공은 휘가 할(劼)이고 자는 근부(勤夫)이니 관찰사 휘 지신(之信)의 막내이다. 모친 진주 유씨(晉州柳氏)는 참봉 인동(寅仝)의 딸이니, 가정(嘉靖) 경술년(1550, 명종5) 11월 24일에 공을 낳았다. 공은 5세 때 글자를 쓸 줄 알았고 9세 때 간찰을 읽어내었다. 성품이 효성스럽고 우애가 있었으니, 큰형이 한번은 떨어져 몸을 상하자 부축하며 30일 동안 곁을 떠나지 않았으며, 관찰공이 병이 들자 눈물을 흘리며 하늘에 기도하여 얼마 뒤 병이 나았는데 관찰공이 공을 기특하게 여기며 말하기를,

"이것은 너의 정성에 감응한 것이다."

하였다. 상을 당했을 적에는 지나치게 슬퍼하여 거의 목숨을 잃을 지경이었다.

백부 참봉공[12]이 후사가 없어 공을 데려다 양자로 삼았는데, 공은 관찰공을 섬기는 것과 똑같이 섬겼다. 참봉공의 비첩(婢妾)이 자신의 조카딸을 길러주고 시집갈 때 후하게 혼수를 마련해 주었는데 모두 참봉공의 집에서 가져간 것이었다. 그러나 공은 조금도 개의치 않았으니 재물을 대하는 것이 대체로 이와 같았다.

공의 학문은 널리 탐구하고 잘 기억하였으나 과문(科文)을 익히지

11 고조부……묘지 : 저자가 그의 고조부 이할(李劼, 1550~1592)을 위해 쓴 묘지이다.

12 백부 참봉공 : 이지문(李之文)을 가리킨다.

않았는데, 늘그막에 모친의 명으로 과거에 응시하였으나 그때마다 낙방하였다. 명곡(鳴谷) 이산보(李山甫) 공과는 망년지우로 이공은 항상 공의 재능을 지극히 칭찬하였다. 임진왜란 때 공은 향병(鄕兵)을 모집하여 왜적을 공격하려고 모의하였는데 왜적이 갑자기 쳐들어왔다. 공은 후미에서 달리다가 유탄(流彈)에 맞아 세상을 떠나니 이날이 5월 8일이었다.

부인 한산 이씨(韓山李氏)는 공로(公潞)의 딸이자 목은(牧隱 이색(李穡))의 후손이다. 5남을 낳았으니, 유용(有容)과 유경(有敬)은 남의 후사로 출계하였고, 유광(有光)과 유성(有誠)은 후사가 없고, 유겸(有謙)이 있다.

공은 타고난 자품이 순박하고 아름다워 화려함을 버리고 실질에 힘을 써서 부귀한 집안의 호사스런 버릇이 전혀 없었다. 비록 성리학에 각별히 뜻을 두지는 않았으나 지극한 성품과 순수한 행실이 암암리에 고인과 계합하였다. 성심으로 선조의 제사를 받들었고 온화하게 손님과 벗을 대하였으며 자애롭게 노비를 다스려, 집안이 교화되고 규문이 엄숙하였다. 이런 덕을 지니고서 사업을 드러내지 못하고 끝내 비명(非命)에 요절하였으니 아, 슬프도다! 아들 유겸(有謙)이 삼가 쓰다.

앞은 우리 증조부께서 지은 가상(家狀)이니 재(縡)가 감히 그 글을 요약하여 묘지문으로 삼는다. 공이 세상을 떠나고 96년이 지났을 때 손자 숙(翻)이 존귀해져 좌찬성에 추증되었다. 선조와 후손을 별도로 아래에 기록한다.

이씨(李氏)는 우봉(牛峰)에서 나왔으니, 고려 시중 공정(公靖)으로부터 7대가 내려와 길배(吉培)가 조선의 관찰사를 지냈다. 관찰사의 손자 휘 승건(承健)은 판서를 지냈고 이분이 사의 휘 심(諶)을 낳았다. 사의의 아들 가운데 참봉 지문(之文)은 장남이고 관찰공은 막내이다. 공의 아들 유겸(有謙)은 참의를 지냈고 질박한 행실과 순수한 덕으로 세상의 이름난 신하가 되었다. 5남을 두었으니, 도정을 지낸 핵(翮)과 지평에 추증된 흡(翖)은 모두 효성으로 정려문이 내려졌는데 흡(翖)은 출계하여 유경(有敬)의 후사가 되었고, 상(翔)은 대사헌을 지냈는데 출계하여 유성(有誠)의 후사가 되었고, 숙(翻)은 우의정을 지냈고 익(翊)은 판서를 지냈다. 측실 소생의 아들은 진사 휘(翬), 습(習), 진사 학(翯)이다. 상(翔)의 양자는 만경(晩慶)이다. 숙(翻)은 3남을 두었으니, 만창(晩昌)로 참판에 추증되었는데 바로 재(縡)의 부친이며, 만성(晩成)은 판서를 지냈는데 흡(翖)의 후사가 되었으며, 만견(晩堅)은 관찰사를 지냈는데 핵(翮)의 후사가 되었다. 익(翊)의 서자는 만달(晩達)이다. 휘(翬)의 아들은 별제 만징(晩徵), 만응(晩膺), 주부 만증(晩增)이다. 만성(晩成)의 아들 구(絿)는 진사에 장원하고 좌랑을 지냈다. 만견(晩堅)의 아들은 수(綬)와 유(維)이다. 만경(晩慶)의 아들은 신(紳), 봉사 연(縯), 감역 현(絢)이다. 만달(晩達)의 아들은 봉사 관(綰)이다. 외손은 다 기록하지 않는다. 우리 이씨는 참의공 이후로 더욱 크게 현달하였으니 이 어찌 공이 덕을 쌓아 복을 남겨준 것에서 연유한 것이 아니겠는가. 현손 홍문관 부제학 재(縡)가 삼가 기록한다.

종증대부 증 참판 부군 묘지[13]

從曾大父贈參判府君墓誌

공은 휘가 유경(有敬)이고 자는 이직(而直)이니 우봉(牛峰) 사람이다. 우리 이씨(李氏)는 모두 고려 시중 공정(公靖)을 시조로 두고 있는데 조선에 들어와 도관찰사를 지낸 길배(吉培)가 비로소 이름이 났다. 관찰사는 감찰 기(圻)를 낳고 감찰공은 두 아들을 두었으니, 승녕(承寧)은 성균관 대사성을 지냈고 승건(承健)은 예조 판서를 지냈다. 판서공의 손자는 부제학 휘 지신(之信)이다. 이분이 휘 할(劼)을 낳았는데 의정부 좌찬성에 추증되었으니 공의 부친이 된다. 한산 이씨(韓山李氏)는 목은(牧隱 이색)의 후손인 공로(公潞)의 딸인데 공의 모친이다. 부제학공의 종형 삼우당선생(三友堂先生) 지충(之忠)의 아들 협(恊)이 출계하여 대사성의 후사가 되었는데 요절하고 후사가 없자 공을 데려와 양자로 삼았다. 공은 좌랑 재(在)의 딸인 거창 신씨(居昌愼氏)에게 장가들었는데 또 후사가 없었다. 공은 형제 5명 가운데 둘째이다. 막내 휘 유겸(有謙)이 참의를 지내고 유학으로 세상에 이름이 났는데 자신의 둘째 아들 흡(翕)을 공의 후사로 삼았다.

흡(翕)은 병자호란 때 부인 오씨(吳氏)와 함께 강화도에서 순절하였기에 특별히 사헌부 지평으로 추증하고 효자 열녀의 집으로 정려하였다. 아우 의정공 숙(翻)이 둘째 아들 만성(晩成)을 흡(翕)의 후사로

13 종증대부……묘지 : 저자가 그의 종증대부 이유경(李有敬, ?~1630)을 위해 쓴 묘지이다.

삼게 하였는데, 만성이 문과에 장원급제하고 판서를 지냈기에 공은 이조 참판에 추증되고 부인은 규례대로 따라 추증되었다. 공의 후손은 여러 번 끊어졌다가 이어졌는데 판서공에 이르러 아들 한 명 구(絿)를 두었으니 진사에 장원하고 좌랑을 지냈다.

공은 일찍이 전의(全義)에 우거하다가 나중에 고양(高陽)으로 돌아왔는데, 숭정(崇禎) 경오년(1630, 인조8) 4월 4일에 세상을 떠났고 부인이 세상을 떠난 날은 정축년(1637, 인조15) 3월 5일이다. 고양(高陽) 향동(香洞) 축좌(丑坐)의 언덕에 안장하였는데, 부인과는 묘역은 같이하고 봉분을 따로 하였다. 판서공이 일찍이 묘지문을 지으려다 미처 완성하지 못하여 구(絿)가 선친의 뜻을 이어 내게 부탁하였기에 이상과 같이 기록한다.

조비 정경부인 경주 박씨 묘지[14]

祖妣貞敬夫人慶州朴氏墓誌

정경부인 경주 박씨(慶州朴氏)는 우의정 우봉(牛峰) 이숙(李翻) 공의 계배(繼配)이다. 의정공의 3대는 홍문관 부제학을 지낸 지신(之信), 의정부 좌찬성에 추증된 할(劼), 호조 참의를 지내고 영의정에 추증된 유겸(有謙)이며, 외조부는 처사 파평(坡平) 윤홍유(尹弘裕) 공이다. 부인의 부친 세영(世英)은 통덕랑이고 조부 대이(大頤)는 세자익위사 세마를 지냈고 증조 홍미(弘美)는 승정원 좌승지를 지냈다. 모친 전주 이씨(全州李氏)는 사예 만길(晩吉)의 딸이다.

부인은 숭정(崇禎) 을사년(1665, 현종6) 7월 27일에 태어나 병인년(1686, 숙종12)에 의정공에게 시집갔다. 의정공이 당시 병조 판서였는데 이듬해 정승이 되었기에 부인은 정부인(貞夫人)에서 정경부인(貞敬夫人)으로 봉작이 올랐다. 무진년(1688, 숙종14)에 의정공이 세상을 떠나고 30년이 지난 정유년(1717, 숙종43)에 부인이 세상을 떠나니 죽은 날은 5월 16일이다. 용인(龍仁) 천곡(泉谷) 의정공 무덤의 오른쪽 언덕에 안상하였다.

의정공의 원배(元配)는 나주 박씨(羅州朴氏)[15]이다. 세 아들을 두었으니, 재(縡)의 선친인 증 참판 만창(晩昌)은 요절하였고, 차남 만성

14 조비……묘지 : 저자가 그의 조비(祖妣) 경주 박씨(慶州朴氏)를 위해 쓴 묘지이다.

15 나주 박씨(羅州朴氏) : 1627~1684. 3남1녀를 낳았으니, 만창(晩昌), 만성(晩成), 만견(晩堅) 그리고 홍수헌(洪受瀗)에게 출가한 딸이다.

(晩成), 3남 만견(晩堅)이 있다. 만성(晩成)은 병자년(1696, 숙종22)에 정시(庭試)에 장원하고 만견(晩堅)은 기묘년(1699, 숙종25)에 급제하였으며 또 3년 뒤에 재(縡)가 급제하였기에 부인은 20여 년 동안 넉넉하게 융숭한 봉양을 받았다. 부인이 세상을 떠날 때에 만성은 이조판서이고 만견은 관찰사이며 재(縡)는 부제학이었으므로 세상 사람들이 영화롭게 여겼다. 부인의 하나뿐인 사위 사인(士人) 오이주(吳履周)가 요절하여 부인이 매우 애통해 하였는데 부인이 세상을 떠나고 1년 뒤에 딸이 또 세상을 떠났으니, 아 어찌 이리도 잔인한가.

부인은 현숙하고 명철하며 엄숙하고 자애로웠으며 집안을 다스림에 정연하게 법도가 있었다. 처음 시집왔을 적에 의정공이 나의 모친을 가리키며 말하기를,

"나의 며느리는 여사(女士)이니 그대는 본받아야 한다."

하였다. 나의 모친은 지극한 정성으로 부인을 섬겼고 부인은 나의 모친을 존중하여 종신토록 쇠하지 않았으니 맛있는 음식이 생기면 그때마다 먼저 나의 모친에게 주고난 후에 먹었다. 여러 손주들을 만나면 은혜와 사랑이 지극하여 보는 자들은 친손주가 아닌 줄 몰랐다. 이에 의정공의 가르침이 집안에 행해지고 부인의 덕이 존영(尊榮)을 누리기에 진실로 마땅함을 더욱 믿게 되었다. 오이주에게 출가한 딸은 두 딸을 두었으니 각각 이양중(李養重), 권진응(權震應)에게 시집갔다. 재(縡)의 1남은 제원(濟遠)이다.

종조 효자 증 지평 부군 묘지[16]

從祖孝子贈持平府君墓誌

숭정(崇禎) 정축년(1637, 인조15) 1월 24일에 휘가 흡(翕)이고 자가 중화(和仲)인 나의 숙조(叔祖)께서 부인 동복 오씨(同福吳氏)와 함께 강화도의 난리에 세상을 떠났다. 조정에서 그 집에 효자문(孝子門)과 열녀문(烈女門)이라 표창하고 공을 사헌부 지평에 추증하였다. 재(縡)는 일찍이 공의 유사(遺事)를 읽었는데, 참의공[17]이 공에게 명하기를,

"나는 죽을 것이나 너는 서생이니 죽을 필요는 없다."

하니, 공이 무릎을 꿇고 대답하기를,

"부친이 나라를 위해 죽고 자식이 어버이를 위해 죽으며 부인이 남편을 위해 죽는 것은 각기 그 직분을 따르는 것이니 이것을 버리고 무엇을 구하겠습니까."

하였다. 또 옆에 있는 사람에게 대답하면서,

"천지 귀신이 밝게 포진해 있고 삼엄하게 벌여있으니 나는 내 직분에 임할 뿐이다. 다른 사람이 알아주든 알아주지 않든 무엇을 따지겠는가. 이것은 바로 천지를 지탱하고 고금에 관통하여 사라질 수 없는 의리이다."

하였다. 공이 이때 23세였으니 아, 어찌 이리도 장렬한가.

16 종조……묘지 : 저자가 그의 종조부 이흡(李翕, 1615~1637)을 위해 쓴 묘지이다.

17 참의공 : 이흡(李翕)의 생부인 이유겸(李有謙, 1586~1663)을 가리킨다.

공은 형 핵(翮)과 함께 윤 부인(尹夫人)을 감싸서 보호하였는데, 형은 죽다가 살아나고, 윤 부인과 참의공은 끝내 무사하였다. 나의 조부 의정 부군[18]은 어린 나이로 오랑캐 진영에 잡혀갔는데, 공이 손을 잡고 작별하며 손수 계보(系譜)를 써서 의정 부군에게 주었다. 부군은 위태로운 상황에도 잃어버리지 않고 종신토록 눈물을 흘리며 간직하고 있었다. 그 자획이 평소처럼 정밀하고 단정하였으니 또 어찌 이리도 차분한가.

공은 일찍부터 시서(詩書)에 통달하였고 강개한 마음으로 명절(名節)에 힘썼다. 일찍이 양부(養父)[19]의 상을 치를 적에 부인이 병으로 죽을 지경이 되었는데도 한 번 살펴보지 않고 죽은 뒤에야 비로소 곡을 하였다. 모습은 온화하고 뜻은 확고하였으며 말수가 적고 신의를 중시하였으니 사우들 사이에 중망이 있었다. 공이 세상을 떠난 뒤 형제 4명이 모두 존귀해지고 현달하였으니 사람들이 공의 불행을 더욱 슬퍼하였다. 그러나 자신의 죽음으로 부모를 죽음에서 벗어나게 하고 또 집안의 뿌리를 배양하여 가문을 번창시킨 것은 공의 힘이다. 또 하물며 그 풍도와 의열이 백세토록 여전히 늠름하게 살아있음에랴.

오씨(吳氏)는 참판 백령(百齡)의 딸이다. 공의 딸은 정숙하다고 일컬어졌는데 외가에서 자랐다. 딸의 외조부 정랑 심척(沈惕)은 절의를 지키다 죽었고 딸도 8세의 나이로 또한 오랑캐를 욕하며 불속에 뛰어들어 죽었다.[20] 의정 부군이 둘째 아들 만성(晩成)을 공의 후사로 삼게

18 의정 부군 : 이숙(李翻, 1626～1688)을 가리킨다.

19 양부(養父) : 이유경(李有敬, ?～1630)을 가리킨다.

20 공의……죽었다 : 이흡(李翕)의 원배(元配)는 청송 심씨(青松沈氏)로 정랑 척

하였는데, 만성은 문과에 급제하고 이조 판서를 지냈으며 충직한 큰 절의를 지녀 임인년(1722, 경종2) 사화(士禍)에 목숨을 잃었다. 그의 후사 구(絿)는 진사에 장원하고 정랑을 지냈는데 또한 효를 다하다가 죽었으므로 조정에서 다시 그 집에 정표(旌表)하였다. 그러므로 공과 같은 이는 훌륭한 아들과 손자를 두었다고 이를 만하다. 구(絿)가 죽어서 공의 후사가 또 끊어졌으니, 공이 이를 본다면 불초하면서 후사가 있는 것보단 낫다고 여길 것이다. 또한 하늘이 어찌 끝내 공으로 하여금 제사를 받지 못하게 하겠는가. 구(絿)가 죽기 전에 재(縡)에게 공의 묘지문을 부탁하였기에 이제 차마 그의 부탁을 저버릴 수가 없다. 신독(愼獨) 문경 선생(文敬先生 김집(金集))이 이미 공을 위해 묘갈문을 지었으므로[21] 다시 상세하게 기록하지 않고 다만 이처럼 감개하고 존모하는 뜻을 바칠 뿐이다.

(惕)의 딸이며, 오씨(吳氏)는 계배(繼配)이다. 심씨 소생으로 딸 하나가 있었는데, 외가에서 자라다가 겨우 8세 때 정랑공이 적을 꾸짖으며 죽어가는 것을 보고는 그 살 속에 꽂혀 있는 화살을 뽑아 꺾어 버리고 곧 타는 불속으로 뛰어들어 죽었다. 《愼獨齋遺稿 卷8 贈持平李公墓碣銘》

21 신독(愼獨)……지었으므로 : 김집(金集)의 《신독재유고(愼獨齋遺稿)》 권8 〈증지평 이공 묘갈명(贈持平李公墓碣銘)〉을 가리킨다.

종조 타우 선생 묘지[22]

從祖打愚先生墓誌

선생은 휘가 상(翔)이고 자가 운거(雲擧)이고 호가 타우(打愚)이다. 우리 이씨(李氏)는 우봉(牛峰)에서 나왔으니 족보에 보이는 분들은 고려 시중 공정(公靖)에서 시작하였다. 조선에 들어와 관찰사 휘 길배(吉培), 판서 휘 승건(承健), 부제학 휘 지신(之信)이 가장 현달하였다. 부제학 부군이 휘 할(劼)을 낳았으니 좌찬성에 추증되었고, 이분이 휘 유성(有誠)을 낳았으니 참판에 추증되었다. 그의 막내아우 휘 유겸(有謙)은 유일(遺逸)로 천거되어 호조 참의로 관직을 마쳤고 영의정에 추증되었다. 질박한 행실과 순수한 덕으로 사림의 존경을 받고 본보기가 되었다. 부인 파평 윤씨(坡平尹氏)는 처사 홍유(弘裕)의 딸이다. 선생은 셋째아들이었는데 출계하여 참판공의 후사가 되었다.

선생은 만력(萬曆) 경신년(1620, 광해군12) 7월 27일에 태어났다. 어려서부터 영특하여 재능과 풍도가 있었으며 조금 장성해서는 집안의 가르침에 영향을 받아 이미 경학(經學)에 뜻을 두었고 서사(書史)에 두루 통달하였다. 문장이 광대하여 문단의 대가들이 공을 대수(大手)라 일컬었다. 목사 이성연(李聖淵) 공이 감식안이 있었는데 선생을 만나보고는 감탄하며 “위대한 인물이다.”라고 하고 자신의 딸을 공에게 시집보냈다.

정축년(1637, 인조15) 난리 때 지평에 추증된 선생의 둘째 형 흡(翖)

22 종조……묘지 : 저자가 그의 종조부 이상(李翔, 1620~1690)을 위해 쓴 묘지이다.

과 첫째, 둘째 형수가 동시에 순절하고 윤 부인(尹夫人)은 스스로 불에 뛰어들었다가 가까스로 회생하였는데, 선생은 마침 다른 곳에 있어서 화를 면하였다. 이때부터 선생은 천지가 뒤집어진 것에 통탄하고 벼슬에 뜻이 없었다. 의정 부군에게 편지를 올려 선비된 자로서 다시는 과거에 응시하지 않겠다고 하자, 의정 부군이 공의 뜻을 의롭게 여기고 허락하였다.

의정 부군이 일찍이 문원(文元) 김 선생(金先生 김장생(金長生))을 스승으로 섬겼는데, 선생이 세상을 떠나고 그의 아들 문경 선생(文敬先生 김집(金集))이 계승하여 도학의 정통이 되자 선생은 문경선생을 찾아가 수학하였다. 성리학의 여러 서적을 배워 견해가 정밀하고 깊으며 지조가 확고하여 문경선생이 매우 기대하였다. 이미 또 두 송 선생(宋先生 송시열(宋時烈)과 송준길(宋浚吉))과 종유하였는데, 두 선생이 문원(文元)의 문인이고 이어 문경(文敬)을 사사(師事)하였기 때문에 선생을 동문의 벗으로 대우하였으나 선생은 제자의 예를 갖추고 더욱 공경하여 종신토록 흠모하기를 그치지 않았다.

선생은 대대로 고양(高陽)의 화전리(花田里)에 살았는데 중년에 전의현(全義縣) 북쪽으로 거처를 옮겼다. 선생은 학문을 사우(師友)에게만 완전히 의지해서는 안 된다고 생각하여 방에 고요히 있으면서 마음을 다해 이치를 탐구하였는데 《대학(大學)》에 대해서는 특히 지극히 힘을 다하여 일생동안 수용하는 기본으로 삼았다. 실천이 독실하여 명성이 날로 퍼졌기에 원근의 학자들이 수학하러 오는 자가 많았다. 선생은 평소 마음가짐이 겸손하여 스승의 도를 자처하지 않았으나 항상 마음을 다해 가르쳤다.

효종 무술년(1658, 효종9)에 두 송 선생이 조정에 있으면서 한창 훌륭한 인재를 구하였는데, 선생은 세자시강원 자의로 부름을 받았다. 여러 번 사양하였으나 허락받지 못하고 이듬해 명에 응하였다. 당시 현종께서 동궁(東宮)에 있었는데 선생은 지성으로 인도하면서 경의(經義)의 대체를 논함에 있어 몸과 마음으로 체험하는 것을 중시하였다. 현종께서 한번은 선생이 아뢴 말을 가지고 동춘(同春 송준길(宋浚吉))에게 물었는데, 동춘이 대답하기를,

"자의의 말이 모두 옳습니다."

하고, 나와서 사람들에게 말하기를,

"세자를 보익하는 자리에 적임자를 얻었다."

하였다.

딸의 혼사로 휴가를 청하였으나 허락받지 못하자 상소를 올리고 곧장 돌아가 체직되었다. 이해 5월 효종께서 승하하자 선생은 달려가 곡하며 문경 선생이 정한 군신의 복제(服制)을 시행할 것을 청했는데, 상소가 두 번 올라갔으나 그때마다 막혔다. 당시 상소를 올려 두 송 선생을 비난하는 일이 있었기에 선생 또한 편안히 있을 수 없어 돌아갔다. 별유를 내려 부르자 가을에 인산(因山)에 나아갔다. 현종께서 선생이 왔다는 소식을 듣고 음식물을 지급하니 선생은 마지못해 서울의 집에 머물렀다. 현종께서 병을 앓아 경연(經筵)에 나오는 일이 드물었는데, 선생이 상소를 올려 자주 유신(儒臣)을 만나 경사(經史)를 토론하기를 청하고 또 생각을 전일하게 하고 용모와 기상을 엄숙하게 하며 분노를 참고 욕심을 막는 얘기로 헌의(獻議)하였다. 얼마 뒤 현종께서 선생을 불러서 만나 말하기를,

"내가 매번 이전의 일을 생각할 때마다 한 번 만나 회포를 풀고 싶었으니, 다시 돌아가지 말고 나의 부족한 점을 보완하라."

하였다. 선생이 사례하고 다시 이전 상소에서 했던 청을 아뢰었는데, 현종께서 말하기를,

"물러나기를 생각하지 않는다면 나는 응당 그대의 말을 들어주겠다." 하였다.

종부시 주부에 제수되었다가 얼마 뒤 공조 좌랑으로 옮겼다. 여러 번 연석(筵席)에 참여하여 유익하게 계도한 것이 매우 많았다. 또 상소를 올려 기강을 진작시키는 방법을 아뢰면서 군주가 학문에 나아가는 것을 본령으로 삼았으며, 이어서 여러 궁가(宮家)의 절수(折受)[23]에 대한 폐단을 논하니, 현종께서 비답을 내려 약석(藥石)의 말이라고 칭찬하였다.

윤선도(尹善道)가 예론(禮論)을 빙자하여 터무니없는 사실로 두 송 선생을 무함하자 현종께서 그 상소를 불태우고 그를 귀양 보냈다.[24] 권시(權諰)가 윤선도를 구원하려다 탄핵을 받아 도성을 나갔는데, 현종께서 별유를 내려 권시를 만류하려고 하였다. 그런데 승지가 곧장 명을 따르지 않아 이 때문에 노하여 국문하려고 하였다. 삼사(三司)가 명을 거두기를 청하자 또 엄한 교지를 내렸다. 선생이 상소를 올려 윤선도와 권시의 죄를 논하고 이어서 말하기를,

"전하께서 겁주고 미혹시키는 말에 동요하지 않을 수 없어서 심지어 승정원과 삼사의 입을 틀어막아 간언하지 못하게 하려고 하니, 이것

23 절수(折受) : 궁가(宮家)나 아문(衙門)에서 임금으로부터 자기 몫으로 땅이나 결세(結稅)를 떼어 받는 것을 가리킨다

24 윤선도(尹善道)가……보냈다 : 1차 예송(禮訟)에서 서인이 승리를 거둔 결과 남인이었던 윤선도는 함경도 삼수(三水)로 유배가고, 권시(權諰)는 윤선도의 설을 지지하는 소를 올려 탄핵을 받고 파직되었다.

은 전하께서 이미 두 사람의 술책에 빠진 것입니다."

하니, 후한 비답을 내렸다.

귀가 어두워진 병으로 시강(侍講)을 사양하자, 현종께서 말하기를

"그대가 비록 내 말은 듣지 못하나 그대의 말을 내가 들을 수 있으니 떠나려는 마음은 품지 말거라."

하였다.

신축년(1661, 현종2)에 사헌부 지평에 제수되었는데 친혐(親嫌)으로 면직되었다. 이후로 여러 번 제수되었으나 그때마다 사직하였다. 중간에 시사(時事) 여섯 조목을 아뢰자 현묘께서 마음을 열고 받아들였다.

임인년(1662, 현종3)에 부여 현감(扶餘縣監)이 되었다. 맨 먼저 고을의 음사(淫祠)를 훼철하고 묵은 폐단도 씻은 듯 제거하였으며, 너그럽고 인자하며 청렴하고 신중하게 정사를 펼쳐 온 고을사람들이 선생의 덕을 칭송하였다. 이듬해 의정 부군의 상을 당하였고 상복을 벗자 공조 정랑에 제수되었다. 현종께서 온천에 행차하였는데 선생이 가까운 곳에 있다는 것을 알고 특명으로 하유하였다. 선생이 감격하여 부름에 달려가니 현종께서 면전에서 선생을 정성스레 타일렀다. 세 차례 지평에 제수되었으나 모두 나아가지 않았다. 천재(天災)를 계기로 상소를 올려 상림(桑林)의 고사[25]를 본받아 열 가지 책임으로 스스로 책망하기를 청하니, 간절하고 절실하다고 칭찬하였다. 무신년(1668,

25 상림(桑林)의 고사 : 은(殷)나라 탕왕(湯王)이 7년 동안 큰 가뭄이 계속되었을 때에 비가 내리기를 빌기 위하여, 상림(桑林)에서 여섯 가지 일을 가지고 스스로 자책한 일을 가리킨다. 《十八史略 卷1 殷紀》

현종9)에 세자시강원 진선에 제수되었다. 마침 현종께서 다시 온천에 행차하자 선생이 알현하였는데, 음식물을 하사하고 또 역마를 주면서 뒤따라오게 하였으나 병으로 사양하였다. 현종께서 동궁이 병환 때문에 급히 내달려 돌아가려고 했는데, 선생이 원앙(袁盎)의 말[26]을 인용하여 간언하였다. 이듬해 또 명을 받들어 온천의 행궁에 나아갔고 장령에 올랐다. 임금의 명에 응하여 수천 마디의 상소를 올렸는데, 그 조목은 성학을 밝힐 것〔明聖學〕, 궁궐을 엄하게 다스릴 것〔嚴宮禁〕, 인재를 등용할 것〔得人才〕, 사악함과 올바름을 분별할 것〔辨邪正〕, 기강을 진작시킬 것〔振紀綱〕, 절약과 검소함을 숭상할 것〔崇節儉〕, 백성의 고통을 보살필 것〔恤民隱〕이었다.

임자년(1672, 현종13)에 집의에 오르고, 별유를 내려 선생을 불러들였다. 당시 동춘(同春)이 상소를 올려 총애를 받는 정승 허적(許積)을 비난하면서 이필(李泌)이 노기(盧杞)에 대해 말한 일[27]을 끌어왔는데, 현종께서 동당벌이(同黨伐異)한다고 꾸짖었다. 선생이 급히 상소를 올

26 원앙(袁盎)의 말 : 자신의 몸을 아껴 위험에 처하지 않도록 경계하는 말이다. 한 문제(漢文帝)가 패릉(霸陵)에서 험준한 비탈을 수레를 타고 내려가려 하자, 원앙(袁盎)이 만류하기를 "만약 말이 놀라 수레가 망가지기라도 하면 폐하께서 자신의 몸을 가벼이 여기신다 하더라도 고묘(高廟)와 태후를 무슨 면목으로 대하실 수 있겠습니까." 라고 하자, 문제가 마침내 그만두었다. 《史記 卷101 袁盎列傳》

27 이필(李泌)이……일 : 이필(李泌)은 당(唐)나라 숙종(肅宗), 덕종(德宗) 때의 현신이고, 노기(盧杞)는 덕종 때의 간신이다. 덕종이 이필과 더불어 자신이 즉위한 이후의 재상들을 논하며 "노기는 충직하고도 강직한 사람인데도 사람들이 그를 간사하다고 하니, 나는 그 이유를 모르겠다."라고 하자, 이필이 "사람들이 그를 간사하다고 하는데도 폐하께서는 홀로 그 간사함을 모르시니, 이것이 바로 간사하기 때문입니다."라고 했다. 《新唐書 卷139 李泌列傳》

려 힘써 간하였는데, 다음과 같이 말하였다.

"신은 평소 허적의 됨됨이를 알고 있으니 그는 도량과 식견이 천박한 자에 불과합니다. 경솔하게 날뛰는 것이 본디 어진 선비도 아니요 말만 번드레하고 간교한 것이 원래 간사한 사람입니다. 이런 사람에게 유사(有司)의 직임을 맡긴다면 취할 만한 장점이 하나라도 없지는 않을 것이나, 조정의 권세를 내준다면 어찌 재해가 한꺼번에 닥치지 않겠습니까. 이미 허적을 정승으로 삼고서 또 송시열(宋時烈)을 조정에 함께 두시려고 하니, 이것은 향초와 잡초, 얼음과 재를 한 그릇 속에 뒤섞어놓고서 더러워지지 않고 깨끗이 빛나기를 바라는 것과 어찌 다르겠습니까.

허적은 안으로는 왕실의 외척 및 환관들과 결탁하고 밖으로 조정의 사대부들과 결탁하며 아래로 시정의 잡배들과 결탁하고 위로는 임금에게 아첨하기 때문에 허황된 명성이 불어나 '허 충신(許忠臣)'이라는 말이 안팎에 가득 퍼지게 되었습니다. 전하께서는 단지 그의 좋은 점만 듣고 그의 나쁜 점은 듣지 않아 이윤(伊尹), 여상(呂尙), 주공(周公), 소공(召公)처럼 의지하고 중시하게 된 것은 진실로 이 때문입니다.

아! 옛날 이전 조정에서 송준길(宋浚吉)이 일찍이 악한 이를 배척하고 선한 이를 선양하는 의론을 주장하였는데, 당시는 적신(賊臣) 김자점(金自點)의 사악함이 아직 드러나지 않은 때였고 정사공신(定社功臣)이라는 지위도 허적이 견줄 바가 아니었는데도 효종께서는 동당벌이했다고 나무라지 않고 공론을 따랐습니다. 또 일찍이 연석에서 '나는 송준길을 만나면 지란(芝蘭)을 마주하는 듯하다.' 하였으니 효종께서 그를 보살피고 중시한 뜻을 상상할 수 있습니다.

전하께서 그를 성대하게 예우함이 또한 시종 변하지 않았는데, 무슨 이유로 일개 간사한 신하를 비난한 이런 일로 도리어 동당벌이했다는 의심을 품는 것입니까. 신은 전하께서 평소 유신(儒臣)을 대우한 것이 애초에 정성스러운 뜻에서 나온 것이 아니었다고 염려됩니다."

상소가 들어가자 현종께서 진노하여 선생의 관직을 삭탈하라고 명하였는데, 양사(兩司)에서 명을 거두기를 청한 것이 백여 차례에 이르렀다. 정승 김수항(金壽恒) 공 또한 명종께서 조식(曺植)을 처우했던 것과 이전 조정에서 안방준(安邦俊)을 대우했던 것[28]을 법으로 삼아야 한다고 아뢰었으나, 현묘의 마음은 끝내 풀어지지 않았다.

숙종 을묘년(1675, 숙종1)에 허적의 무리가 예론(禮論)으로 사림(士林)을 일망타진하였는데,[29] 우암(尤菴)은 남쪽 변방에 위리안치되고 동춘(同春) 또한 사후의 처벌을 받았으며 선생은 영해(寧海)로 유배되었다. 적신(賊臣) 윤휴(尹鑴)가 젊어서 성대한 명성이 있었는데,

28 명묘(明廟)께서……것 : 이상(李翔)의 상소에 대해 김수항(金壽恒)이 차자를 올렸는데, 그 내용 중에 "지난 명종조 때 선정신(先正臣) 조식(曺植)이 글을 올려 시사를 극언하면서 '자전(慈殿)은 깊은 궁중의 일개 과부(寡婦)에 불과하고 전하(殿下)는 선왕의 일개 고사(孤嗣)에 불과하다.'는 말을 하였으나, 명묘께서 언짢은 기색을 드러내지 않으시고 징소(徵召)를 중지하지 않으신 일은 오늘날까지 전해 내리면서 성덕(盛德)으로 여기고 있고, 선조(先朝) 때에는 장령 안방준(安邦俊)이 상소를 올려 고(故) 상신 김육(金堉)을 지척하면서 '나라를 그르쳤다.'고 하는 등 과격한 말이 많았는데도 선왕께서 대신을 위유(慰諭)하는 비답에 '산야(山野) 인사(人士)의 말은 본래 이와 같은 법이니 마음에 두지 말라.'고 하셨으니, 이 어찌 전하께서 깊이 따라야 될 법이 아니겠습니까."라고 하였다. 《顯宗改修實錄 13年 6月 11日》

29 허적의……일망타진하였는데 : 2차 예송(禮訟)으로, 허적을 중심으로 한 남인이 승리를 거두었다. 2차 예송이 끝난 뒤에 송시열(宋時烈)은 장기(長鬐)로 위리안치되었고, 송준길(宋浚吉)은 이미 작고하였으므로 관작이 추탈되었다.

선생이 일찍이 그의 집을 방문하여 그 시선이 바르지 못한 것을 보고 말하기를,

"이 사람은 불길한 사람이다."

하고 다시는 왕래하지 않았다. 윤휴가 이를 마음에 품고 있다가 이때 윤휴가 득세하여 선생이 유배를 가게 되었다.

경신년(1680, 숙종6)에 허적의 아들 허견(許堅)이 반역을 모의한 일이 발각되어 주벌을 받고 윤휴도 복주되었으며, 선한 이들이 함께 조정에 나아가게 되자 선생은 풀려나 돌아왔다. 숙종께서 장 곡강(張曲江)의 고사[30]를 인용하여 동춘의 묘에 치제(致祭)하라고 명하고, 또 특별히 선생을 서용하여 별유를 내려 재촉하여 불렀으니 이는 선생이 허적의 일을 미리 논하였기 때문이었다. 얼마 뒤에 제용감 정에 제수되고 이후로도 불러들이는 교지가 계속 내려왔으나 모두 사양하였다. 이듬해 상소를 올려 임금의 마음을 바로잡고 조정을 바로잡아야 한다고 아뢰고 천서(天叙), 천질(天秩), 천명(天命), 천토(天討)[31] 네 가지

30 장 곡강(張曲江)의 고사 : 장 곡강은 당(唐)나라 현종(玄宗) 때의 재상 장구령(張九齡)을 가리키는데, 장구령이 소주(韶州) 곡강(曲江) 출신이므로 이렇게 일컬었다. 장구령은 평소 안녹산(安祿山)이 역심을 가지고 있음을 알아차리고 견제하였는데, 안녹산이 마침 거란을 토벌하다가 패하자, 이를 기회로 안녹산을 주벌하여 후환을 제거할 것을 청하였다. 현종은 그의 말을 따르지 않았다가 장구령이 죽은 뒤에 안녹산이 반란을 일으키자, 그의 선견지명을 생각해 곡강에 있는 가묘(家廟)에 치제(致祭)하였다. 《舊唐書 卷99 張九齡列傳》

31 천서(天叙)……천토(天討) : 백성들을 전례(典禮)로써 교화하고 신하들에게 상벌을 공정하게 시행하는 것을 뜻한다. 《서경》 〈고요모(皐陶謨)〉에 "하늘이 차례로 펴서 법을 두시니〔天敍有典〕 우리 오전(五典)을 바로잡아 다섯 가지를 후하게 하시며, 하늘이 차례하여 예(禮)를 두시니〔天秩有禮〕 우리 오례(五禮)로부터 하여 다섯 가지를

조목으로 시사(時事)를 논하였다. 또 임금의 명에 응하여 진언하기를, "지금의 일이 어찌 이리도 송나라와 불행하게도 똑같습니까. 근년에 소인들이 송시열을 가리켜 이른바 예(禮)를 그르쳤다고 한 것은 정자(程子)와 주자(朱子)를 가리켜 위학(僞學)이라고 한 것과 똑같고, 사류(士類)를 일망타진하려고 했던 것은 또 장돈(章惇), 채경(蔡京), 한탁주(韓侂胄)의 소행[32]과 똑같고, 조경(趙絅)을 묘정(廟庭)에 배향한 것[33]은 또 왕안석(王安石)을 문묘(文廟)에 배향한 것[34]과 똑같습니다. 심지어 권력을 잡은 여러 신하들이 반란을 벌인 잔당들을 수습하려고 하면서 화해하고 조정하는 논의를 삼은 것은 그 그릇된 계책이 범순인(范純仁)과 여공저(呂公著) 등 여러 현인들이 뜻이 다른 자들을 아울러 수용했던[35] 잘못보다 심합니다. 조정의 신

떳떳하게 하소서.……하늘이 덕이 있는 이에게 명하시거든〔天命有德〕 다섯 가지 복식으로 다섯 가지 등급을 표창하시며, 하늘이 죄가 있는 이를 토벌하시거든〔天討有罪〕 다섯 가지 형벌로 다섯 가지 등급을 써서 징계하소서."라고 하였다.

32 장돈(章惇)……소행 : 북송 때 채경(蔡京), 장돈(章惇) 등이 왕안석(王安石)의 신법(新法)에 반대한 정이(程頤)와 소식(蘇軾), 유안세(劉安世) 등을 원우당인(元祐黨人)이라 하여 박해를 가했으며, 남송 때 한탁주(韓侂胄) 등이 주희(朱熹) 등을 위학당(僞學黨)이라 몰아 금고하였다.

33 조경(趙絅)을……것 : 조경은 남인 허적과 윤휴의 추천에 의해 현묘의 묘정에 배향되었다. 그러나 이후 경신환국을 통해 권력을 회복한 서인이 자격을 문제삼아 조경을 출향시킬 것을 지속적으로 요구하여 결국 출향되었다.

34 왕안석(王安石)을……것 : 왕안석은 송 휘종(宋徽宗) 때 문묘에 배향되면서 맹자(孟子)의 다음에 자리하게 하였다. 그러나 흠종(欽宗) 원년에 양시(楊時)가 왕안석의 학술이 잘못되었으므로 출향할 것을 주장하여 결국 출향되었다.

35 여공저(呂公著)……수용했던 : 여공저(呂公著)와 범순인(范純仁) 등은 왕안석(王安石)의 신법을 반대하다가 축출되었는데, 다시 정권을 잡아 왕안석의 무리들을

하들끼리 서로 공격하는 것은 또 어찌 천당(川黨)과 삭당(朔黨)[36]의 여러 현인들이 붕당을 나누어 서로 공격하느라 원풍(元豐)의 대신들[37]이 원한을 품고 틈을 엿보는 것을 깨닫지 못한 것과 비슷하지 않겠습니까.

주자(朱子)가 일찍이 말하기를, 비록 온 조정의 신하들이 모두 군자라 하더라도 단지 한두 사람의 소인이 백관들 사이에 섞여 있으면 또한 해를 끼칠 수 있다고 하였으며, 또 가우(嘉祐)와 원풍(元豐) 연간의 인사들을 함께 수용한 것은 그릇된 것이라고 하였습니다. 신이 생각건대 명도(明道 정호(程顥))의 역량이 없으면서 원풍의 대신들과 함께 일을 하고자 한다면[38] 장돈(章惇), 채경(蔡京)의 부류에

내쫓을 때 채확(蔡確)과 같은 이들을 지나치게 포용하려고 했던 일을 가리킨다.

36 천당(川黨)과 삭당(朔黨) : 송 철종(宋哲宗) 원우(元祐) 연간에 왕안석(王安石)의 신법을 반대하는 수구파(守舊派)가 3개의 붕당으로 나뉘어져 치열하게 싸웠는데, 정이(程頤)의 낙당(洛黨), 소식(蘇軾)의 촉당(蜀黨), 유안세(劉安世)의 삭당(朔黨)이 있었다. 참고로 촉당을 천당(川黨)이라고도 하였다.

37 원풍(元豐)의 대신들 : 송 신종(宋神宗) 원풍(元豐) 연간은 왕안석의 신법당이 집권한 시기였다.

38 명도(明道)의……한다면 : 《회암집(晦菴集)》 권33 〈여백공에게 답하다〔答呂伯恭〕〉에 다음과 같은 내용이 보인다. 원우(元祐) 연간 초기에 정호(程顥)가 원풍(元豐)의 대신들과 함께 정치를 해야 한다고 주장하였는데, 이에 대해서 주희(朱熹)는 "또한 모름지기 명도(明道)의 이와 같은 광대한 규모와 화평한 기상을 지니고 있어야만 그 정성스런 마음이 환하게 드러나 사람들을 감동시킬 수 있습니다. 그렇게 된 이후에야 성현의 작용을 다 발휘했다고 할 수 있을 것입니다. 보통 사람의 마음은 이미 이 이치를 엿보아 헤아릴 수 없고 또 명도와 같은 역량도 없습니다. 이 때문에 스스로 명도의 일과 같은 성현의 일을 확신할 수 없게 되는 것입니다. 설사 이를 확신하는 자가 있다 해도 또한 필시 임시로 속여 이익이나 따지는 마음으로 이 문제를 처리하게 되어, 이치

빠져 들기 십상이니, 주자의 법도를 준수함이 엄격하고 명백하며 정대(正大)한 것만 못합니다."

하였다. 성상께서 모두 가납하였다.

집의에 제수하고 별유를 내렸다. 10월에 인경왕후(仁敬王后)의 국상(國祥)에 참석하기 위해 도성 밖에 도착하여 재차 사직하니, 성상께서 허락하고 공으로 하여금 편안한 마음으로 연석에 참석하게 하였다. 성균관 사업에 제수되어 명을 받들어 입대하였는데, 성상께서 면유(面諭)하기를,

"몇 번이고 불렀으나 멀리 떠나려는 마음을 돌리지 못하여 한밤에도 생각하며 절실히 한탄할 따름이었는데, 이제 다행히 올라와 주었다. 비록 나이가 많으나 근력이 쇠하지 않았으니 길이 떠날 생각은 품지 말라."

하였다. 선생이 일어나 사례한 다음 경계를 아뢰어 실심(實心)으로 실정(實政)을 행하기를 청하니, 성상께서,

"이 말이 참으로 지당하다."

하였다. 곧 병을 이유로 돌아갔다.

임술년(1682, 숙종8)에 또 별유를 내렸다. 얼마 뒤 형조 참의로 특별히 제수하사 선생은 상소를 올려 사급(資級)을 환수하기를 청하면서, 덕을 닦아 재앙을 그치게 하고 백성을 안정시키고 재용을 절약하는 방도를 덧붙여 아뢰니, 성상께서 후한 비답을 내리고 마음을 열어 받아들였다. 당시 성상께서 현인을 불러들이는 데 더욱 힘쓰고 있었는데, 선생이 직명(職名) 때문에 편안하지 않다고 여겨 특별히 체직을 허락

를 거슬러 재앙을 불러들임이 더욱 심합니다."라고 하였다.

하고 군직(軍職)으로 불렀다. 이듬해 봄에 조정에 나아갔는데, 사은숙배를 면제하고 강석(講席)에 참가하도록 명하였다. 또 숙직을 명하여 날마다 사대(賜對)하고 옥관자(玉冠子), 담비가죽으로 만든 모자, 음식물 등을 하사하였다. 얼마 뒤 상소를 올려 백성의 질고를 말하면서 성지(聖志)를 세우고 공도(公道)를 넓히는 것을 요체로 삼았으며, 또 연석에서 독실한 마음으로 학문에 힘쓰고 인재를 모으는 얘기로 진언하니, 모두 성상의 칭찬을 받았다.

병조 참지에 제수되자, 측근의 신하가 숙직하여 호위하는 업무가 많은 자리는 현인을 대우하는 것이 아니라고 아뢰어 호조 참의로 옮겼다. 얼마 뒤에 선생은 미미한 일 때문에 스스로 인혐하여 곧장 물러나면서 존심양성(存心養性)의 경계를 덧붙여 아뢰었다. 성상께서 유신(儒臣)의 거취는 국가의 성쇠와 관계된다고 생각하여 사관(史官)을 보내 선생과 함께 오게 하자, 선생이 황공하여 한 번 들어가 명에 응하고는 물러났다.

7월에 한성부 우윤에 발탁되었다가 좌윤에 올랐다. 이해 겨울 성상께서 천연두를 앓자 선생이 와서 문후한 다음 돌아가려고 할 때 성학(聖學)을 진보시키고 구습을 혁파하는 경계를 진언하였다. 명성대비(明聖大妃)의 국상 때 달려가 곡을 하고, 곧 병을 이유로 더욱 여러 차례 간절히 사직하니 허락을 받았다.

갑자년(1684, 숙종10)에 우암의 문인 윤증(尹拯)이 스승을 배반하여 겉으로는 사제(師弟)의 예를 지키면서 몰래 다른 사람에게 편지를 보내 무함하고 비방하였다. 일이 드러나 선생이 이 소식을 듣고서 놀라고 탄식하며 말하기를,

"이것은 세도의 변고이다."

하고, 즉시 편지를 보내 절교를 고하고서 그가 쓴 편지의 말에 대해 통렬히 논변하기를,

"내가 일찍이 생각건대 의리와 이욕을 구분하여 단칼에 두 동강을 내는 것은 스승 외에는 그런 사람이 없다. 결단함이 너무 지나치다고 책망한다면 그럴 수 있겠으나 '의리와 이욕을 함께 행한다〔義利雙行〕'[39]고 한다면 백이(伯夷)를 도척(盜跖)이라고 무함하는 것과 무엇이 다르겠는가. 몸을 다스리고 일에 처신함에 있어서는 스승이 한결같이 주자 문하의 법도를 따랐거늘 이를 두고 '왕도와 패도를 함께 행한다〔王覇幷用〕'고 한다면 회옹(晦翁)도 응당 그 허물을 나누어져야 할 것이다.

일찍이 보니 스승께서는 사우들 사이에서 조금이라도 권모술수를 쓰는 자에 대해선 그때마다 통렬히 배척하였다. 만약 스승께서 조금이라도 권모술수를 썼다면 어찌 소인들에게 무함을 받고서 산과 바다로 귀양 가는 일이 있었겠는가. 제자가 스승에 대해서 이미 감히 범하지 못하는 의리가 있으니, 자로(子路)가 부자(夫子)를 우활하다고 한 것[40] 또한 옳다고 할 수 없다. 만약 자로가 부자에게 질정하

39 의리와……행한다 : 윤증(尹拯)은 박세채(朴世采)에게 보낸 편지에서 송시열(宋時烈)을 두고 "왕도와 패도를 같이 행하고 의리와 이욕을 함께 행하니, 《대학》의 성의(誠意)・정심(正心)의 공부와 같지 않다."고 비판하였다.

40 자로(子路)가……것 : 자로(子路)가 공자에게 "위(衛)나라 군주가 선생님을 기다려 정사를 하려고 하십니다. 선생께서는 장차 무엇을 우선하시렵니까?" 하자, 공자가 대답하기를 "반드시 명분을 바로잡겠다." 하였다. 이에 자로가 "이러하십니다. 선생님의 우활하심이여! 어떻게 바로잡을 수 있겠습니까?" 하니, 공자가 "비속하구나 유(由)여! 군자는 자기가 알지 못하는 것에는 말하지 않고 가만히 있는 것이다." 하였다. 《論語 子路》

지 않고 다른 사람에게 그런 말을 했다면 어찌 성문(聖門)의 죄인이 아니겠는가.

게다가 스승과 아비는 본디 똑같이 섬겨야 하지만 만약 불공대천(不共戴天)의 원한이 있다면 응당 그 사이에서 경중을 따져서 처신해야 한다. 그대가 스승에 대해 원한을 가질 만한 무슨 단서가 있는지 모르겠다. 지금 비록 묘비문의 미진한 부분[41]에 대해 유감으로 삼으나, 그 연유를 궁구하면 실로 삼대(三代) 이하로 전승되는 곧은 도이다. 감히 좋아하는 이에게 아부하는 시속을 따르지 않음이 이와 같거늘 그대는 어찌 선친이 평소 자처한 도를 더욱 빛내지 않고 도리어 이 지경까지 무함하여 욕되게 하는 것인가. 한 번 이 편지가 나온 이후로 이전에 올바른 이를 미워하는 자들이 모두 팔을 걷어붙이고 기승을 부리니, 그대가 모든 사악함의 효시(嚆矢)가 될 줄 누가 생각했겠는가."

하였다. 얼마 뒤에 또 일을 논한 상소 가운데서 은밀하게 그 일을 언급하기를,

"주자(朱子)가 일찍이 원우(元祐)의 일을 논하기를, '자기와 뜻이 다른 자가 군자가 아니라는 것만 알고, 자기와 뜻이 같은 자가 반드시 소인이 아닌 것이 아니라는 것을 몰랐기 때문에 환란이 심복(心腹) 사이에 생겨서 마침내 구적(仇敵)의 형세를 조성(助成)하였으니, 그 잘못은 분별을 정밀하게 하지 못한 데에 있습니다.'[42] 하였습

41 묘비문의 미진한 부분 : 윤증이 자신의 부친 윤선거(尹宣擧)의 묘갈명(墓碣銘)을 송시열에게 부탁했는데, 송시열은 박세채(朴世采)가 지은 행장(行狀)을 그대로 인용하고, 또 윤선거가 병자호란 때 자결하지 않은 일에 대해서도 비판하였다.

니다. 신이 일찍이 이 말을 가지고 지금의 일을 보건대, 자기와 뜻이 같은 무리의 분당(分黨)이 절로 구적의 형세를 조성한 것입니다. 사정(邪正)을 통용한다는 논의는 또 반드시 사악한 무리가 일방적으로 이기고 마니, 이것은 모두 이미 겪은 전철(前轍)입니다. 주자의 이른바 분별하는 방도처럼 하려면 반드시 사류(士類) 가운데서 누가 군자이고 누가 소인인지 분별하여 소인은 물리치고 군자는 나오게 해야 합니다. 이렇게 되면 국사를 기대할 수 있습니다.

아! 지난날 간흉의 화가 가늠할 수 없는 지경에 거의 미쳤으나 다행히 전하의 신명(神明)에 힘입어 깨끗하게 맑아지는 경사를 통쾌하게 보게 되었습니다. 그런데 지금의 신하들은 그 속에서 또 제멋대로 다른 논의를 내어 색목(色目)을 따로 세워 스스로 편벽되고 사특한 죄에 빠진 것은 무엇 때문이겠습니까? 음(陰)과 양(陽) 두 기운은 그 대체가 비록 나뉘어 있으나 양 가운데 음이 없을 수 없어서일 것입니다. 음과 양, 흑과 백은 환히 드러나 쉽게 구분할 수 있으나 양 가운데 음은 미묘하여 알기 어렵기 때문에 군자 속의 소인은 옳은 듯하지만 그릇되고 올바른 듯하지만 사특합니다. 이것이 음병(陰病)의 증상이니 더욱 두려워할 만합니다. 아득히 숨어있는 화의 기미가 필경 어떠하겠습니까. 지극한 밝음이 아니면 그 기미를 살필 수 없고 지극한 굳셈이 아니면 결단할 수가 없습니다. 이것이 신이 음이 사라지고 양이 자라나는 도를 전하께 바라는 바입니다. 이전에 소인들이 우암을 미워한 것이 하루 이틀 사이의 일이 아니지만 감히

42 자기와……있습니다 : 《회암집(晦菴集)》 권28 〈유승상에게 보낸 편지〔與留丞相書〕〉에 보인다.

화는 냈어도 감히 말은 하지 못했는데, 윤증이 배신하여 공격하자 모두 거기에 쏠려 부응하고 이어 허적과 윤휴의 잔당과 한데 뭉쳐 기세가 날로 거대해졌습니다."

하였다. 선생의 편지와 상소가 나오자 모두들 성난 눈으로 이를 갈았다. 남들은 큰 화가 곧 닥칠 것이라 여겼지만 선생은 태연하게 있으면서 개의치 않았다. 대사헌에 여러 번 제수되었다. 봉사(封事)를 두 번 올렸는데, 거기서 조정의 논의가 문란하고 백성의 삶이 매우 위급한 정황을 모두 아뢰었다.

병인년(1686, 숙종12)에 성상의 별유로 인해 절약하여 백성을 보호하는 대책을 아뢰었다. 이듬해 또 성상께서 재촉하여 불렀으나 나아가지 않고 성상께 마음을 수양하고 자신을 살피는 경계를 올렸다. 나양좌(羅良佐)가 우암(尤菴)을 추악하게 욕보이자[43] 선생이 또 통렬히 변론하니, 성상께서 비답을 내리며,

"지금 경(卿)의 상소를 보니, 나양좌의 기만한 작태를 스스로 숨기기 어렵구나."

하였다.

무진년(1688, 숙종14)에 하유로 선생을 특별히 불러 이조 참판에 제수하였으나 여러 번 사직하여 면직되었다. 장의왕후(莊懿王后)의 국상 때 선생이 달려가 곡을 하고 돌아왔는데, 성상께서 근시(近侍)를 보내 만류했으나 소용없었다. 충청도에서 부친을 살해하고 계모와 간음한 변고가 일어나 사람들이 모두 분개하였는데, 옥사를 담당하는

43 나양좌(羅良佐)가……욕보이자 : 나양좌는 윤선거(尹宣擧)의 제자였다. 자신의 스승 윤선거가 모함받은 상황을 호소하면서 송시열을 비판하고 윤선거를 두둔하였다.

이들이 모두 느슨하게 다스렸다. 선생은 이 일이 풍교(風敎)에 관련된 것이라 생각하여 사직 상소에 형정(刑政)이 느슨해진 잘못을 대략 언급하였다. 윤증의 무리가 항상 선생을 음해하려고 했으나 기회를 얻지 못하고 있었는데, 이때에 이르러 그 무리 가운데 관찰사로 있는 자로 하여금 비밀리에 여러 죄수들을 꾀어 제멋대로 날조하여 옛날의 판결문을 모두 뒤집었다. 계모와 간음한 옥사를 선생에게 뒤집어씌워 증거로 만들어 선생을 해치려는 마음을 풀었다. 선생이 상소를 올리고 죄를 기다리니, 성상께서 후한 비답을 내리며 위로하고 타일렀다. 얼마 뒤 박태만(朴泰萬)이 수찬의 신분으로 상소를 올려 무고하여 선생이 의도를 가지고 남을 무함했다고 지적하여[44] 선생은 마침내 견책을 받았다. 정언 박태순(朴泰淳)도 따라서 선생을 더욱 해쳤다.

기사년(1689, 숙종15) 봄에 허적과 윤휴의 잔당들이 다시 정권을 잡아 선생을 더욱 다급하게 죄로 얽어매자 결국 옥리(獄吏)의 심문을 받게 되었다. 화가 일어나자 선생의 조카 만성(晩成)이 급히 달려가 선생을 살폈다. 그때가 한밤이 지났을 때인데 선생은 이미 일어나서 정좌하고 《중용》을 외우다가 소식을 듣고는 어떠한 기미도 얼굴에 드러내지 않았다. 길을 나서면서 제생(諸生)들을 돌아보며 말하기를,

"너희들은 나를 경계로 삼는다며 도를 배우는 데 나태해지는 일이 없도록 해라."

44 박태만(朴泰萬)이……지적하여 : 이전에 이상(李翔)은 천안에 사는 유두성(柳斗星)이란 자가 계모와 간음하였다는 내용을 아뢰고 조사하여 처벌할 것을 청한 일이 있었다. 그런데 나중에 수찬 박태만(朴泰萬) 등이 상소하여 이상이 먼 친척인 유두성의 재산을 탐내 거짓으로 증거를 조작해 옥사를 만들어서 유두성을 죽이고 그 재산을 차지하려고 꾸민 일이라고 논박하였다. 《肅宗實錄 14年 5月 11日, 11月 5日, 16年 1月 19日》

하였다. 소인들이 온갖 계략으로 죄를 꾸몄으나 끝내 선생에게 죄를 씌울 수 없었는데, 또 온전히 풀어주기는 싫어서 해를 넘기면서 질질 끌어, 결국 경오년(1690, 숙종16) 1월 19일에 옥중에서 세상을 떠나니 향년 71세였다. 선생이 세상을 떠난 뒤 흉당들이 또 선생의 2명의 서자, 1명의 문하생, 1명의 종을 죄로 얽어서 잡아오니 그들은 모두 형구(形具) 아래에서 죽었다. 아, 너무 심하도다!

훗날 을해년(1695, 숙종21)에 교리 민진후(閔鎭厚) 공이 연석에서 선생을 위해 억울함을 밝히자 성상께서 복관하라는 특명을 내렸으나, 재신(宰臣) 박태상(朴泰尙)이 또 박태만(朴泰萬)과 박태순(朴泰淳)의 나머지 논의들을 주워 모아 날조하여 무함하니 이미 내려진 성상의 특명이 곧바로 중지되었다. 십수 년 동안 선생을 위해 억울함을 호소하는 조정의 신하들과 선비들이 많았고, 정유년(1717, 숙종43) 성상께서 온궁(溫宮)에 행차했을 때 호서(湖西) 전역의 많은 선비들이 또 상소를 올려 억울함을 풀어주기를 청하였다. 성상께서 여러 신하들에게 물어보니, 좌의정 김창집(金昌集) 공 등이 선생이 무함을 받은 정황을 모두 밝히니, 성상의 마음이 비로소 풀려 하교하기를,

"전후로 경연에서 이 사람을 여러 번 보았는데, 이 사람이 어찌 이런 일을 할 사람이겠는가."

하면서, 작위를 돌려주라 명하고 특별히 예관(禮官)을 보내 제사를 지내도록 하였다.

숙종이 승하하자 사화가 크게 일어나[45] 선생이 또 관작이 추탈되었다. 을사년(1725, 영조1) 지금 성상께서 즉위한 해에 다시 복관시키고

45 사화가 크게 일어나 : 1722년(경종2)에 일어난 신임사화를 가리킨다.

사제(賜祭)하니 공론이 이때에 이르러 크게 정해졌다.

이 부인(李夫人)은 한산(韓山)의 큰 성씨로 목은(牧隱 이색)의 후손이다. 자애롭고 온순하여 목사공(牧使公 이성연(李聖淵))이 늘 한 점의 인욕(人慾)이 없다고 칭찬하였다. 선생에게 시집가서는 도를 다하여 시부모를 섬겼고 정성을 다해 제사를 받들었으며, 측실의 자식들을 보살피고 하인들을 대할 때에도 곡진하게 은혜를 베푸니 친척들과 고을 사람들이 모두 어질다고 칭찬하였다. 선생이 화를 당한 날 밤낮으로 울부짖으며 그저 빨리 죽기를 소원하다가 선생의 소상(小祥) 하루 전에 세상을 떠나니 사람들이 모두 기이하게 여겼다. 선생은 처음에 양근(楊根)에 안장하였다가 이 부인이 세상을 떠나자 옛 집의 북쪽으로 이장해서 합장하였다.

이 부인은 딸이 여섯이고 아들이 없었는데, 선생이 세상을 떠난 뒤에 족자(族子) 만경(晩慶)을 후사로 삼았다. 딸들은 각각 현감 송병문(宋炳文), 신징화(申徵華), 도사 오수대(吳遂大), 주부 김항수(金恒壽), 신진(申鎭), 참판 홍우전(洪禹傳)에게 시집갔다. 측실 소생 만초(晩初)와 만현(晩顯)은 선생의 재앙에 세상을 떠났고 딸은 홍정서(洪鼎敘)의 아내가 되었다. 만경은 3남1녀를 두었으니 신(紳), 봉사 연(縯), 직장 순(絢)이고, 사위는 정관주(鄭觀周)이다. 송병문의 양자는 도정 요경(堯卿)이고, 신징화의 양사는 교리 노(魯)이고, 김항수의 아들은 생원 철근(鐵根)과 박근(璞根)이고, 신진의 양자는 사억(思億), 사위는 유연(柳淵)이고, 홍우전의 아들은 계록(啓祿)과 정언 계희(啓禧), 사위는 이엄(李淹)이다. 만초의 아들은 치(緻)이고, 만현의 양자는 첨지 위(緯)이고, 홍정서의 아들은 집(鏶)이다. 증손은 제후(濟厚), 제홍(濟弘), 제하(濟夏), 제명(濟明), 제관(濟寬), 제대(濟大)이다.

선생은 침착하고 온화하며 박실하고 확고하여 평소 급히 말을 하거나 갑자기 낯빛을 바꾸는 일이 없었다. 확충하고 수양함에 도가 있었고 덕과 재능을 혼연히 이루었다. 나는 일찍이 여러 번 선생을 침상에서 모셨는데, 그때마다 선생이 눈을 감고 단정히 앉아 종일토록 진흙 인형처럼 하고 있는 모습을 보았다. 그때 선생의 나이가 거의 일흔이었는데, 비록 나는 어린 나이였으나 선생이 의젓한 대인의 기상을 지니고 있음을 알 수 있었다.

선생의 학문은 오로지 실질적인 데 힘을 쓰고 입으로 읽거나 귀로 듣는 것만을 일삼지 않았다. 강론에 있어선 반드시 몸소 실천하는 것을 귀결처로 삼았고 뜻을 지키는 데 있어선 항상 도중에 그만두는 것을 깊이 경계하였다. 어려서부터 노년에 이르기까지 추위와 더위, 새벽과 밤을 가리지 않고 잠시라도 공부를 그만둔 적이 없었으니, 옛사람의 이른바 진실한 마음으로 각고의 공부한다는 것[46]을 선생이 실천하였다. 그런데 선생이 평생 강설한 글은 모두 화란 때 일실되어 확인할 방법이 없었다. 선생의 문인 신후윤(愼後尹) 공에게 들은 바로는, 선생이 한번은 배우는 이들에게 말하기를,

"지금 배우는 자가 걸핏하면 반드시 몸과 마음에 돌이킨다고 하면서도 어긋남을 면치 못하는 것은 궁리(窮理)와 격물(格物)의 공부가 지극하지 못해서이다. 궁리와 격물의 공부가 지극하지 못하면 아는 것이 대부분 그릇되어 옳은 것을 틀리다 하고 틀린 것을 옳다 하며

46 진실한……것 : 주희(朱熹)의 문인이었던 황간(黃榦)이 임천현(臨川縣)에서 하기(何基)를 제자로 받아들일 적에 "학문은 반드시 진실한 마음으로 각고의 공부를 해야만 가능하다.〔必有眞實心地, 刻苦工夫, 然後可.〕"라고 당부하였다.

선한 것을 악하다 하고 악한 것을 선하다 하니 마음을 무슨 수로 올바르게 하며 몸을 무슨 수로 수양할 수 있겠는가. 이것이 성현이 궁리를 귀하게 여긴 까닭이다.

그러나 반드시 세상의 문헌을 모두 섭렵하고 세상의 선한 것을 모두 환히 안 다음에 예로써 단속하고 몸을 성실히 하고자 한다면 장차 어느 때나 실행할 수 있겠는가. 이것이 또 성현이 앎과 실행이 함께 진보하는 것을 귀하게 여긴 까닭이다. 그러나 또 함양(涵養)을 깊이 하지 않고 한갓 글에서 구한다면 마음이 분란해져 고요함을 얻지 못하고 학식이 어두워져 또한 밝아질 수 없으니 이것이 배우는 이의 공통된 병폐이다.

그러므로 정자(程子)가 말하기를 '함양은 모름지기 경(敬)을 써야 하고, 학문을 진전시킴은 앎을 지극히 함에 달려 있다.'[47]고 하였으니 여기서 함양이 궁리보다 항상 우선한다는 것을 알 수 있다. 경(敬)은 성학(聖學)의 시종을 이루니[48] 다만 함양에만 쓰일 뿐만이 아니다. 《대학》의 삼강령(三綱領)과 팔조목(八條目), 《중용》의 구경(九經)과 삼덕(三德)에 있어서도 능히 경하면 행해지고 경하지 못하면 폐기되니 경의 쓰임이 매우 큰 것이다."

하였다. 여기서 선생이 스스로 닦고 남을 가르친 대체를 알 수 있으니 그 문로(門路)의 올바름이 이와 같았다.

집에 있을 적에는 효성과 우애가 매우 지극하였으며 살아계신 부모

47 함양은……있다 : 정호(程顥)의 말로 《주자어류》, 《근사록》 등에 수록되어 있다.

48 경(敬)은……이루니 : 주희(朱熹)는 "경(敬)은 성학(聖學)의 시종을 이루는 것이다.〔敬者, 聖學之所以成始成終者也.〕"라고 하였다. 《朱子語類 卷12》

님을 섬기고 돌아가신 부모님에게 제사를 지내는 일에 모두 예를 다하였다. 늘 형제들과 헤어져 사는 것을 안타까워하여 모이기만 하면 온 자리가 즐겁고 화락한 기운이 흘러넘쳤다. 집안에서는 엄하여 법도가 있었으니 엄숙하기가 조정과 같았다. 임금을 섬김에 충애(忠愛)가 절절하여 군덕(君德)과 조정의 허물을 들으면 그때마다 강개하고 근심하여 거의 먹고 자는 것도 잊을 정도였다. 조정에는 몇 년 있지 않았으나 임금의 지우에 감격하여 아는 것은 모두 간언하였으니 전후로 임금에게 올린 상소는 반드시 성학(聖學)에 힘쓰고 왕도(王道)를 바로잡으며 인심(人心)을 바로잡는 것을 급선무로 삼았고, 음양이 소장(消長)하는 기미에 대해선 더욱 뜻을 다 바쳤다.

선생은 악을 미워하는 데 엄격하여 의롭지 않은 사람이나 이치가 아닌 일을 보면 반드시 깊이 미워하여 통렬하게 끊어버렸기에 고을 사람들 가운데 선한 이는 기뻐하고 선하지 않은 이는 원망하였다. 사정(邪正)을 구분하고 의리를 분별하는 일에 있어선 단칼에 잘라버려 맹분(孟賁)과 하육(夏育)[49]도 뺏을 수 없는 의연한 용기가 있었다. 이 때문에 일을 만나면 스스로를 믿고 곧은길로 나아가 비록 여러 번 위태로운 화를 당했으나 아홉 번 죽더라도 후회하지 않았으니 선생의 천성이 그러해서이다.

항상 우암을 독실하게 믿어 지기(志氣)가 계합하고 언론이 일치하였

49 맹분(孟賁)과 하육(夏育) : 맹분은 중국 전국 시대 제(齊)나라의 용사이고, 하육은 주(周)나라의 역사(力士)로, 맹분은 맨손으로 쇠뿔을 뽑았고 하육은 천 균(鈞)의 무게를 들어 올렸다고 한다. 한(漢)나라의 충신 급암(汲黯)의 절의(節義)를 칭송하면서 "스스로 맹분과 하육이라 하는 자라 할지라도 그의 뜻을 뺏을 수 없을 것이다.〔雖自謂賁育, 不能奪之矣.〕"라고 했던 고사가 전한다. 《漢書 卷50 汲黯傳》

기에 세상에서 고의로 따로 갈라져 나와 별도로 문호를 세우는 이들에 대해서 선생은 매우 비난하였다. 또 예송(禮訟)이 벌어진 이후로 남들은 그것이 큰 화의 뿌리가 될 줄 알고 조금씩 멀리 대하였으나 유독 선생은 생사와 화복이 걸렸다고 해서 그 뜻을 바꾸지 않아 한 때의 진퇴와 거취에 이르기까지 함께 하지 않은 적이 없었다. 속류들이 종종 선생을 기롱하고 비난하였으나 개의치 않았다. 변고가 우암의 문하에서 일어나자 맨 먼저 배척하고 절교하여 북을 울리는[50] 의리를 다하였기에 불 같이 타오르는 여러 사람들의 분노가 벌판의 불길보다 거센 형세였으니 이것이 선생이 화를 당한 이유이다.

선생이 말년에 당한 화는 또한 악을 미워한 한 가지 일 때문이었다. 무함하고 욕보인 저들의 말이야 말하려면 입이 더러워질 정도여서 식견 있는 이가 말할 바는 아니지만, 선생을 위해 원통해하는 이들 또한 더러는 선생이 말하지 않아야 할 것을 말했다고 한다. 아! 천하의 악인은 똑같아 누구라도 꾸짖을 수 있는데, 더군다나 임금의 예우를 입고 풍속을 바로잡아야 하는 직분상 본디 말하지 못할 의리가 없다. 가령 관찰사와 수령이 옥사를 느슨하게 처리한 잘못이 없었다면 선생이 어찌 굳이 말했겠는가. 소인들이 선생을 날조하여 무함하는 데 다급하여 천지 사이에 용납될 수 없는 악인이 목숨을 부지하게 하고 선생은 삼옥에서 죽게 하였으니, 아! 천하에 어찌 이런 일이 있는가

50 북을 울리는 : 스승을 배반한 자에 대해 성토하고 비판하는 것을 뜻한다. 공자의 제자 염구(冉求)가 권력자인 계강자(季康子)의 가신이 된 뒤에 무거운 세금을 부과하여 그의 재산을 늘려 주자, 공자가 크게 노하여 제자들에게 "그는 더 이상 우리 무리가 아니니, 그대들은 북을 울려 성토하며 그를 공격해도 좋다.〔非吾徒也, 小子鳴鼓而攻之可也.〕"라고 말하였다. 《論語 先進》

또 혹자는 선생이 시세를 헤아리지 못하여 스스로 세상의 화를 초래했다고 나무라니 이 또한 그렇지 않은 점이 있다. 선생의 눈앞에는 이미 오랫동안 화복(禍福) 두 글자가 없었으니 시세는 따질 만한 게 아니었었다. 단지 악을 미워하는 마음으로 이것을 가지고 인륜을 부지하는 하나의 단서로 삼고자 했을 뿐이니, 끝내 소인들이 교묘하게 날조하고 추악하게 무함할 줄을 어찌 선생이 미리 헤아릴 수 있었겠는가. 선생은 이미 윤휴와 윤증의 무리로부터 원한이 쌓여 있었고 또 공교롭게 불행이 닥치는 운을 만났으니, 비록 이 한 가지 일이 없었더라도 필시 화를 면하지 못했을 것인데, 이 일로 인해 위태로워지고 치욕을 당한 것은 다만 명운이 다해서이다. 이것이 또한 슬픈 일인데 논의하는 이들은 오히려 그 사이에서 득실을 따지려 하니 또한 전도된 것이 아닌가. 우암이 어떤 이에게 편지를 보내면서 이 일을 논하여 다만 악을 미워하고 시속을 바로잡으려는 데에서 나왔다고 하였으니,[51] 오직 이 한 마디 말이 단안(斷案)이 되기에 충분하다.

아! 선생이 영화를 누렸다가 치욕을 받고 굽혀졌다가 펼쳐져서 세도의 변고가 끝이 없으니 참으로 탄식할 만하지만, 선생이 허적을 비난한 상소와 윤증과 절교한 편지는 충의가 분발하여 읽는 이로 하여금 간담을 북받치게 하고 머리털을 곤두서게 하니 비록 천대, 백대 이후에도 선생이 원대하고 우뚝한 군자임을 알 수 있을 것이다. 나 또한 선생의

51 우암이……하였으니 : 송시열(宋時烈)의 〈신성시에게 답하다〔答申聖時〕〉에 "타우(打愚)가 처신한 것이 참으로 소홀했던 점이 있긴 하나 그의 본심은 다만 악을 미워하고 시속을 바로잡으려는 데에서 나왔을 따름이다.〔打愚其所處, 誠有所疏脫處, 然其本心則只出於疾惡正俗而已.〕"라고 한 말이 보인다.

상소를 읽어보았는데, 그가 원우(元祐)와 소성(紹聖) 연간의 일을 재차 인용하여 경계로 삼은 것은 그 말이 통절하여 오늘날의 병폐에도 딱 들어맞으니, 선생이 오늘날 태어났다면 화를 면하지 못했을 것이다. 이것은 고정(考亭 주희(朱熹))의 정법(正法)으로, 우옹과 선생이 함께 목숨을 바쳐 지키면서 바꾸지 않은 것이니 훗날 사람들 또한 이를 몰라서는 안 될 것이다. 내가 이 때문에 선생의 사적에 대해 다 기록할 겨를이 없이 그 도를 믿고 정도를 지킨 의리에 대해서만 특별히 상세히 기록한 것이니, 쇠퇴한 세상의 뜻이리라. 마침내 이를 써서 무덤에 들이고 또 후세에 고한다.

선고 묘지[52]

先考墓誌

부군의 휘는 만창(晩昌)이고 자는 사하(士夏)이다. 우리 이씨(李氏)는 우봉(牛峰)에서 나왔는데, 시조 공정(公靖)이 고려 때 시중을 지냈고, 본조에 들어와 관찰사 길배(吉培)가 순량(循良)한 지방관으로 이름이 났다. 그의 손자 예조 판서 승건(承健)이 곧은 도를 행하다가 연산군(燕山君)을 거슬러 화가 사후에 미쳤다.[53] 이분이 사의를 지낸 휘 심(諶)을 낳고, 이분이 부제학을 지낸 휘 지신(之信)을 낳고, 이분이 좌찬성에 추증된 휘 할(劼)을 낳고, 이분이 호조 참의를 지내고 영의정에 추증되었으며 호가 만회(晩悔)인 휘 유겸(有謙)을 낳으니, 인조 계해년(1623, 인조1)에 포의의 신분으로 현감에 제수되고[54] 덕행(德行)과 경술(經術)로 사림(士林)의 모범이 되었다. 다섯 아들을 두었는데 넷째 휘 숙(翻)은 의정부 우의정을 지냈다. 효성스럽고 우애가

52 선고 묘지 : 저자가 그의 부친 이만창(李晩昌 , 1654~1684)을 위해 쓴 묘지이다.

53 승건(承健)이……미쳤다 : 연산군이 한번은 궁중 정원에서 돼지에게 화살을 쏘았는데 그 돼지가 달려가 갑자기 홍문관에 들어가는 터에 흐르는 피가 땅에 흥건하였다. 저자의 7대조 이승건(李承健)이 당시 부제학이었는데 동료들과 함께 차자를 올려 간하였으나 연산군은 성을 내었다. 이승건이 세상을 떠나고 3년이 되는 갑자년(1504, 연산군10)에 이전의 차자에 대한 사후의 처벌이 내려졌는데 그가 선동했다는 이유로 백골에 미치는 화난(禍難)이 있었다. 《陶菴集 卷46 七代祖判書府君墓誌後記》

54 인조……제수되고 : 이유겸(李有謙)은 인조반정 뒤 광해군 때에 직언으로 피죄된 사실이 인정되어 유일(遺逸)로서 신녕 현감(新寧縣監)에 임명되었다.

있고 충직하여 나라의 충신이 되었으니 부군이 이분의 장남이다. 모친 나주 박씨(羅州朴氏)는 첨지중추부사를 지내고 판서에 추증된 휘 호(濠)의 딸이자 관찰사 남곽(南郭) 동열(東說)의 후손이다.

의정 부군은 젊어서 처가를 따라 호남(湖南)의 부안(扶安)에 우거하였는데, 부군은 우리 효종 5년 갑오년(1654, 효종5) 9월 기해일에 유천(柳川)의 촌집에서 태어났다. 말을 배우자마자 글자를 알았으며 만회공(晩悔公)에게 수학하여 열 살이 되기도 전에 경사(經史)에 모두 통달하였으니, 만회공이 부군을 기특하게 여겨 말하기를,

"우리 집안을 크게 만들 이는 반드시 이 아이다."

하였다.

장성해서는 과장(科場)에 나가 여러 번 동료들을 압도하여 문명(文名)이 성대하였다. 을묘년(1675, 숙종1) 사마시에 시권(詩卷)이 수석을 차지했으나 흉당들이 한창 정권을 잡고 있을 때라 억울하게 2등에 배치되었다. 경신년(1680, 숙종6) 이후로 의정 부군의 형제들이 연이어 요직에 들어 집안이 융성해졌으나 부군은 물러나 지조를 지키며 남들과 교유하기를 즐기지 않았기에 심지어 무관이나 역관의 무리들도 부군의 얼굴을 아는 자가 드물었다.

부군은 남달리 총명하여 글을 볼 때면 한 번에 열 줄을 읽어 내려갔는데, 《주자강목(朱子綱目)》을 가장 좋아하여 입으로 읽기만 하면 외워버렸다. 남들이 《주자강목》의 어떤 사실을 물으면 그때마다 가리키며 말하기를,

"이것은 아무 편(編) 아무 판(板)에 실려 있다."

하였는데, 어떠한 착오도 없었다.

시문은 심원하고 넉넉하였는데 변려문에 뛰어나 붓을 잡으면 바로

완성하여 인구에 회자되는 작품들이 많았다. 평소 성품이 부지런하고 독실하여 종일 문을 닫고서 독서하지 않으면 글씨를 쓰며 잠시라도 나태한 적이 없었다. 남들이 조만간 문과에 급제하리라 여겼는데, 과방(科榜)이 나올 때마다 억울하게 낙방하였다고 시끌시끌하였다.

광주(廣州)에 새로이 유수(留守)를 배치하자 의정 부군이 맨 먼저 임명되어 부군이 따라갔는데, 뜻하지 않게 병에 걸려 관사에서 세상을 떠나니 이때가 갑자년(1684, 숙종10) 7월 17일로 겨우 31세의 나이였다. 부군을 아는 이든 모르는 이든 모두 안타까워하였다. 용인(龍仁) 한천(寒泉)에 안장하였으니 만회공의 묘소 오른쪽 언덕이다. 의정 부군이 상소를 올려 관할지역을 벗어나 장례를 살필 수 있도록 청하니 성상께서 하락하였다.

부인 여흥 민씨(驪興閔氏)는 부군보다 45년 뒤에 세상을 떠나 합장하였으니, 별도의 묘지문이 있고[55] 한 명의 아들 재(縡)를 두었다. 재는 판서 충정공(忠貞公) 두인(斗寅)의 딸 해주 오씨(海州吳氏)에게 장가들었는데 자식이 없었다. 첨정 우현(禹賢)의 딸 남양 홍씨(南陽洪氏)에게 두 번째 장가들었는데 장남 석백(錫百)은 뛰어난 재주가 있었으나 8세에 요절하였고, 차남 제원(濟遠)은 문과에 급제하고 홍문관 교리를 지냈으며, 딸은 참봉 유언흠(兪彦欽)에게 시집갔다. 제원의 아들은 목(木)과 화(禾)이고 나머지 아들과 딸은 모두 어리다.

부군은 타고난 자질이 어질고 효성스러워 털끝만큼도 어버이 뜻을 어긴 적이 없었으며 온화하고 기쁜 용모로 곁에서 부지런히 봉양하였다. 의정 부군이 부군을 언급할 때면 그때마다 말하기를 "우리 효자,

55 별도의 묘지문이 있고 : 본서 제46권 〈선비 묘지(先妣墓誌)〉를 가리킨다.

효자" 하였으니 남들이 그 말에 이의를 달지 않았다. 평소 한창 자라난 초목을 꺾거나 곤충 따위를 죽이지 않았으니 의정 부군이 기뻐하며 말하기를 "이 점은 나의 성품과 똑같다." 하였다. 이 때문에 멀고 가까운 친척들이 모두 부군을 친애하였다. 비록 부친이 살아계신 때[56]였음에도 덕스런 뜻이 이미 흘러넘쳤다.

내가 태어났을 때 유모가 없어서 멀리에 있는 여종을 데려와 젖을 먹이고 여종의 남편으로 하여금 그 자식을 데리고 돌아가도록 하였다. 부군이 밤새 슬퍼하면서 말하기를,

"내 자식을 먹이느라 남의 자식을 굶주리게 하니 어찌 어진 사람으로서 차마 할 수 있는 일인가."

하였다.

부군은 물건에 대해 담박하여 즐기는 바가 없었고, 오직 술을 즐겼으되 또한 온순함으로 이겨내었다. 남들과 사귈 적에는 허심탄회하여 절대로 가식이 없었으니 남들이 어린아이의 순수한 마음을 잃지 않았다고 하였다. 그런데 속은 실로 침착하고 강직하여 식견과 도량이 있었으니 비록 포의의 신분이었으나 항상 세도(世道)와 생민(生民)을 마음에 두었고 또 선악의 분별에 엄격하였다. 의정 부군이 부군을 믿고 의지하여 일마다 의론하였는데 형옥(刑獄)의 의심나는 곳을 만나면 더러는 부군으로 하여금 판결문을 작성하게 하였으니 아침저녁으로 많은 도움이 있었다.

56 부친이 살아계신 때 : 원문의 관지(觀志)는 부친이 살아계신 것을 뜻한다. 《논어》 〈학이(學而)〉에 "부친이 살았을 때에는 자식의 뜻을 살피고 부친이 죽었을 때에는 자식의 행동을 살핀다.〔父在觀其志, 父沒觀其行.〕"라고 한 데서 나온 말이다.

부군의 아우 판서 만성(晩成)과 관찰사 만견(晩堅)이 연이어 영달하였는데 항상 서로 말하기를,

“우리 형과 같은 재능과 덕으로도 불행히 단명하였거늘 우리들은 이처럼 분수에 넘치는 자리에 이르렀다.”

하였다.

내가 두 번이나 우수한 성적으로 과거에 급제하고 외람되이 대제학에 임명되자 사람들이 말하기를,

“그대의 재능이 아니라 선친이 누리지 못한 것에 대한 보답이라네.”

하였다.

숙종 기해년(1719, 숙종45)에 부군이 이조 참판에 추증되고 금상 기미년(1739, 영조15)에 판서에 추가로 추증된 것은 나로 인해 추은(推恩)된 것이다. 나는 다섯 살 때 부군을 여의어 그래도 기운과 용모가 온후하였음을 기억할 수 있지만, 평소 부군의 볼 말한 행실은 집안에 내려오는 얘기에서 겨우 얻어서 대략 주워 모아 무덤에 들이니, 슬픔이 저 하늘처럼 끝이 없구나.

선비 묘지[57]

先妣墓誌

나의 선비(先妣) 여흥 민씨(驪興閔氏)는 여양부원군(驪陽府院君) 문정공(文貞公) 휘 유중(維重)의 딸이고, 모친은 은성부부인(恩城府夫人) 송씨(宋氏)이다. 문정공은 덕망과 재능으로 세상의 명신이 되었고 송부인은 화순하고 단정하여 부덕(婦德)을 모두 갖추었다. 부인은 이러한 부모의 공덕을 품부 받아 태어나면서 뛰어난 기질이 있었으니, 겨우 5세가 되었을 때 외조부 동춘 선생(同春先生 송준길)이 시를 지어 칭찬하기를 "부모가 일찍 가르치니 너의 성품 총명해서라네.〔父母教訓早, 聰明爾性然.〕"라고 하였다. 나의 조부 의정 부군과 문정공은 금석지교(金石之交)가 있어서 혼례를 맺기로 약속하였다. 부인이 15세의 나이에 우리 집안에 시집왔는데 덕과 용의(容儀)가 있어서 모든 친척들이 경축하였다. 우암 선생(尤菴先生 송시열)이 송부인의 상에 조문 왔을 적에 부인의 행동이 법도가 있는 것을 보고 칭찬해 마지않았고 돌아가 그 집안사람에게 말하였다.

부인은 오랫동안 자식이 없었는데, 의정 부군이 천천히 기다리면서 말하기를,

"우리 며느리의 어짊으로 다행히 아들이 생긴다면 어찌 우리 집안의 복이 아니겠는가."

57 선비 묘지 : 저자가 그의 모친 여흥 민씨(驪興閔氏, 1656~1728)를 위해 쓴 묘지이다.

하였다.

경신년(1680, 숙종6)에 불초한 내가 태어나고 갑자년(1684, 숙종10)에 선친이 일찍 세상을 떠나자, 친족들이 부인의 강직한 성품 때문에 따라죽지 않을까 지나치게 걱정하기도 하였다. 이에 문정공이 말하기를,

"우리 아이는 필시 그러지 않을 것이다."

하였다. 얼마 뒤 부인은 스스로 해명하기를,

"나에게는 아버지를 여읜 어린 아들 하나가 있으니 이 아이를 기르고 성취시켜 선조의 제사를 받들게 하는 것이 나의 책무이다. 어찌 지나치게 슬퍼하여 목숨을 잃는 생각을 하겠는가."

하고, 제사지내는 기물과 상장(喪葬)의 물품을 모두 직접 마련하였다. 위로 선조를 받들고 아래로 자식을 기름에 그 효성과 자애로움을 지극히 하였으니 내외의 종족들이 모두 크게 기뻐하였다.

계고(繼姑) 박부인(朴夫人)[58]이 집에 들어오자, 의정 부군이 부인을 가리키며 말하기를,

"우리 며느리는 여사(女士)이니, 그대는 잘 본받아야 할 것이다."

하였다.

2년 뒤 의정 부군이 세상을 떠나고 기사년(1689, 숙종15) 화란 때 인현왕후(仁顯王后)가 사가로 물러나자, 부인이 가족들을 거느리고 화전(花田)의 별장에 우거하였다.

58 계고(繼姑) 박부인(朴夫人) : 계고는 시아비의 계배(繼配)을 뜻한다. 이재(李縡)의 조부 이숙(李翻)의 원배(元配)는 나주 박씨(羅州朴氏)이고, 계배(繼配)는 경주 박씨(慶州朴氏)이다.

내가 어려서 학문에 힘쓰지 않자 부인이 눈물을 흘리며 말하기를,

"미망인이 오직 너 때문에 목숨을 부지하고 있으나, 자식이 있어도 공부하지 않을 바엔 차라리 없는 게 낫다."

하였다.

나의 중부 귀락공(歸樂公 이만성(李晩成))은 매우 엄하게 공부를 시켰는데, 비록 통렬하게 회초리를 치더라도 부인은 탄식하거나 걱정하는 기색이 전혀 없었다. 중부가 한번은 이 일을 거론하기를,

"이는 부인의 인지상정에 매우 어려운 일이거늘 오직 나의 형수에게서 보았다."

하였다.

부인은 길쌈을 부지런히 하여 젊어서부터 늙을 때까지 잠시라도 편안히 지내지 않았다. 일찍이 손수 목화를 손질하였는데 목화 떨기를 산가지로 삼아 밤새도록 독서를 시켰으니, 노둔한 내가 성취할 수 있었던 것은 실로 부인과 나의 중부 덕분이다. 왕후가 복위되자 부인은 다시 서울로 돌아왔다. 내가 당시에 벗들을 맞이하여 함께 독서하고 글을 지었는데 부인은 손수 음식을 제공하면서 힘든 줄 몰랐다.

임오년(1702, 숙종28)에 내가 문과에 급제하자 부인이 기쁘면서도 눈물을 흘리며 말하기를,

"이는 네 아버지가 생전에 누리지 못한 복에 대한 보답이다."

하고, 또 말하기를

"네가 영달하게 된 것이 기쁘지 않은 것은 아니지만, 신분이 존귀한 사람이 되기는 쉽고 선량한 사람이 되기는 어려운 법이니 이것이 내가 매우 걱정하는 바이다."

하였다. 나는 험난한 세상살이를 보고 벼슬할 마음이 적었는데, 부인

이 또 말하기를,

"너는 세속과 부합하는 것을 좋아하지 않아 관직을 맡으면 직분을 다하려고 할 것이니, 네가 세상에 용납 받지 못할까 두렵다."

하였다. 내가 나랏일로 해를 이어 서북 지역으로 나가자[59] 부인이 슬퍼하며 말하기를,

"네가 벼슬하지 않는다면 너와 함께 지내며 나의 여생을 마칠 수 있을텐데."

하였다. 마침내 돌아와 교외의 집에 우거하였다.

경인년(1710, 숙종36)에 내가 홍문관 관원으로 상소를 올려 사정을 아뢰고 진무열(陳茂烈)의 고사[60]를 인용하여 청하였는데, 성상께서 비답을 내리기를,

"너의 정상은 내가 매우 안타깝게 여기나 모친을 끝까지 봉양하려는 청은 허락하기 어렵다. 모친을 모시고 올라와 혼정신성(昏定晨省)을 빠뜨리지 마라."

하였다. 이때부터 관직에 제수되면 그때마다 사직하였다. 비록 멀리 가는 일로 부르더라도 나아가지 않고, 중간에 엄한 견책을 받더라도 모친 곁을 떠난 적이 없었다.

기해년(1719, 숙종45)에 내가 가선대부에 오르자 선친은 이조 참판에 추증되고 부인은 따라서 정부인(貞夫人) 직첩(職牒)을 받았다. 경

59 내가……나가자 : 저자는 1708년(숙종34)에 평안도 암행어사, 1709년(숙종35)에 함경북도 병마평사가 되었다.

60 진무열(陳茂烈)의 고사 : 명(明)나라 홍치(弘治) 연간에 어사(御史)였던 진무열(陳茂烈)이 벼슬을 내놓고 어버이를 끝까지 봉양할 것을 청하였을 때, 효종(孝宗)이 그 사정을 불쌍히 여겨 허락한 일이 있다. 《明史 卷283 儒林列傳 陳茂烈》

자년(1720, 숙종46)에 숙종께서 승하하고 귀락공이 임인사화(壬寅士禍)를 당해 옥사하였다. 중부의 장례가 끝나자 재는 부인을 모시고 인제(麟蹄)로 들어갔다. 인제는 궁벽한 곳이라 살기 힘들었으나, 산수가 아름답고 집 앞에는 비봉산(飛鳳山) 봉우리가 우뚝하였다. 부인은 아침마다 일어나서 둘러보고 말하기를,

"구름 기운이 아름답구나."

하였다. 당귀(當歸)와 자지(紫芝) 따위를 이것저것 심어놓고, 가을이면 손수 가지를 땄는데, 재는 그때마다 광주리를 안고 따라다니니 부인이 즐거워하였다. 비록 변변치 않은 음식도 넉넉하지 못했으니 화락하였다.

항상 나라를 걱정하여 계속 생각하면서 잊지 않았다. 지금의 성상께서 즉위하자 어떤 선비가 상소를 올려 신축년(1721, 경종1)과 임인년(1722) 사화에 맞아죽은 이들을 논하였는데, 부인이 이 소식을 듣고 탄복하기를,

"우리들은 다시 하늘의 해를 보기를 기대했었는데, 이제부터 국사는 알 만하다."

하였다.

얼마 뒤 조정이 잠깐 밝아져 내가 다시 부름을 받았는데, 사직을 아뢰었으나 허락받지 못하여 몇 달 뒤에 모친을 모시고 교외의 집으로 돌아왔다. 부인이 돌아가려고 할 적에 웃으며 말하기를,

"너의 출처로 보자면 굳이 산속을 떠날 필요는 없을 것이다. 그러나 노인이 앞으로 살날이 얼마 남지 않았으니 다만 친척이라도 만나보고 싶다."

하였다. 나는 대제학의 벼슬로 여러 번 성상의 간곡한 재촉을 받다가

마침내 삭출되었다. 어떤 이가 부인에게 말하기를,

"출사하도록 조금이라도 권할 수 없습니까?"

하니, 부인이 대답하기를,

"내가 어찌 부귀를 하찮게 여겨서 그렇게 하지 않은 것이겠는가. 시세가 이미 어찌할 도리가 없으니 오직 그 아이가 지키는 바를 따를 뿐이다."

하였다.

정미년(1727, 영조3)에 조정이 또 크게 변하고[61] 이듬해 역란(逆亂)이 일어나자[62] 나는 성상께 달려가 문후하고 돌아왔다. 얼마 뒤 무고를 당해[63] 또 도성에 들어가 대명(待命)하였는데, 부인이 근심스런 낯빛으로 말하기를,

"너의 명성이 성대하지 않고 너의 지위가 높지 않았다면 어찌 이런 일이 있었겠느냐."

하였다. 이에 나는 더욱 더 은거할 마음을 품었다.

부인의 부모 묘소가 여주(驪州)에 있고 부인의 동생 좌의정 진원(鎭遠)은 당시에 원주(原州)에 유배되어 있었는데, 여주와 원주가 또 맞닿은 지역이라 마침내 모친을 모시고 여주로 이거하였다. 부인이 내키지 않아 하며 말하기를,

61 조정이……변하고 : 소론이 정권을 잡은 정미환국(丁未換局)을 가리킨다.

62 역란(逆亂)이 일어나자 : 이인좌(李麟佐)의 난을 가리킨다.

63 무고를 당해 : 당시 역적 이지시(李之時)가 심문을 받으면서 평소 원한을 품고 있었던 이재(李縡), 김진옥(金鎭玉) 등을 무고하였다. 과거에 이지시의 아비가 방목(榜目)에 들었는데, 당시 시관(試官)이었던 저자가 그의 아비를 방목에서 빼버렸기에 이지시는 항상 사적으로 원한을 품고 있었다.

"네가 비록 내 뜻에 순종하려고 하지만 가묘(家廟)가 나를 따라 이곳에 와있으니 내가 매우 편안하지 않다."

하였다. 행장을 재촉하여 장차 다시 인협(麟峽)으로 들어가려고 하였는데, 얼마 뒤 병을 앓아 대거리(大居里) 우사(寓舍)에서 세상을 떠났다. 이때가 무신년(1728, 영조4) 9월 19일이니 향년 73세였다. 발인하여 한천(寒泉)의 선영으로 돌아와 11월 10일에 선친의 묘를 파내어 합장하였다.

부인은 엄숙하고 현명하며 어질고 은혜로웠으니, 멀리서 보면 근엄하였지만 다가가면 온화하였다. 효성과 공경에 독실하여 병을 앓고 있는 시어미 박부인을 모실 적에는 정성스럽고 간절한 마음으로 크고 작은 일을 직접 하였다. 박부인은 평소 간엄하였는데 병이 심해지자 부인을 돌아보며 말하기를,

"내가 죽을 날이 얼마 남지 않았으니, 우리 며느리의 은혜에 보답할 길이 없어 한스럽다."

하였다. 계고(繼姑) 박부인 또한 부인을 공경하고 소중히 여겨 매사에 반드시 물어보았으며 종신토록 변함없이 사랑하였다. 계고에게 일찍 과부가 된 딸 하나가 있었는데, 계고가 세상을 떠난 후에 그 딸도 세상을 떠나자 부인이 그 집의 두 딸을 집으로 데려와 장성할 때까지 길러주니 어미가 없는 줄 모를 정도였다.

제사를 모실 적에는 제수나 기물을 정갈하게 마련하여 영령의 흠향에 정성을 다하였으며, 제사를 지내고 나면 미치지 못할까 서글퍼하였다.[64] 항상 새벽닭이 울면 일어나 세수하고 머리를 빗었다. 집안일을

64 제사를……서글퍼하였다 : 《예기》 〈단궁 하(檀弓下)〉의 "노(魯)나라의 안정(顏

다스리는 데 법도가 있어서 내외의 비복(婢僕)들이 각자의 일을 수행하였다. 그들을 대우함에 곡진한 은혜가 있어 춥고 굶주림을 때맞추어 살폈으며 밥 먹을 때는 일절 부르지 않았다. 간혹 병을 핑계대면,

"사람의 힘으로 억지로 할 수 없는 것이 질병이니, 나는 차라리 속겠다."

하였다.

사리에 통달하고 시비를 분명히 하여 집안의 자녀가 과실이 있으면 반드시 지성으로 깨우쳤으니 듣는 이들이 모두 감동하였다. 친정에 갈 때조차도 그러하였으니, 여러 부인들이 부인이 온다는 소식을 들으면 그때마다 서로 경계하며 감히 마음을 놓지 않았다. 친족들과 서로 모이는 것을 즐거워하여 모일 때마다 정의(情意)가 넘쳐흘러 아래로 소원한 이들에게까지도 모두 그 사랑을 극진히 하였다.

다만 옳지 않은 이를 보면 그가 선물을 주더라도 받지 않았다. 또 감식안이 있어 선악과 장단을 말한 것이 종종 적중하였다. 이 때문에 친족들이 자식을 낳으면 모두 부인의 평가를 한번이라도 받기를 원하였다. 곤궁하고 위급한 사람을 보면 목마름을 씻어주듯 구휼해 주었는데, 이웃에 가난한 친족이 많이 살고 있어 항상 음식을 먹어도 잘 넘기지 못하는 듯하였다. 손님을 접대하는 일에 있어선 마음을 다하지 않은 적이 없었는데도 "부족하지는 않았나?"라고 하였다.

丁)은 부모의 거상(居喪)을 잘하였다. 부모가 처음 죽었을 때에는 불안해하여 구함이 있으나 얻지 못하는 듯하였으며, 빈소를 차리고는 빈소를 바라보며 따라감이 있으나 미치지 못하는 듯하였으며, 장례하고 나서는 서글퍼하여 부모가 되돌아오는 데 미치지 못할까 기다리는 듯하였다.〔顔丁善居喪, 始死, 皇皇焉如有求而弗得, 旣殯, 望望焉如有從而弗及, 旣葬, 慨然如不及其反而息.〕"라고 한 데서 나온 말이다.

살림살이가 항상 부족한 것이 근심이었으나 평생 남에게 돈을 빌려주되 한 푼의 이자도 받지 않았다. 신분이 왕후와 일가인데도 털끝만큼도 구하지 않았으니, 인형왕후가 일찍이 말하기를,

"우리 언니는 고사(高士)이다."

하였다.

중년에 풍질(風疾)을 앓자 왕후가 여의(女醫)를 보내 진찰하게 하고 방풍통성산(防風通聖散)[65] 수십 첩을 보내주며 말하기를,

"우리 언니의 마음이 편안하지 못할 것이다."

하였다. 습의(襲衣) 한 벌을 내려주자 부인이 부장품으로 묻으라고 유언하며 말하기를,

"이 또한 내 분수에 지나치다."

하였다.

나의 아내 오씨(吳氏)[66]가 일찍 세상을 떠나고 자식이 없었는데, 그의 오빠 해창부마(海昌駙馬 오태주(吳泰周)가 아내가 어릴 적 애호했던 진주 따위를 보내주면서 말하기를,

"이것들을 남겨두어 제사를 담당할 자손을 기다리게나."

하였다. 부인이 사양하고 돌려보내며 말하기를,

"이것들은 모두 궁궐에서 나온 것이니 일반 백성의 집에 있어서는 안 된다. 더군다나 이 물건들에 반드시 복이 따라오는 것도 아니니, 감히 남겨두고 아직 태어나지 않은 자손을 기다릴 수는 없다."

65 방풍통성산(防風通聖散數) : 중풍(中風) 및 여러 종류의 풍열(風熱)을 치료하는 약재이다.

66 아내 오씨(吳氏) : 오두인(吳斗寅)의 딸 해주 오씨(海州吳氏)를 가리킨다.

하였다.

내가 한번은 조자앙(趙子昂 조맹부(趙孟頫))의 진첩(眞帖)을 보고 좋아해서 구매하려고 하였는데, 부인이 조자앙의 본말[67]을 듣고는 재를 나무라기를,

“글씨는 다만 하나의 잗단 기예이니 어찌 보배로 삼기에 족하겠느냐.”
하니, 나는 황공하여 즉시 돌려주었다.

내가 은거한 이후로 배우러 오는 젊은 유생들이 많았는데, 부인이 말하기를,

“이런 광경은 내가 어릴 때 외조부한테서 보았는데, 너한테서 보게 될 줄은 생각지도 못했다. 덕은 부족한데 지위가 높고 역량은 모자란데 책임이 무거운 것을 고인은 두려워하였다.
하였다.

매일 아침저녁으로 강송하는 소리를 듣기 즐거워했으나 또 불안한 마음으로 걱정하지 않은 적이 없었다. 평소 ‘분(分)’자에 대해 즐겨 말하였는데,

”사람은 각기 자신의 본분을 생각하여 그 분수를 넘지 않으면 무사할 것이다.“
하였다.

내가 50년 동안 부인을 모시면서 삼가 살펴보니, 부인은 아름다운 덕을 순수하게 갖추어 훈계하는 것들이 모두 엄숙하게 법도가 되는 말이었다. 비록 불초자가 형편없어 만분의 일도 받들어 따르진 못했으

67 조자앙의 본말 : 조맹부(趙孟頫)는 원래 송(宋)나라 황실의 후손이었다. 그런데 남송(南宋)이 멸망하고 원(元)나라가 세워졌을 때, 원나라 조정에서 벼슬을 하였다.

나 영리를 탐하여 선조를 욕되게 하고 자신을 망치는 지경에 이르지 않은 것은 오직 부인의 가르침이 바탕이 되었다. 시간이 멀어질수록 점점 희미해져 끝내 민멸되고 말아 불효의 죄를 거듭 저지를까 참으로 두렵기에 우선 한두 가지를 기록하여 무덤에 들인다. 우리 이씨(李氏)의 세계와 자손들은 이미 선친의 묘지에 기록해 놓았으니 여기서는 다시 언급하지 않는다.

중부 판서 귀락당 부군 묘지[68]

仲父判書歸樂堂府君墓誌

공은 휘가 만성(晩成)이고 자가 사추(士秋)이고 호가 귀락당(歸樂堂)이다. 우리 이씨(李氏)는 우봉(牛峰)에서 나왔으니 고려 때 시중을 지낸 공정(公靖)의 후손이다. 부친 휘 숙(翻)은 의정부 우의정을 지냈으며, 모친 나주 박씨(羅州朴氏)는 첨지중추부사를 지내고 판서에 추증된 호(濠)의 딸이니, 숭정(崇禎) 기해년(1659, 효종10) 2월 30일에 공을 낳았다. 의정공의 둘째 형 휘 흡(翖)과 계실(繼室) 동복 오씨(同福吳氏)가 강화도에서 순절하였기에 공이 출계하여 그 집의 후사가 되었다.

임술년(1682, 숙종8)에 진사에 합격하였다. 갑술년(1694, 숙종20)에 익릉 참봉(翼陵參奉)에 제수되었으나 나아가지 않았다. 병자년(1696, 숙종22)에 정시(庭試)에 장원하였다. 성균관 전적, 병조와 이조의 낭관, 지제교, 사헌부의 지평·집의, 사간원의 정언·사간, 홍문관의 부교리·교리·응교, 시강원의 문학·겸문학·보덕·겸보덕, 제용감 정을 지냈다. 갑신년(1704, 숙종30)에 승정원 동부승지에 제수되었다가 좌부승지에 오르고, 병조·호조·이조·공조의 참의를 지냈으며 여러 번 대사성이 되었다. 병술년(1706, 숙종32)에 동지의금부사를 지냈다. 이후로 여러 조(曹)의 참판을 두루 지냈는데 이조 참판으로 있을 때가 가장 많았다. 한성부 좌윤(漢城府左尹), 대사헌, 행 대사간,

68 중부……묘지 : 저자가 그의 중부 이만성(李晩成, 1659~1722)을 위해 쓴 묘지이다.

도승지, 부제학, 도총부 부총관을 지냈다. 경인년(1710, 숙종36)에 충청도 순무사(忠淸道巡撫使)가 되었다. 갑오년(1714, 숙종40)에 가의대부에 올랐다. 병신년(1716, 숙종42)에 경기 관찰사(京畿觀察使)를 거쳐 형조 판서에 발탁되었다가 이조와 예조의 판서로 옮기고, 지중추부사, 공조 판서, 한성부 판윤을 지내고 두 차례 병조 판서를 지냈는데, 항상 경연, 춘추, 동지성균, 세자빈객 등의 관직을 겸하였다. 경자년(1720, 숙종46)에 숙종께서 승하하고, 그 이듬해 부안(扶安)으로 유배다가 임인년(1722, 경종2) 여름에 체포되어 마침내 8월 15일에 옥사하였다.

공은 기량이 넓고 풍채가 빛났으며, 효성과 우애를 타고나 내외척과는 화목하고 외롭거나 궁핍한 이들을 잘 보살폈다. 조정에서 벼슬할 적에는 강직하여 뺏을 수 없는 절의가 있었으니 한결같이 군덕(君德)을 바로잡고 사론(士論)을 주장하는 것을 위주로 하였다. 자신에게 세도(世道)를 부지할 책임이 있었으나 마음속으로는 항상 물러나길 생각하였다. 다만 위태로운 시대라 의(義)를 다하여 몸과 마음을 바쳤는데 명망은 높았으나 화가 뒤따랐고 이름은 온전히 하였으나 몸이 치욕을 받았다. 공이 운명에 대해 어찌하겠는가. 오직 자신의 강대한 기운을 굽히지 않고서 정명(正命)을 순히 받을 뿐이나. 그러나 어질고 후덕하며 충성스럽고 미더운 공과 같은 이가 세상의 환난을 당했으니 천도(天道)를 어디서 징험하겠는가. 아, 슬프도다!

부인 안동 김씨(安東金氏)는 영의정 수흥(壽興)의 딸로 공보다 20년 앞서 세상을 떠났다. 아들 구(絿)는 진사에 장원하고 정랑을 지냈으며 사위는 진사 김성택(金星澤)이다. 후부인 연안 김씨(延安金氏)는 봉사 정(淵)의 딸로 딸 한 명을 두었는데 어리다. 서녀 사위는 윤심(尹諶)이다. 10월 8일에 수원(水原) 쌍부(雙阜) 임좌(壬坐)의 언덕에 안장하고 원배(元配)를 합장하였다.

나는 공으로부터 실로 부친과 스승의 은혜를 입었으니 보답하고자 해도 끝이 없다. 지금 이 묘지문을 차마 쓰지 못할 뿐만 아니라 또한 감히 다 말할 수도 없기에 우선 그 대체를 써서 후세에 전한다.

중모 증 정경부인 안동 김씨 묘지[69]

仲母贈貞敬夫人安東金氏墓誌

우리 중부 이조 판서 휘 만성(晩成)의 원배 안동 김씨(安東金氏)는 영의정 충익공(忠翼公) 휘 수흥(壽興)의 딸이요, 좌의정 청음(淸陰) 문정선생(文正先生) 휘 상헌(尙憲)의 증손이요, 부사 남원(南原) 윤형각(尹衡覺)의 외손이다. 판서공의 부친은 우의정 휘 숙(翻)이고, 모친 나주 박씨(羅州朴氏)는 첨지중추부사를 지내고 판서에 추증된 호(濠)의 딸이다. 의정 부군의 둘째 형으로 지평에 추증된 휘 흡(翖)과 부인 동복 오씨(同福吳氏)가 강화도에서 같은 날 순절하자 판서공은 의정 부군의 명으로 그 집의 후사가 되었다.

부인은 성품이 총명하고 지혜로워 충익공이 매우 사랑하였는데, 15세가 되자 배필을 골라 판서공에게 시집보냈다. 어여쁘고 순수하여 부녀자의 도를 지녔으니 종친들과 하인들이 모두 부인의 자애로움을 칭송하였다. 부인은 어려서 병을 앓고 나이가 들수록 더욱 고질이 되었다. 판서공이 만년에 첩을 들이자 어떤 이가 부인을 위로하였는데, 부인이 정색하며 말하기를,

"내가 병이 들어 집안을 다스리지 못하니 지아비의 이번 일은 늦은 처사이다."

하고, 그 첩을 은혜롭게 대하였다. 이 소식을 들은 이들이 말하기를,

69 중모……묘지 : 저자가 그의 중모 안동 김씨(安東金氏, 1659~1703)를 위해 쓴 묘지이다.

"이것은 인지상정에 하기 어려운 일이거늘 부인이 유독 이 일을 하였구나."

하였다.

모친 윤 부인(尹夫人)은 여자 중의 선비였다. 부인은 어려서부터 그 영향을 받아 서사(書史)를 대략 통달하여 숙종형(叔從兄) 농암공(農巖公) 창협(昌協)과 백연자(百淵子) 창흡(昌翕)이 항상 칭찬하였으므로 부인의 견식이 이러했던 것이다. 부인은 숭정(崇禎) 기해년(1659, 효종10) 1월 3일에 태어나 계미년(1703, 숙종29) 5월 9일에 세상을 떠났다.

판서공이 병자년(1696, 숙종22)에 장원급제하고, 부인이 세상을 떠났을 때 판서공의 관직은 홍문관 응교였는데 이듬해 승정원 승지에 발탁되자 부인은 숙부인(淑夫人)에 추증되었다. 또 2년 뒤 판서공이 참판에 오르자 따라서 규례대로 추증되었다. 임인년(1722, 경종2) 사화 때 판서공이 옥사하고, 을사년(1725, 영조1)에 신원되어 좌찬성에 추증되자 부인도 정경부인(貞敬夫人)에 추가로 추증되었다.

1남1녀를 두었으니 딸은 진사 김성택(金星澤)에게 시집갔고, 아들 구(絿)는 진사에 장원하고 정랑을 지냈으며 그의 네 딸은 아직 시집가지 않았다. 사위의 사위는 사인 심봉인(沈鳳仁), 진사 이명채(李命采)이다. 구는 화란을 당한 이후로 궁벽한 산으로 들어가 마침내 통한을 품은 채 세상을 떠나니, 조정에서 그의 효성을 가련하게 여겨 특별히 집의에 추증하고 집안을 정려하였다. 우리 이씨(李氏)는 대대로 충효를 계승하였는데, 구는 선조를 욕되게 하지 않았으니 부인에게도 영광이다. 그러나 우리 중부의 후덕함과 부인의 자애로움으로도 끝내 후사가 없었으니, 이것이 무슨 하늘의 뜻인가. 부인은 처음에 수원(水原)의

쌍부(雙阜)에 안장하였는데, 판서공이 세상을 떠나자 무덤 왼쪽을 파서 합장하였다. 무신년(1728, 영조4)에 용인(龍仁)의 천동(泉洞)에 이장한 곳은 바로 의정 부군의 무덤 왼쪽이니 구의 유언을 따른 것이다.

나는 어려서부터 부인을 모셨고 부인은 구와 똑같이 나를 대해주셨다. 구가 지금 세상을 떠났으니 부인의 덕과 아름다움을 내가 아니면 누가 알겠는가. 눈물을 흘리며 부인을 위해 묘지문을 써서 무덤에 들인다. 아, 슬프도다!

계부 관찰사 부군 묘지[70]

季父觀察使府君墓誌

공은 휘가 만견(晩堅)이고 자가 사동(士冬)이다. 우리 이씨(李氏)는 고려 시중 공정(公靖)에서 시작하여 7대가 내려와 도관찰사를 지낸 길배(吉培)가 처음으로 본조에 들어와 벼슬을 하였다. 그의 손자 승건(承健)은 판서를 지냈고, 판서의 손자 지신(之信)은 부제학을 지냈으며, 부제학이 찬성에 추증된 휘 할(劼)을 낳았으니 이분이 공의 증조부이다. 조부인 참의 휘 유겸(有謙)과 부친인 우의정 휘 숙(翻)은 2대가 모두 학행(學行)과 덕업(德業)으로 세상에 크게 현달하였다. 모친 나주 박씨(羅州朴氏)는 첨지중추부사를 지내고 판서에 추증된 호(濠)의 딸이다. 백부 도정 휘 핵(翮)이 공을 데려와 후사로 삼았다.

공은 태어나면서부터 영특하고 형제 가운데 막내라 부모님이 매우 사랑하였다. 장성해서는 발분하여 학문에 힘썼다. 숙종 무인년(1698, 숙종24)에 성균관에 감귤을 하사하며 시험할 적에 공이 많은 선비들 중에 장원하였기에 이듬해 전시(殿試)에 바로 응시하여 급제하였다. 사관에 천거되었으나 함께 천거된 이가 저지당하는 터에 마침내 중지되었다. 시강원 설서를 거쳐 예조와 병조의 낭관으로 옮기고 여러 번 사간원 정원이 되었다. 어떤 대관(臺官)이 남을 논핵하면서 그 사람의 부친까지 욕보이자 그 대관을 논박하여 파직시켜서 풍습을 바로잡았

70 계부……묘지 : 저자가 그의 계부(季父) 이만견(李晩堅, 1666~1717)을 위해 쓴 묘지이다.

다. 시정(市井)의 자제로서 수령이 된 몇몇 사람을 모두 솎아 내니 관직의 기강이 차츰 엄숙해졌다.

계미년(1703, 숙종29)에 어버이 봉양을 위해 과천 현감(果川縣監)으로 나갔다가 홍문관 수찬으로 부름을 받고 얼마 뒤에 이조에 들어가 좌랑과 정랑이 되었으며, 부교리, 교리, 부응교, 응교 등을 역임하였다. 시강원에서는 겸사서, 겸문학, 보덕, 겸보덕을 지내고, 사간원에서는 헌납, 사간을 지냈으며, 사헌부 집의, 의정부 사인, 군자감 정을 지냈는데, 항상 지제교를 겸하였다.

헌납으로 있을 적에 조정의 신하들이 한창 존호(尊號)를 논의하자 성상께서는 겸손한 덕을 지켜서 허락하지 않았다. 공이 간언하기를,

> "한(漢)나라 광무제(光武帝)는 처음에는 봉선(封禪) 의식을 거행하라는 신하들의 청을 물리쳤으나 훗날 신하들의 청에 마지못해 따랐으니,[71] 처음과 같은 뜻으로 끝까지 신중하십시오."

하였다.

교리로 있을 적에 고시에서 사정(私情)을 써서 명분과 의리에 죄를 얻은 자가 오랜 시간이 지난 뒤 등용되기를 다시 도모하였는데, 공이 의리를 내세워 엄히 논척하였다. 성상께서 처음엔 받아들이지 않았으나 그 사람은 끝내 등용되지 못하였다.

계사년(1713, 숙종39)에 어용도감(御容都監)의 도청(都廳)을 맡은

71 한(漢)나라……따랐으니 : 한(漢)나라 광무제(光武帝)가 즉위하고 30년이 지났을 적에 신하들이 태산(泰山)에 올라 봉선(封禪) 의식을 거행하기를 청하였는데, 광무제는 백성들의 원망이 가득하다는 이유로 강력히 거절하였다. 그러나 훗날 광무제가 좋아했던 참위설(讖緯說)에 봉선 의식을 거행해야 한다는 대목이 나오자 곧바로 의식을 거행하였다.

공로로 통정대부에 오르고 장례원 판결사를 지냈다. 충청도 관찰사(忠淸道觀察使)에 제수되었는데 부임하기 전에 체직되어 광주 부윤(廣州府尹)에 제수되었다. 조정에 들어와 승정원 동부승지가 되었다.

병신년(1716, 숙종42)에 대간으로서 상소를 올려 사문(斯文)의 시비를 통렬히 논변하고 이진유(李眞儒)가 현인을 무함한 죄를 바로잡기를 청하였으며, 이어서 희로(喜怒)가 중도를 잃었다고 경계를 아뢰었으나 성상께서 살피지 않았다. 인피(引避)함에 미쳐서는 그 말이 더욱 절실하고 올곧았다. 간사한 무리가 공이 상소에서 했던 말을 들추어내어 죄를 얽어 파직을 청하였으나 성상께서 따르지 않았다. 가을에 승지로 있다가 강원도 관찰사(江原道觀察使)로 나갔는데, 한 해가 지났을 때 본생(本生) 계모(繼母)의 병이 위독해지자 간절한 마음을 아뢰고 속히 돌아갔다. 호조 참의가 되었다가 얼마 뒤 상을 당하였다. 예전 공이 약관의 나이였을 때 연달아 부모상을 당하여 몸이 상해 목숨이 거의 온전하지 못하였는데, 이때에 상을 이기지 못하여 세상을 떠나니 바로 정유년(1717, 숙종43) 6월 14일로 공이 태어난 병오년(1666, 현종7)으로부터 52년이다.

공은 인자하고 소박하며 공손하고 주밀하였다. 양모 이 부인(李夫人)이 80세를 누렸는데 공이 곁에서 봉양하며 뜻에 순종하는 데 힘썼다. 선조의 제사를 받드는 일에는 정갈하게 정성을 다하였으며, 부모상을 당한 날에는 눈물을 흘리며 자제들에게 말하기를,

"내가 가묘(家廟)를 살피지 못했으니, 너희들은 반드시 자주 사당을 청소하며 살펴야 할 것이다."

하였다. 성상의 병환이 날로 심해진다는 얘기를 들으면 또 눈물을 흘리며 말하기를,

"내가 더 이상 성상의 얼굴을 뵙지 못할까 두렵다."
하였다. 공의 충심과 효성이 천성에서 나온 것이 이와 같았다.

우애가 지극하였는데 나의 선친이 일찍 세상을 떠나자 선친을 언급할 때마다 오열하였다. 과부가 된 누이가 가난하여 의지할 데가 없었는데 지성으로 구제하니 여러 생질들이 제집처럼 여기고 의지하였다. 이 마음을 종친들에게까지 미루어 나가고 아래로는 하인들에 이르기까지 곡진하게 은혜를 베풀었다. 남들과 교제할 적에는 한결같이 정성으로 대하여 죽을 때까지 호들갑스럽게 사귀는 법이 없었다. 사학(史學)에 뛰어나 손에서 《자치통감강목(資治通鑑綱目)》 한 부를 놓은 적이 없었으며, 고금의 치란과 득실을 논하기 좋아하였다. 견식이 통달하여 종종 이전 사람이 미처 밝히지 못한 부분을 밝힌 것도 있었다. 언의(言議)가 준엄하고 정대하였는데 특히 음양과 선악의 구별에 엄격하여 전후로 논한 것이 한결같이 군주의 덕을 바로잡고 사림을 부지하는 것을 일삼았다.

벼슬에 나아가기를 어려워하고 물러나기를 쉽게 여겨 낮은 관직을 배회하였기에 남들이 공의 벼슬길이 더디다고 여겼으나 공은 태연하였다. 정사(政事)의 재능이 있어 민첩하게 다스리고 분명하게 결단하였기에 논자들이 장례원을 맡은 자들 가운데 근세에 미칠 자가 없다고 하였다. 일찍이 사적인 노여움 때문에 한 사람이라도 형벌을 내린 적이 없었으며, 백성의 실고와 사람의 정위(情僞)에 대해 남김없이 환히 알았기 때문에 아전들이 복종하고 백성이 사랑하였다. 과천과 광주에서의 정사는 어진 덕과 교화가 넘쳐흘러 송덕비를 세워 사모하기도 하였다. 강원 감영에 있을 적에 비장(裨將)이 상세(商稅)로 징수한 널판을 대부인을 위한 수기(壽器 생전에 마련하는 관)로 마련하기를 청하

자, 공이 내키지 않으며 말하기를

"이것은 관아의 물건이다."

하였다.

도관찰사의 묘가 오랫동안 실전되었는데, 공이 광주를 다스릴 적에 정성을 다해 찾다가 체직되어 돌아간 이후에야 비로소 찾게 되었다. 공이 기이한 꿈을 꾸고는 항상 말하기를,

"내가 죽거든 반드시 이곳에 안장하라."

하였는데, 마침내 그 말대로 하였다.

공의 부인 칠원 윤씨(漆原尹氏)는 관찰사 가적(嘉績)의 딸이다. 2남 4녀를 두었으니, 두 아들은 수(綏)와 유(維)이고, 두 딸은 사인 윤급(尹汲)과 원경후(元景厚)에게 시집갔고 나머지 두 딸은 아직 출가하지 않았다.

예전에 중씨(仲氏) 판서 휘 만성(晩成)과 불초자 재(縡)가 공의 앞뒤로 조정에 출사하여 한 때 나란하게 청현직(淸顯職)의 반열에 있었다. 공과 판서공은 늘 사양하고 물러나는 마음을 간직하여 초야에 있는 날이 많았는데 농사를 짓고 밭을 가꾸는 것을 즐거움으로 삼았다. 또 바다와 산천 사이를 지팡이 짚고 거닐며 노닐기도 하였는데 불초자가 그때마다 따라다녔으니 그 즐거움이 성대하였다. 공이 세상을 떠나고 5년이 지났을 때 세도(世道)가 크게 변하였다. 판서공이 유배지에 있으면서[72] 공의 자(字)를 부르며 탄식하기를,

"아무개는 오늘날을 보지 못했구나. 내가 이전에는 그의 죽음을 슬퍼

72 판서공이 유배지에 있으면서 : 이만성(李晩成)은 신임사화 때 전라도 부안에 유배되었다가, 다시 서울로 불려와 국문을 받다가 옥사하였다.

하였으나 지금은 그가 부러울 따름이다."

하였다. 얼마 뒤 결국 화를 당하였으니, 공이 살아있었다면 또한 화를 면치 못했을 것이다.

불초자는 세상에 외로이 살아남아 홀로 국가의 비상한 변고를 보고는 궁벽한 산으로 들어가려는데, 공의 평소 아름다운 행실이 나날이 민멸될까 매우 두려워 마침내 감히 한두 가지 사적을 대략 서술하여 묘지문을 지으며 성쇠(盛衰)와 존몰(存沒)의 사이에서 거듭 탄식하며 눈물을 흘린다.

공의 묘는 무신년(1728, 영조4) 2월에 죽산(竹山) 가리산(加里山) 아래 모좌(某坐) 언덕으로 이장하였다. 윤 부인(尹夫人)은 처음에 용인(龍仁) 선영에 안장하였다가 이때에 옮겨서 합장하였다. 공의 직질(職秩)로 보면 응당 신도비가 있어야 하지만 일의 형편과 재력이 미치지 못하였다. 묘지문을 짓고 22년이 지난 후에야 비로소 지석(誌石)을 구워 무덤에 들인다. 수(綏)는 음보로 현령을 지냈고 유(維)는 문장과 행실이 있었으나 요절하였다. 사위 윤급(尹汲)은 문과 중시(文科重試)에 급제하고 대사성을 지냈으며, 사위 원경후(元景厚)는 생원이다. 두 막내딸은 사인 홍재(洪梓)와 유각(柳慤)에게 시집갔다. 윤 부인(尹夫人)은 별도의 묘지문이 있다.[73]

73 윤 부인(尹夫人)은……있다 : 본서 제46권에 수록되어 있는 〈계모 정부인 칠원 윤씨 묘지(季母貞夫人漆原尹氏墓誌)〉를 가리킨다.

계모 정부인 칠원 윤씨 묘지[74]

季母貞夫人漆原尹氏墓誌

정부인 칠원 윤씨(漆原尹氏)는 나의 계부(季父) 관찰사 휘 만견(晚堅)의 부인이다. 부친은 관찰사 가적(嘉績)이고, 조부는 사헌부 장령 우정(遇丁)이고, 외조부는 의금부 도사 백천(白川) 조석명(趙錫命)이고, 시아버지는 돈령부 도정 핵(翮)이고, 본생(本生) 시아버지는 의정부 우의정 숙(翻)이다.[75]

부인은 무신년(1668, 현종9) 5월 18일에 태어나 15세의 나이에 관찰공에게 시집갔는데, 어여쁘고 순수하며 자애로워 시부모님이 매우 사랑하였다. 개부(介婦 맏며느리가 아닌 그 이하 며느리)로서 나의 모친에게 감히 맞먹으려고 하지 않았으며 한결같이 부녀자의 법도를 따랐다. 본생 시어미 박부인(朴夫人)의 상에 달려가 지성으로 슬피 울부짖으니 보는 이들이 그 효성에 감동하였다. 나의 모친이 제사를 주관하는데 부인이 수고로운 일을 대신하였으니 그때가 혹한이라 손등이 찢어졌다. 나의 모친은 항상 이 일을 언급하며,

> "비록 옛날의 이른바 효부(孝婦)라 할지라도 어찌 이보다 더할 수 있겠는가."

74 계모……묘지 : 저자가 그의 계모(季母) 칠원 윤씨(漆原尹氏, 1668~1725)를 위해 쓴 묘지이다.

75 본생(本生)……숙(翻)이다 : 이만견(李晚堅)의 생부는 이숙(李翻)인데, 출계하여 백부인 이핵(李翮)의 후사가 되었다.

하였다.

관찰공은 벼슬이 현달하였으나 집은 매우 가난하였다. 소후(所後) 시어머니 이 부인(李夫人)이 80세가 넘었는데 부인이 손수 음식을 마련하며 봉양을 극진히 하였다. 이 부인의 네 딸이 친정에 올 때면 부인은 허심탄회하게 대하여 정의(情意)가 흘러넘쳤으며, 비록 저녁 양식이 떨어져도 남들이 모르게 하였다. 관찰공이 기뻐하며 말하기를,

"우리 누이들이 즐거워하며 돌아갈 줄 모르게 된 것은 부인 덕분이다."

하였다.

관찰공이 고을을 두루 다스릴 적에도 부인은 일찍이 털끝만큼도 관찰공의 청렴한 덕에 누를 끼치지 않았다.

관찰공이 세상을 떠나고 또 임인년(1722, 경종2) 사화를 만나자 재(縡)는 가솔들을 모두 이끌고 설악산(雪嶽山) 아래로 들어가고 부인은 홀로 지내며 더욱 곤궁하게 살았는데, 편지가 이르면 슬퍼하는 말이 많았다. 을사년(1725, 영조1) 4월에 내가 인협(麟峽)에서 돌아오니 부인은 이미 병을 앓고 있었는데 이달 19일에 화전(花田)의 교외 집에서 세상을 떠났다. 나의 모친은 미처 돌아오지 못한지라 부인을 다시 보지 못한 것을 죽을 때까지 한으로 여겼다.

우리 이씨(李氏)의 계보와 부인의 자손들은 이미 관찰공의 묘지에 기록되어 있으니 여기서 다시 언급하지 않는다. 부인의 맏네이들 유(維)가 일찍이 부인을 위해 별도의 묘지를 마련하고자 하였으나 이루지 못하고 세상을 떠났다. 나는 그의 뜻을 슬퍼하고 또 부인의 아름다운 덕이 민멸될까 두려워 대략 한두 가지 사적을 서술하여 무덤에 들인다

망실 증 정부인 해주 오씨 묘지[76]

亡室贈貞夫人海州吳氏墓誌

삼주(三洲) 이재(李縡) 희경(熙卿)의 부인은 해주 오씨(海州吳氏)이니, 판서 증 영의정 충정공(忠貞公) 휘 두인(斗寅)과 부친이 부사 연(埏)인 정경부인 상주 오씨(尙州黃氏)의 막내딸이다. 시아버지는 증 이조참판 휘 만창(晩昌)이고, 시아버지의 부친은 우의정 휘 숙(䎘)이며, 시어머니의 부친은 여양부원군(驪陽府院君) 문정(文貞) 민공(閔公) 휘 유중(維重)이다.

부인은 어려서부터 현명하고 정숙하며 온화하고 자애로워 충정공이 자식들 가운데 특히 사랑하였다. 내가 일찍 부친을 여의고 7세 때 의정 부군이 충정공과 혼인을 약속하였는데, 2년 뒤 의정 부군이 세상을 떠나고 또 1년 뒤 충정공이 화를 당하는[77] 바람에 부인은 15세의 나이에 비로소 내게 시집왔다. 돌아가신 선친을 언급할 때면 그때마다 마주하여 눈물을 흘렸다. 부인은 부귀한 집안에서 태어났으나 교만하고 나태한 뜻이 전혀 없었다. 우리 조모와 모친을 봉양함에 기쁜 기색과 온화한 태도로 곁에서 뜻을 받들어, 물러나라는 명이 있지 않으면 자기 방으로 가지 않았으며, 손수 길쌈이나 침선 등의 일을 하며 잠시도

76 망실……묘지 : 저자가 자신의 부인 해주 오씨(海州吳氏, 1679~1700)를 위해 쓴 묘지이다.

77 충정공이 화를 당하는 : 오두인(吳斗寅)은 1689년(숙종15)인현왕후(仁顯王后)가 폐위되자 이세화(李世華)·박태보(朴泰輔)와 함께 반대하는 소를 올려 국문을 받고, 의주로 유배 도중 파주에서 죽었다.

편히 있지 않았다. 우리 집안은 대대로 검약함을 숭상하였는데 부인 또한 스스로 화를 당한 집안의 자식이라 하여 의복이 검소하였다. 황부인(黃夫人)이 한번은 나를 놀리며 말하기를,

"우리 딸은 공주(公主)가 손위 올케라서[78] 어려서부터 익숙히 보아온 것들이 진귀한 물건들이었으나 한 번도 욕심내는 기색을 본 적이 없어서 늘 그 아이의 소박함을 이상하게 여겼으니, 그대의 짝이 되기에 마땅하네."

하였다.

부인은 여러 번 낙태하였고 한 번 낳은 딸도 곧 죽어버렸다. 병이 극심해져 하루는 숨이 끊어졌다가 소생하였는데, 내가 왔다는 소식을 듣고는 기운을 내어 말하기를,

"시어머니 곁에 모실 사람이 없으니 당신은 지체하지 말고 속히 돌아가세요."

하였다. 부인과 같은 이는 죽음에 이르러서도 효를 잊지 않는 자라고 이를 만하다.

부인은 숭정(崇禎) 기미년(1679, 숙종5) 9월 8일에 태어나 경진년(1700, 숙종26) 4월 19일에 세상을 떠났고, 참판 부군의 묘소 아래에서 몇 보되는 곳에 안장하였다. 부인이 세상을 떠나고 2년 뒤에 내가 비로소 알성문과에 급제하고 또 5년 뒤에 문과 중시에 급제하였다. 계사년(1713, 숙종39)에 성균관 대사성이 되자 부인이 따라서 숙부인(淑夫人)에 추증되었고, 기해년(1719, 숙종45)에 홍문관 부제학을 거쳐 가

78 우리……올케라서 : 해주 오씨의 오빠인 오태주(吳泰周, 1668~1716)가 현종의 딸인 명안공주(明安公主)와 혼인하였다.

선대부로 품계가 오르자 정부인(貞夫人)으로 가증(加贈)되었다. 나는 남양 홍씨(南陽洪氏)에게 다시 장가들어 1남1녀를 두었으니, 아들은 제원(濟遠)이고 딸은 사인 유언흠(兪彦欽)에게 시집갔다.

내가 부인을 위해 곡을 한 이후로 거의 30년이 되었는데, 오래될수록 더욱 슬퍼지니 다만 부인을 위해서만 슬퍼하는 것이 아니다. 기억하건대 옛날 기묘년(1699, 숙종25)에 내가 연이어 크고 작은 회시(會試)에 낙방하여 기뻐하지 않는 기색이 있었는데 얼마 뒤 과옥(科獄)이 일어나자 부인이 차분하게 나를 일깨우며 말하기를,

"과거 급제는 자잘한 일일 따름입니다. 저들이 못하는 짓이 없는 것은 항상 근심 걱정하는 마음에서 연유한 것이 아니겠습니까."

하였다. 나는 경탄하며 감복하였다. 아, 어디서 다시 이런 말을 듣겠는가.

내가 또 한 번은 시집올 때 가져온 병풍을 가리키며 말하기를,

"어떻게 하면 이 병풍과 비슷한 산수를 얻어서 그대와 함께 집을 짓고 그 사이에서 늙어갈 수 있을까."

하니, 부인이 기뻐하면서 대답하기를,

"제 뜻도 그러합니다."

하였다. 나는 중도에 변고를 만나 산수 사이를 떠돌아다녔다. 부인이 살아있었다면 필시 어려워하는 기색 없이 따라갔을 터인데, 또한 무슨 소용이 있겠는가.

나는 오랫동안 묘지문을 지을 생각은 하고 있었지만 슬퍼서 짓지 못했는데, 나 또한 노쇠하였기에 서글피 눈물을 흘리며 부인을 위해 이와 같이 서술하노라. 명(銘)은 다음과 같다.

살아서 시어머니를 제대로 모시지 못했으나	生不能事北堂兮
죽어서 시아버지의 무덤 아래 묻혔구나	歸而從先人于岡兮
아, 부인이여 슬퍼하지 말게나	嗟夫人無自傷兮
내 장차 그대와 함께 묻힐 것이네	吾且與子偕藏兮

요절한 아이의 광지[79]

殤兒壙誌

아! 이곳은 한천옹(寒泉翁)의 요절한 아이 무덤이다. 옹은 오 충정공(吳忠貞公) 두인(斗寅)의 딸을 부인으로 맞이하였는데 자식이 없었다. 계배(繼配) 남양 홍씨(南陽洪氏)는 부친이 첨정 우현(禹賢)이다. 아이는 숙종 31년 을유년(1705, 숙종31) 12월 임진일에 태어났다. 이름이 춘열(春悅)인데, 옹이 춘방(春坊)에서 숙직하다가 출산 소식을 듣고 기뻐했기 때문에 이렇게 지은 것이다. 나중에 또 석백(錫百)으로 개명하였다.

태어나면서부터 근골이 튼튼하고 정신이 맑았으며 광채가 사람을 비추었다. 한포(寒圃) 이건명(李健命) 공이 아이를 한번 보고 기특하게 여기며 말하기를,

"이 아이는 민 문정공(閔文貞公 민유중(閔維重))을 쏙 빼닮았다."

하였으니, 민 문정공은 옹의 외조부이다. 불행하게도 임진년(1712, 숙종38) 5월 7일에 세상을 떠나니 겨우 8세였다.

당시에 이미 서사(書史) 약간 권을 통달하였고 창작한 시에 종종 놀랄 만한 시구가 있었다. 또 성음(聲音)의 청탁과 고하를 배우지 않고도 깨우쳐 절로 율려(律呂)에 부합하였으니, 아이의 총민함이 이와 같았다. 동생 천린(天麟)과 동시에 전염병에 걸렸는데, 천린은 거의

79 요절한 아이의 광지 : 저자가 요절한 아들 이석백(李錫百, 1705～1712)을 위해 쓴 광지(壙誌)이다.

죽다가 살아났으나 이 아이는 죽었다. 천린은 관례를 치른 다음 이름을 제원(濟遠)이라 하였는데 일찍 급제하여 홍문관에 들어갔다. 옹은 항상 말하기를,

"너의 형은 너보다 훨씬 뛰어났으나 복력(福力)이 너만 못하였다. 또한 내 분수가 지나쳐 둘 다 온전히 하기 어려웠으니 운명을 어찌하겠는가."

하였다. 아이는 고양(高陽) 향동(香洞)의 선영에 안장하였다.

옹이 슬퍼한 나머지 글을 짓지 못한 지가 이미 32년이 흘렀다. 제원이 눈물을 흘리며 묘지문을 청하기에 병을 무릅쓰고 이를 써서 묻는다. 옹의 이름은 재(縡)이니 지금 의정부 참찬이고, 한천(寒泉)은 사는 곳이다. 우리 우봉(牛峰) 이씨(李氏)의 세계(世系)는 부제학 부군의 신도비[80]에 수록되어 있으니 여기서 다시 쓰지 않는다.

80 부제학 부군의 신도비 : 송시열(宋時烈)이 이지신(李之信)을 위해 쓴〈황해 감사 이공 신도비명(黃海監司李公神道碑銘)〉을 가리킨다.

종제의 부인 유인 안동 김씨 묘지[81]

從弟婦孺人安東金氏墓誌

나의 종제(從弟) 유(維) 대심(大心)의 부인은 유인(孺人) 안동 김씨(安東金氏)이니, 부친은 정랑 시발(時發)이고 선원(仙源) 문충공(文忠公) 상용(尙容)의 현손이며, 모친 이씨는 고(故) 상국 이명(頤命)의 딸이다. 나의 조부 의정 부군 휘 숙(翻)의 막내로 출계하여 백부인 도정 휘 핵(翮)의 후사가 된 사간원 대사간 휘 만견(晩堅)과 관찰사 가적(嘉績)의 딸 정부인 칠원 윤씨(漆原尹氏)가 바로 시아버지와 시어머니다.

유인은 부귀한 집안에서 태어났으나 성품이 사치스럽고 화려한 것을 좋아하지 않고 재물에 담박하였다. 대심이 서적을 좋아한지라 재산을 덜어 서적을 사는데도 부인은 어려워하는 기색이 없었으며, 영화와 부귀는 대수롭지 않게 여기고 명분과 절의는 중하게 여겨 남편을 격려하는 말이 많았다. 내가 한번은 유인에게 말하기를,

"나의 아우는 본래 호방하여 앞으로 굴뚝이 검어질 틈이 없고[82] 좌중

81 종제의……묘지 : 저자가 종제(從弟) 이유(李維, 1704~1738)의 부인 안동 김씨(安東金氏, 1705~1729)를 위해 쓴 묘지이다.

82 굴뚝이……없고 : 묵자(墨子)가 천하를 다니느라 밥을 지어먹는 굴뚝이 검어질 겨를이 없었다는 뜻으로, 한곳에 안주하지 못하고 사방을 돌아다녔다는 말이다. 동한(東漢) 반고(班固)의 〈답빈희(答賓戲)〉에 "공자가 앉은 자리는 따스해질 틈이 없었고, 묵자의 집 굴뚝은 검어질 틈이 없었다.〔孔席不暖, 墨突不黔.〕"라고 한 데서 나온 말이다.

에 손님이 가득할 것[83]인데, 그대는 감당할 수 있겠소?"

하니, 유인이 고개를 숙이고 웃었다.

작년 봄에 대심이 호서(湖西)에 있다가 난리를 만나[84] 북쪽으로 돌아가려고 하자, 유인이 이별을 앞두고 태연하게 말하기를,

"역적이 오면 오직 죽음만 있을 뿐입니다. 옛날부터 사람이 제 몸을 망치는 것이 어찌 일찍이 죽음을 두려워한 데서 연유하지 않았겠습니까."

하였다. 이때부터 대심은 가정도 돌보지 못하고 나랏일에 분주하여 하루도 편안하지 못했기에 늘 산수 깊은 곳으로 들어가 농사지으며 독서하고 싶어 하였다. 아마도 유인은 기쁜 마음으로 따를 것인데, 아, 지금은 죽고 이 세상에 없다.

우리 우봉 이씨(牛峯李氏)와 안동 김씨(安東金氏)는 겹사돈이다. 유인이 6, 7세 때 이미 영특하다고 알려졌는데, 15세의 나이에 우리 집안에 시집와서는 무능한 듯 겸손하였다. 남달리 총명하여 글을 볼 적에 눈만 스치면 외워버렸으며, 특히 《소학(小學)》 〈입교편(立敎篇)〉, 《삼강행실록(三綱行實錄)》, 두보(杜甫)의 시 몇 편을 읽기 좋아하였는데, 이를 아는 사람이 드물다. 유인은 부녀자의 도리를 매우 잘 알았는데, 일찍이 유인의 모친 이 부인(李夫人)이 여사 가운데 선비라는 얘기를 들었으니 그 가르침에 연유한 바가 있으리라.

83 좌중에……것 : 후한의 공융(孔融)은 빈객을 좋아하여 좌중에 빈객이 항상 가득했는데, 일찍이 말하기를 "자리에 빈객이 항상 많고 술두부미에 술이 비지 않으면 나는 근심이 없으리라.〔座上客常滿, 樽中酒不空, 吾無憂矣.〕"라고 했다. 《後漢書 卷70 孔融列傳》

84 난리를 만나 : 1728년(영조4)에 일어난 이인좌(李麟佐)의 난을 가리킨다.

나의 모친은 감식안이 있었는데 일찍이 유인에 대해서 세속의 기운이 없다고 칭찬하였으며, 대심은 안목이 크고 말이 준엄하여 남을 인정한 경우가 적었고 또 사정(私情)에 연연하는 자가 아니었으나, 유인이 세상을 떠나자 매우 슬피 곡을 하였으니, 부인의 어짊을 알 만하다.

그러나 유인의 행실에 더욱 탁월한 점이 있다. 예전 임인년(1722, 경종2)에 이 상국(李相國 이이명(李頤命))이 화를 당하고[85] 정랑공 또한 연루되어 옥살이를 4년 동안 하였는데, 유인이 직접 방아를 찧어 옥중에 음식을 들이고 밤이면 한데 서서 하늘에 빌었다. 하루는 흉당이 사형에 처해야 한다고 아뢰었는데, 당시 유인의 제부(諸父)들이 모두 연좌되어 유배를 가있고 정랑공 또한 아들이 없었기 때문에 유인이 홀로 눈물을 흘리고 울부짖으며 도보로 대궐 아래에 가서 글을 올려 대신 죽기를 청하였다. 도중에 한 옥관(獄官)을 만나자 또 수레를 막고 호소하기를,

"우리 부친을 살려주십시오."

하니, 온 저자의 사람들이 모두 탄식하며 눈물을 흘렸다. 글이 비록 올라가진 못했으나 닥친 화가 조금 느슨해져 정랑공은 마침내 목숨을 건졌다. 5년 뒤에 유인이 세상을 떠나자 군자가 말하기를,

"효성스럽도다! 오늘날의 제영(緹縈)[86]이로구나."

85 이 상국(李相國)이 화를 당하고 : 이이명(李頤命)은 임인년 사화 때 사형에 처해진 노론4대신 가운데 한 사람이다.

86 제영(緹縈) : 한 문제(漢文帝) 때 태창령(太倉令) 순우의(淳于意)의 막내딸이다. 순우의가 죄를 지어 장안(長安)으로 잡혀가 팔다리가 잘리는 육형(肉刑)을 받게 되었다. 그의 막내딸 제영(緹縈)이 따라가서 "죽은 자는 다시 살아날 수 없고 잘려진 육신은 다시 붙일 수 없으니, 원컨대 대신 관비(官婢)가 되어 아비의 죄를 속죄하겠다."고

하였다.

유인의 유순한 덕에 대해선 기록할만한 게 많으나 나는 이 점에 대해서만 특별히 표창하여 세상의 자식 된 이들에게 권면하는 바이다. 유인은 을유년(1705, 숙종31) 4월 30일에 태어나 기유년(1729, 영조5) 5월 6일에 세상을 떠났다. 홍주(洪州) 갈산(葛山)에서 발인하여 아무 달 아무 일에 아무 산 아무 언덕에 안장하였다. 2녀를 두었으니 모두 어리다.

애절한 소장을 올리니, 한 문제가 감동하여 순우의의 죄를 사면해주고 육형(肉刑)을 없애도록 조서를 내렸다고 한다. 《史記 卷10 孝文本紀》《漢書 卷23 刑法志》

종조부 소실 창원 황씨 묘지[87]

曾祖考小室昌原黃氏墓誌

용인현(龍仁縣) 동쪽 한천동(寒泉洞)은 참의 증 영의정 이공(李公) 휘 유겸(有謙)의 옷과 신이 묻힌 곳이고, 또 동북쪽으로 5리 되는 염퇴곡(廉退谷)에 그의 소실 황씨(黃氏)가 묻혀 있다. 황씨는 그 계보가 창원부원군(昌原府院君) 석기(石奇)의 후손에 나왔다. 고조부 판서 형(衡)은 세종조의 명장(名將)이었으며 부친 열(悅)은 궐문을 지키는 위장(衛將)으로서 병자년(1636, 인조14) 난리에 세상을 떠났다. 난리를 당했을 때 황씨가 홀로 가묘(家廟)에 들어가 7개의 신주(神主)를 지고 길을 떠나 병란을 피해 화를 면하였으니, 참의공이 그 어짊을 듣고 소실로 들였다.

공손하게 참의공의 시중을 받들고 자손을 위해 살림을 일으키는 것을 달가워하지 않았다. 참의공이 세상을 떠나자 나의 조부 의정공(議政公 이숙(李翻))이 공경하고 삼가는 마음으로 황씨를 섬겼는데, 거처하는 곳이 달랐으나 날마다 가서 뵙고 맛난 음식이 생기면 그때마다 말하기를,

"우리 작은 어머니께 드려야지."

하였다.

의정공과 그의 둘째 형, 막내 동생 세 명이 모두 현달하였다가 무진년(1688, 숙종14) 이후로 화란이 계속되자 매번 눈물을 흘리며 말하기를,

87 종조부……묘지 : 저자가 증조부의 소실 창원 황씨(昌原黃氏, 1618~1698)를 위해 쓴 묘지이다.

"내가 늙어서 죽지 않아 불행히 이런 지경을 보는구나."

하였다. 10년 뒤 의정공의 두 아들 판서공(判書公 이만성(李晩成))과 관찰공(觀察公 이만견(李晩堅))이 다시 연달아 조정에 나아가니 또 눈물을 흘리며 말하기를,

"다행히 내가 죽지 않아서 이런 광경을 보는구나."

하였다.

나는 어려서 뵌 적이 있었는데 머리가 누렇고 등에 검버섯이 있었으나 눈빛은 오히려 초롱초롱하였다. 우리 집안의 옛 이야기를 말하기 좋아하였는데 또렷하여 들을 만하였다. 항상 말하기를,

"인효(仁孝)와 공검(恭儉)이 이씨(李氏)의 가풍이니, 응당 너희 자손들은 번성하고 창대할 것이다."

하였다. 고금에 통달하고 사리를 잘 알아 종종 남자도 미치지 못하는 점이 있었다. 굶주리고 추위에 고생하는 이를 보면 마치 자신의 일처럼 안타까워하였으니 타고난 천성이 그러하였다.

무인년(1698, 숙종24) 12월 11일에 세상을 떠났으니 태어난 만력(萬曆) 무오년(1618, 광해군10)으로부터 81년이다. 세 아들 휘(翬), 습(習), 학(翯)은 모두 먼저 세상을 떠났는데, 장남과 3남은 진사에 합격하였고 사위 윤발(尹撥)도 진사에 합격하였다. 휘(翬)의 세 아들은 진사에 합격히고 별세를 지낸 만싱(晩徵), 사과를 지낸 만응(晩膺), 주부를 지낸 만증(晩增)인데, 만응은 출계하여 습(習)의 후사가 되었다. 사위 윤발(尹撥)의 아들은 건교(健敎), 후교(厚敎), 심교(心敎)이다. 증손 및 현손은 다 기록하지 않는다. 참의공의 증손 모관(某官) 재(縡)가 기록하노라.

서종대부 진사 묘지[88]

庶從大父進士墓誌

공은 휘가 휘(翬)이고 자가 사장(士章)이니, 우리 증조부 참의 증 영의정 휘 유겸(有謙)의 측실 아들이다. 모친 황씨(黃氏)는 세종조의 명장 형(衡)의 후손이고, 부친 열(悅)은 위장(衛將)으로 병자호란 때 죽었다. 공은 숭정(崇禎) 기묘년(1639, 인조17) 참의공의 순창(淳昌) 임소[89]에서 태어났다. 적모(嫡母)인 윤 부인(尹夫人)이 그를 매우 사랑하여 공은 지성으로 윤 부인을 섬겼는데, 윤 부인의 상을 당했을 때 슬픔이 옆 사람들을 감동시키니 판중추부사 윤경(尹絅)이 감탄하며 말하기를,

"내 나이 아흔에 이러한 사람을 처음 보는구나."

하였다.

기유년(1669, 현종10)에 진사에 합격하고 이때부터 다시는 과거공부를 하지 않았다. 우리 조부 의정부군(議政府君 이숙(李䎘)) 및 셋째 형과 막내인 도헌공(都憲公 이상(李翔))과 상서공(尙書公 이익(李翊))이 일시에 현달하자, 공은 항상 성만(盛滿)[90]을 우려하여 털끝만큼도 도움

88 서종대부 진사 묘지 : 저자가 자신의 서종대부(庶從大父) 이휘(李翬, 1639~1693)를 위해 쓴 묘지이다.

89 참의공의 순창(淳昌) 임소 : 1639년(인조17)에 이유겸(李有謙)은 순창 군수(淳昌郡守)에 제수되었다.

90 성만(盛滿) : 차고 넘치면 마침내 기울게 된다는 경계를 뜻한다.

을 구하는 일이 없이 문을 닫고 자취를 감추었으니 말단의 무관이나 거간꾼의 무리 가운데 공의 얼굴을 아는 이가 드물었다. 거처하는 곳은 비바람도 가릴 수 없었고 거친 밥도 넉넉하지 못했으나 편안하게 지내며 홀로 말하기를,

"옛 사람은 어버이에게 맛난 음식을 극진하게 바쳤거늘 내가 그렇게 하지 못함이 한스럽다."

하였다.

여러 차례 부관(部官)과 옥관(獄官)에 천거되고, 태학사(太學士) 남용익(南龍翼) 공이 공을 제술관으로 부르니 공이 말하기를,

"임진년(1592, 선조25)과 병자년(1636, 인조14) 화란으로 남과 북이 모두 우리의 원수이다. 비록 말단 관직이지만 차마 작은 봉록 때문에 선조를 잊을 수 있겠는가."

하고 마침내 나아가지 않았다.

기사년(1689, 숙종15)에 사화(士禍)가 일어나자 집안의 자제들이 과거에 응시하지 못하도록 하였다. 공은 시사(時事)를 들으면 그때마다 서글프게 탄식하여 수염과 머리가 세었다. 병이 위독해지자 두보(杜甫)의 "맑은 시대 보지 못하고〔不及見淸時〕"[91]라는 시구를 외우고, 또 길게 탄식하며 말하기를,

"나는 내 죽음에 슬퍼하진[92] 않으나 늙은 모친은 어떻게 하나."

91 맑은……못하고 : 두보(杜甫)의 〈팔애시(八哀詩)〉 중 〈증사공왕공사례(贈司空王公司禮)〉에 "맑은 시대 보지 못하고, 아 무덤으로 가버렸구나.〔不及見淸時, 嗚呼就窀穸.〕라는 내용이 나온다.

92 죽음에 슬퍼하진 : 원문의 '달화(怛化)'는 죽음을 슬퍼한다는 뜻이다. 《장자(莊子)》〈대종사(大宗師)〉에 "자래(子來)가 병이 나서 숨을 몰아쉬며 죽으려고 하니, 그의

하였다. 깨끗한 옷을 가져다 몸을 덮으면서 말하기를,

"고복(皐復)[93]은 큰 예법이다."

하였다. 부인이 영결하러 들어가자 손을 내저어 나가게 하고 마침내 세상을 떠나니 이때가 계유년(1693, 숙종19) 11월 18일이었다. 용인(龍仁) 한천동(寒泉洞)에 안장하였다. 모친이 공보다 십 년 뒤에 세상을 떠나 염퇴곡(廉退谷)에 안장하였는데, 무자년(1708, 숙종34)에 공을 또한 그 아래로 이장하였다.

공의 부인 함평 이씨(咸平李氏)는 합장하였으니, 부인은 부사 휘양(輝陽)의 딸이다. 3남3녀를 두었으니, 장남 만징(晩徵)은 진사에 합격하고 별제를 지냈으며 만응(晩膺)은 사과를 지냈으며 만증(晩增)은 주부를 지냈으며, 사위는 첨사 김명석(金命錫), 조태두(趙泰斗), 유경(柳絅)이다. 만응은 작(綽), 횡(紘), 온(縕)을 낳았는데, 작은 만징의 후사가 되었고 횡은 진사에 합격하였다. 만증의 측실 소생은 채(綵)와 침(綝)이다. 김명석은 여섯 아들을 두었고, 유경은 세 아들을 두었다.

공은 질박하고 후덕하며 기량이 뛰어났으며 뜻이 확고하고 재능이 주밀하였다. 다만 국가의 제도에 가로막혀 온축한 재능을 펼쳐보지 못한지라 종종 강개하여 가슴속에서 잊지 못한 듯하였다. 그러나 집안에서는 분수를 따라 어긋남이 없어서 비록 어린 사람이라도 반드시 예를 다하였으며 남들에게는 공손하게 대하였다. '역족(亦足)'이라는

처자식들이 그를 둘러싸고 울고 있었다. 자려(子犁)가 위문하러 가서 말하기를 '저리 비키시오. 죽음을 슬퍼할 것은 없소.〔叱避, 無怛化.〕' 하였다."라고 한 데서 나온 말이다.

93 고복(皐復) : 사람이 죽은 지 5, 6시간 뒤 그가 입던 속옷이나 상의를 가지고 지붕에 올라가 누가 언제 별세했다고 세 번 외치고 그 옷을 체백위에 덮는 것을 말한다.

당호를 지어 스스로를 달래고 또 비루하게 행동하지 않아 재리(財利)를 멀리하고 행실을 신중히 하였다. 특히 남녀의 구별에 엄격하여 부정한 일을 보면 자신의 몸이 더럽혀질 듯이 멀리하였다. 한번은 갯벌에 빠졌다가 조수를 만나 빠져나와 가마에 실려 촌가로 들어왔는데 그 와중에도 오히려 꼿꼿하게 앉아 해이하지 않았으며, 위태로움을 잊고서 험한 곳을 건넜던 일을 죽을 때까지 경계로 삼았다. 《맹자(孟子)》 한 부를 손수 써서 자손들에게 남겨주었으며 또 가훈을 지은 것이 격언(格言)이 되는 말이 많았으니, 이를 통해 공의 대체를 살펴볼 수 있다.

아, 슬프구나! 나는 어릴 적 공으로부터 지나친 칭찬을 받았는데, 지금 무덤 가의 나무는 이미 한 아름이 되었고 나도 머리가 세었기에 눈물을 흘리며 공을 위해 기록하여 무덤에 들인다. 우리 이씨(李氏)의 세계(世系)는 한천동의 큰 비석에 자세히 기록되어 있다.

서종대부 선교랑 묘지[94]

庶從大父宣教郎墓誌

우리 증조부 참의 증 영의정 부군은 휘가 유겸(有謙)이고 호가 만회(晩悔)인데, 공은 그의 측실 차남이니 이름이 습(習)이고 사중(士重)이 그의 자이다. 모친 황씨(黃氏)는 위장(衛將) 열(悅)의 딸이다.

공은 이마가 넓고 코가 크며 용모가 옥설(玉雪) 같아서 보는 이들이 모두 눈여겨 보곤 하였다. 매일 예법에 맞게 혼정신성(昏定晨省)하여 반드시 잠자리의 온도를 알맞게 해드렸다. 장인 유 군수(柳郡守)는 걸출한 무인(武人)이었는데, 한번은 좋은 말을 공에게 주면서 희롱하기를,

"세상물정 모르는 선비가 어떻게 말을 잘 먹일 수 있겠느냐."

하였다. 공이 공손히 말하기를,

"어버이를 봉양할 맛난 음식도 직접 장만하지 못하는데 어찌 말을 기르겠습니까."

하니, 유 군수가 더욱 공을 존중하였다.

성품이 또 학문을 좋아하여 차츰 진보하고 있었는데 불행하게도 나이 22세가 되던 경술년(1670, 현종11) 9월 21일에 세상을 떠났다. 모친이 곡하며 말하기를,

"어디서 우리 아이와 같은 진실된 효자를 얻겠는가."

94 서종대부 선교랑 묘지 : 저자가 자신의 서종대부(庶從大父) 이습(李習, 1649~1670)을 위해 쓴 묘지이다.

하였다. 고양(高陽) 화전(花田)의 모향 언덕에 안장하였다.

부인 유씨(柳氏)는 정숙한 행실이 있었다. 공이 세상을 떠난 후 자신의 분수상 따라 죽어야 한다고 하여 물과 장물조차 입에 대지 않았다. 공의 묘소 곁으로 거처를 옮겨 제사를 받들기를 청하자 부모가 가련하게 여겨 허락하였는데, 상을 마치기 전에 세상을 떠나 마침내 합장하였다.

외동딸은 김진영(金鎭寧)에게 시집갔는데 요절하여 자식이 없고, 형의 아들 만응(晩膺)을 후사로 삼았다. 만응은 세 아들을 두었으니 작(綽), 진사 횡(紘), 온(縕)이고, 작은 출계하였으며, 딸들은 송병기(宋炳箕), 김덕겸(金德謙), 김인겸(金仁謙)의 아내가 되었다.

서종대부 진사 묘지[95]

庶從大父進士墓誌

우리 증조부 참의 증 영의정 휘 유겸(有謙)은 서자(庶子)가 세 명이었는데, 공이 막내로 이름은 학(翯)이고 사호(士皓)는 그의 자이다. 모친 황씨(黃氏)는 위장(衛將) 열(悅)의 딸이다.

공은 4세 때 부친을 여의였는데 장성하여 부친을 언급할 때마다 슬피 눈물을 흘렸다. 10세 때 시문을 잘 지었고 24세에 진사에 합격하였다. 사마천(司馬遷)의 글을 특히 좋아하여 읽으면서 종종 춤을 추고 발을 구르기도 하였으며, 한유(韓愈), 유종원(柳宗元), 구양수(歐陽修), 소식(蘇軾)의 글까지 아우르면서 손에서 책을 놓은 적이 없었다. 재물에는 담박하고 언론이 강개하였다. 불선(不善)을 보면 자신의 몸이 더럽혀질 듯이 멀리하였으니, 이웃이 짐승을 몰래 도살하였는데 그 고기가 소반에 오르자 물리치고 먹지 않았다. 성품이 매우 우직하였는데, 일찍이 능마아청(能麽兒廳)에 제수되자 슬피 울었다. 부형이 억지로 권하자 한번 의관을 정제하고 관청의 수장을 만나고는 곧장 체직되었다. 항상 산수 사이에 초가집을 짓고 곁에는 도서를 두고 화초를 가꾸면서 그 사이에서 늙어죽기를 원하였으며, 또 장차 옛날 작자들의 자취를 힘써 좇으려고 했는데, 불행하게도 나이 27세가 되던 병인년(1686, 숙종12) 6월 22일에 세상을 떠났다. 모친이 곡하며 말하기를,

95 서종대부 진사 묘지 : 저자가 자신의 서종대부 이학(李翯, 1660~1686)을 위해 쓴 묘지이다.

"어째서 우리 효자를 데려가는가."

하였다. 고양(高陽) 향동(香洞)이 우리 이씨(李氏)의 세장지(世葬地)라 공 또한 따라 안장하였다.

공의 부인 나주 박씨(羅州朴氏)는 공보다 1년 전에 태어났고 공보다 29년 후에 세상을 떠나 합장하였으니, 부친은 현령 세면(世葂)이다. 외동딸은 진사 장세길(張世吉)에게 시집갔다.

나는 일찍이 공의 깨끗한 지행(志行)을 흠모하였고 또 공에게 후사가 없음을 마음 아파하기에 보고들은 것을 대략 기록하여 무덤에 들인다.

서종숙 별제 묘지[96]

庶從叔別提墓誌

나는 어려서부터 별제(別提) 숙부와 종유하였는데 정의(情誼)가 매우 돈독하여 마치 잠시라도 헤어지지 못할 듯이 하였다. 숙부가 세상을 떠난 지 이미 17년이 되었고, 인사의 변화는 이루 다 말할 수 없는 점이 있다. 우리 증조부 만회부군(晩悔府君)에게는 서자(庶子)인 진사 휘(翬)가 있었는데, 별제 숙부는 그의 장자이니 이름이 만징(晩徵)이고 가구(可久)가 그의 자이다.

신유년(1681, 숙종7)에 진사에 합격하였다. 일찍이 응사(鷹師)가 되었다가 얼마 뒤 관직을 그만두고 떠났다. 만년에 천문학교수가 되었다가 사축서 별제로 옮겼는데, 사축서에는 그전에 별도의 관청이 없었다. 숙종께서 윤대(輪對)할 적에 공이 면전에서 사정을 아뢰어 특별히 도성 남쪽에 관청을 세울 땅을 하사하니, 공이 직분을 잘 수행함이 이와 같았다. 숭정(崇禎) 기해년(1659, 효종10) 4월 28일에 태어나 병술년(1706, 숙종32) 9월 19일에 세상을 떠났다.

숙부는 키가 크고 수염과 눈썹이 수려하였으며 눈에 광채가 났다. 자애롭고 선량하며 화락하여 함께 지내다보면 오래될수록 더욱 사랑할 만하였다. 한담이나 담소를 나눌 때면 재치가 흘러넘쳤다. 젊은 시절에 변려문에 솜씨가 있었으나 끝내 과거에 급제하지 못하였다. 시름겹거

96 서종숙 별제 묘지 : 저자가 자신의 서종숙 이만징(李晩徵, 1659~1706)을 위해 쓴 묘지이다.

나 답답할 때면 하나같이 시에 기탁하여 뜻 가는 대로 입으로 읊조렸는데 그때마다 놀라운 시어가 있었다. 종종 알몸으로 모자를 벗고 있어 남들이 놀라서 눈이 휘둥그레졌으나 마음은 참으로 근실하고 공손하였다. 홀연히 또 손뼉을 치고 고함을 쳐서 자신의 지기(志氣)를 분출하였으니 아마도 마음속에 불평한 기운이 있어서일 것이다. 남달리 총명하여 제가(諸家)를 섭렵하였으니 천문과 풍수지리 따위를 공부하기를 달갑게 여기진 않았으나 저절로 환히 깨우쳤다. 하루는 조용히 나에게 말하기를,

"임인년(1722, 경종2)에 그대에게 명이괘(明夷卦)[97]의 액운이 있을 것이네. 세도(世道)가 어떻게 될지 장담할 수는 없으나 나는 보지 못할 것이네."

하였다. 내가 궁벽한 산골짜기로 달아나 숨었을[98] 적에 묵묵히 공이 했던 이전의 말을 생각해 보니 확실하게 부합하였다. 아, 하나같이 어찌 이리도 신통한가.

숙부는 두 번 장가들었는데, 청송 심씨(靑松沈氏)는 아무개의 딸이고, 광산 김씨(光山金氏)는 사계(沙溪) 문원 선생(文元先生 김장생)의 서손(庶孫)이다. 모두 아들을 두지 못하여 둘째 만응(晩膺)의 아들 작(綽)을 양자로 삼았다. 작은 2남1녀를 두었으니 모두 어리다. 진사공이 묘가 용인(龍仁) 염퇴동(廉退洞)에 있었는데 숙부를 그 아래에 안

97 명이괘(明夷卦) : 《주역(周易)》 명이괘(明夷卦)는 태양이 땅속으로 빠져 들어간 형상인데, 어두운 임금이 위에 있어서 밝은 신하가 해를 당하는 것을 뜻한다.

98 내가……숨었을 : 저자는 임인년(1722, 경종2)에 사화(士禍)를 겪고 인제(麟蹄)로 들어갔다.

장하였다.

기억하건대 숙부가 또 일찍이 나에게 말하기를,

"내가 죽거든, 그대가 꼭 나를 위해 명(銘)을 지어주게나."

하였다. 나는 농담으로 여겼는데, 이 또한 미리 알았던 하나의 단서일 것이다. 평소 알고 보았던 것을 대략 서술하여 오래된 청을 갚고자 하는데, 생사에 대해 감회가 일어 거듭 눈물이 흐른다.

서종숙 주부 묘지[99]

庶從叔主簿墓誌

나의 종숙 만증(晩增) 자능(子能)은 임인년(1722, 경종2) 사화(士禍) 때 벼슬을 그만두고 돌아갔다. 나는 이해 겨울 가솔을 이끌고 골짜기에 들어갔다가[100] 을사년(1725, 영조1)에 비로소 교외로 돌아왔는데, 자능은 그보다 1년 전에 세상을 떠났다. 군의 부친 진사공(進士公 이휘(李翬))이 죽음을 앞두고 "맑은 시대 보지 못하고〔不及見淸時〕"[101]라는 시구를 읊조렸는데 그 이듬해가 갑술년(1694, 숙종20)이었으니, 아 어찌 이리도 서로 비슷한가.[102] 진사공은 휘가 휘(翬)이니 나의 증조부 참의 증 영의정 휘 유겸(有謙)의 서자이고, 그 부인은 부사 함평(咸平) 이휘양(李輝陽)의 딸이다.

군은 풍모가 빼어나고 주밀하게 일을 처리하였으며 빈손으로 재산을 일구었으나 구차하게 구하거나 함부로 주지 않았다. 과거공부를

99 서종숙 주부 묘지 : 저자가 자신의 서종숙 이만증(李晩增, 1675~1724)을 위해 쓴 묘지이다.

100 이해……들어갔다가 : 저자는 1722년(경종2) 10월에 가솔을 이끌고 인제(麟蹄) 가덕산촌(佳德山村)으로 들어갔다.

101 맑은……못하고 : 105쪽 주91 참조.

102 어찌……비슷한가 : 이휘(李翬, 1639~1693)가 세상을 떠나고 그 이듬해에 갑술환국이 일어났고, 이휘의 아들 이만증(李晩增, 1675~1724)이 세상을 떠나고 그 이듬해에 을사환국이 일어났다. 갑술환국과 을사환국은 모두 노론이 정권을 다시 잡은 사건이었다.

하였으나 급제하지 못하고, 능마아청(能麽兒廳)의 낭관을 거쳐 사축서 별제가 되어 폐기된 관청을 일신하고 힘써 직무를 다하였다. 남부 주부로 옮겼다가 벼슬을 그만두고 떠나 집을 짓고 나무를 심으며 스스로 즐겼다. 옛 벗이 전조(銓曹)에 있었으나 그의 집에 드나들지 않았다. 시사(時事)를 말할 때면 강개한 마음으로 탄식하였다. 7월 8일에 세상을 떠나니 향년 50세였다. 처음에는 집 뒤에 안장하였다가 3년 뒤에 화교(花郊 화전(花田))에서 몇 리 떨어진 향동(香洞)의 선영으로 이장하였다. 합장한 부인 원주 원씨(原州元氏)는 찰방 만동(萬東)의 딸로, 외동딸은 홍중업(洪重業)에게 시집갔다. 동지 유찬(兪欑)의 딸에게 두 번째로 장가들었으며, 측실 소생의 아들 채(綵)와 침(綝)이 있다.

나는 예전에 군을 위해 교사팔영(郊舍八詠)을 지으며[103] 늙어죽을 때까지 즐겁게 노닐기를 기약하였는데, 군이 세상을 떠나 그 무덤에 기록하고 있으니 서글프다.

103 군을……지으며 : 1716년(숙종42)에 저자가 이만증(李晩增)을 위해 지은 여덟 수의 연작시를 가리킨다. 본서 권1에 〈나의 숙부 자능 만증씨……훗날에 대면하여 평론하기를 기다리노라〔余叔子能晩增氏……俟他日對評云〕"라는 제목으로 수록되어 있다. 이만증이 봉령산(鳳嶺山) 북쪽 기슭에 초가를 짓고 저자에게 병풍에다 여덟 수의 시를 지어달라고 부탁한 것이다.

족형 학생공 묘지[104]

族兄學生公墓誌

우리 이씨(李氏)는 5대의 자손들이 함께 살아서 부제학 지신(之信)을 동조(同祖)로 두고 있는데, 종형제(從兄弟) 수십 명 가운데 공은 서열이 두 번째였다. 중부 상서공(尙書公 이만성(李晩成))이 늘 칭찬하기를,

"율보(栗甫)는 성품이 깨끗하고 굳세다."

하였으니, 율보(栗甫)는 공의 자이고 진(縝)이 공의 휘이다. 공은 일찍 부친을 여의고 모친을 효성으로 섬겨 콩죽을 먹고 물을 마실지라도 항상 모친의 마음을 즐겁게 해드렸다. 남들과는 화락하게 지내고 가식이 없었는데 특히 종족들과 화목하게 지냈다. 궁핍하게 살더라도 뜻은 구차하지 않아 힘써 농사를 지어 자급하였으며 불선(不善)을 보면 자신의 몸이 더럽혀질 듯이 멀리하였다. 자신을 천거하면 응하지 않고 말하기를,

"나는 내 분수를 지키겠다."

하였다. 항상 자식들에게 효우(孝友)로써 경계시켰다. 나이 55세가 되던 을유년(1705, 숙종31) 1월 27일에 상(喪)을 이기지 못하고 세상을 떠났다.

고조부 소(劭)는 돈녕부 참봉을 지냈고 증조부 유항(有恒)은 효행이 있었으며, 조부는 정(挺)이고 부친은 만희(晩熙)이며, 모친 신창 조씨

104 족형 학생공 묘지 : 저자가 자신의 족형(族兄) 이진(李縝, 1651~1705)을 위해 쓴 묘지명이다.

(新昌趙氏)는 중려(重呂)의 딸이다. 공은 고양(高陽)의 당산(唐山)에 안장하였으니 공이 살던 화전(花田)에서 몇 리 떨어져있다. 부인 풍천 임씨(豐川任氏)는 부친이 생원 욱(礇)이다. 단정하고 정숙하며 부녀자의 덕을 지녔는데 공보다 몇 년 뒤에 세상을 떠나 합장하였다. 3남을 두었으니 첨사 제중(濟重), 제박(濟博), 제보(濟普)이고 딸은 조익수(趙益壽)에게 시집갔다. 제중의 아들은 억(檍)과 복(榅)이다.

나는 젊은 시절 공을 따라 날마다 두 부친[105]을 배종하였는데 사랑이 흘러넘쳤다. 공이 세상을 떠난 지 겨우 20여 년이 되었는데 부형을 비롯한 종친들이 거의 다 세상을 떠난지라 마을이 쓸쓸해져 다시는 예전의 모습이 있지 않으니, 아 슬프도다!

제보(濟普)가 가장(家狀)을 가지고 와서 명(銘)을 청하니, 이 사람은 공을 빼닮은 자이다. 명은 다음과 같다.

곤궁하면 쉬이 넘치고[106]	窮則易濫
가난하면 필시 요구하기 마련이거늘	貧則必求
아, 오늘날 사람 가운데	吁嗟今之人
누가 우리 형과 견주리오	孰與兄儔

105 두 부친 : 이진(李縝)의 부친과 저자의 중부를 가리킨다.

106 곤궁하면 쉬이 넘치고 : 《논어》 〈위령공(衛靈公)〉에 "군자는 본디 궁하니, 소인은 궁하면 넘친다.〔君子固窮, 小人窮斯濫矣.〕"라고 하였는데, 《논어집주(論語集註)》에서 하씨(何氏)는 '남(濫)'을 방일하여 나쁜 짓을 하는 것이라고 풀이하였다.

재종형 봉사공 묘지[107]

再從兄奉事公墓誌

공은 휘가 적(績)이고 자가 위경(偉卿)이었는데, 나중에 이름을 연(縯)으로 자를 자승(子升)으로 고쳤으나 처음의 자(字)로 통하였다. 이씨(李氏)는 우봉(牛峰)에서 나왔는데 부제학 휘 지신(之信)이 대대로 고양(高陽)의 화전(花田)에 살았으니 공의 5대조이다. 부친 휘 만경(晩慶)은 출계하여 대사헌 타우 선생(打愚先生) 휘 상(翔)의 후사가 되었고 모친 경씨(慶氏)는 감찰 상룡(翔龍)의 딸이다.

공은 어려서부터 문사(文詞)를 닦았으나 과거에 낙방하였으며, 42세의 나이에 진사에 합격하고 또 책문(策文)으로 높은 등수에 올랐으나 마침내 급제하지 못하였다. 경진년(1700, 숙종26)에 헌릉 참봉(獻陵參奉)에 제수되었다가 모친상으로 인해 관직을 떠났다. 경인년(1710, 숙종36)에 다시 효릉 참봉(孝陵參奉)에 제수되고 차례로 승진하여 사포서 봉사가 되었다. 신묘년(1711, 숙종37) 7월 17일에 세상을 떠나니 향년 54세였다.

공은 용모는 못났으나 기운이 온화하였으며 어버이에겐 효성스럽고 형제들에겐 우애가 있었다. 문을 닫고 굶주림을 견디며 슬퍼하는 기색이 없었으니 털끝만큼도 영리를 추구하려는 마음이 없었다. 후생들을 가르치기 좋아하였는데 글 읽는 소리가 쩌렁쩌렁하여 고음이 뛰어난

107 재종형 봉사공 묘지 : 저자가 자신의 재종형(再從兄) 이연(李縯, 1658~1711)을 위해 쓴 묘지명이다.

자제들 대부분이 에워싸고 글 읽는 소리를 들으며 돌아갈 줄 몰랐다. 남에 대해선 원망하거나 미워하는 일이 없이 날마다 종족들과 모여 화락하게 지냈다. 사포서의 관원으로 있을 적에 병이 생겨 생강을 복용했는데, 관청의 사람이 생강을 올리자 물리치며 먹지 않고 말하기를

"이것은 공물(公物)이다."

하였다. 헌릉과 효릉 소속 사람들이 지금까지 공의 깨끗한 성품을 칭송하고 있다.

공은 순흥 안씨(順興安氏)에게 장가들었으니 안씨는 극성(克聲)의 딸이다. 3남을 두었으니 제하(濟夏), 제명(濟明), 제관(濟寬)이고 딸은 사인 봉명교(奉明教)에게 시집갔다. 제하의 아들은 식(栻)이다.

나는 어리고 유약한 아우로 공의 사랑을 많이 받았는데, 공이 세상을 떠난 지 거의 20년이 되었고 나 또한 노쇠한지라 공의 뜻과 행실이 민멸될까 매우 두렵기에 대략 이를 서술하여 공의 무덤에 기록한다. 무덤은 당산(唐山)에 있으니 화전(花田)에서 몇 리 가까운 곳에 떨어져있다. 명(銘)은 다음과 같다.

빙옥 같은 마음으로	冰玉其心
누추한 집에서 살았네	蓬藋而居
아, 우리 형은	嗚呼我兄
군자다운 사람이로다	君子人歟

재종형 직장공 묘지[108]

再從兄直長公墓誌

공은 휘가 현(絢)이고 자는 태소(太素)이며 우봉(牛峰) 사람이니 고려 때 시중을 지낸 공정(公靖)의 후손이다. 본조의 부제학 휘 지신(之信)이 처음으로 고양(高陽)의 화전(花田)에 머물러 살았으니 나와 공에게 똑같이 5대조가 된다. 고조부 휘 소(劭)는 돈녕부 참봉을 지냈고, 증조부 휘 유항(有恒), 조부 휘 정(㺿), 부친 휘 만경(晩慶)은 모두 출사하지 않았다. 나의 종조부 타우 선생(打愚先生 이상(李翔))이 화를 당해 죽음을 앞두고 족자(族子) 만경(晩慶)을 후사로 삼으라고 유서를 남겼는데, 선생이 세상을 떠난 뒤 집안사람이 조정에 청하여 성상이 허락하였다.

공은 계축년(1673, 현종14)에 태어났는데 용모가 단정하고 수려하였다. 어릴 적 또래들과 노닐기를 좋아하지 않았는데 부모가 그 이유를 묻자 대답하기를,

"도움될 게 없습니다."

하였다.

큰형이 위중한 병에 걸려서 분주히 다니느라 겨를이 없었기에 학문을 그만둔 지 거의 6, 7년이 되었다. 관례를 치르고는 분발하여 《통감(通鑑)》을 가지고 밤낮으로 책을 읽느라 부모가 병이 생길까 걱정하고

108 재종형 직장공 묘지 : 저자가 자신의 재종형(再從兄) 이현(李絢, 1673~1729)을 위해 쓴 묘지명이다.

이웃 사람들이 공의 얼굴을 거의 보지 못할 정도였으니 문사(文辭)가 크게 진보하였다. 얼마 뒤 부친상을 당하여 예법보다 지나치게 슬퍼하였다. 상기를 마치고 과거에 응시했으나 여러 차례 낙방하였으니 공이 옛 것을 좋아하고 당시의 유행을 달가워하지 않았기 때문이었다.

공의 처가인 남씨(南氏) 집안은 원래 부유하였는데 늘그막에 생긴 아들이 어려 장인이 공에게 그 아이를 부탁하고 세상을 떠났다. 공은 처남을 기르고 가르쳤으며, 장성하자 그 집안의 재물을 모두 가져다 돌려주었으니 남들이 어려운 일이라 여겼다. 형이 타우 선생의 제사를 주관하러 갈 적에는 공 또한 처가살이하던 집에서 형을 보러갔다.

기해년(1719, 숙종45)에 선공감 감역에 제수되었는데 삼가고 부지런히 공무를 받들며 낮은 관직이라고 해서 나태하지 않았다. 신축년(1721, 경종1)에 사화(士禍)가 크게 일어나 귀락공(歸樂公 이만성(李晩成))은 남쪽에 유배되고 타우 선생은 다시 관작이 추탈되자 공은 곧 관직을 버리고 고향으로 돌아갔다. 을사년(1725, 영조1)에 정국이 바뀌자 타우 선생이 신원되어 복관되었으며 공 또한 관직이 회복되어 익릉 봉사(翼陵奉事)를 거쳐 현릉 직장(顯陵直長)으로 옮겼다. 정미년(1717, 영조3)에 시세가 일변하자 공은 또 파직되었다. 무신년(1728, 영조4)에 역란이 일어나자 달려가 문후하고 역란이 평정되자 다시 돌아왔다.

기유년(1729, 영조5) 8월 27일에 덕산(德山)의 우사(寓舍)에서 세상을 떠나 전의(全義) 마산(馬山)의 계좌(癸坐) 언덕에 반장(返葬)하였으니 타우 선생의 무덤에서 몇 십 보 떨어져 있다. 1남2녀를 두었으니 아들 제대(濟大)는 한창 학문에 뜻을 두었으나 귓병을 앓아 스스로 그만두었으며, 사인 김영행(金英行)과 조동사(趙東師)는 사위이다.

공이 소싯적엔 천성이 고집스러워 자신의 식견만을 믿고 구차하게 인정(人情)을 따르지 않았기 때문에 남들과 부합되는 경우가 적었는데, 만년엔 온화하고 후덕한 성품으로 고쳤다. 남들을 대할 적에는 가식이 없이 온 마음과 정성을 기울였기에 비천한 하인들에 이르기까지 모두 환심을 얻었다. 벼슬살이를 한 후로는 더욱 넓게 남들과 교유하며 정답게 지냈으나 뜻이 같지 않은 자에 대해선 제 몸이 더럽혀질 듯이 떠났으니 고을 사람들을 대하는 것도 마찬가지였다. 그러므로 공이 세상을 떠난 날 공을 아는 자들은 모두 말하기를,

"선인(善人)이 떠났구나."

하였다.

공은 글을 짓는 데 각고의 노력을 기울여 명성을 이루기 충분했으나 끝내 과거에 급제하지 못하였다. 벼슬길이 통하고 막히는 것은 시운(時運)과 관계되지만 하늘이 또 수명마저 앗아갔으니, 혹여 누리지 못한 보답이 후손에게 있지 않겠는가. 나는 어려서부터 공과 종유하면서 함께 성장하였으니 만나고 헤어지며 살고 죽는 안타까움에 대해 이루 다 말할 수 없는 점이 있다. 지금 이 묘지문을 눈물을 흘리며 서술하고 명(銘)을 덧붙인다. 명은 다음과 같다.

아, 우리 형은	嗚呼我兄
선사라 이를 만하네	可謂善士
부지런했으나 이루지 못함은	勤而無成
궁한 운명 때문이라네	窮命攸使
낮은 관직을 돌아다닌 것도	栖栖斗祿
운명이 막혔기 때문이었지	亦坐運否

사후에 집안을 계승할 身後業家
공의 어진 자식 있네 厥有賢子
어질고 후덕한 이에겐 보답 있으니 仁厚之報
그 이치를 징험하리라 倘徵厥理
아우가 시를 지어 少弟作詩
무궁하게 알리노라 用詔无止

도암집

제47권

시장 諡狀

행장 行狀

시장 諡狀

좌의정 북계 이공 시장[1]

左議政北溪李公諡狀

공의 휘는 세백(世白), 자는 중경(仲庚), 호는 우사(雩沙)이며 또 다른 호는 북계(北溪)이다. 이씨(李氏)는 용인(龍仁)에서 나왔다. 시조 길권(吉卷)은 고려의 공신으로 태사(太師)의 지위에 올랐다. 그 후손 중에 중인(中仁)은 구성부원군(駒城府院君)에 봉해졌다. 그분의 아들 사위(士渭)는 개성 유후(開城留後)를 지냈고, 손자 백지(伯持)는 자헌대부로 관찰사를 지내고 청백리에 선발되었으니, 부자가 모두 국초(國初)에 드러났다. 절도사 행검(行儉)과 사복시 정 적(績)이 이어서 문무의 재수로 드러났다. 사복시 정에서 5대를 지나 사간원 대사간 사경(士慶)이 있고, 이분이 후연(後淵)을 낳았으니, 좌찬성에 추증되었다. 찬성이 후사가 없어 큰 형 참의공 후천(後天)의 아들 정악(挺岳)

1 좌의정 북계 이공 시장 : 이 글은 이세백(李世白, 1635~1703)의 시장이다. 본관은 용인(龍仁), 자는 중경(仲庚), 호는 우사(雩沙), 북계(北溪), 시호는 충정(忠正)이다. 1675년(숙종1) 증광 문과에 을과로 급제하여 한성부 판윤, 예조 판서, 좌의정 등을 역임하였다.

을 후사로 들였다. 정악은 파주 목사(坡州牧使)를 역임하였으며, 영의정에 추증되었다. 효성과 우애가 있었으며 충성스럽고 진실하여 대대로 선대의 아름다움을 계승하였다. 모친 안동 김씨(安東金氏)는 동지중추부사 광찬(光燦)의 딸로 숭정(崇禎) 을해년(1635, 인조13) 8월 3일에 공을 낳았다.

공은 어릴 때부터 영특하였으며, 여러 아이들과 놀 적에 행동거지가 의젓하여 참의공이 "이 아이는 반드시 우리 가문을 크게 일으킬 것이다."라고 하였다. 의정공이 오랑캐의 변란을 피해 동남쪽으로 떠났는데, 공이 9세가 되어서야 비로소 의정공을 따라 서울로 돌아왔다. 막내 외숙부 문곡(文谷) 김수항(金壽恒) 공에게 배웠고, 또 동토(童土) 윤순거(尹舜擧) 공에게 학업을 청하여 배웠는데, 모두 나라의 큰 인물이 되리라 기대하였다. 조금 장성하자 문사(文辭)가 날마다 진보하여 정유년(1657, 효종8)에 진사에 합격하였다. 동춘(同春) 송 문정공(宋文正公 송준길(宋浚吉))이 당시 조정에 나와 여러 공들과 함께 성균관에서 강학하자, 공이 책을 옆에 끼고 가서 의심나는 것을 질문하였는데, 선비들 사이에서 더욱 명망이 높아졌다.

병오년(1666, 현종7)에 의금부 도사에 제수되었다. 홍중보(洪重普) 공의 천거로 의영고 주부로 승진하였으며, 호조 좌랑으로 자리를 옮겼다. 조정에서 태안(泰安)에 창고를 설치하여 조운(漕運)을 편리하게 하려고 공을 보내어 감독하게 하니, 모두 정확하게 계획하고 처리하였다. 외직으로 나가 아산 현감(牙山縣監)에 제수되었는데, 예전에 의정공이 이 고을을 다스린 적이 있었다. 공은 간편하고 청렴하게 다스려 선조의 법도를 그대로 따랐다. 흉년이 들자 구휼하여 백성들이 그 은택을 입었다. 임기가 차서 체직되었다.

을묘년(1675, 숙종1)에 홍천 현감(洪川縣監)으로 나갔는데, 이해 겨울에 문과에 급제하였으니, 당시는 숙종 즉위 원년이었다. 예전에 공이 성균관에 있을 때에 뜻을 같이 하는 선비들과 함께 소를 올려 유현(儒賢)을 무고한 영남 사람을 배척하였는데, 이때에 이르러 흉당(凶黨)이 성균관을 더럽혀 예전에 상소한 유생들의 이름을 추삭(追削)하였다. 이미 관직에 오른 자들은 제외되었으나, 공은 이를 부끄러워하여 그날로 벼슬을 버리고 돌아갔으니, 고을의 백성들이 송덕비를 세워 그리워하였다.

정사년(1677, 숙종3) 문겸선전관에 제수되었으나 출사하지 않았다. 이해 겨울에 모친상을 당하고 이듬해에 또 의정공의 상을 당하였다. 신유년(1681, 숙종7)에 상기(喪期)를 마치고 병조 좌랑에 제수되었다가 사헌부 지평으로 옮겼다. 당시는 조정의 정국이 일신되어 사류들의 논의가 어그러진 경우가 많았는데, 공은 남의 허물을 들추어내면서 정직한 체하는 태도[2]를 싫어하여 과격하게 행동하지 않았으나 선악의 구분에는 엄격하였다. 우의정 이상진(李尙眞)이 소결(疏決)을 계기로 민희(閔熙)를 석방하라고 청하였는데, 공이 불가하다고 고집하였다. 조지겸(趙持謙)이 오시수(吳始壽)를 비호하니 공이 탄핵하여 그를 체직시켰다. 다시 병조 좌랑에 제수되었다가 사간원 정언으로 옮겼다. 성상이 가뭄을 근심하여 여러 관원들에게 방도를 물었는데, 공이 공정한 도리를 넓히고 백성들의 병폐를 고치는 몇 가지 일을 아뢰었다. 또 목내선(睦來善)과 김덕원(金德遠)은 죄가 중하여 서용해서는 안

2 남의……태도 : 《논어》 양화(陽貨)에, "남의 허물을 일부러 들추어내면서 올곧은 체하는 사람을 미워한다.〔惡訐以爲直者〕"는 자공(子貢)의 말이 나온다.

된다고 간언하였고, 물러나온 뒤에도 논계를 그치지 않았다. 체직되어 병조 정랑에 제수되었으며, 다시 정언이 되었다.

도청의 낭관으로《현종실록(顯宗實錄)》을 개수하는 데 참여하였다. 조강(朝講)에 입대하여 내노비(內奴婢)가 원망하고 고통스러워하는 정상을 아뢰고 내사(內司)를 엄히 신칙하여 침탈을 없애도록 청하였다. 또 관동(關東) 지역의 진공(進供)을 정해진 기한에 구애받지 않고 수시로 봉진(封進)하게 하여 백성들의 폐단을 줄이도록 청하자 모두 그대로 따랐다. 체직되어 지평에 제수되었고, 홍문관에 들어가 수찬과 부교리에 제수되었고, 다시 지평에 제수된 것이 세 차례였다. 부수찬으로 옮겨 이무(李袤)와 권대재(權大載)의 죄를 감등하고 양이(量移)한 잘못에 대해 논하였다.[3] 부교리로 옮기고 총융사의 종사관으로 천거되었다.

여름에 성상이 가까이에서 시종하는 여러 신하들에게 희우시(喜雨詩)를 짓도록 명하였는데, 공이 장원을 차지하여 얼룩무늬 표범 가죽을 하사받았다. 태학사 이민서(李敏敍) 공이 아뢰어 공을 체직하여 사국(史局)의 일을 전적으로 맡게 하였다. 성균관 직강을 거쳐 다시 교리가 되었다.

우암(尤庵) 송 문정공(宋文正公 송시열)이 조정에 나오자마자 승지

3 이무(李袤)와……논하였다 : 이무는 1680년(숙종6) 경신환국(庚申換局) 때 역모죄로 처형된 허견(許堅)과 부화(附和)하였다고 하여 원찬(遠竄)되었으며, 권대재(權大載)는 역시 같은 해에 감사(監司)로서 형벌을 혹독하게 시행하고 사형수를 멋대로 풀어주며 전결(田結)을 속인 것 등의 죄목으로 영변(寧邊)에 찬배되었는데, 1682년(숙종8) 1월에 김석주(金錫胄) 등의 건의로 이무를 감등시키고 권대재를 양이하도록 하는 명이 내려졌다.《肅宗實錄 6年 7月 23日, 10月 2日, 8年 1月 27日》

이현석(李玄錫)이 허황된 말로 배척한 일 때문에 곧장 돌아가려 하였는데, 공이 입대하여 이현석의 죄를 청하고 정성을 다해 우암을 초치해야 한다는 뜻을 아뢰었다. 공은 전후로 시강에 가장 많이 입시하였다. 한번은 아뢰기를,

"인재는 나라의 기둥입니다. 한(漢)나라 때 인재를 등용하는 방법이 매우 훌륭하였기에 사백 년 동안 편안하게 잘 다스려질 수 있었습니다. '열 집이 모여 사는 마을에도 반드시 충성스럽고 신실한 사람이 있다.'라고 하였으니, 지극한 정성으로 찾아내어 다스림의 도를 보좌해야 합니다."

하였다. 이어 신종근독(愼終謹獨)의 경계에 대해 간곡히 아뢰었다. 우암이 한번은 성상에게 아뢰기를,

"이 아무개는 바로 김상헌(金尙憲)의 외증손이니, 학문에 연원(淵源)이 있습니다. 그에게 차분하게 강설을 하게 해야 합니다."

하였다. 공은 목소리가 크고, 토론이 정확하여 성상이 늘 주의를 기울였다.

계해년(1683, 숙종9) 1월에 동료들과 함께 차자를 올려 천리를 따르고 덕을 기르도록 청하였는데, 그 요체는 학문에 뜻을 두고 간언을 따르며, 현자를 예우하고 백성을 구휼하며, 기강을 진작시키고 사치스러운 풍습을 개혁하는 것이었다. 성상이 융숭한 비답을 내려 가상히 여기고 장려하였다. 우암이 벼슬을 그만두고 물러나겠다고 간청하자 성상이 윤허하려고 하였는데, 공이 입대하여 안 된다고 힘껏 아뢰었다. 우암이 내수사를 혁파할 것을 청하였으나 성상이 이를 따라주지 않자, 공이 이어 경계하는 말로 아뢰었다.

얼마 뒤에 명을 받고 호서(湖西) 지역으로 어사로 가서 매우 상세하

게 조목조목 아뢰었는데, 여러 어사들 중에 으뜸이었다. 3월에 실록을 개수한 공로로 통정대부에 올랐는데 대간(臺諫)에서 아직 준직(準職)을 거치지 않아 환수해야 한다고 아뢰자, 성상이 그 동안의 노고가 많았으니 상을 내려야 한다고 하다가 한참 뒤에 억지로 요청을 따랐다. 이조 좌랑이 되어 중학·한학교수를 겸하고 교서관 교리가 되었다.

당시에 조정의 논의가 더욱 갈라졌는데, 공이 이조에 있으면서 일 만들기를 좋아하는 사람을 전조에 천거하지 못하도록 막았고, 심하게 분란을 일으키는 자를 대간에 의망하지 못하도록 막았는데, 이 때문에 시배들에게 미움을 받았다. 승진하여 장악원 정으로 승진하고 집의로 옮겼으며, 다시 장악원 정을 거쳐 응교로 옮겼다. 7월에 발탁되어 승정원 동부승지에 제수되고, 우부승지로 전직되었다가 체직되어 병조 참지에 제수되었다.

이듬해 봄에 승지로 있다가 외직으로 황해도 관찰사로 나갔는데, 정사는 너그럽고 공평하게 하기를 숭상하였으나, 고과(考課)에는 엄격하였다. 당시에 한정(閑丁)을 조사해 색출하라는 명이 있어 황해도 전체가 동요하였는데, 공이 장계를 올려 아뢰기를, "차라리 수많은 한정을 잃더라도 민심을 잃어서는 안 됩니다."라고 하니, 드디어 중지하였다. 자급이 차서 첨지중추부사로 부직되었다. 이때 연경(燕京)으로 사행을 떠났던 정승이 돌아와서 지나온 고을의 백성들이 관찰사를 유임시켜 주기를 바란다는 뜻을 아뢰자,[4] 성상이 명하여 가을까지 연임하

4 관찰사를……아뢰자 : 원문의 '차구(借寇)'는 구순(寇恂)을 빌린다는 뜻으로, 선정을 베푼 수령을 다시 그 고을에 임명해 달라고 청하는 것을 말한다. 후한 광무제(後漢光武帝) 때 구순이 하내(河內)·영천(潁川)·여남(汝南)의 태수(太守)를 연임하며 선정

게 하였다. 공이 군사와 백성의 묵은 폐단 십여 가지의 일을 조목별로 아뢰었다. 황해도의 관향(管餉)은 옛날에 평안도에서 관리하였는데, 농간을 부리는 자들의 소굴이 되어 백성들이 마구잡이 착취에 곤액을 당한 지가 수십 년이었다. 공이 호조가 이 일을 주관하게 하여 피폐해진 백성들을 소생시켜 주기를 청하였으니, 이것이 그중 큰일이다. 이후로 훌륭한 관찰사를 논할 적에 공을 으뜸으로 꼽는다.

을축년(1685, 숙종11) 10월에 체차되어 중추부로 돌아왔다. 11월에 특별히 공조 참판으로 승진했다. 돌아오기에 앞서 평안도 백성이 금령(禁令)을 저촉하여 청나라의 질책이 조정에 이르고 장차 관찰사를 체포해 다스리려는 상황이 되었는데, 후임자를 찾기가 어려웠다. 드디어 공을 평안도 관찰사에 제수하자, 곧바로 신속히 부임하였다. 공은 외직에 오랫동안 있어 변방의 일에 더욱 익숙하였기에 여유 있게 칼을 다루듯이 번거로운 일을 간단하게 처리하였다. 1년 만에 병으로 체직되자, 백성들이 공의 덕을 사모하여 화상(畫像)을 그려 생사당(生祠堂)에 모셨다.

동지중추부사를 거쳐 대사간으로 자리를 옮겼고, 얼마 뒤에 체직되어 동지의금부사에 제수되었다. 병조 참판에 제수되었다가 도승지로 자리를 옮겼다. 체직되어 형조 참판에 제수되었고, 대사간, 대사헌을 역임하였다. 8월에 광주 유수(廣州留守)로 나갔다. 유수는 수어사를

을 베풀다가 여남 태수를 그만두고 조정에 들어와서 집금오(執金吾)에 임명되었다. 그런데 광무제를 따라 영천에 가서 도적의 항복을 받을 적에 고을 사람들이 길을 막고 "구순을 1년 동안 빌려 달라.〔借寇君一年〕"라고 간청하자 그곳에 머물면서 백성들을 위로하게 한 고사가 전한다.《後漢書 卷16 寇恂列傳》

겸직하는데, 당시에 오랫동안 군사 훈련을 시행하지 않아 공이 제일 먼저 야간 훈련을 시행하고 포상과 처벌을 공정하고 분명하게 시행하니, 군사들이 크게 기뻐하였다.

무진년(1688, 숙종14)에 연경(燕京)에 사신으로 가게 되었는데, 묘당에서 국가를 방비하는 일이 막중하다는 이유로 유임시켰다. 그해 겨울에 도승지에 제수되었으며 이듬해에 병조 참판에 제수되었는데, 모두 지방에 있다는 이유로 체직되었다. 또 동지의금부사에 제수되었는데, 당시에 사화(士禍)가 크게 일어나 우암(尤菴)이 제일 먼저 삭출(削黜)되었다. 공이 당시 도승지였는데, 성상이 공이 명을 느슨히 봉행한다고 파직하였다. 얼마 뒤에 인현왕후가 폐위되고, 문곡공(文谷公 김수항(金壽恒))이 사약을 받았다. 공은 저자도(楮子島) 부근의 강가에 은둔하면서 비분강개하고 상심하여 살고 싶은 생각이 없었다.

갑술년(1694, 숙종20)에 정국이 바뀌자 곧바로 도승지에 제수되어 세자 빈객 및 비변사와 제용감의 제조를 겸하였다. 얼마 뒤에 발탁되어 한성부 판윤에 제수되었고 선혜청과 사복시의 제조를 겸하였으며, 5월에는 지의금부사를 겸하였다. 민암(閔黯)과 민종도(閔宗道)의 무리가 몰래 장희재(張希載)와 결탁하여 인현왕후를 모해한 일이 이때에 이르러 발각되어 민암은 사사당하고, 장희재는 목이 베일 상황이었다. 그런데 영의정 남구만(南九萬)이 옥사를 무마하여 《주례(周禮)》의 팔의(八議)를 억지로 적용해 형벌을 시행하지 않도록 하였고, 또 위협적인 말로 을러대면서 법을 굽혀 은혜를 베풀 것을 힘껏 요청하였다. 공이 판의금부사 신여철(申汝哲)과 함께 입대하여 간쟁하였는데, 비록 공의 간언이 받아들여지지는 않았으나 사론(士論)이 매우 옳게 여겼다. 그 사이에 지중추부사와 공조 판서를 역임하였다. 11월에 의정부 우참찬으로 옮겼다. 청나라 사신이 이르자 원접사(遠接使)로서 평안도를 왕래하였다.

처음에 공이 평안 감영에서 체직되어 돌아왔을 때, 본도에 별과(別科)를 시행하여 사람들의 마음을 위로하고 기쁘게 해 주기를 청하였는데, 중간에 가로막혀 시행되지 못하였다. 공이 다시 아뢰어 윤허를 받았는데 이때 묘당에서 공으로 하여금 관서에 그대로 머물면서 과거 시험을 주관하고 아울러 백성들의 고충을 살피게 하였으니, 실재로는 공이 조정에 있는 것을 꺼려해서였다. 공은 마음을 다해 일을 처리하고, 사안에 따라 혁파하였다. 또 신혜청의 곡식 만여 석을 옮겨 백성들을 기근에서 구휼해주기를 청하니, 백성들이 더욱 칭송하여 마지않았다. 좌참찬으로 승진하고 사재감 제조를 겸하여 3월에 비로소 조정으로 돌아왔다. 동지경연사와 승문원 제조를 겸하고, 세자의 관례(冠禮) 때에 교서를 써서 올려 말을 하사받았다. 예조 판서로 자리를 옮겼다.

여름에 가뭄으로 인하여 사면령을 내려 기사년(1689, 숙종15)의 흉당이 많이 풀려났다. 대간이 권대운(權大運)과 정유악(鄭維岳)도 그 속에 포함된 것을 두고 오래도록 쟁론하였다. 공이 아뢰기를,

"민심을 따른 뒤에야 하늘을 감동시킬 수 있으니, 중죄를 지은 죄인을 가벼이 풀어주는 것은 하늘의 뜻에 순응하는 길이 아닙니다."

하니, 성상이 비로소 정유악에 대한 계청을 윤허하였다. 가뭄의 기세가 갈수록 심각해지자 정승 신익상(申翼相)이 다시 여러 재신(宰臣)들을 불러 모아 논의하게 할 것을 청하였다. 그러나 공은 홀로 병을 핑계대었고, 대간들도 다른 의견을 내세워 모여서 논의하는 일이 마침내 성사되지 못하였다. 권력을 잡고 있던 자가 분개하여 공이 참석하지 않은 죄를 처벌하라고 청하였으나 성상이 윤허하지 않았다. 공은 조정에서

홀로 외롭게 버티는 처지가 되어 마음이 더욱 불안했다. 우참찬으로 자리를 옮겨 오위도총부 도총관을 겸하였으며, 얼마 뒤에 예조 판서로 돌아왔다.

11월에 동지사로 연경에 사행을 갔다가 병자년(1696, 숙종22) 봄에 돌아와 다시 예조 판서에 제수되었다. 세자의 가례(嘉禮) 때에 제조를 맡았으며, 좌참찬에서 대사헌으로 자리를 옮겼다가 다시 참찬으로 돌아왔다. 9월에 판의금부사에 발탁되었으며, 호조 판서가 되었다. 당시에 국고가 텅 비고 또 흉년이 들었는데, 공이 국가의 경비를 절약하여 백성들의 부담을 덜어 주어 직분에 걸맞게 일을 처리하였다. 이듬해에 병으로 사직을 청하였는데, 의금부의 직임만 체차되었으며, 사역원 제조를 겸하였다. 다시 판의금부사에 제수되었다가 곧바로 체차되었다.

서쪽 지역에 큰 기근이 들어 묘당에서 연경에 구휼미를 요청하고자 하였는데, 공이 연석에서 힘껏 논쟁하며 틀림없이 매우 난처한 일이 생길 것이라고 하였다. 얼마 뒤에 업신여기는 서신을 받아 나라가 치욕을 당하자 사람들이 비로소 공의 선견지명에 탄복하였다. 10월에 이조 판서에 제수되었고, 또 판의금부사를 겸하였다. 공은 사로(仕路)가 혼탁한 것을 통탄하여 사정(私情)을 모두 제거하여 합당한 인재를 감별하니, 분경(奔競)이 그치고 정치가 맑아졌다.

오도일(吳道一)이 평소에 권세를 탐하고 즐겼으며, 박태순(朴泰淳)과 이사상(李師尙) 등은 일찍이 기사년의 권흉(權凶)에게 아첨하여 모두 청론(淸論)에 용납되지 못하자, 서로 의기투합하여 비방하며 한편이 되었다. 그러다가 공이 이조 판서가 되어 한결같은 마음으로 악인을 물리치고 선인을 장려하자, 많은 사람들이 뼛속 깊이 원망을 품

었다. 유봉서(柳鳳瑞)가 교리로서 입대하여 아뢰기를,

"박태순과 이사상은 김춘택(金春澤)을 논핵한 적이 있다는 이유로 청요직에 오르는 길을 막았습니다. 그런데 김춘택의 아비 김진귀(金鎭龜)는 한성부 판윤에 의망하여 제수하였으니, 이는 전관(銓官)이 김춘택이 있는 줄만 알고 군부(君父)가 있는 줄은 모르는 것입니다."

하였다. 성상이 진노하여 유봉서를 특별히 대정 현감(大靜縣監)에 보임하고, 또 이사상을 서쪽 고을로 내쳤다. 공이 상소하여 스스로 논핵하자, 성상이 위로하고 타이르는 온화한 비답을 내리고 또 유봉서의 방자한 정상을 통렬히 배척하며 말하기를 "자신과 뜻이 다른 이를 무함하고자하니, 훤히 속이 보인다."라고 하였다. 지평 김치룡(金致龍)이 오도일의 뜻을 받들어 상소하여 유봉서를 구원하면서 공을 두고 공정하지 못하다고 논척하니, 공이 더욱 더 편히 있지 못하여 여러 차례 패초를 어기고 연달아 상소하여 급한 사정을 청하였으나 성상이 윤허하지 않자 마지못해 명에 응하였다.

무인년(1698,숙종24)에 두 번 도목정사를 행하고 모두 휴가를 받았다. 7월에 수찬 조대수(趙大壽)[5]가 또 미미한 일로 비방하자 공이 재차 면직을 청하였는데, 비답을 내려 혐의를 풀어주고 또 말하기를 "경의 노고가 이제 끝날 것이다."라고 하였으니, 사람들이 정승직에 임명하려는 뜻이 있다고 생각하였다. 당시에 두 정승이 모두 인혐하고 들어가니, 다음날 승정원에 특별히 복상(卜相)한 전례를 물었다. 승정원에서

5 조대수(趙大壽) : 1655~1721. 본관은 풍양(豊壤), 자는 덕이(德而), 호는 지와(止窩)이다.

명종(明宗)과 선조(宣祖) 때 특명으로 복상한 전례와 성상 당대의 전례를 가지고 답을 올리니, 성상이 어필로 써서 특별히 공을 우의정에 제수하였다. 공은 젊어서부터 이미 정승에 발탁되리라는 기대를 한 몸에 받았다. 조서가 내려오자 조야(朝野)에서 서로 축하하였으나, 공은 간절히 사양하였다. 성상이 비답을 내리기를,

"경의 재주와 덕망은 참으로 정승이 되기에 알맞다. 내가 간택을 하고 공론이 모두 동의하였으니, 어찌 이렇게까지 겸양할 필요가 있겠는가."

하였다. 공조 참판 오도일이 상소하여 아뢰기를,

"상신이 인책하고 들어갔는데 한 번도 출사하도록 간곡히 권면하지 않으시고, 곧장 사봉(斜封)[6]을 내리면서, 또 조금도 신중히 살피지 않으셨습니다."

하였다. 성상이 상세히 전례를 들어서 밝히고는, 오도일을 외직으로 내보내어 양양 부사(襄陽府使)에 보임하였다가 얼마 뒤에 삭출하라고 명하였다. 공이 여러 차례 상소하여 사직하자 융숭하고 간곡히 권면하였고 심지어 승지에게 명하여 함께 데리고 오게 하니, 공이 감격하여 명을 받들었다.

가을에 성상이 건원릉(健元陵), 휘릉(徽陵), 숭릉(崇陵)을 배알하려고 하였는데, 대신의 말로 인하여 숭릉에는 관원을 보내어 제사를 섭행하려고 하였다. 공이 차자를 올려 섭행하지 않고 친히 제사를 올리

6 사봉(斜封) : 임금이 조정의 논의를 거치지 않고 사의(私意)에 따라 직접 관직을 제수하여 내리는 사령서(辭令書)를 말한다. 이때에 사령서를 비스듬히 봉하였으므로 이렇게 이른다.

도록 청하니, 성상이 그대로 따랐다.

애초에 왜인(倭人)이 전화(錢貨)를 융통하여 처음에는 십성은(十成銀)을 쓰다가 중간에 팔성은(八成銀)으로 바꾸었다. 이때에 이르러 육성은(六成銀)을 사용하기를 청하고 놋쇠와 동을 섞어서 썼는데, 한 명의 대관(代官)을 보내 표기(標記)를 가지고 왔다. 공은 이를 쉽게 허락해서는 안 된다고 하였으나 동료 대신이 공이 밖에 있는 틈을 타서 갑작스럽게 허락하였다. 공이 차자를 올려 그 폐단에 대해 상세히 논하고, 행문(行文)을 도로 거두고 꾸짖어 서계(書契)를 고쳐 쓰게 하여 실정과 거짓을 살펴서 처리하라고 청하였다. 성상이 다시 묘당에 내려 논의하게 하자, 영상 유상운(柳尙運) 등이 인혐하면서 불평하는 말을 많이 하였다. 공이 또 힘써 변론하면서 말하기를,

"교활한 왜인들은 갖가지로 속임수를 쓰니 지금 이 일은 이미 우리를 업신여긴 것입니다. 훗날에 무슨 폐단이 생길지 알 수가 없습니다. 지금 전화(錢貨)가 폐단이 된다는 것은 모든 사람이 똑같이 말하고 있으나 온 나라에 두루 통용되고 있으니, 형세상 갑자기 바꾸기는 어렵습니다. 육성은을 사용하도록 한번 물꼬를 터놓으면 몇 년이 지나지 않아 필시 나라 안에 두루 통행될 것이니, 그 폐해는 아마 전화(錢貨)의 경우보다도 심할 것입니다. 신은 간사한 폐단이 생겼을 때에 일일이 해결하기 어려울 까 두렵습니다."

하였다. 그 후에 묘당의 논의가 어긋나 끝내 고쳐 처리하지 않아서 지금까지 국가의 큰 폐단이 되고 있으니, 식자들이 통탄하고 있다.

병조 판서 이세화(李世華)가 작은 일에 연루되어 특별히 파직되자 공이 그를 위해 아뢰기를, "이세화는 질박하고 진솔하여 다른 마음을 품지 않았으며, 병조 판서는 직임이 중요하니, 가벼이 쫓아내서는 안

됩니다."라고 하였다. 신규(申奎)가 상소하여 노산군(魯山君)과 신비(愼妃)의 위호(位號)를 회복시킬 것을 청하자, 성상이 백관들에게 하문하였다. 공이 헌의하기를,

"왕위를 선양하실 때의 일로 말하면, 당시 시골의 아낙이나 마을의 동자가 어찌 군신 간의 의리를 알았겠습니까마는 그들의 입에서 나오는 모든 말이 다 애통해 하고 안타까워하는 뜻이 있었습니다. 온 나라 백성 중에 어느 누가 광묘(光廟 세조)의 신하가 아니겠습니까. 그럼에도 불구하고 오히려 이와 같았으니 성조(聖祖)의 본심을 우러러 헤아릴 수가 있고, 천리와 인심도 그렇게 되기를 기약하지 않았으나 자연히 그렇게 되었던 것입니다. 지금 추숭의 논의에 응당 이견이 없지만, 이 일은 관계된 바가 지극히 중대하여 신하로서 쉽게 말을 꺼낼 수 없는 점이 있습니다.

신비(愼妃)의 일로 말하자면, 본래 중종(中宗)의 뜻에서 나온 것은 아니었습니다. 그러나 당시에는 복위를 청하는 것이 진실로 마땅하였으나 후대에는 온당치 못한 점이 있습니다. 송나라 곽후(郭后)와 맹후(孟后) 때에 있었던 유원보(劉原父)의 논의와 정이천(程伊川)의 말씀이 실로 바꿀 수 없는 정론(定論)이니, 깊이 의리를 궁구하여 지극히 당연한 곳으로 귀결되도록 힘쓰시기를 바랍니다."

하였다. 성상이 단종(端宗)의 위호를 추상(追上)하도록 하고, 신비(愼妃)의 일에 대해서는 여러 신하들에게 다시 물어 조금이나마 존숭하는 방법을 더하여 묘를 수리하고 사당을 세웠으며, 제수(祭需)를 참작하여 제공해주고 또 수묘인(守墓人)을 지급하였다.

당시에 역병이 크게 성행하였으며, 또 승휘전(承暉殿)에 화재가 일어났다. 공이 면전에서 군주가 두려워하고 반성해야 한다는 뜻을 아뢰

고는 이어 아뢰기를, "사치의 폐해가 천재(天災)보다 심하니, 검약은 궁중에서부터 본을 보여야 합니다."라고 하니, 성상이 가납하였다.

판부사 최석정(崔錫鼎)이 죄를 지어 파직되었다가 서용되어 복직되려하자, 대관(臺官)이 이전의 일을 뒤늦게 논열하였는데, 성상이 너무 지나치다고 하였다. 공이 나아가서 아뢰기를,

> "일을 그르치면 죄를 주고, 지나간 일에 대해서는 용서를 해주어 더 이상 마음에 담아두지 않으시니, 이는 천지와 같은 도량으로 포용하는 덕입니다. 만일 이 마음을 미루어 나간다면 윗사람과 아랫사람의 뜻이 절로 통할 것이니, 신하들 중에 누가 감히 성상의 뜻을 우러러 체행하지 않겠습니까."

하였다.

예관(禮官)이 성균관의 과시(課試)에 대해 사람들이 말이 있다고 하면서 지금부터 상피법(相避法)을 제정하기를 청하였다. 공이 아뢰기를, "근본을 바로잡지 못한 채 새로운 법을 만들어 시행하는 것은 마치 화살이 날아가는 곳을 따라 과녁을 세우는 것에 가까우니, 쉽게 논의해서는 안 됩니다."라고 하였다.

진사 홍중주(洪重疇)가 시권을 대신 쓰게 했던 일이 드러나자 과방(科榜)에서 빼는 것이 옳은지 문의하라고 명하였다. 좌상 최석정이 매우 억울한 처사라고 강력히 호소하였는데, 공만은 빼야 한다고 말하였다. 심순(沈埈)과 최수경(崔守慶) 두 사람이 시권의 격식을 어긴 일로 삭과(削科)되었다. 몇 년이 지난 뒤에 교리 윤성준(尹星駿)이 이를 억울한 일이라고 말하면서 복과(復科)를 청하니, 성상이 이 일을 대신에게 내려 논의하게 하였다. 공이 아뢰기를, "격식을 어긴 자는 고의 여부에 관계없이, 법규상 빼야합니다. 만약 이렇게 하지 않으면, 과시

의 체통을 엄중히 하고 훗날의 병폐를 막을 수가 없습니다."라고 하였으니, 공이 과거법에 대해 한결같이 엄정하고 신중함을 주장하는 것이 이와 같았다.

공이 차자를 올려 은화(銀貨)와 전화(錢貨)의 이로움과 해로움에 관해 아뢰기를,

"현재 전화는 더욱 흔해지고 은화는 더욱 귀해지니, 흔한 것은 귀해지도록 하고 귀한 것은 흔해지도록 하는 것이 진실로 이치상 당연합니다. 다만 내외의 미곡과 포목이 이미 모두 고갈되었고, 은화 역시 넉넉지 못한 지경입니다. 그런데 또 통역관들이 전화로 은화를 갚는 길을 열어준다면 은화마저도 모조리 고갈될 것입니다."

라고 하였는데, 그 후에 과연 공의 말대로 되었다.

좌상 최석정이 일을 어지럽게 고치기를 좋아하여 책자를 올려 관명(官名)을 바꾸고 과거 제도를 고치는 일 등에 대해 대략 청하였다. 공만은 신중함을 견지하는 논의를 주장하여 아뢰기를,

"관명이 바르지 않으니 변통이 필요할 듯하지만, 명칭을 고친 뒤에 실제의 일에 도움이 될지 모르겠습니다. 명경과(明經科)의 규정 역시 쉽게 변경하여 먼 지방에 있는 유생들을 실망하게 하면 안 됩니다."

하니, 일이 마침내 정지되었다. 묘당의 논의가 작은 은혜를 베풀어 백성들을 기쁘게 하는데 힘쓰자, 백성들의 습속이 크게 변하였다. 공이 또 성상에게 아뢰기를,

"예전에는 전세(田稅)와 대동미(大同米)에 대하여 백성들 모두가 그만둘 수 없는 부역이라는 것을 잘 알았습니다. 지금은 기한을 늦추어 조세를 징수하거나 견감해주는 등의 일을 당연히 시행하는 것처럼

여겨 조금이라도 흉년이 들면 백성들이 번번이 요행을 바라고, 수령들은 간혹 또 이전미(移轉米)를 넉넉히 확보하여 백성들의 칭송을 기대합니다. 가을에 거두어들일 때가 되면 기일에 앞서 체직되어 떠나니, 그 버릇이 더욱 가증스럽습니다."

하니, 성상이 명을 내려 엄히 신칙하였다.

장릉(莊陵)의 능위가 두 자 정도 벌어져서 공이 예관(禮官)과 함께 가서 봉심하고 보수하고 돌아와 아뢰기를,

"영월(寧越)의 청령포(淸泠浦)는 바로 단종이 선양(禪讓)하고 머무시던 곳이니, 별도로 표지(標識)를 해야 할 것입니다."

하였는데, 논의가 통일되지 않아 시행되지 않았다. 또 아뢰기를,

"본군(本郡)의 대동면포(大同綿布)를 견감해주어 백성들의 노고를 갚아야 합니다."

하였다. 이에 앞서 감시(監試)의 일소(一所)와 이소(二所)에서 소란이 있어 대간에서 모두 파방하기를 청하였는데, 공이 유독 조종조의 '죄가 시관에게 있으면 시관에게 벌을 주고, 죄가 거자에게 있으면 거자에게 벌을 준다.'라는 법령을 근거로 쓸데없는 논의를 잠재워 파방하지 않도록 하였다.[7] 이때에 이르러 또 폐단을 바로잡으려는 뜻에서 사사를 올려 논하기를,

"문정공(文正公) 김상헌(金尙憲)이 사헌부의 상관으로 있으면서 을

7 감시(監試)의……하였다 : 1682년(숙종8) 감시(監試)의 복시(覆試)에서 조한추(曹漢樞) 등이 과장(科場)에 함부로 난입한 일이 있었는데, 사헌부에서 이를 이유로 파방할 것을 정하였으나 숙종은 인조 때의 '죄가 시관에게 있으면 시관을 벌하고 죄가 거자에게 있으면 거자를 벌할 뿐 파방은 하지 않는다.'라는 수교(受敎)를 근거로 파방을 윤허하지 않았다. 《肅宗實錄 8年 8月 19日, 20日》

해년(1635, 인조13) 과거를 파방시키라는 계사를 중지시켰습니다. 또 인피하며 아뢰기를, '파방이라는 것은 천하 어디에도 없으니, 우리나라만의 폐습입니다. 이번의 과시만 파방할 수 없을 뿐 아니라, 지금 이후로 중국의 옛 규례를 거듭 밝혀서 파방하는 길을 막아 선비들의 마음을 안정시키소서.'라고 하였는데, 인조(仁祖)가 옳게 여겼습니다. 지금에 이르러서는 국가의 기강과 사람의 마음이 점점 옛날만 못하게 되어 장차 그 폐해를 바로잡을 수가 없을 것이니, 성상께서 유념하시기 바랍니다."

하니, 성상이 가납하였다.

당시에 유신일(兪信一)이 북도(北道)의 유생을 장살(杖殺)한 옥사가 있었다. 증인으로 신문을 받은 자의 나이가 70세가 넘는다는 점을 근거로[8] 정언 이조(李肇)가 상소하여 신하들이 바로잡지 못한 죄를 지어내었으니, 그 의도는 공을 비방하려는 데 있었다. 성상이 엄한 비답을 내려 그를 체직시키자, 공이 사직을 청하였다. 성상이 이조가

8 유신일(兪信一)이……근거로 : 1699년(숙종25)에 회양 부사(淮陽府使) 유신일(兪信一)이 자신에게 무례하게 굴었다는 이유로 과거에 응시하러 가던 북도(北道)의 유생 세 사람에게 곤장을 쳤는데, 그 중 한 사람은 돌아가는 도중에 죽고 나머지 두 사람도 거의 죽게 될 지경에 이르렀다. 이 일이 알려지자 사간원에서는 자신이 다스리는 고을의 백성이 아니면 곤장을 칠 수 없다는 금령을 어기고 다른 도의 유생을 장살(杖殺)한 죄를 물어 유신일을 잡아다가 신문하고 정죄할 것을 청하였다. 이에 의금부에서 관련자들을 잡아다가 신문하였는데, 죽은 유생을 진료하였던 노승경(魯承經)이라는 의원이 처음에는 장사(杖死)한 것이라고 증언하였다가 의금부에서 신문할 때에는 병으로 인해 죽은 것이라고 말을 바꾸었다. 이때 노승경의 나이가 70세가 넘어 법률상 형신을 시행할 수 없었으나 전후로 말을 바꾼 정상이 의심스러웠으므로 숙종에게 아뢰어 특별히 형신을 시행하게 되었다. 《肅宗實錄 25年 4月 19日, 閏7月 8日》

경박하게 간계를 부려 공을 모함한 것을 몹시 미워하여 공이 받은 무고를 풀어주었다. 대간이 이조를 특별히 체직하라는 명을 환수할 것을 청하자 장령 이세석(李世奭)이 계사를 정지시켰다. 영상 유상운이 조정에서 이를 몹시 비난하니, 이세석이 인피하였다. 유상운이 상소하여 변명하자 성상이 하교하기를,

"국가에서 정승을 두는 이유가 어찌 일 만들기를 좋아하는 사람을 장려하고 당론을 붙들어 세우기 위해서이겠는가."

하고, 드디어 유상운을 파직하였다. 공이 주자(朱子)가 상람사(上藍寺)에서 했던 근심[9]을 깊이 품고 차자를 올려 너무 지나친 처사라고 논하였다.

공이 코피 병을 앓았는데 갑자기 위중해지자, 성상이 명하여 어의를 보내 진료하게 하였고, 또 자주 액례(掖隷)를 보내어 궁중의 음식을 하사하였다. 경진년(1760, 영조36) 1월에 좌의정으로 승진하였는데, 여러 차례 휴가를 청하였으나 윤허를 받지 못했다. 의정부에서 홍문록(弘文錄)을 회권(會圈)할 때에 공의 아들 의현(宜顯)이 명단에 들었는데, 대제학 오도일(吳道一)이 평소 공에게 유감을 지니고 있었고, 또 자신의 무리 중에 몇 사람이 권점을 채우지 못하리라고 미리 예상을 했기에 이현의 이름에 권점을 찍지 않았다. 곧바로 선발된 자가 적다는 이유로 권점 두 개가 모자란 사람들까지 모두 선발할 것을 힘껏 청하였

9 주자(朱子)가……근심 : 군주가 대신을 함부로 대하는 것에 대한 근심을 말한다. 주희(朱熹)가 상람사(上藍寺)에 머물고 있을 때에 당시의 군주가 대신을 종처럼 꾸짖고 신료들을 돼지처럼 취급하였다는 말을 듣고는 밤새도록 촛불을 밝혀놓고 잠을 못 이룬 일이 있다.《晦菴集 別集 卷1 劉共甫》

다. 회권에 참여한 사람도 대부분 오도일처럼 말하였으나, 공은 낯빛을 엄정히 하고 허락하지 않았다. 그러자 사람들이 동고(東皐) 이준경(李浚慶)의 고사[10]에 비유하였다.

황해 감사(黃海監使) 윤세기(尹世紀)가 지나친 형벌을 가하여 사람을 죽인 일로 체직되어 실상을 조사하게 되었는데, 공이 아뢰기를,

"방백은 한 도의 풍기와 법도를 다스리는 일을 주관하니, 사람을 죽인 일로 죄를 주어서는 안 됩니다. 대관의 말도 정확하지 않으니, 고을마다 조사하여 일의 체모를 무너뜨리는 것은 마땅하지 않습니다."

하니, 성상이 그 말대로 따랐다.

오도일이 다시 심한 탄핵을 받았는데, 영의정이 그대로 오도일을 병조 판서로 의망하였다. 이조 참판 조상우(趙相愚)가 망단자를 가지고 와서 정승들에게 두루 보여주었는데, 공은 이때 가까운 친척의 상(喪)을 당해 가부(可否)를 논하지 않았다. 우의정 신완(申琓) 공이 조상우에게 묻기를 "좌상은 무슨 말씀을 하였는가?"라고 하자, "좋다고 하셨습니다."라고 하니, 신공이 억지로 허락하였다. 공이 듣고는 놀라 차자를 올려 아뢰기를,

"이조와 병조의 장관을 천거하여 의망하는 것은 아주 중대한 일인데, 대신의 말을 대신에게 전하면서 신의 입에서 나오지 않은 말을 전하

10 동고(東皐) 이준경(李浚慶)의 고사 : 이준경(李浚慶, 1499~1572)은 명종(明宗)·선조(宣祖) 대의 명재상으로, 자는 원길(原吉), 호는 동고·남당(南堂)·홍련거사(紅蓮居士)·연방노인(蓮坊老人), 본관은 광주(廣州)이다. 이준경이 영의정으로 있을 때에 그의 아들 이덕열(李德悅)이 홍문록(弘文錄)에 이름이 올랐는데, 이를 본 이준경은 "내 자식은 여기에 들 만한 자격이 못 된다."라고 하고는 그 이름을 삭제해 버린 일이 있다. 《東皐遺稿 附錄 東皐先生李公行狀》

였으니, 그 폐단이 장차 어떻겠습니까."

하니, 명을 내려 조상우를 엄하게 추고하도록 하였다.

당시에 오도일과 조대수(趙大壽)가 시관(試官)으로 있었는데, 거자 유세기(兪世基)와 몰래 내통하였다. 그 말이 과옥(科獄)을 추문(推問)할 때에 조금 드러났는데, 의금부 당상 권시경(權是經)과 윤이도(尹以道) 등이 덮고서 묻지 않고 그대로 문안(文案)에서 뺐다. 마침 함께 옥에 갇혀 있던 사람이 자신의 집안사람에게 보낸 편지에서 이 일을 언급하여 마침내 널리 퍼지게 되었다.[11] 권시경과 윤이도 등이 추문에 참석하였던 낭청들에게 사적으로 물었더니 모두가 그 말을 들었다고 납하였다. 그런데도 오히려 상소하여 변명하며 전혀 들은 것이 없다고 숨겼다. 일을 묘당에 내리니, 묘당에서 먼저 낭청을 잡아다 심문할 것을 청하자, 그 당여가 매우 두려워하고 다급해하였다. 이에 헌납 유중무(柳重茂)가 논계하기를,

"내용의 허실에 관계없이 그저 중간에서 날조된 한 장의 문서에 지나지 않으니, 그대로 믿어서는 안 됩니다. 먼저 베껴 쓴 종이의 출처를 조사한 뒤에 낭청을 심문해야 마땅할 것입니다."

라고 하니, 성상이 그 말을 따랐다. 공이 분개하여 차자를 올려 아뢰기를,

"의금부 낭청이 이미 들었다고 하였으니, 이는 베껴 쓴 종이의 근거

11 마침……되었다: 당시 지의금부사 권시경(權是經)과 동지의금부사 윤이도(尹以道)가 정순억에게 공초를 받으면서 시관(試官)에 관한 일을 기록하지 않았으나 죄수로 갇혀 있던 이장휘(李長輝)가 이 사실을 엿듣고서 편지에 적어 처형 민진후(閔鎭厚)에게 알렸다.《儉齋集 卷25 觀復齋先生家狀》

입니다. 그런데 지금 의금부 당상과 낭청의 말이 서로 어긋나는 부분에 대해서는 우선 내버려둔 채 묻지 않고서 등서한 종이의 출처를 먼저 조사하게 하니, 가까이에 있는 근본을 버리고 멀리서 지엽을 찾아서야 되겠습니까. 그 말이 터무니없다면 과연 이는 근거없이 날조된 것이고, 그 말이 사실이라면 퍼트려 누설한 것을 처벌해야 하니, 허와 실을 명백히 한 뒤에야 베껴서 전한 자의 죄에 대해 그 경중을 단정할 수 있습니다."

하니, 성상이 비국에서 복주(覆奏)한대로 시행하라고 다시 명하였다. 유중무가 또 장황한 말로 인피하자, 공이 또 하나하나 분명히 논박하였다. 먼저 의금부 도사를 심문할 때에 이르러 조대수의 무리가 저지른 행적이 모두 탄로났는데, 이사상(李師尙)과 한배하(韓配夏) 등이 연이어 방해하니, 그제야 성상이 크게 깨닫고는 '내가 그들의 술책에 넘어갈 뻔하였다.'라고 하였다. 유중무와 이사상 등이 모두 삭출되고 사정(私情)을 쓴 자들이 처벌을 받자, 사람들이 모두 공이 힘써 한번 차자를 올렸기 때문이라 하였다.

포도대장 나홍좌(羅弘佐)[12]가 과옥(科獄)의 죄수를 국문할 적에 조대수(趙大壽)의 일을 덮어 권시경과 윤이도가 했던 것처럼 하였다. 그 일이 다시 뒤늦게 알려져 나홍좌가 체포되어 심문을 받았으나 자복하지 않아 드디어 군교(軍校)에게 캐물었다. 동지의금부사 이익수(李益壽)가 '군교는 대장을 위해 숨긴 것이니, 처벌해서는 안 된다'라고 하니, 공이 말하기를,

12 나홍좌(羅弘佐, 1649~1709) : 본관은 안정(安定), 자는 제백(濟伯)이다. 포도대장, 함경남도 병마절도사, 삼도통제사 등을 역임하였다.

"군주에 대한 신하의 도리와 대장에 대한 군교의 도리 중에 어느 것이 더 중요하겠습니까. 다시 형추(刑推)하도록 명이 내린 뒤에 지레 처벌을 하지 말라고 요청하는 것은 법관의 도리가 아닙니다."

하니, 이익수의 당여도 공의 말이 대체를 얻었다고 여겼다.

경상 감사(慶尙監司) 유집일(兪集一)이 방전법(方田法)을 건의하자, 김구(金構) 공이 이를 성상 앞에서 찬성하며 "이 법은 가로로 보나 세로로 보나 경계가 질서정연하니, 반드시 속이거나 은폐하는 일이 없을 것입니다."라고 하였다. 공이 난색을 표하며 아뢰기를,

"평원과 광야는 본디 땅이 평평하고 곧지만, 몇 리 사이에 산이 있고 개천이 있으니 어찌 속이고 은폐하는 단서가 없겠습니까. 그 법이 훌륭하지 않은 것이 아니나 오직 봉행하는 사람이 어떻게 하느냐에 달려있을 뿐입니다."

하였다. 성상이 명을 내려 영남 지역에서 먼저 이를 시험하도록 하였으나, 결국 시행되지 못했다.

정언 이대성(李大成)이 상소하여 과옥(科獄)을 논하며 " 의금부에서 장형(杖刑)을 시행할 때에 나무를 내리치지 않으면 땅을 내리치니, 내시를 보내어 적간(摘奸)해야 합니다."라고 말하였다. 공이 아뢰기를

"군주가 신하들을 믿지 못하여 환관을 시켜 감시하게 한다면 내사에 있는 자는 마땅히 간쟁하기에 겨를이 없어야 합니다. 그런데 지금 도리어 이렇게 행하도록 인도하니, 조정의 신하들은 믿을 수가 없고 환관은 홀로 믿을 수 있단 말입니까."

하였다. 성상도 터무니없다고 배척하였다

겨울에 우레가 치자 공은 책임지고 면직되기를 청하고 이어서 경계하는 말을 아뢰니, 융숭한 비답을 내리고 윤허하지 않았다. 성상이

여러 신하들에게 재해를 그치게 할 방도에 대해 널리 묻자, 공은 '사(私)'라는 글자가 오늘날의 고질적인 병폐라고 하면서 전조(銓曹)에 청탁하는 폐습과 모든 관사가 태만한 과오를 낱낱이 아뢰었다. 응교 윤지인(尹趾仁)이 나아와 아뢰기를,

"대신의 이 말은 지금의 병통에 절실히 맞는 내용입니다. 그러나 충청 감사(忠淸監司) 이굉(李宏)은 술병이 있어서 방백이 되기에는 적합하지 않은데, 전조(銓曹)에서 대신의 말로 인해 방백에 제수하여 보냈으니, 신은 대신 역시 '사(私)'가 있음을 면치 못한다고 생각합니다."

하니, 성상이 엄히 배척하였다. 공이 이굉이 현명하고 민첩하여 방백이 되기에 적합한 실상을 자세히 아뢰고 물러나 연달아 상소를 올려 인책하니, 성상이 번번이 위로하고 타일렀다.

이여(李畬) 공이 이조 판서에 제수되자 많은 사람들이 적임자를 얻었다고 기뻐하였는데, 선친의 경계가 있다는 이유로 고사하였다. 공이 동료 재상과 차자를 올려 진(晉)나라 변곤(卞壼)의 일[13]을 아뢰어 출사할 것을 권면하였다.

신사년(1701, 숙종27)에 사역원에서 부산 첨사(釜山僉使) 이시재(李時宰)가 역관인 훈도(訓導)와 별차(別差)를 잡아들인 일로 그를 처

13 진(晉)나라 변곤(卞壼)의 일 : 변곤은 진나라의 충신으로, 일찍이 악광(樂廣)의 아들 악모(樂謨)와 유민(庾珉)의 아들 유이(庾怡)가 부친의 유명(遺命)이 있다는 이유로 조정에서 제수한 벼슬을 사직하자, 글을 올려서 아비가 아들을 마음대로 소유하여 벼슬을 못하게 하는 것이 매우 온당치 못한 일임을 주장하고 앞으로 이러한 이유로 사직소를 올리지 못하도록 하여 이를 영구히 제도화할 것을 청하였다. 이에 악모와 유민이 더 이상 사직하지 못하고 각각의 직분을 받들었다.《晉書 卷70 卞壼列傳》

벌할 것을 청하였다. 공이 이 일에 틀림없이 까닭이 있을 것이라고 생각하여 본도(本道)에 조사하여 물었다. 이는 왜관(倭館)을 수리할 적에 역관이 교활한 왜인들과 부화뇌동하여 갖은 방법으로 기만하였고, 첨사가 왜관을 왕래할 때에는 의례 가마를 타는데, 중간에 가로막아 출입을 막았으니, 실로 자신들의 간악한 죄상이 탄로날까 두려워했기 때문이었다. 조사한 문서가 도착하니, 과연 공의 말대로 징험되었다. 성상이 말하기를,

"첨사가 일을 합당하게 처리했다고 할 만하다. 역관을 반드시 왜관 밖에 효시한 뒤에야 먼 외국 사람들에게 위엄을 보일 수 있을 것이다."

라고 하였다. 이로부터 간악한 무리들이 두려워하고 조심하여 감히 다시는 일을 꾸미지 못했다.

가뭄이 극심해지자 성상이 의금부 감옥에 행차하여 죄수의 정상을 살펴보고자 하니, 공이 청대하여 아뢰기를,

"옛날부터 어진 군주는 진실로 죄수의 판결을 고심했지만,[14] 한 명제(漢明帝) 고사처럼 왕옥(王獄)에 직접 행차하였다[15]는 사실은 들어 보지 못하였습니다. 그 당시 옥사를 처리하는 제도를 비록 자세히

14 죄수의 판결을 고심했지만 : 《서경》 〈강고(康誥)〉에 "죄수 판결은 5, 6일 동안 가슴속에 두고 생각하며, 열흘이나 한 철에 이르러서 죄수를 크게 결단하라.〔要囚服念五六日, 至於旬時, 丕蔽要囚〕"라고 하였다.

15 한 명제(漢明帝)……행차하였다 : 후한 명제(後漢明帝) 때 초왕(楚王) 영(英)이 모반하여 옥사가 일어났는데, 억울하게 죽거나 유배된 자가 수천 명이나 되고 옥에 갇힌 자가 무수히 많아 여러 해 동안 판결하지 못하고 있었다. 이때 마 황후(馬皇后)가 억울하게 사람들이 죽어 나가는 것을 불쌍히 여겨 명제에게 이들을 풀어 주라고 간언하자, 명제가 밤중에 일어나 고민하다가 직접 낙양(洛陽)의 옥에 가서 많은 죄수들을 소결(疏決)하여 석방하였다. 《後漢書 卷10 馬皇后本紀》

알 수는 없으나 또한 황제가 반드시 직접 감옥 안으로 들어가지는 않았을 것입니다. 군주는 행동 하나하나를 신중히 하지 않아서는 안 됩니다."

하였으나, 성상은 윤허하지 않았다.

서울과 지방의 유생들이 상소하여 김 문원공(金文元公 김장생(金長生))의 문묘(文廟) 종사를 청하니, 공이 명을 받들어 헌의(獻議)하기를

"김장생이 이룩한 학문의 공은 문묘에 배향하기에 손색이 없으나 사체가 매우 중대하니, 또한 자세히 헤아려야 합니다."

하고, 또 아뢰기를,

"정직한 사람을 추악하게 비방하는 일부의 무리가 문묘에 종사한 두 현인까지 비난하고 있습니다. 이는 세도(世道)의 큰 변고이니, 진실로 엄히 배척하여 현인을 높이시고 정도(正道)를 수호하시는 성상의 정성을 밝혀야 합니다. 그리고 이 일로 말하면, 반드시 선정(先正) 대신의 말을 절충하여 자세히 강구한 뒤에 거행하여 미진하다는 후회가 없도록 해야 합니다."

하니, 성상이 우선 천천히 처리하라고 명하였다.

함경도에 별과(別科)를 시행하려고 할 적에, 시관 서종태(徐宗泰)가 병을 핑계대면서 사면하였고, 그 후에 또 재차 다른 사람으로 바꾸었으나 모두 사직하여 피하였다. 공이 상주하여 다시 서종태를 차임하여 국가의 체통을 보존할 것을 청하였다.

8월에 인현왕후(仁顯王后)가 승하하자 총호사에 임명되었다. 종실 이항(李杭)은 과거에 장희재(張希載)와 몰래 결탁하여 인현왕후를 해치려고 했던 자인데, 이때에 이르러 재궁상자 서사관(梓宮上字書寫官)이 되었다. 공이 배척하여 말하기를 "어떻게 이 사람에게 재궁상자를

쓰게 한단 말인가."라고 하니, 이항이 얼굴이 잿빛이 되어 물러나 말하기를, "내가 이제 죽겠구나."라고 하였다. 얼마 뒤에 궁중에서 옥사가 일어나자, 성상이 진노하여 친국(親鞫)을 하자, 영상 최석정(崔錫鼎)이 세 차례에 걸쳐 연달아 차자를 올려서 이 일을 끝까지 조사하지 말 것을 청하였다. 성상이 대의(大義)를 거론하며 엄히 꾸짖고 중도부처(中道付處)시켰다. 이어 최석정의 차자를 대신들에게 내보이자, 공이 대답하기를 "이는 대행왕비(大行王妃)와 관계된 일로서, 아랫사람들이 진실로 감히 입을 놀려 말할 수가 없습니다."라고 하였다. 당시 대신 이하가 모두 두려워하며 스스로 중심을 잡지 못하였고, 상소가 날마다 이어졌다. 그러나 공은 홀로 꿋꿋이 흔들림이 없었다. 처분이 결정되자 비로소 차자를 올려 동궁을 보호할 방도를 아뢰고, 이어 국사(鞫事)에 참여하였다.

민암(閔黯)과 민종도(閔宗道) 무리의 정황이 모두 탄로나자, 많은 사람들이 또 두리번거리고 머뭇거렸는데, 공이 모두 법에 따라 다스리니, 중외의 사람들이 크게 의지하였다. 이에 장희재와 민종도(閔宗道)의 아들 민언량(閔彦良)이 처형되었으며, 이항도 사사(賜死)되었다. 민암(閔黯)에게 뒤늦게 역률(逆律)을 적용하여 다스리려 하였는데, 판의금부사 이여(李畬) 공이 말하기를,

"민암을 애초에 법에 따라 처형하지 않은 이상 뒤늦게 역률을 적용해서는 안 됩니다."

라고 하였다. 상소가 묘당에 내려지자, 공이 논하기를

"일찍이 인조 때 이덕인(李德仁)[16]을 사사(賜死)하면서 연좌(緣坐)

16 이덕인(李德仁) : 종실 회은군(懷恩君)으로, 성종(成宗)의 둘째 아들 계성군(桂

등의 일을 규례대로 거행하였습니다. 그 후 이정(李楨)을 사사할 적에도 그렇게 하였으니, 어찌 역모의 죄는 다른 죄보다 중대하고 사사되는 것은 곤장을 맞다가 죽는 것과 다르기 때문이 아니겠습니까. 아직 나이가 차지 않은 죄인의 자녀에게 특별히 연좌를 면하게 해주었던 것은 친척을 친하게 대하는 뜻에서 나온 것입니다. 이덕인 등의 종친에게 일시적으로 베풀었던 은례(恩禮)를 또한 어찌 역적 민암에게 구별 없이 베풀 수 있겠습니까. 또 당초에 의금부에서 성상의 뜻을 여쭙지 않아서 마침내 마땅히 거행해야 할 법전을 그만두었으니, 만약 세월이 오래되었다는 이유로 그만두고 거행하지 않는다면, 장희재의 죄를 8년이 흐른 뒤에 다스려 처형한 경우와 불공평한 점이 있지 않겠습니까."

하였다. 다른 재상의 의견이 혹 이공의 의견과 같았으나, 성상은 특별히 공의 의견에 따라 조처하였다. 호위대장에 제수되어 훈련도감 제조와 사역원 도제조를 겸하였다.

임오년(1702, 숙종28) 정월에 성상이 명릉(明陵 인현왕후의 능)에 행차하였는데, 공이 어가를 수행하였다. 고양(高陽)에 능침이 가장 많다는 이유로 양주(楊州)의 예에 따라 전세(田稅)를 감면해주었으니, 공의 말을 따른 것이다. 5월에 상참에 입시하여,

"모든 관원들이 게으르고 나태하여 기강이 무너졌으니, 바라건대 성상께서는 학문과 정사를 부지런히 하여 몸소 여러 신하들을 이끌어 삼가고 부지런히 하는 효과를 요구하십시오."

城君) 이순(李恂)의 증손이다. 1644년(인조22)에 심기원(沈器遠) 등의 추대를 받아 반란을 도모하였다가 발각되어 사사되었다.

라고 극언하였다.

윤6월에 화성(火星)이 남두성(南斗星)으로 들어가고 또 달이 남두성으로 들어갔는데, 공이 관상감(觀象監)에서 보고한 내용을 조보(朝報)에 싣지 않아 윗사람과 아랫사람으로 하여금 경계하고 두려워하도록 하지 않았다는 이유로 제대로 살피지 못한 승지를 문책하였다. 이항(李杭)이 처형된 뒤에 대간들이 그의 가산을 적몰할 것을 청하였으나, 성상이 오랫동안 윤허하지 않다가 공이 강력히 청하자 그제서야 성상이 따랐다.

8월에 가례도감 도제조에 차임되었으며, 이어 책례 정사(冊禮正使)가 되었다. 이해에 성상이 문묘(文廟)를 알현하고 선비를 선발하여 얻은 인재가 가장 많았으나, 반대파 무리 중에는 급제한 사람이 없었다. 매우 분노하고 질시하여 전체 급제자의 명예를 더럽히고자 하여 시골사람 최세일(崔世鎰)을 사주하여 상소를 올리기를,

"급제한 자들은 모두 시관(試官)과 친족의 관계인데도 명관(命官)이 사정(私情)이 행해지도록 모두 내버려두고 막지 않았습니다."

하고, 심지어는,

"군주가 위에서 고립되고 권세가 아래의 신하들에게 모두 옮겨지면, 전하께서 비록 후회하신들 어찌 다시 미칠 수가 있겠습니까."

라고 하였다. 공은 실제 독권관(讀券官)으로 시험을 주관하였기에 즉시 금오문(金吾門)에서 대명(待命)하였다. 성상이 사관(史官)을 보내어 위로하고 타일렀으며, 또 공의 상소에 비답을 내리기를,

"최세일의 상소는 말뜻이 위험하여 차마 똑바로 볼 수가 없으니, 조정을 일망타진하려는 죄상이 매우 분통스럽다. 그런데도 지나치게 스스로 인혐한다면, 일의 체모를 크게 손상시킬 뿐만이 아니라

간사한 이들의 계책을 이루어주는 것이 된다."

하였다. 최세일이 비로소 편배(編配)되었고, 또 형조에서 심문을 받아 타인의 사주를 받은 사실을 자복하였다. 성상이 공을 각별히 권면하기를 그치지 않자, 공이 다시 나와서 정무를 보았다. 공은 피로가 쌓여 병에 걸렸는데, 11월에 병세가 심해지자 성상이 연달아 어의를 보내어 문병하였다.

계미년(1703, 숙종29) 봄에 금위영을 혁파하자, 공이 탄식하여 말하기를 "수십 년을 훈련시킨 군사들을 어찌 하루아침에 버릴 수 있는가." 하고, 병든 몸으로 애써 상소를 올려 간언하니, 성상이 처음에는 듣지 않다가 뒤에는 과연 도로 명을 중지하였다. 당시에 또 성(城)을 축조하였는데, 공이 말하기를,

"기강을 세우고 인심을 수습하며 사정(私情)을 제거하고 공도(公道)를 넓히는 것이 지금의 급선무이니, 그 근본은 또 군주의 마음을 바로잡는 데에 있다. 근본을 힘쓰지 않고 다만 이러한 일에 급급해 한다면, 오늘날의 시세로는 성공을 거둘 수 없다는 것을 잘 알겠고, 성공한다고 하더라도 그 폐단이 끝이 없을 것이다."

하였다. 공은 병이 심해져 진언하지 못하였으나, 여전히 근심하고 탄식하기를 그치지 않았는데, 그 뒤에 한결같이 공이 말한대로 되었다. 공은 병이 손쓸 수 없는 지경에 이른 것을 스스로 잘 알았으나 집안일에 대해서는 한 마디도 하지 않았다.

이종아우인 이유(李濡) 공과 외종 아우인 김창집(金昌集) 공이 문병을 오자 공이 돌아보며 말하기를,

"죽고 사는 것은 정해진 이치이니, 내가 더 이상 무슨 유감이 있겠는가. 오직 국가의 은혜에 보답하지 못한 것이 마음에 걸릴 뿐이다."

하였다. 또 둘째 아우에게 미처 마치지 못한 묘도(墓道)의 공역을 부탁하였다. 죽음에 임하여 간절히 의정(議政)의 직임을 내려놓기를 원하자, 우의정 신완(申琓) 공이 슬퍼하여 차자를 올려 공의 뜻을 진달하니, 성상이 공을 위해 눈물을 흘리고, 특별히 허락하여 애써 부응하였다. 다음날 아침에 공이 세상을 떠나니, 바로 4월 9일이었다. 사관이 뒤늦게 성상의 유지(諭旨)를 빈소 곁에서 전하였으니, 공의 춘추가 69세였다. 성상이 몹시 애도하며 조회를 정지하였고, 조야에서는 모두 탄식하기를 "훌륭한 재상이 돌아가셨다."라고 하였다. 이때 성상이 태묘(太廟)에 제향을 올리려고 하였는데, 부제학 김진규(金鎭圭) 등이 차자를 올려 아뢰기를,

"옛날 숙궁(叔弓)이 죽었을 때에 음악을 거두고 제사를 끝까지 마쳤으며,[17] 중수(仲遂)가 수(垂)땅에서 죽었을 때에 성인은 '오히려 역(繹)제사를 지냈다'라고 비판하였습니다.[18] 제사지내는 절차에서

17 숙궁(叔弓)이……마쳤으며 : 숙궁은 노(魯)나라 대부로, 《춘추》 소공(昭公) 15년 기사에 "2월 계유일에 무공(武公)의 사당에서 제사를 지내는데, 음악이 들어갈 때에 숙궁이 졸하니, 음악을 거두고 제사를 끝까지 마쳤다.〔二月癸酉, 有事于武宮 籥入叔弓卒, 去樂卒事.〕"라고 하였는데, 《춘추좌씨전(春秋左氏傳)》에서 이른 두고 예에 맞는 일이라고 평가하였다.

18 중수(仲遂)가……비판하였습니다 : 중수는 노(魯)나라의 대부이고, 수(垂)는 제(齊)나라의 땅이다. 역(繹)제사는 제사를 지낸 이튿날에 전날의 제사를 심역(尋繹)하여 다시 지내는 제사이다. 성인은 《춘추》를 지은 공자(孔子)를 가리킨다. 《춘추》 선공(宣公) 8년 기사에 "신사일에 태묘에서 제사를 지냈는데, 중수가 수(垂) 땅에서 졸하였다.〔辛巳有事于太廟, 仲遂卒于垂.〕"라고 하였고, 이어서 "임오일에 오히려 역제사를 지냈다.〔壬午猶繹.〕"라고 하였는데, '오히려 역제사를 지냈다.'라는 것은 대신을 예우하는 예에 알맞지 않음을 공자가 비판하여 말한 것이다.

음복(飮福)과 수조(受胙)[19]의 절차는 줄이기를 청합니다."

하였다. 그런데 대신의 논의가 통일되지 못하여 마침내 중지하였다. 세자가 궁관(宮官)을 거느리고 애도의 뜻을 표하였으며, 6월 21일에 양주(楊州) 금촌(金村)에 있는 사향(巳向)의 언덕에 장사지냈다.

공이 세상을 떠난 4년 뒤에 임부(林溥)라는 자가 윤증(尹拯)을 조정으로 불러들일 것을 청하는 상소에서 고하기를,

"신사년(1701, 숙종27)에 동궁을 해치려고 모의했다는 말이 죄수의 공초에서 나왔는데, 국청(鞫廳)에서 은닉한 채 아뢰지 않았습니다."[20]

하였다. 성상이 명하여 국청을 설치하자, 임부가 문사낭청 여필중(呂必重)과 강이상(姜履相)이 당시 정상을 알고 있다고 끌어 대었다. 최석정 등이 옥사를 조사하였으나 끝내 동궁을 해칠 것을 도모했다는 증거를 찾아 죄안을 이루지 못하였는데도, 오히려 여러 사람들의 말을 끌어 모아서 옥사를 조사한 대신 이하의 관원을 파직시키기를 청하였다. 민암(閔黯)의 무리인 이잠(李潛)이 또 상소를 올렸는데, 그 말이 임부에 비해 더욱 패악하였다. 성상이 친국(親鞫)을 행하여 임부와 함께 곤장을 쳐서 죽이니, 이에 벌을 받고 파직된 대신들이 모두 서용

19 수조(受胙) : 제사를 마치고 제관(祭官)이 제물 일부를 집사(執事)에게서 받아 맛보는 것으로, 신으로부터 복을 받는 것을 상징한다.

20 임부(林溥)라는……않았습니다 : 1706년(숙종32) 5월 29일에 충청도 유생 임부(林溥) 등이 상소하여, 1701년 희빈(禧嬪) 장씨(張氏)가 인현왕후(仁顯王后)를 저주한 사건을 조사하기 위해 열었던 국청에서 죄인 윤순명(尹順命)이라는 자가 '동궁을 모해하였다〔謀害東宮〕'는 말을 꺼냈는데 국청을 주관하는 자가 이 말을 일부러 공초(供招)에 기록하지 않고 은폐하였다고 아뢰었다.《肅宗實錄 32年 5月 29日》

되었다. 공의 아들 의현(宜顯)이 공을 위해 호소하니, 온화한 비답을 내려 위로하였다. 아, 일월처럼 밝으신 성상이 아니었다면 당시 사림이 겪었을 재앙을 또 어찌 이루 다 말할 수 있겠는가.

공은 훤칠한 키에 준엄한 얼굴을 지녔으며, 목소리는 큰 종소리 같았다. 외면은 강직하고 내면은 관대하였으며, 자질은 돈후하고 재주는 민첩하였다. 단정하게 앉아 말과 웃음이 적었으며, 늘 생각하는 바가 있는 듯하였다. 자제들에게는 엄격하게 대하여 감히 바라보지 못했으나, 다가와 말을 할 때에는 얼굴빛이 온화하였으며, 인위적인 행동을 하지 않았으나 정연하게 법도가 있었다.

공의 행실은 한결같이 효제(孝悌)에 근본을 두었다. 부모가 생존해 계실 때에는 마음과 물건으로 정성을 다해 봉양하였고, 상(喪)을 당해서는 예서(禮書)를 읽는 것을 멈추지 않았으며, 예제(禮制)보다 지나치게 슬퍼하여 생명이 위태로운 지경에 이르렀으나 강계(薑桂)를 먹으려 하지 않았다. 비록 한여름에도 상복을 벗지 않았으며, 노쇠한 나이가 되기도 전에 수염과 머리털이 모두 하얗게 세었다. 늘 녹봉이 어버이에게 미치지 못한 것을 애통해 하여, 외직에 부임했을 때에는 조부모를 모셔와 봉양하면서 곡진히 즐겁게 해드렸으며, 간혹 잔치를 베풀어 영화롭게 해드렸다. 스스로 종자(宗子)가 아니라고 여겼지만, 가묘(家廟)가 혹 멀리 있으면 기일에 반드시 신위(神位)를 설치하여 제사를 올렸다.

맏형이 폐질에 걸리자, 공이 마음으로 측은히 여기고 상심하여 정성을 다해 보살펴 마치 온공(溫公)이 백강(伯康)을 모시던 것처럼 하였다.[21] 죽은 아우가 영특한 재주가 있었는데, 공은 그가 재주를 펴보지 못한 것을 가슴아파하여 비석을 세워서 영원히 후대에 전해지기를 도모하였다. 과부가 된 누이의 양자를 자기 자식처럼 돌보았고, 또 막내 누이를 더욱 살뜰하게 돌봐주었으니, 돌아가신 모친이 무척 사랑하던 자식이었기 때문이다. 모든 봉록과 하사품 및 선물은 일가(一家)에게 나누어주고 소원한 친척들에게까지 미쳐 각기 환심을 얻었으며, 궁핍한 자들을 구휼할 적에는 미치지 못할 것처럼 하였다. 늘 자제들에게 경계하기를,

"한 번 급제하는 것으로 스스로 만족하지 말고 뜻을 세워 고인(古人)처럼 되기를 기약하고, 남과 교유할 적에는 반드시 신중히 하고 박잡하게 하지 말며, 벼슬길에는 반드시 물러나고 나아가지 말라."

하였으니, 올바른 법도로 가르치는 것이 이와 같았다.

재물과 이익에 담박하여 조정에서 벼슬한 40년 동안 전답과 노비 수는 하나도 늘지 않았다. 입는 옷은 항상 소박하였고, 밥상에는 특별히 맛있는 음식이 없었다. 어떤 이가 헐고 무너진 집을 수리하라고 권하면 대답하기를 "이는 이문정(李文靖)의 집[22]에 비하면 이미 사치스럽다."라고 하였다. 늘 감정을 꾸미고 명성을 가까이하는 일을 부끄럽

21 온공(溫公)이……하였다 : 온공(溫公)은 송의 문장가 사마광(司馬光)이고, 백강(伯康)은 그의 형 사마단(司馬旦)이다. 사마온공은 그의 형 백강과 우애가 특히 돈독하여 백강의 나이 팔십이 되자 온공은 엄한 아버지처럼 모셨다.〔溫公與其兄伯康, 友愛尤篤, 伯康年將八十, 公奉之如嚴父.〕"《小學 善行》

22 이문정(李文靖)의 집 : 이 문정은 송(宋)나라 태종(太宗) 때의 명재상 이항(李沆)으로, 문정은 그의 시호이다. 이항이 재상이 되었을 때에 집이 앞마당에서 말 한 마리를 겨우 돌릴 수 있을 정도로 매우 좁고 초라하였는데, 어떤 이가 이에 대해 지적하자, 이항이 말하기를, "집은 자손에게 전하는 것이다. 이 집은 재상의 집으로는 누추하지만, 태축이나 봉례의 집으로는 매우 넓다.〔居第當傳子孫, 此爲宰相廳事誠隘, 爲太祝奉禮廳事已寬矣.〕"라고 한 일이 있다.《宋史 卷282 李沆列傳》

게 여겼으며, 사양하고 받는 일에는 반드시 엄격하게 하였다. 어떤 변방의 수령이 조정의 신하들에게 인삼을 두루 선물하였는데, 공만은 홀로 물리쳤다. 뒤에 이러한 사실이 드러나자, 여러 공들이 모두 부끄러운 기색이 있었다. 술을 마시는 일이 드물었으며, 음악과 여색을 즐기지 않았다. 문에는 잡된 손님이 없었고, 공무에서 퇴근한 뒤에는 마치 청빈한 선비처럼 쓸쓸히 지냈으니, 이는 공이 젊어서 청음공(淸陰公 김상헌(金尙憲))을 섬겨 종신토록 모범으로 삼았기 때문이며, 또 문곡공(文谷公 김수항(金壽恒))과는 외숙과 생질 사이로 사우(師友)가 되었기 때문이다.

만년에는《주자서(朱子書)》,《명신언행록(名臣言行錄)》,《자경편(自警編)》등의 책을 더욱 좋아하여 가장 많은 힘을 얻었다. 이 때문에 조정에서 이룬 사업이 높고도 우뚝하였다. 임금에게 고한 내용은 대략 학문을 강론하고 마음을 바르게 할 것과 하늘을 공경하고 백성을 화합하게 할 것과 희로(喜怒)를 삼가고 사심을 극복할 것과 재용(財用)을 절약하고 법령을 지키는 것을 우선으로 삼았다. 일을 할 때에는 대체(大體)를 견지하는데 힘쓰고, 작은 지혜를 쓰지 않았다. 늘 나라에 큰 일이 있으면 많은 의론이 조정에 분분했으나, 공이 천천히 한 마디 말로 결정을 내렸다. 비록 갑작스럽고 경황이 없는 순간에도 식견과 생각이 늘 일 밖에까지 두루 미쳐 치밀하게 처리하여 거의 물샐 틈 없이 꼼꼼하였다. 일찍이 아뢰기를,

"익(益)이 순(舜) 임금을 경계할 때에도 오히려 '도(道)를 어기면서 백성들의 칭송을 구하지 말라'[23]고 하였습니다. 하물며 말세에 나라

23 익(益)이……말라 : 익은 순(舜) 임금의 신하이다. 익이 순 임금을 경계한 말에

를 다스리는 도가 어찌 오로지 작은 은혜를 베푸는 것만을 일삼아서야 되겠습니까."

하였다. 또 이로운 일 하나를 만들어내는 것이 해로운 일 하나를 제거하는 것만 못하고, 일 하나를 만드는 것이 일 하나를 줄이는 것만 못하다는 옛사람의 말을 즐겨 암송하였다.

공정하고 위엄 있어 모든 관료들을 억누르니, 묘당(廟堂)에서 은연중에 중시하였다. 공이 세상을 떠나자 조정의 계책이 갈 곳을 몰라 아침저녁으로 바뀌었고, 나라의 기강이 풀려 크고 작은 일이 해이해지니, 이에 식자들이 탄식하기를 "만약 공이 살아 있었다면 국사가 어찌 이런 지경에까지 이르렀겠는가."라고 하였다.

공이 처가에 있을 때, 충정공(忠貞公) 정유성(鄭維城)은 부인의 조부였다. 늘 비변사에서 문서가 이르면 반드시 공에게 돌려 보이고 말하기를, "이 사람은 후일에 재상이 될 것이다."라고 하였다. 또 탄식하기를 "자네가 정승이 되었을 때에는 국가의 위태로움이 틀림없이 지금보다 심할 것이니, 장차 어찌하겠는가."라고 하였다. 죽음을 앞두고 서대(犀帶)를 벗어 주었으니, 공에게 대인(大人)의 국량이 있어 선배에게 인정을 받은 것이 이와 같았다.

공은 시종신으로 있을 때에 과격하지 않고 주관이 없지도 않았으며, 또 남들과 다투며 명성을 취하려고 하지도 않았다. 그러므로 언론이 세상에 드러나지 않았으나, 중대한 시비의 관건에 이르러서는 확고하

"도를 어기면서 백성들의 칭송을 구하지 마시고 백성들의 뜻을 거스르면서 자신이 바라는 것을 좇지 마소서.〔罔違道, 以干百姓之譽, 罔咈百姓, 以從己之欲.〕"라고 하였다. 《書經 大禹謨》

여 흔들 수 없는 점이 있었다. 기사년(1689, 숙종15) 이후로 덕망이 높은 인물이 세상을 떠났으니, 하늘이 억지로 공을 남겨둔 것은 거의 '큰 과일은 먹히지 않는다.'[24]는 것과 유사하다. 결국 한 몸에 명분과 의리를 짊어지고 세도(世道)를 부지하여 우뚝이 사류(士類)의 종주가 되었으니, 군자가 큰 것을 받을 수 있다[25]는 말이 참으로 미덥다. 공이 일찍이 말하기를 "신하가 임금을 섬길 적에는 다만 하나의 '의(義)'만 있을 뿐이니, 죽고 사는 것을 어찌 계산하겠는가."라고 하였다.

큰 외숙 김수증(金壽增) 공이 예전에 팔분체(八分體)로 "태산은 움직이지 않고 지주는 중류에서 버틴다.〔泰山不動, 砥柱中流.〕"라는 글자를 써서 공에게 주었는데, 사람들이 참으로 이 여덟 글자에 부끄럽지 않다고 하였다. 문순공(文純公) 권상하(權尙夏) 역시 말하기를 "근래에 어진 재상으로 문곡(文谷)을 일컫지만, 우로(雩老 이세백)가 신사년(1701, 숙종27)에 수립한 공으로 말하면 곧장 고인 중에서 찾을 수 있으니, 문곡도 부족한 점이 있다."라고 하였다. 공은 문장을 지을 때 붓을 잡으면 즉시 써내려갔는데, 말이 통창하고 뜻이 원만하였다. 장주(章奏)에 더욱 뛰어나 농암(農巖) 김창협(金昌協) 공이 탄복한 적이

24 큰……않는다 : 어려움이 닥쳐도 덕성이 사라지지 않는다는 의미이다. 《주역》〈박괘(剝卦)〉는 아래에 있는 다섯 효(爻)는 모두 음효(陰爻)이고 맨 위에 있는 한 효만이 양효(陽爻)인데 음이 아무리 치성해도 양이 아주 없어지지 않는다는 뜻으로, 상구(上九) 효사(爻辭)에 "큰 과일은 먹히지 않는다〔碩果不食〕"라고 하였다.

25 군자가……있다 : 《논어》〈위령공(衛靈公)〉제33장에 "공자께서 말씀하기를, 군자는 작은 일에 알 수는 없으나 큰 것을 받을 만하고, 소인은 큰 것을 받을 수는 없으나 작은 일에 알 수는 있는 것이다.〔子曰 : 君子, 不可小知而可大受也, 小人, 不可大受而可小知也.〕"라고 한 데서 인용한 말이다.

있으며, 시 역시 깊이가 있고 뛰어났다. 그러나 조정에 있을 때의 큰 절개가 저와 같으니, 세세한 것은 생략해도 괜찮다.

정부인(鄭夫人)은 군수 창징(昌徵)의 딸로, 충정공(忠正公) 홍익한(洪翼漢)의 외손녀이다. 삼종(三從)의 덕[26]에 어김이 없었으니, 세상에서 공의 청덕(淸德)은 내조가 컸기 때문이라고 한다. 83세에 세상을 떠났다. 아들 의현은 이조 판서로 문형을 역임하였다. 딸 넷은 권상명(權尙明), 홍덕보(洪德普), 경력 윤부(尹溥), 김희로(金希魯)에게 각각 출가하였다. 내외의 여러 손자가 모두 30여 명이다.

아, 옛날 대신(大臣)의 직분은 도(道)로 임금을 섬기고, 안색을 바루어 아랫사람들을 통솔하는 일이다. 흔들고 공격하는 논의를 진정시키려 하고, 시고 짜고 맵고 단맛을 조화시키려 하는 일[27]은 작은 국량으로 가능한 일이 아니다. 그러나 식견이 늘어나면 역량이 절로 늘어나니, 이는 그래도 가능하다. 다만 외로운 충절에 의지해 나아가고 명(命)을 믿고 의심하지 않는 것은 어려운 일이다. 더구나 그가 지킨 대의는 늠름하여 후세에 할 말이 있으니, 대역량을 지닌 이가 아니면 불가능하다. 이 점이 공이 공답게 된 까닭이 아니겠는가.

나는 뒤늦게 태어났으나 오히려 공의 덕스러운 용모를 보았으니,

26 삼종(三從)의 덕 : 옛날에 여자가 어렸을 적에는 어버이를 따르고, 출가해서는 지아비를 따르고, 지아비가 죽고 나서는 자식을 따랐던 행실을 말한다. 《儀禮 喪服傳》

27 흔들고……일 : 《서경》 〈군석(君奭) 집전(集傳)에 "대신의 지위는 온갖 책망이 모이니 흔들고 공격하는 논의를 진정시켜야 하고 맵고 달고 건조하고 습함은 조화하여야 한다.〔大臣之位, 百責所萃, 震撼擊撞, 欲其鎭定, 辛甘燥濕, 欲其調齊.〕"라고 하였다. 조제는 분쟁을 중간에서 화해하게 하거나 서로 타협점을 찾아 합의하도록 한다는 뜻이다.

띠를 드리우고 홀을 바로 잡고서 반열에서 엄숙하였다. 공이 세상을 떠난 지 벌써 20여년이 지났으나 세도는 수없이 변하고 국가의 형세는 근심스럽고 위태로운 지경이다. 그런데 인물은 더욱 부족하니, 용이 죽고 호랑이가 떠난 아픔[28]이 오래될수록 더욱 깊어진다. 만일 문자(文子)가 구원(九原)에서 본다면 공을 버리고 누구와 돌아가겠는가.[29]

아, 다만 식견이 몽매하고 비루하여 공의 덕과 아름다움을 드러내기에 부족하지만 삼가 가장(家狀)을 취하여 그 언행과 계책 중 큰 것만을 모아 태상시(太常寺)에 고한다.

28 용이……아픔 : 훌륭한 인물이 하룻밤에 갑자기 별세하였음을 이른다. 동파(東坡) 소식(蘇軾)이 구양수(歐陽脩)에 대한 제문(祭文)에 "비유하면 깊은 산과 큰 못에 용이 죽고 범이 떠나가면 온갖 변괴가 다 나타나 미꾸라지와 드렁허리가 춤을 추고 여우와 살쾡이가 울부짖는 것과 같다.〔譬如深山大澤, 龍亡而虎逝, 則變怪百出, 舞鰌鱔而號狐狸.〕" 하였다.

29 문자(文子)가……돌아가겠는가 : 구원은 전국 시대의 진(晉)나라 경(卿)·대부(大夫)의 묘지가 있었던 곳으로, 일반적으로 무덤을 뜻한다. 춘추 시대 조문자(趙文子)가 숙향(叔向)과 구원에 가서 노닐다 말하기를 "죽은 이가 만약 일어날 수 있다면 나는 누구와 더불어 돌아갈꼬." 한 데서 온 말이다. 즉 저승으로 간 사람은 다시 살아 돌아올 수 없다는 뜻이다. 《國語 晉語》

행장 行狀

조고 우의정 부군 가장[30]

祖考右議政府君家狀

중부를 대신해 짓다

선부군의 휘는 숙(翻), 자는 중우(仲羽)이다. 우리 이씨는 계통이 우봉현(牛峰縣)에서 나왔다. 시조 휘 공정(公靖)은 고려에서 시중을 역임하고 삼주백(三州伯)에 봉해졌으니, 문무의 재질이 있어 역사책에 그 행적이 실려 있다. 그 뒤에 대대로 높은 관직을 세습하였는데, 평장사 휘 자의(子儀), 국자 전주 휘 시(蒔), 전객 판서 휘 득구(得丘)가 가장 현달하였다. 판서에서 2대를 내려가 관찰사 휘 길배(吉培)에 이르러서는 비로소 조선에 들어와 훌륭한 관리로 명성이 드러났다. 이분이 사헌부 감찰을 역임한 휘 근(圻)을 낳았다. 감찰이 호조 참판을 역임한 휘 승건(承健)을 낳았는데, 진현시(進賢試)[31]와 문정시(文庭

30 조고 우의정 부군 가장 : 이 글은 이숙(李翻, 1626~1688)의 가장(家狀)이다. 본관은 우봉(牛峰). 자는 중우(仲羽), 호는 일휴정(逸休亭)이다. 1655년(효종 6) 춘당대 문과에 병과로 급제하여 대사간, 우의정 등을 역임하였다.

31 진현시(進賢試) : 조선 성종 때 현직 문무관료를 대상으로 실시한 임시시험을 말한다.

試)[32]에서 장원을 하여 문사(文辭)로 한 시대에 명성이 났으며, 옥당에 있을 때 대궐의 일에 대해 논한 적이 있는데, 연산군(燕山君) 갑자년(1504, 연산군10)에 부관참시의 화를 당했다가 그 후에 예조 판서에 추증되었다.

판서가 장례원 사의를 역임한 휘 심(諶)을 낳았는데, 이조 참판에 추증되었으니, 바로 부군의 고조이다. 증조 휘 지신(之信)은 홍문관 부제학을 역임하였는데, 올곧은 도를 지키며 권간(權奸)을 거스르다가 불우하게 세상을 떠났고, 이조 판서에 추증되었다. 조부 휘 할(劼)은 의정부 좌찬성에 추증되었다. 부친 휘 유겸(有謙)은 인조반정 때에 산림에서 학행이 뛰어난 선비로 천거되어 포의 신분으로 나와 고을 수령에 임명되었으며, 뒤에 제일의 고과(考課)로 포상과 발탁을 받았으며, 호조 참의로 세상을 떠났다. 질박한 행실과 순수한 덕은 사림의 모범이 되었으며, 의정부 영의정에 추증되었다. 부인 파평 윤씨(坡平尹氏)는 처사 홍유(弘裕)의 딸이며, 참판 인함(仁涵)의 손녀이다. 부녀자의 덕을 순수하게 갖추었으며, 정경부인에 추증되었다. 참의공에게는 다섯 명의 아들이 있는데, 부군은 서열로 넷째이며, 사헌부 대사헌 상(翔), 이조 판서 익(翊)이 부군의 중형(仲兄)과 계형(季兄)으로, 모두 당대에 현달하였다. 부제학 이하 분들이 추은(推恩)을 받은 것은 모두 부군이 높은 관직에 올랐기 때문이다.

부군은 천계(天啓) 병인년(1626, 인조4) 3월 3일 진시(辰時)에 신녕(新寧)의 관아에서 태어났다. 해산을 앞두고 참의공이 꿈을 꾸었는데,

32 문정시(文庭試) : 조선조 때 당하(堂下)의 문관(文官)에게 보이던 이문 정시(吏文庭試)를 말하는 것으로 보인다.

기이한 사람이 어린아이를 안고 있다가 건네며 말하기를 "이 아이는 공의 집안을 성대하게 할 뿐만 아니라, 국가의 충성스러운 신하가 될 것이오."라고 하였다. 잠에서 깨자 부군이 태어났는데, 순수하고 기이한 모습이 꿈속에서 본 아이와 똑같았다. 어릴 적부터 중후하여 장난을 좋아하지 않았으며, 성인처럼 의젓하였다. 겨우 여섯 살 때에 참의공을 따라 함흥부(咸興府)에 갔는데, 우연히 이마를 다쳐 의원을 불러 침으로 치료하는 데 피가 얼굴을 뒤덮는데도 눈도 깜빡하지 않으니, 보던 자들이 감탄하였다. 판서 김기종(金起宗)이 당시에 관찰사로 있었는데, 번번이 큰 인물이 될 것이라고 인정하였다.

병자호란과 정묘호란 때에 참의공이 병란을 피해 강화도로 갔는데, 갑진(甲津)이 함락되자 오랑캐가 사방에서 들이쳐 온 가족이 길상산(吉祥山) 아래에서 적과 마주쳤다. 참의공이 손을 잡고 부군에게 명하기를,

"네 아비와 네 형은 오늘 죽을 것이다. 너의 자질과 국량으로는 필시 오랑캐 땅에서 늙어 죽지 않을 것이다. 종가의 제사가 너에게 달려있으니, 삼가 가벼이 여기지 말거라."

하였다. 당시 부군의 나이가 열 두 살이었다. 오랑캐가 드디어 함께 말을 달려 앞서가자, 윤 부인은 맹렬한 불길 속으로 몸을 던졌는데, 큰 형 도정공 핵(翮)과 둘째 형 증 지평공 흡(翖)이 다투어 몸을 펼쳐 감쌌다. 도정공은 화살에 맞아 거의 죽다가 살아났고, 지평공과 그의 부인 오씨(吳氏), 도정공의 부인 김씨(金氏)는 모두 세상을 떠났다. 참의공이 적들을 꾸짖으며 굽히지 않자, 오랑캐가 온 집안이 순절한 것을 보고는 차마 공에게 거듭 해를 끼치지 못하고 남겨둔 채 떠났다. 오랑캐 군대가 신속히 북쪽으로 달려 돌아갔는데, 붙잡혀가던 우리나

라 사람들이 조금이라도 뒤처지면 번번이 검으로 죽였다. 부군은 오랑캐 말을 뒤좇아 달리며 날마다 백 여리를 가서 결국 낭패를 면했으니, 남몰래 도와주는 이가 있는 듯하였다. 도중에 큰 나무를 보면 반드시 하얗게 깎아서 "아무개의 아들 아무개가 아무 날에 여기를 지나간다."라고 하였으니, 누군가 소식을 전해주기를 바래서였다.

심양(瀋陽)에 도착하여 어떤 오랑캐 집에 우거하였는데, 주인 노파가 잘 대해주며 말하기를 "이 사람은 귀한 분이다."라고 하였다. 부군은 늘 남에게 산천과 거리를 물었으니, 말을 탈취하여 고국으로 돌아가기 위함이었으나, 만전의 계책이 아니라 결행하시 않았다. 몇 달 뒤 우리나라 사신이 도착하여 심하(瀋河)의 전장(戰場)을 지나게 되었는데, 부군이 기일에 앞서 가서 기다렸다. 날씨가 흐리고 비가 내려 사방에서 귀신의 곡소리가 들렸는데, 부군은 땅에 심은 나무처럼 꼼작하지 않은 채 저녁부터 새벽까지 서 있었다. 상사(上使) 회은군(懷恩君)이 이전에 절에서 독서하는 부군의 모습을 보고서 매우 기이하게 여긴 적이 있는데, 이때에 이르러 부군이 스스로 성명(姓名)을 말하고는 고삐를 잡고서 애달프게 호소하였다. 회은군이 그 정상을 가련하게 여겨 사람을 보내어 사주기로 약속하니 오랑캐가 처음에는 값을 높게 불렀다. 그러나 부군이 눈물을 흘리며 "집안의 존망을 모르니, 어찌 돌아가겠는가."라고 하며 기짓으로 돌아가기 싫어하는 사람처럼 하자, 오랑캐가 팔지 못할까 두려워 도리어 권하여 풀어주었다. 이 당시에 오랑캐 땅에 잡혀온 사대부의 자제들이 많았는데, 본가에서 사람을 보내 높은 값을 치르고 데리고 가려 해도 그렇게 하지 못했다. 그런데 부군은 어린 나이로 홀로 꾀를 내어 방편을 마련하여 몸을 온전히 하여 돌아왔으니, 사람들이 모두 놀라고 기이하게 여겼다.

지평공이 영결하면서 손수 계보를 적어 건네주었는데, 부군이 가슴 속에 간직하다가 돌아올 때까지 끝내 잃어버리지 않았으니, 이처럼 신중하고 꼼꼼하였다. 이로 말미암아 부군은 성년이 되기도 전에 명성에 당대에 퍼졌다. 장성해서는 남쪽 지역에 우거하였는데, 향시에서 여러 번 장원하여 문망(文望)이 더욱 높았다.

무자년(1648, 인조26)에 진사시에 합격하였다. 경인년(1650, 효종1)에는 성균관에 들어가 김수항(金壽恒), 박세채(朴世采) 공과 함께 상소하여 영남의 유생 유직(柳稷)이 선정(先正)을 욕보이고 무함한 일[33]을 논하여 성상의 명으로 유벌(儒罰)을 풀어주어서는 안된다고 하였다. 엄한 교지가 여러 차례 내려오자, 드디어 성균관을 비우고 나가니, 얼마 뒤에 타이르며 성균관에 들어오라고 권면하였다.

을미년(1655, 효종6) 4월에 성상이 춘당대에 행차하여 과거를 설행하였다. 부군은 과거 공부를 하면서 사부(詞賦)를 익히지 않아 자신의 뜻대로 시권을 작성해 제출하였는데, 대제학 채유후(蔡裕後)가 읽고서 감탄하기를 "이는 재주 있는 사람의 솜씨이다."라고 하였고, 병과 제2명에 발탁되었다. 참의공이 당시에 오위장으로 입시하였는데, 성상이 합격자 명단을 열어보기에 앞서 여러 번 숙위하는 대열을 돌아보았고, 명단을 부르자 부군의 이름이 있었으니, 당시에 큰 영광으로 여겼다. 얼마 뒤에 윤 부인의 상(喪)을 당하였는데, 상기(喪期)를 마치고

33 영남의……일 : 1650년(효종1) 이이(李珥)와 성혼(成渾)을 문묘에 배향하려 하자 경상도의 진사 유직(柳稷) 등 900여 인이 반대 상소를 올렸다. 그 상소에 이이에 대해서는 "천륜을 끊고 불가로 도망하여 숨었다."라고 비난하고, 성혼에 대해서는 "나라의 후한 은혜를 입고도 임금이 파천(播遷)하던 날 달려오지 않았다."라고 비난하였다. 《孝宗實錄 1年 2月 22日》

세자시강원 설서에 임명되었다가 곧이어 예문관에 들어가 검열이 되었다. 김수흥(金壽興) 공이 사천(史薦)[34]을 맡고서 오랫동안 미루고 있었는데, 부군을 기다렸다가 비로소 천거하여 대신하게 하였다. 부군은 일찍부터 재상감이라는 명망을 받았다. 한번은 우료(右僚)를 피해 들어간 적이 있는데, 시강원의 아전이 눈짓하며 말하기를 "저 좁은 방에는 상국(相國) 어른이 있다."라고 하였다.

무술년(1658, 효종9)에 차례대로 대교로 자리를 옮겼다. 봉교 이명익(李溟翼)과 함께 신진(新進)을 선발하는데, 명익은 영남 사람이라 자신의 당파를 끌어들이려 하니, 부군이 허락하지 않았다. 명익이 성을 내고 원망하여 힘을 다해 비방하니, 부군 역시 상소를 올려 분변하였다. 대사간 홍중보(洪重普) 공이 명익을 논핵하니, 성상이 모두 파직하라고 명하였는데, 부군은 얼마 뒤에 서용되었다.

기해년(1659, 효종10)에 봉교를 거쳐 성균관 전적으로 승진하였고, 사헌부 감찰과 병조 좌랑으로 자리를 옮겼다가 겨울에 부모 봉양을 위해 통진 현감(通津縣監)으로 나갔다. 경자년(1560, 효종11)에 규례대로 춘추관 기사관을 겸직하였다. 현(縣)에 해량(蟹梁 게 어장)이 있었는데, 수진궁(壽進宮) 소속이었다. 궁노(宮奴)가 또 그 중 두 곳을 함부로 점거하여 온 경내가 침탈을 당하여 곤란을 겪었다. 부군이 궁노를 가두고 매질을 하고, 호조에 급히 보고하였는데, '궁노의 폐단이 광해군 시절 보다 심하다'는 말이 있었다. 사헌부에서 해량을 없애기를 청하며 누차 계사(啓辭)를 올리자 이에 윤허하였다. 성상은 부군이 사류

34 사천(史薦) : 신임 사관(史官)을 뽑을 때에는 반드시 전임 사관의 천거를 통해 선발하는데 이를 사천 또는 비천(祕薦)이라고 한다.

(士流) 사이에서 명성을 얻으려고 권(權), 노(盧) 두 사람[35]을 금하지 않고 궁노에게만 죄를 주어 공평하지 않다고 여겨 파직을 명하였다. 승정원에서 교주(繳奏)[36]를 해도 성상이 살피지 않자, 대사간 이경억(李慶億) 공과 교리 이민적(李敏迪) 공이 입대하여 힘껏 쟁론하니, 비로소 명을 환수하였다. 동춘당(同春) 송 선생(宋先生 송준길)이 성상에게 아뢰기를,

"이(李) 아무개는 평소 명망이 중하니, 훗날 크게 쓰일 것입니다. 또 '사류 사이에서 명성을 얻으려고 한다.〔得名士流〕'라는 하교는 성덕에 누를 끼칠까 염려됩니다."

하였다. 성상이 네 글자를 고쳐서 내렸는데, 부군은 여전히 황공하여 병을 핑계로 사직하였다. 부군이 재직하던 기간은 겨우 한 해인데, 백성을 너그러이 대하고 관리들을 엄하게 단속하여 다스림의 교화가 크게 드러났다. 돌아온 뒤에는 사민(士民)이 송덕비를 세워 그리워하였다.

신축년(1661, 현종2) 여름, 비로소 서용되어 병조 좌랑에 제수되었고, 사헌부 지평으로 자리를 옮겼다. 상소를 올려 소견을 말하였는데, 대략 다음과 같다.

"계속된 가뭄으로 팔도에 기근이 들었으니, 극심한 화란이 조만간에 닥칠 것입니다. 지금은 전하께서 두려운 마음으로 행실을 닦아 서둘러 일대 전환을 모색하셔야 할 때인데, 정령(政令)과 행사가 평소에

35 권(權), 노(盧) 두 사람 : 누구를 가리키는지 미상이다.

36 교주(繳奏) : 승지가 임금의 명령이 잘못되었다고 생각하여, 직권으로 임금의 명령서를 봉(封)하여 임금에게 되돌려 올리는 것을 말한다.

비하여 크게 다른 것을 볼 수 없고, 묘당의 계책은 그저 구구하게 절감하는 데만 있으니, 신이 실로 개탄스럽습니다. 아, 사치의 폐해는 하늘의 재앙보다 심하니, 넉넉지 못한 것은 사치에서 생기고 사치는 무도(無道)한 데에서 생깁니다.[37] 근래 여항에서는 지나친 사치가 풍속이 되어 제한 없이 집을 웅장하고 화려하게 짓고 의복과 음식을 화려하고 좋게 합니다. 기타 일용품과 수레는 늘 남만 못한 것을 부끄럽게 여기고 서로 부러워하여 위아래의 법도가 없습니다. 옛말에 이르기를 '한 사람이 검약할 줄 알면 한 집안이 부유해지고, 왕이 검약할 줄 알면 천하가 부유해진다.'[38]라고 하였으니, 이는 이치와 형세상 당연한 일입니다.

듣자하니 시장의 무늬 있는 비단은 후궁(後宮)의 겉꾸밈에 모조리 들어가고, 상의원(尙衣院)에서 제작된 것은 모두 내정(內庭)의 자잘한 완호품이 된다고 합니다. 친히 살펴보시니 날마다 더욱 새롭고 아름답게 만들고 심지어 우비를 들이라고 하여 대장간을 덮는 지경이라고 합니다. 이 가운데 한 가지라도 있다면 전하께서 비록 겉으로 하늘을 두려워하고 백성을 불쌍히 여기는 마음을 보여 아랫

37 넉넉지……생깁니다 : 《관자(管子)》 팔관(八觀)에 "간사한 꾀와 속이는 짓은 모두 넉넉지 못한 데에서 생기고, 넉넉지 못한 것은 사치에서 생기고, 사치는 무도(無道)한 데에서 생긴다. 이런 까닭에 그 나라의 서울에 들어가 그 궁실과 거마와 의복을 보면 그 나라의 사치함과 검소함을 알 수 있다.〔姦邪之所生, 生於匱不足, 匱不足之所生, 生於侈, 侈所生, 生於無道. 故入國邑, 視宮室, 觀車馬衣服, 而侈儉可知也〕"라고 하였다.

38 한……부유해진다 : 당말(唐末) 오대(五代) 때의 도사(道士)인 담초(譚峭)가 지은 《화서(化書)》에 나오는 말이다.

사람들에게 위엄 있게 대하더라도 지극히 어리석으면서도 신령스러운 백성들이 감응하여 믿고 복종할 수 있겠습니까.

진실로 바라건대 전하께서는 삼가 경계하고 면려하여 사욕에 이끌리지 마시고, 작은 기물에 마음을 빼기지 마십시오. 화려하고 쓸데없는 완호품을 모두 내버린 뒤에 검은 비단으로 옷을 만들어 입었던 한 문제(漢文帝)와 굵은 베로 옷을 해 입었던 위 문공(衛文公)처럼 몸소 절약과 검소를 실천하십시오.[39] 교화는 자신부터 먼저하고, 궁 안에서 가르침을 시행하며, 내사(內司)부터 시작해서 다음으로 각 아문(衙門)으로 확대하고, 여러 궁가(宮家)에서 절수 받은 곳을 전부 명백히 조사하여 혁파하며, 내외의 쓸데없는 관직도 제거하여 낭비되는 곡식을 없애고 진휼미를 보충하십시오. 누차 애통한 하교를 내려 사방에 사과하면 지성스런 마음에 감응하여 누군들 감동하지 않겠습니까.

전하께서 즉위한 뒤로 중요한 국정(國政)이 적체되는 일이 많았고, 상소에 대한 비답도 제때에 하지 않아 기상과 규모가 거의 느슨하고 유약함에 가깝습니다. 이 때문에 재상은 국정을 담당할 마음이 없고, 간관은 미적거리는 태도를 보이며, 여러 관료들에 이르러서도

39 검은……실천하십시오 : 춘추 시대에 위문공(衛文公)이 적(狄)의 침략에 멸망하게 되었는데, 제(齊)나라 환공(桓公)의 도움으로 나라를 되찾을 수 있었다. 이에 문공은 거친 포(布)로 지은 옷을 입고 거친 비단으로 짠 관을 쓰는 등 검소한 생활을 실천하면서 교육은 물론 농업, 공업, 상업을 일으켜 나라를 부흥시켰다. 대포(大布)는 올이 굵은 거친 베이다.《春秋左氏傳 閔公2年》 한 문제(漢文帝)는 항상 익제(弋綈)를 입었고 궁인은 치마의 끝이 땅에 끌리지 않았으며 휘장에는 수를 놓지 않는 등 지극히 검소한 생활을 솔선하였다. 익제는 검은 빛깔의 거칠고 두꺼운 명주이다.《漢書 卷4 文帝紀》

안일을 일삼으니, 신하들이 태만해져서 만사가 폐해진 것은 어찌 임금이 자질구레한 일을 힘쓰는 데서 연유한 것이 아니겠습니까.[40] 진덕수(眞德秀)가 말하기를 '학문만이 이 마음을 기를 수 있고, 군자를 가까이하는 것만이 이 마음을 유지할 수 있다.'[41]라고 하였습니다. 그러므로 우리 선왕께서 널리 초야의 인재를 불러들여 전하를 돕고 보호할 인원을 갖추었으니, 아주 원대한 계책입니다. 즉위하신 초기에는 덕망이 높은 신하들이 조정에 있어 몹시 의지하였으니, 비상한 업적을 손꼽아 기다릴 수 있었습니다. 그런데 얼마 지나지 않아 참소하는 말이 사방에서 이르고, 기괴한 일들이 백방에서 나와서 선왕과 뜻을 함께 하던 두 명의 신하가 낭패를 당해 자취를 감추었으니, 만사가 산산이 부서지고 여러 신하들의 마음이 흩어져 지금에 이르러서는 조정이 텅 비어 인물이 없습니다.

전하께서 큰일을 해 볼 마음이 없으면 그만이지만, 큰일을 하려 한다면 반드시 먼저 부지런히 예우하고 정성을 다하여 선왕이 이미 초치한 현인을 불러들여 아침저녁으로 좌우에 두고서 학문을 강론해 밝히고 다스림의 도를 자문하여 선왕의 뜻과 하던 일을 계승하는 효를 이루고, 충신(忠臣)과 의사(義士)들의 마음을 결속해야 합니다."

하였다. 또 공수(龔遂)의 일[42]을 인용하여 무신(武臣)을 담양부사(潭

40 신하들이……아니겠습니까 : 《서경》 〈익직(益稷)〉편에 고요(皐陶)가 순 임금에게 노래로 화답한 내용 중에, "임금이 자질구레한 일을 힘쓰는데서 연유하여 신하들이 태만해져서 만사가 폐해진다.〔元首叢脞哉, 股肱惰哉, 萬事墮哉.〕"라고 하였다.

41 학문만이……있다 : 송(宋)나라 진덕수(眞德秀)가 이종(理宗)에게 아뢴 말이다. 《續資治通鑑長編 卷163 宋理宗》

陽府使)로 보낸 과오를 아뢰었다. 성상이 비답하기를,

"임금에게 충성하고 나라를 걱정하는 정성이 몹시 가상하고 감탄스러우니, 깊이 유념하지 않을 수 있겠는가."

하였다.

황해도의 병사 중에 요동(遼東)으로 건너가 치른 전역(戰役)[43]과 토산전투(兎山戰鬪)[44] 때에 죽은 자가 수천 명이었는데, 이름이 군안(軍案)에 있어 이웃과 일가에까지 군포를 징수하였다. 해조(該曹)에서 3년을 기한으로 하여 탕감해 주려고 하였으나 부군이 영구히 탕감해 주어 긍휼히 여기는 뜻을 보이기를 청하였다. 승지 서필원(徐必遠)이 입대하여 말이 대신(大臣)을 저촉하였는데, 특별히 파직하자 부군이 또 쟁론하였다.

당시에 법률과 기강이 해이해져 사람들이 두려워할 줄 몰랐는데,

42 공수(龔遂)의 일 : 한(漢)나라 때 발해 태수(渤海太守)를 지낸 공수(龔遂)는 농사를 장려하기 위해 도검을 차고 있는 백성들에게 "어째서 소와 송아지를 차고 있느냐? 봄여름엔 밭으로 가지 않으면 안 되거늘.〔何爲帶牛佩犢, 春夏不得不趨田畝.〕"라고 하여 백성들이 도검을 팔아 소를 사게 만들었다.《漢書 卷89 循吏傳 龔遂》

43 요동(遼東)으로……전역(戰役) : 광해군 10년(1618), 명 나라의 요청에 따라 강홍립(姜弘立)을 오도 도원수(五道都元帥)로 삼아 군대를 출동시킨 뒤 후금(後金)의 누르하치 군대와 교전했던 심하(深河) 전투를 말한다.《燃藜室記述 卷21 廢主光海君故事本末 深河之役》

44 토산전투(兎山戰鬪) : 토산(兎山)은 황해도에 있던 고을 이름이다. 토산 전투는 1637년 1월 19일 청군이 황해도 감사 이배원(李培元)과 병사 이석달(李碩達) 이끄는 조선군을 기습하여 일어난 전투이다. 동이 싸움에서 조선군은 많은 군사를 잃고 패퇴하였으나, 다시 재정비하고 청군을 공격하였다. 조선 어영군이 쏘는 위력적인 조총에 수많은 청군이 죽었고, 살아남은 자는 수천에 불과했다. 토산 전투는 조선군의 승리로 끝났다.

부군이 금지 조항을 거듭 밝혀 먼저 계당(雞堂)과 국사당(國師堂)을 헐어 버리고 부정한 귀신에게 지내는 제사도구를 불태웠다. 장령 이동로(李東老)가 '신에게 제사지내는 것을 금지 하지 말라는 첩[神祀勿禁帖]'을 만들어 주자 또 논핵하여 파직하니, 도성이 두려움에 떨어 감히 금령을 어기지 못했다. 어떤 호위군관이 신분에 맞지 않는 의복을 착용하여 구금을 당했는데, 대신(大臣)이 문서를 보내어 풀어주라고 하니, 부군이 엄하게 곤장을 쳐서 돌려보냈다. 좌상 심지원(沈之源)이 경시받았다는 이유로 인책하고, 또 낭청(郎廳)과 공문을 주고받아 체모를 잃었다고 하니, 부군이 인피(引避)하여 체직되었다. 대사간 박장원(朴長遠) 공과 헌납 남구만(南九萬) 공이 차자를 올려 논하기를,

> "이(李) 아무개가 금법(禁法)을 엄히 시행하고 만나는 일마다 과감하게 행하여 도성의 백성들이 징계되어 제법 법령이 시행되는 효과가 있었습니다. 그런데 공문을 전하는 사이에 있었던 작은 실수로 체직되었으니, 대각(臺閣)이 경시를 받아 직분을 다해야 할 자들이 태만해질까 염려됩니다."

하였다. 그러자 사헌부에서 부군을 체직시키라고 한 자를 논핵하여 체직하였다. 병조 정랑을 거쳐 영남 좌도의 경시관(京試官)에 차임되어 공정하게 시험을 관장하니, 온 도가 감복하였다.

임인년(현종3, 1662)에 영남과 호남에 큰 기근이 들어 감진어사를 파견할 적에 선상이 묘당에 명을 내려 정밀히 선발하라고 하였는데, 부군은 호남으로, 남구만 공은 영남으로 가게 되었다. 부군이 명을 받고 남쪽으로 내려가는 길에 주전(廚傳)[45]의 폐단을 몹시 염려하여

45 주전(廚傳) : '주(廚)'는 음식점인 주포(廚鋪), '전(傳)'은 역마(驛馬)를 내주는 역

급히 공문을 보내어 엄히 신칙하여 줄여서 간략히 하는데 힘썼다. 공주(公州)에 이르러 제공받은 음식이 지나치게 풍성하자, 부군이 명령을 어긴 것을 문책하여 음식 제공을 맡은 관원에게 형벌을 주었다.

목사 최문식(崔文湜)이 몹시 화가 나서 도성으로 달려가 실상과는 정반대로 말을 퍼트려 부군이 소박한 접대로 인해 화를 내었다고 하고, 또 정승 정유성(鄭維城)을 만나 비방하였다. 정유성이 최문식의 말을 그대로 성상에게 아뢰니, 그 일을 본도에 내려 조사하여 보고하게 하였는데, 결국 털끝만큼도 사실과 부합하지 않았다. 상신이 인책하여 반드시 그 말을 실증하려고 하였다. 묘당에서 논죄하여 최문식을 파직하고, 또 상신의 뜻을 어기는 것이 어려워 부군을 함문(緘問)[46]하라고 청하니, 특별히 명하여 추고하지 말라고 하였다. 부군이 비로소 상소하여 아뢰어 분변하니, 융숭한 비답을 내려 안심하고 사직하지 말라고 하였다.

사헌부에서 드디어 말을 꾸며대어 사람을 무함한 죄로 최문식을 논핵하여 파직하고 서용하지 않으니, 공론이 통쾌하게 여겼다. 부군은 은혜와 지우에 감격하여 구휼하는 일에 온 마음을 쏟아 백성들을 구휼할 수 있는 방법을 모두 조정에 보고하니, 조정에서 부군의 말을 중시하여 대부분 따라주었다. 곡식을 옮기고 백성을 옮겨 분주히 굶주린 자들을 구휼하니, 온전히 살아난 자들을 다 헤아릴 수 가 없었다. 호남

전(驛傳)으로, 곧 지방을 오가는 관원에게 경유하는 역참(驛站)에서 음식과 역마를 제공하는 것을 말한다. 다시 말해 서울에서 오는 관원들에 대한 접대를 의미한다.

46 함문(緘問) : 죄가 있다고 생각되는 관원에게 서면(書面)으로 추문(推問)하는 일을 말한다.

의 백성들이 지금까지 부군을 칭송한다.

이해 봄에 옥당에 선발되어 이조록(吏曹錄)[47]에 들었으니, 특별한 선발이었다. 조정으로 돌아오자 부수찬에 제수되었고, 이때부터 늘 삼자함(三字銜)[48]을 지니고 있었으며, 정언으로 자리를 옮겼다. 처음 부군이 하직 인사를 할 때에 공천(公賤)이 스스로 속량하는 것을 허락하여 곡식을 모으는 길을 넓히라고 청하니, 성상이 그 말을 따랐다. 구휼을 마치고 나자, 묘당에서 시노(寺奴)만 속량을 허락하고 여자 종은 허락하지 않았으며, 시노 자신만 속량시켜 주었다. 옥당에서 신의를 저버렸다며 상소를 올리고 쟁론하였으나 뜻대로 되지 않았다. 부군이 드디어 인피하여 주자(朱子)가 곡식을 모으고 상을 주도록 한 일[49]을 논하여 증거를 삼고, 또 아뢰기를,

"차라리 여종 한 명을 잃을지언정 신의를 잃어서는 안 되며, 차라리

47 이조록(吏曹錄) : 홍문록(弘文錄)의 첫 번째 단계는 문신이나 문과 급제자 중에서 적합한 후보를 뽑은 뒤에 홍문관의 현직 관원이 모여 후보의 이름 밑에 권점(圈點)을 찍어 그 권점의 숫자에 따라 순위를 정하는데, 이를 본관록(本館錄)이나 관록(館錄)이라고 하였다. 두 번째 단계는 본관록을 행한 뒤에 이조에서 본관록에 선발된 후보를 다시 한 번 검증하는데, 이를 이조록(吏曹錄)이라고 한다.

48 삼자함(三字銜) : 세 글자로 된 직함이란 뜻으로, 봉조하(奉朝賀)와 지제교(知製教)를 일컫는 말인데, 여기서는 지제교를 지칭한다.

49 주자(朱子)가……일 : 주희는 송 효종(宋孝宗) 순희(淳熙) 5년(1178)부터 8년(1181) 2월까지 지남강군사(知南康軍事)로 있었는데, 큰 기근을 당하자 백성에게 곡식을 내도록 타이르고, 조정에 청해서 각각 낭관(郞官)이 품계에 보임하고 격례(格例)에 의하여 상을 주도록 하였는데, 이 사실은 《주자대전(朱子大全)》 권16 주장(奏狀) 격납남강임만합주품사건상걸추상헌조인장(繳納南康任滿合奏禀事件狀乞推賞獻助人狀), 별집 권10 공이(公移)에 보인다.

신하를 중벌로 단속할지언정 백성들을 속여서는 안 됩니다. 또한 성상께서 옛날에 불길과 물속에서 사람들을 구해 내는 것을 급히 여긴 일을 잊지 않기를 바랍니다."

하였다. 성상이 깨닫고 마침내 허락하니 옥당으로 돌아왔다. 차자를 올려 논하기를,

"나라의 제도에 크고 작은 동가(動駕)에는 삼사(三司)가 모두 배종하는데, 춘당대(春塘臺)에 나아갈 때만은 그렇게 하지 않으니, 아침 저녁으로 시종하는 의리가 전혀 아닙니다. 각 관사에서 1명씩 입시하게 하는 것을 영원히 일상적인 법규로 삼으십시오."

하였다. 당시 성상의 체후가 여러 차례 편치 않아 신료들을 접견하지 못하는 일이 잦아지자, 부군이 한번은 침전으로 강관(講官)을 들여 경사(經史)를 토론할 것을 청하였으나, 성상이 받아들이지 않았다.

대간이 궁장(宮庄)의 면세(免稅)에 관한 일로 한 해가 넘도록 쟁론하니, 비로소 명을 내려 묘당에 모여서 논의하여 500결로 제한하였는데, 곧바로 중지하였다. 부군이 동료와 차자를 올려 간언하기를,

"일전에 능을 배알하고 열병(閱兵)을 하시고, 또 3일 만에 금원(禁苑)으로 행차하셨는데, 이는 모두 바람과 추위를 무릅쓰고 옥체를 힘들게 하는 일이라 여러 신하들이 몹시 우려하였는데도 전하께서는 힘써 시행하셨습니다. 그런데 유독 따뜻한 궁궐 안에서 편히 앉아 강론을 듣는 일은 무슨 어려움이 있다고 끝내 행하지 않으시는 것입니까? 만약 경연을 열지 않은 것이 전적으로 몸이 편치 않아서 그런 것이라면 모든 신령이 부지하고 보호하여 약을 쓰지 않아도 효험이 있으리니, 경연을 여는 날을 오히려 앞으로 기대할 수 있습니다. 만일 그렇지 않다면 다시 무엇을 바라겠습니까. 이것이 신들의 우려

가 이전보다 더욱 깊은 이유입니다.

궁장(宮庄)과 관련한 일은 사리로만 논하자면 절수(折受)와 면세가 국가에 이롭습니까, 개인에게 이롭습니까. 사람들의 마음은 다 자기 몸에 후하게 하고 이롭게 하려고 하나, 국법을 두려워하여 감히 그렇게 하지 못할 뿐입니다. 지금 전하께서는 두세 궁가를 위해 스스로 그 법을 무너뜨려 비록 온 나라 사람들이 말하더라도 돌아보지 않으십니다. 조정의 신하들 가운데 자신의 처첩과 자녀의 봉양을 위하고자 하는 자들이 이익을 경영하고 사리사욕을 행하여 오직 힘이 미치는 대로 하여 꺼리는 바가 없을 것이니, 전하께서 무슨 법을 가지고 이들을 금지할 것입니까.

당(唐)나라 중종(中宗)은 지극히 무도한 군주였습니다. 그러나 안락공주(安樂公主)가 곤명지(昆明池)를 하사해 줄 것을 청하자, 중종이 백성들이 부들을 베어 쓰고 물고기를 잡는 터전이라고 하여 허락하지 않았습니다. 지금 안으로는 작은 구거(溝渠)와 밖으로는 큰 강하(江河), 넓은 들과 높은 산악을 모두 궁가들이 떼어 받아 차지하고 있으니, 전하께서 지키고 계신 조종(祖宗)의 강토가 얼마나 남았겠습니까.

백성들이 그곳에서 나오는 이익을 잃어 살 수 없게 되면 약한 사는 굶어 죽어 시신이 도랑에 버려지고, 건장한 사들은 흩어져 도둑떼가 되어서 국가의 형세가 흙이 무너지는 것과 같게 될 날이 눈앞에 닥쳐 올 것입니다. 그런데도 전하께서 궁가를 위해 기어코 나라를 없애고야 말려고 하시니, 이 국가가 없어지고 나면 궁가도 어찌 그 부유함을 보존할 수 있겠습니까."

하였다. 임금이 비답을 내려 장려하여 타이르고, 곧이어 수어 종사관

(守禦從事官)에 임명하여 동협(東峽)에 가서 병력을 점검하게 하니, 호령과 지휘가 번번이 군기(軍機)에 합당하였다. 그러자 늙은 장수들이 모두 말하기를 "서생이 병법을 아는 것이 이와 같구나."라고 하였다.

계묘년(1663, 현종4)에 수찬에서 이조 좌랑으로 자리를 옮겼는데, 홍명하(洪命夏) 공이 이조 판서가 되어 낭관을 오래도록 한 자리에 유임시키는 법규를 시행하였다. 부군이 사심을 제거하고 공익을 넓혀 청탁을 엄격히 구별하니, 사론(士論)이 이에 힘입어 더욱 신장되었다. 반년 뒤에 비로소 체직되어 병조 정랑을 역임하고, 수찬·부교리를 지냈다. 판서공이 같은 시기에 홍문관에 있으면서 함께 숙직을 하기도 하였으니, 당세 사람들이 영광스러운 일이라 여겼다. 또 이조의 낭관에서 수찬으로 옮기고 남학 교수를 겸하였다. 겨울에 참의공의 상(喪)을 당하였는데, 상을 마치고 이조로 복직하였다. 정랑으로 승진하여 교서관 교리를 겸하였으며, 여러 차례 동벽(東壁)[50]에 의망되었으나 번번이 낙점(落點)을 받지 못했다. 사예로 승진했다가 곧바로 응교로 자리를 옮겼다. 입대하여 당나라 역사를 강론하다가 태종(太宗)이 태자를 훈계한 곳에 이르러서는 몹시 간절히 경계하는 말을 아뢰었고, 또 아뢰기를,

"신이 선조(先朝 현종) 때에 사관(史官)으로 입시하였는데, 선왕이 송시열(宋時烈)에게 말씀하기를 '세자가 깊은 궁궐에서 나고 자라 백성들의 고통을 모르니, 능에 행차할 적에 데리고 가서 농사의 힘든

50 동벽(東壁) : 동벽은 관리가 회의나 연석에서 좌석의 동쪽에 앉는 벼슬을 이르던 말이다. 의정부의 좌참찬, 홍문관의 응교와 부응교, 통례원의 인의, 승정원의 우승지와 좌부승지 등이 이에 해당한다.

상황을 보이려 하오.'라고 하였습니다. 마침 이 편을 강론하다 보니 저도 모르게 감격하여 눈물이 흐릅니다."

하였다. 그러자 성상이 숙연해졌다.

이민서(李敏叙) 공이 어떤 일에 대해 간언하다가 견책을 받게 되자, 부군이 이민서가 과감히 간언을 하는 풍모가 있으니, 너그러이 용서해 주어야 한다고 말하였다. 부군은 오랫동안 경연에 참여하면서 일이 있을 때마다 가부를 논하였는데, 도움이 된 것이 아주 많았다. 명을 받고 후릉(厚陵)[51]을 수리할 때 널을 만드는 일을 감독하였으며, 사성과 사복시 정을 거쳐 보덕으로 자리를 옮겼다.

정미년(1667, 현종8)에 집의와 겸보덕에 임명되었는데, 당시에 오랑캐가 도망쳐 돌아온 사람을 돌려보내지 않은 일로 책망하는 말이 있어 정승에게 벌을 내리려 하였다. 정승이 이 일을 책임지지 않았고, 정승 허적(許積)이 명을 받고 사신으로 가서 성상에게 허물을 돌려 벌금을 내는 치욕을 당하였다.[52] 부군이 분개하여 말하기를, "임금이

51 후릉(厚陵) : 조선 제2대 정종(定宗)과 그의 비 정안왕후(定安王后) 김씨의 능으로 개성(開城)에 있다.

52 당시에……당하였다 : 1665년(현종5)에는 병자호란(丙子胡亂) 당시 청나라에 포로로 잡혀갔던 안추원(安秋元)이란 자가 탈출하여 돌아왔는데 비국에서 이를 청나라에 보고하지 않고 감춘 일이 있었고, 1666년에는 최선일(崔善一)이란 자가 염초를 몰래 매입하다 발각된 일이 있었다. 이를 조사하기 위해 청나라에서 사신이 들어왔는데, 특히 안추원의 일을 특별히 더 문제 삼아 조선의 대신들을 사율(死律)로 다스릴 것을 요구하였으나 현종이 모든 책임을 자신에게 돌려 감형을 요청하였다. 허적(許積)이 이 사건의 해결을 위해 진주사로 파견되었는데 청나라에서는 감죄의 대가로 벌금을 요구하였다. 허적이 돌아오자 집의 이숙(李翻), 장령 박증휘(朴增輝)·신명규(申命圭) 등의 대간들이, 책무를 다하지 못해 성상에게 책임이 돌아가게 하고 나라가 치욕을

치욕을 당하면 신하는 죽는 법인데, 말을 하지 않아서야 되겠는가."라고 하고는, 드디어 헌납 김징(金澄) 등 7인과 합사하여 아뢰기를,

"벌금을 징수하는 벌은 이전에 없던 일입니다. 명을 받들고 간 신하는 힘을 다해 쟁론하여 자신의 군주에게 누를 끼치지 않아야 하는데, 허적 등은 다만 대신이 죄를 면하는 것이 다행인 줄만 알고, 군주가 죄를 받는 것이 통탄할 일인 줄을 모릅니다. 장황하게 급히 보고하여 통역하는 무리들에게 공을 돌렸으니, 이것이 과연 무슨 의리입니까. 형세의 어렵고 쉬움이나 성공의 여부는 차치하더라도 신하의 죄를 임금에게 옮기고도 사신으로 간 자가 끝내 말 한 마디도 없이 돌아오고 말았으니, 명분이 뒤틀리고 의리가 손상되는 것이 또한 어떠하겠습니까. 또 천하의 일은 없는 일이 없는 법이니, 오늘날 간쟁하지 않은 일이 불거져 훗날의 끝없는 우환거리가 되지 않을 줄을 어찌 장담하겠습니까. 이 일이 있은 뒤로 온 나라가 분개하고 있으니, 또한 천리와 인심이 똑같다는 것을 볼 수 있습니다. 이런 지경인데도 죄를 주지 않는다면 나라의 체통이 존엄해지지 않으니, 세 명의 사신[53]을 파직하십시오."

하였다. 또 청나라 사신이 조사하러 왔을 때 스스로 책임지지 않은 과실을 논하여 영상 정태화(鄭太和)와 좌상 홍명하(洪命夏)를 체직할 것을 청하니, 성상이 진노하여 모두 멀리 떨어져 있는 변경으로 유배

당하는 지경에 이르게 만들었다는 이유로 진주사 허적, 부사 남용익(南龍翼), 서장관 맹주서(孟胄瑞)를 처벌할 것을 청하였다. 《顯宗實錄 5年 8月 12日, 7年 1月 15日, 2月 6日, 5月 28日, 7月 10日·17日, 8年 1月 12日·29日》《顯宗改修實錄 8年 2月 6日》

53 세 명의 사신 : 진주사 허적(許積), 부사 남용익(南龍翼), 서장관 맹주서(孟胄瑞)를 가리킨다.

를 보내라고 명하였다. 곧은 말을 한다는 명성을 세상에 떨쳤으니, 당시 사람들이 '팔간신(八諫臣)'이라고 하였다.

판서공이 홀로 승정원에서 숙직을 하고 있었는데, 친혐(親嫌)으로 인해 임금의 명을 반려하지 못했는데, 엄한 교지로 전지(傳旨)를 재촉해도 봉입하려 하지 않으니, 특별히 파직하였다. 판서공이 새벽에 궁에서 돌아오니, 부군은 아직도 자고 있었다. 공이 급히 불러 말하기를 "험난한 행로가 눈앞에 있으니, 어찌 꼼짝 않고 누워 잘 때란 말이냐."라고 하니, 부군이 웃으며 말하기를 "비록 죽는다 해도 차분할 것인데, 더구나 이번 유배길이 어찌 사람을 죽이기야 하겠습니까?"라고 하고, 아침까지 단잠을 잤다.

삼사(三司)가 번갈아 상소를 올리고, 또 입대하여 힘껏 쟁론하였으나, 성상이 모두 살피지 않았다. 부군은 갑산(甲山)으로 유배되었는데, 갑산은 북쪽 지역의 가장 외진 곳으로, 사람이 살 만한 풍토가 아니었다. 그러나 부군은 태연히 거처하면서 문을 닫고 책만 읽었다. 홍명하(洪命夏) 공이 아뢴 말로 인해 유배지를 가까운 곳으로 옮겨주라는 명이 내려졌고, 얼마 뒤에 가뭄 때문에 심리(審理)하여 드디어 풀려나 돌아왔다. 대사헌 이경억(李慶億) 공, 대사간 이태연(李泰淵) 공, 옥당 김만중(金萬重) 공이 연이어 부군의 복직을 청하니, 해를 넘겨서야 서용되었다 문신겸선전관(文臣兼宣傳官)에 제수되어 부교리, 보덕으로 자리를 옮겼다.

기유년(1669, 현종10) 봄에 광주 부윤(廣州府尹)에 발탁되었다. 광수는 본래 백성들이 피폐하고 부역이 막중한데다 흉년까지 든 상태였다. 부군이 부임해서는 조정에 아뢰어 기유년 이전의 적체된 세금 몇만 석을 견감해주니, 백성들이 기뻐하였다. 한 달이 채 못 되어 충청도 관찰사에 제수되었다. 당시에 경계를 정하는 일이 있어 민유중 공(閔維重) 공이 실제 그 일을 주관하였는데, 부군이 대신하여 한결같이 이루어진 법규를 따라 요역을 줄이고 백성들을 후대하는 데 힘쓰는 것을 위주로 하였다. 삼전(三殿)[54]이 온천에 행차하자, 부군이 편의대로 접대를 잘하여 온 도가 안정되었다. 성상이 행궁에서 부군을 인견(引見)하여 폐해를 묻자, 부군이 민심을 잘 반영하여 일일이 조목으로 아뢰어 포탈한 조세를 탕감해주고, 원통한 일을 풀어주었다. 또 절행이 있는 선비를 찾아 정려를 내리고 포상해 주기를 청하니, 성상이 모두 받아들였다.

경술년(1670, 현종11)에 작은 과실로 파직되었다가 얼마 뒤에 서용되어 승정원 동부승지에 제수되었다. 차례대로 승진하여 우부승지가 되고, 체직되어 호조 참의에 제수되었다가 다시 승정원으로 돌아갔다.

신해년(1671, 현종12)에 경상도 관찰사에 제수되었다. 이전에 참의공이 대구 부사(大丘府使)로 나가 한가할 때면 고을의 자제들을 데리고 《가례》와《근사록》을 강학하였는데, 학문의 교화가 오래도록 쇠하지 않았다. 부군이 부임하자, 백성들의 마음이 더욱 쏠려 정사를 볼 때에 교화를 먼저 하고 형벌을 뒤로 하여 덕이 있다는 명성이 성대히 사방에 퍼졌다. 번거로운 일 처리를 더욱 잘하여 일이 닥치면 물 흐르듯 술술 해결되어 책상에는 쌓여 있는 공문서가 없었고, 폐습을 제거하니 묵은 병통이 말끔히 제거되었다.

당시에 나라 안에 큰 기근이 들었는데, 영남 지역이 가장 심각하여

54 삼전(三殿) : 왕대비전(王大妃殿)·대비전(大妃殿)·중궁전(中宮殿)을 이르는 말이다.

백성들이 거의 달아나거나 죽었다. 부군이 밤낮으로 근심하고 애태우며 먹고자는 일도 잊었다. 제일 먼저 봉급의 여분과 여러 고을에 흩어져 있던 감영의 곡식을 풀었고, 또 조정에 호서와 호남의 세곡 및 호조의 염세를 청하여 차례대로 지불하여 구휼에 온 힘을 쏟았다. 당시에 필마로 두루 순시를 하였는데, 길에 굶주린 백성이 있으면 그때마다 다친 사람을 보듯 슬퍼하니, 백성들이 부모에게 먹거리를 달라 울부짖는 어린아이처럼 그 지성에 감동하여 병이 든 사람은 소생하였고, 유랑하던 사람들은 집으로 돌아왔다. 또 전답과 농기구를 마련하고 씨앗을 주어 돌아가 농사짓게 하자 온 도가 안정을 찾아 흉년이 든 것도 거의 잊었다.

동춘 선생(同春先生 송준길)이 편지를 보내어 축하하며 말하기를,

> "근래에 듣자니, 영남의 백성들은 그대를 칭찬하여 반드시 '덕이 있는 관찰사'라고 하는데, 지극히 어리석으면서도 신묘한 백성들에게서 어떻게 이런 칭송을 듣게 된 것이오? 기뻐서 잠을 못 이룬다[55]는 말이 헛된 말이 아니오."

하였다. 부군은 피로가 쌓여 병이 되었고, 또 맞지 않는 풍토에 몸이 상해 상소를 올려 사직을 청하였으나 성상이 윤허를 하지 않았고, 또 별유(別諭)를 내려 간곡히 권면하였다. 얼마 뒤에 병세가 심해져 상신(相臣)이 여러 차례 공을 위해 아뢰어 청하자, 계축년(1673, 현종14) 봄에 비로소 체직되었다. 부군은 재직하던 2년 동안 비용을 절약하고,

55 기뻐서 …이룬다 : 전국 시대에 노나라에서 악정자(樂正子)에게 정사(政事)를 맡기려고 했더니, 맹자가 이르기를 "내가 그 소식을 듣고 기뻐서 잠을 이루지 못했노라.〔吾聞之, 喜而不寐.〕" 한 데서 온 말이다.

공역을 줄였는데, 관직을 그만두고 돌아올 때에는 감영 곳간이 부임했던 초기에 비해 몇 배는 늘어나 있었다. 그러나 행낭은 텅 비어 거문고와 책 보따리 몇 개뿐이었다. 남녀노소가 수레를 에워싸고 울면서 그 자리를 못 떠나고 말하기를 "공이 아니었다면 우리들은 시체가 되어 골짜기를 메웠을 것입니다."라고 하였다. 여러 고을에서 대부분 추모하여 비석을 세웠고, 또 사당을 세워 초상화를 그려두기도 하였는데, 우제(尤齋) 송 선생(宋先生 송시열)이 편액을 써서 '상덕사(尙德祠)'라고 하였다.

대사간에 제수되자, 병으로 인해 부름에 나아가지 않았는데, 얼마 뒤에 다시 이 명(命)이 내렸다. 도승지 정익(鄭榏)은 평소 인망이 가벼웠고, 판의금부사 조형(趙珩)은 성상의 특명으로 제수되었으나 착하기만 했지 임무를 감당하지 못했다. 형조 판서 민희(閔熙)는 예전에 강화 유수를 역임하였는데, 탐욕스럽고 불법을 많이 자행하여 사람들이 모두 더럽다고 침을 뱉었다. 부군이 모두를 논핵하여 체직이나 파직을 청하였다. 성상이 진노하여 자기편만 감싸고 다른 편을 공격한다고 질책하니, 부군이 인피(引避)하여 말하기를,

"제가 보건대 조정에서는 공의가 신장되지 않고, 관직이 대부분 지나치니, 한 번의 탄핵은 악한 부류를 배척하고 선한 부류를 드날리는데 뜻이 있습니다. 그러나 전하께서는 크게 진노하시어 조금도 용납해 주시지 않습니다. 아, 북호(北胡)와 남월(南越)이 같은 배를 타도 오히려 합심하여 함께 건널 텐데, 이때가 어떤 시기인데 감히 당(黨)이 대립하여 배격하고 동인협공(同寅協恭)[56]의 의리를 생각하지 않

56 동인협공(同寅協恭) : 《서경》 〈고요모(皐陶謨)〉에 나오는 말로, 원래는 고요가

겠습니까. 조정은 사방의 표본으로, 조정이 바로서지 않고 나라가 다스려지는 경우는 없습니다.

근래에 전하께서 쓰시는 사람들을 보건대 흐물흐물한 인물이 아니면 교묘하기 짝이 없는 인물들입니다. 전하를 위해 이목(耳目)의 책임을 맡은 자가 어찌 말 한 마디 없이 입을 다문 채 똑같이 데면데면 행동해서야 되겠습니까. 한 가지 작은 일을 논해도 오히려 이와 같으니, 이보다 더 큰 일이 있으면 누가 전하를 위해 진언을 하려고 하겠습니까. 신은 언로가 막히는 것이 오늘부터 시작될까 염려됩니다."

하였다. 성상의 비답이 아주 엄하여 대부분 신하들이 감히 들을 수 없는 내용이었다. 다시 승정원에 교지를 내리기를,

"오늘 인피하는 태도가 이처럼 느긋한 것은 어찌 분한 마음이 극에 달하여 방자한 뜻에서 나온 것이 아니겠는가. 대관(臺官)에게 물어보고 아뢰어라."

하였다. 부군이 대답하기를,

"군신의 사이는 부자지간과 같으니, 아버지가 성을 내는데 아들이 놀라고 당황하지 않을 리는 없습니다. 신이 비록 형편없으나, 어찌 감히 터럭만큼이라도 분한 마음이 있겠습니까."

하였다. 성상이 또 연석(筵席)에서 하교하기를,

"이(李) 아무개가 영남의 감영에 있을 때는, 병을 핑계대어 체직을 도모하고, 조정으로 와서 요직을 차지해서는 조정의 권세를 좌지우

순(舜) 임금 앞에서 우(禹)에게 말한 것인데, 뒤에는 동료 관원들이 공경히 임금을 섬기면서 다 함께 훌륭한 정사를 이루기 위해 협력하는 뜻으로 쓰이게 되었다.

지 하니, 옛날의 병이 어찌 이처럼 빨리 회복된단 말인가."

하였다. 홍문관이 출사를 청하니, 성상이 비답하기를,

"논의가 공정하지 못하고 일처리가 태만하니 체차하라."

하였다. 승정원에서 명을 반려하며 쟁론하고, 우의정 김수항(金壽恒) 공이 차자를 올려 간언하였으나, 모두 받아들여지지 않았다. 부군은 향리로 물러나 거처하면서 몇 개월을 보냈다. 김만중(金萬重) 공이 재상 허적(許積)을 탄핵하자, 성상이 진노하여 심문하는 관원에게 맡겨 사주를 한 사람을 캐묻고자 하다가 얼마 뒤에 하교하기를,

"지난번에 이(李) 아무개가 여러 신하들을 탄핵했던 일이 실로 이 일의 근본이니, 모두 멀리 유배하라."

하였다. 여러 신하들이 부군을 위해 다른 의도가 없었음을 변명하니, 삭출하라는 명으로 그쳤다. 홍문관에서 차자를 올려 구명하고, 양사(兩司)도 명령을 환수할 것을 청하였으나, 일 년이 지나도 결국 요청대로 되지 않았다.

이에 앞서 인평공자(麟坪公子)[57]가 여러 차례 연경에 사신으로 갔는데, 서쪽 지역 백성들이 대부분 원망하고 고통스러워하였다. 부군이 사국(史局)에 있으면서 직필(直筆)로 기록하기를 "사행이 한번 거쳐 가면 마치 두 명의 칙사(勅使)가 온 것 같다."라고 하였다. 세초(洗草)할 때에 말이 새어 나가자 이정(李楨)[58]과 이남(李柟)[59]이 크게 원한을

57 인평공자(麟坪公子) : 인평대군(麟坪大君) 이요(李㴭)를 말한다. 인조의 셋째 아들로, 자는 용함(用涵), 호는 송계(松溪), 시호는 충경(忠敬)이다. 병자호란 후 청나라의 압박이 날로 심해지자 인조를 도와 외교 사명을 받들고 청나라에 가서 많은 공을 세웠다.

58 이정(李楨) : 인평대군의 아들로, 복창군(福昌君)이다.

품어 해를 끼치려고 도모하였다. 부군이 대각에 있을 때 바른 말로 일관하자, 성상이 당시의 사론(士論)이 대부분 부군의 의중에서 나온 것이라 생각하였다. 이 때문에 걸핏하면 견책을 받아 조정에서 편안할 수 없었으니, 역시 높은 지위에 올라 성상에게 참소하는 소인들이 있어서였다.

을묘년(1675, 숙종1) 여름, 비로소 문외출송(門外黜送)이 풀렸다. 얼마 뒤에 경상도 감영에서 환곡을 출납한 일로 법망에 걸려들어 양근(楊根)으로 편배(編配)되었다. 노봉(老峰) 민정중(閔鼎重) 공이 편지를 보내 위로하기를,

> "예전에 듣기로 영남 사람들이 형을 일컬어 살아 있는 부처라 부른다고 하던데, 지금 도리어 이 일에 연좌되어 귀양을 가게 되었으니, 불도(佛道)가 잘못된 것이 아닌가."

하였다. 비록 해학이 넘치는 말이지만, 역시 공론을 알 수 있다.

이듬해에 유배에서 풀려났고, 또 일 년이 지나 서용되었다. 갑인년(1674, 숙종즉위년) 이후로 시세가 크게 변하여 흉악한 무리들이 권력을 잡아 충직하고 어진 자들이 쫓겨났다. 부군은 문을 닫고 정도를 지키며 오직 농사일로 유유자적 지냈다. 흉당(凶黨)이 부군이 경상도 관찰사를 역임했으므로 작은 고을에 제수하여 곤욕을 주려고 드디어 인동 부사(仁同府使)에 임명하였다. 무오년(1678, 숙종4)에 부임할 때, 이무(李袤) 등이 또 부군이 대간에게 인사차 들리지 않은 일을 거론하여 추고를 청하여 갖가지 곤욕을 받았지만, 부군은 전혀 신경쓰지 않았다. 부군의 은혜와 신의는 평소에 도민들에게 믿음을 주어

59 이남(李柟) : 인평대군의 아들로, 복선군(福善君)이다.

부임지에 도착하니 온 고을 사람들이 공을 사랑하고 떠받들어 애쓰지 않아도 잘 다스려졌다.

당시에 이원정(李元楨)이 조정에서 권력을 잡고 있었는데, 위세가 드높았다. 원정은 칠곡(漆谷)사람으로, 그의 아들 대사간 담명(聃命)과 휴가를 받아 남쪽으로 돌아갔는데, 여러 고을에서 뒤처질세라 앞다투어 달려가서 아부를 하였다. 원정 부자는 역말을 바꿔 타고 갔는데, 가는 곳마다 위세를 믿고 제멋대로 행동하였다. 본부(本府 인동)에 이르자 부군만은 영접을 하지 않고 보잘 것 없는 음식을 대접하였다. 원정이 성이 나서 조정으로 돌아오자마자 연석(筵席)에서 헐뜯는 말을 하여 부군이 드디어 붙잡혀왔다. 공초(供招)를 바칠 때 법을 업신여기며 교만방자하게 행동했던 원정의 정상을 자세히 아뢰자, 흉악한 무리들이 감추려고 했으나 그렇게 하지 못하여 원정 부자는 파직되었다. 부군은 결국 이일에 연루되어 고신(告身)을 빼앗겼는데, 여러 간신들이 이 일로 말미암아 더욱 부군을 흘겨보았다.

기미년(1679, 숙종5)에 강도(江都)에서 투서하는 변고가 있어 재앙의 그물이 하늘까지 뻗쳤다. 우재 선생(尤齋先生 송시열)이 절도(絶島)에 위리안치 당하니,[60] 양사에서 한창 극률로 다스려야 한다고 논하였

60 강도(江都)에서……당하니 : 1679년(숙종5) 3월에 어떤 사람이 강도(江都)의 축성장(築城將) 이우(李禑)에게 투서하였는데, 종통(宗統)이 차례를 잃었다는 것으로 여러 장수들을 격동시키는 한편, 소현세자(昭顯世子)의 손자인 임창군(臨昌君)을 추대하여 반정(反正)하자는 것이었다. 이 사건은 조사 과정에서 이유정(李有湞)의 역옥으로 확대되어 관련자들이 국문을 받고 처형되는 파란을 일으켰다. 또 이때 송시열의 문인 송상민(宋尙敏)이 예론(禮論)에 대한 장문의 소를 올려 송시열이 애초에 정한 복제(服制)가 옳다는 것을 극론하였다가 장살(杖殺)되는 사건이 발생하였는데, 이 상

고, 이어 당여라는 이유로 부군과 판서공 및 민정중(閔鼎重) 공, 민유중(閔維重) 공, 이선(李選) 공 다섯 명을 유배형에 처해야 한다고 청하면서 여러 차례 계사를 올렸으나 허락하지 않았다. 권대재(權大載)가 입대하여 극력 간쟁하였는데, 그의 말이 실로 상변한 내용과 동일하였다. 재상 허적(許積)과 민희(閔熙)가 이어 거듭 청하여 임금에게 자신의 거취를 내세워 강요하자, 성상이 비로소 그 말을 따랐다. 부군은 명천(明川)으로, 판서공은 양덕(陽德)으로 유배되었고, 대헌공(大憲公) 역시 당화를 입어 먼저 이미 영해(寧海)로 유배되었다.

부군은 명을 듣고 즉시 길을 나섰는데, 당시 무더운 날씨에 아침저녁으로 쉬지 않고 달려 말은 쓰러지고 노복은 지쳤고, 길을 가는 동안 온갖 어려움을 겪었다. 유배지에 도착해서는 묵묵히 앉아 글을 보며 문밖을 나서지 않으니, 부군의 덕을 사모한 북쪽 사람들 중에 글을 배우려고 청하는 사람들이 많았다. 10월 초하루에 크게 우레가 치고 비가 내렸는데, 2일이 지나도 역시 변함이 없자, 성상이 크게 두려워하여 즉시 명을 내려 부군과 함께 유배에 처해진 여러 공을 석방하라고 하니, 흉당이 합사(合辭)를 하여 저지하였다. 경신년(1680, 숙종6) 3월 17일에 이르러서야 비로소 논의가 정지되었다.

당시에 역적 이남(李柟) 등이 역모를 도모하다가 사형을 당하고,[01]

소에서도 효종의 종통 문제가 언급되었기 때문에 송시열이 남인 정국 하에서 다시 한번 정치적인 공격을 받게 되었다. 《肅宗實錄 5年 3月, 4月, 5月》《宋子大全 附錄 卷7》

61 당시에……당하고 : 숙종 6년에 김석주・김익훈(金益勳) 등이 허견이 복창군 정(福昌君楨), 복평군 연(福平君㮒) 등과 함께 복선군 남(福善君柟)을 추대하려는 역모(逆謀)를 한다고 고변한 일을 말한다. 이 일로 해서 남인이 몰락하고, 서인이 다시 집권하는 경신대출척(庚申大黜陟)이 이루어졌다.

흉당이 유배되거나 사형을 당하여 조정이 맑아졌다. 부군은 북쪽에서 돌아오다가 도성에 도착하기 전에 서용되어 전라도 관찰사에 제수되었고, 얼마 뒤에 강화 유수로 발탁되었다. 대헌공과 판서공도 유배에서 풀려나 돌아와서 차례대로 등용되니, 선류(善類)들이 서로 기뻐하였다.

강화도는 나라의 진양(晉陽)[62]에 해당하는데, 군정(軍政)이 엉성한 데다 여러 차례 적임자가 아닌 사람이 부임하여 재정이 바닥나고 백성들이 곤궁했다. 부군이 처음 도착하여 관용과 은혜를 베풀어 제일 먼저 적체된 세금 만여 석을 탕감해주고, 경기 지역에 있는 군량을 옮기며, 다른 지역에 유랑하는 속오군(束伍軍)[63]을 추쇄하여 군비(軍備)를 강화하기를 청하였으며, 또 별도로 어사를 파견하여 인재를 시험하여 격려하기를 청하니, 몇 달이 지나지 않아 백성들이 흡족해했다. 9월에 대사헌으로 부름을 받았고, 곧이어 그대로 유임하라는 명이 내려졌으니, 강화 백성들의 바람을 따른 것이다.

겨울에 발탁되어 형조 판서에 제수되었다. 부군은 몇 년 동안 죄를

62 진양(晉陽) : 춘추 시대에 진(晉)나라의 조 간자(趙簡子)가 윤탁(尹鐸)을 보내어 진양을 다스리게 하였더니, 윤탁이 "견사(繭絲) 즉 부세(賦稅)로 할까요, 보장(保障) 즉 국방(國防)이 되도록 할까요?"라고 물었다. 조 간자는 "보장으로 만들라." 하였다. 《國語 晉語9》《資治通鑑 周紀 威烈王 23年》 여기서는 강화가 우리나라의 보장이 됨을 말한 것이다.

63 속오군(束伍軍) : 1594년(선조27) 왜군에 대항할 군대를 확보하기 위해 지방에서 신역(身役)이나 벼슬이 없는 15세 이상의 양반, 양민과 천민을 뽑아 조직한 군대로, 조선 후기의 대표적인 지방군이다. 병자호란 뒤 속오군은 그 구실이 미약하게 되어 군역 대신 세를 걷는 수미법(收米法)이 적용되었으며, 영조 중엽부터는 양인은 제외되고 천인으로만 채워져서 《속대전(續大典)》에 천예군(賤隸軍)으로 규정되었다.

짓고 버려진 상태로 있다가 하루아침에 거듭 발탁되는 총애를 입었기에 더욱 은혜를 갚을 길을 도모하였다. 해결되지 않은 송사와 오랫동안 갇혀 있던 죄수에 관한 안건을 물 흐르듯 해결하였으며, 엄정히 법을 지켜 청탁이 행해지지 않았다. 사직서 제조로 차임되었다. 신유년(1681, 숙종7) 여름에 병조 판서에 제수되자, 사직상소를 올렸는데, 성상이 비답하기를 "병조 판서의 직임은 실로 경의 재주와 부합하는데, 어째서 지나치게 사양하는가?"라고 하였다.

만과(萬科)[64]를 시행한 이래로 무인들이 도성에 무리지어 모여 분주히 벼슬을 구하는 일이 심해졌는데, 부군이 마음을 비워 인재를 선발하고 온화할 얼굴빛으로 대우하고 또 자질에 따라 등용하며, 적체된 인원을 선발하니, 모두가 흡족해 했다. 군사의 수를 줄이자는 논의를 하는 자가 있어 성상이 신하들에게 물었는데, 어떤 이가 금군(禁軍)을 줄이기를 요청하였다. 부군이 정예병으로 훈련시킨 자들을 하루아침에 내버려서는 안 된다고 하자, 논의가 드디어 중지되었다. 부군이 이어 제주도의 산마 3백 필을 가져와서 금군에게 공급하기를 요청하였고, 또 황해도와 평안도의 여러 둔(屯)을 변장(邊將)으로 승격시켜 벼슬길을 넓히기를 청하였다.

인현왕후(仁顯王后)가 왕비에 책봉되자, 부군과 영상 김수항(金壽恒) 공이 명을 받들어 납채(納采)를 하였고, 이어 예물(禮物)을 갖춘

64 만과(萬科) : 많은 수의 인원을 급제자로 뽑는 과거를 가리키는 것으로, 대개 무과를 만과로 치르는 경우가 많았다. 실제로 1618년(광해군10) 7월 정시(庭試)에서 3200명, 1627년(인조5) 2월 사성 정시에서 5464명, 1676년(숙종2) 3월 팔도 정시에서 1만 8251명을 선발하였다. 변경이 불안정한 시대적 상황에서 나타난 제도였으나, 나중에는 인원의 적체와 병력의 저질화로 인한 폐단이 발생하였다.

전책(典冊)을 드렸는데, 책봉례를 마치자 말을 하사받았다. 큰 가뭄이 들어 성상이 신하들을 인견하여 몸을 닦고 허물을 반성하는 방도를 묻자, 부군이 하늘에 응답하는 데에는 실속으로 하고 겉치레로 하지 않는 뜻[65]을 극력 아뢰었는데, 말이 매우 절실하여 성상이 가납하였다. 진휼청 제조 겸 지춘추경연사에 제수하였다. 얼마 뒤에 요통을 앓자, 성상이 어의를 보내어 진찰하게 하였다.

12월에 이조 판서로 자리를 옮겼는데, 공정한 마음을 지니고 인재 선발에 신중하였다. 당시에 조정의 논의가 점점 이리저리 갈라지는 조짐이 있었는데, 부군이 지성으로 흡족하게 조율하여 인재를 선발할 적에 한결같이 공론에 따르니, 사류(士流)가 모두 마음으로 귀의하였다. 두 차례 대정(大政)[66]을 거쳤는데, 그때마다 휴가를 더해 주었고, 임술년(1682, 숙종8) 가을에 비로소 마지못해 체직을 허락하였다.

공조 판서를 거쳐 다시 대사헌에 제수되었다. 성상이 이무(李袤)와 홍우원(洪宇遠)을 양이(量移)시키려 하자 부군이 말하기를,

"옛날부터 소인을 엄히 다스리지 않아 그 재앙이 국가에 재앙을 초래하였습니다. 두 사람의 죄가 매우 중하니, 나이가 들었다고 해서 쉬이 용서를 해주어서는 안 됩니다."

하였다. 얼마 뒤에 작은 혐의로 인해 체직되어 지의금부사와 도총부도총관을 겸하였으며, 내의원 제조와 비변사 제조에 차임되었다.

65 하늘에……뜻 : 백성을 감동시키는 데에는 행동으로 하고 말로 하지 않으며, 하늘에 응답하는 데에는 실속으로 하고 겉치레로 하지 않는다.〔動民以行不以言, 應天以實不以文.〕"에 보이는 표현이다.《漢書 卷45 蒯通傳》

66 대정(大政) : 해마다 12월에 시행하던 인사 행정으로, 전국적으로 실시하여 그 규모가 6월의 도목 정사(都目政事)보다 컸으므로 이렇게 불렀다.

계해년(1683, 숙종9)에 대사헌에 제수되었다가 추함(推緘)[67]에 연루되어 면직되었으며, 며칠이 지나지 않아 다시 제용감 제조에 제수되었으며, 다시 이조 판서에 제수되었다. 당시에 거듭된 기근으로 국고가 바닥이 났는데, 이단하(李端夏) 공이 각사(各司)의 용도를 찾아 철저히 수색하여 헛된 비용을 줄여 일정한 법규를 마련하자고 건의하였다. 시행하기 전에 이공(李公)이 어떤 이의 말로 인해 물러나게 되자, 상소를 올려 말하기를

"이(李) 아무개의 역량과 재주라면 이 일을 충분히 해낼 수 있으니, 만일 성상이 위임하시어 일을 완성하리고 요구하신다면 신이 비록 물러나더라도 직접 그 임무를 맡는 것보다 더 나을 것입니다."

하였으니, 부군이 황정(荒政)에 마음을 다하여 오랫동안 상하의 믿음을 받았기에 이런 말을 했던 것이다. 얼마 뒤에 정언 박태유(朴泰維)가 작은 일로 인해 비방을 하자, 부군이 구휼하는 직임을 체차해달라고 하여 일이 결국 시행되지 못했으니, 식자들이 안타까워하였다.

부군은 이조에 오래 있었는데, 조정의 상황이 날마다 더욱 어그러지고, 부박한 무리들이 혹 일을 따라 잘못을 상세히 들추어내자, 부군이 스스로 불안하여 간절히 사직하기를 마지않았고, 성상 역시 억지로 다그치려고 하지 않아 허락하고 예조 판서에 제수하였다.

정승 이상진(李尙眞)이 도정공의 절행(節行)을 아뢰니, 성상이 자급을 더해주라 명하고 이어 부군을 돌아보며 말하기를 "경의 형의 일은 내가 실로 감탄한다."라고 하니, 부군이 감동하여 눈물을 흘렸다. 의정부 우참찬으로 자리를 옮기게 되었는데, 10월에 성상이 두진(痘疹)을

67 추함(推緘) : 관리의 죄과를 서면으로 조사하여 기록한 서류를 말한다.

앓아 부군이 약원에서 숙직을 하였다. 병이 완쾌되자 성상이 여러 신하들이 근심하고 초조해 하며 분주히 오고간 공로가 있다며 특별히 후하게 하사하였다. 부군 역시 정헌대부로 자급이 올랐으며, 또 전지와 노비를 하사받았다.

갑자년(1684, 숙종10)에 광주 유수(廣州留守)로 나갔다. 조정에서는 남한산성이 국가의 요충지라 하여 그 권한을 높여 주고자 하여 유수로 승진시키고 수어사를 겸하게 하였다. 부군은 남은 은혜가 있어[68] 부임하여 더욱 마음을 다해 백성들을 돌보고 방비하면서 번거로운 부역을 줄이고, 무너진 성곽을 수리하였으며, 병장기를 수선하였으니, 미래에 대한 방비를 극진히 하지 않음이 없었다.

7월에 장자의 상(喪)을 당하였는데, 부군이 평소에 무척 사랑하였기에 지나치게 슬퍼하다 병이 들었다. 상소를 올려 경계를 넘어 장례에 참석하여 지극한 슬픔을 쏟기를 청하니, 허락하였다. 얼마 뒤에 병이 들어 체직되었으며, 우참찬과 대사헌을 역임하고 관상감 제조에 임명되었다. 부군은 여러 차례 이조 판서를 역임하였으며, 판서공이 또 그 자리를 대신하였다. 마침 사론(士論)이 분열된 시기라서 논의가 어지럽고 시비가 진정되기 어려웠는데, 다른 사람들이 눈을 부릅뜨고 주시하는 자리라 원망과 분노가 집중되었다. 윤세희(尹世喜)가 정언으로서 판서공의 죄를 엮어 탄핵하였는데, 말이 극도로 참혹하였으며, 인피하자 형제들이 번갈아 이조의 자리를 맡는다는 말까지 하였다. 대사간 임상원(任相元)이 그 논의에 덧붙여 인사권이 한 집안에 있다

68 부군은……있어 : 이숙(李䎘)이 1669년(현종10)에 광주 부윤(廣州府尹)을 역임하였기 때문에 말한 것이다. 《顯宗實錄 10年 1月 11日》

고 지목하였다. 부군이 몹시 두려움에 떨며 견책을 청하니, 성상이 온화한 비답으로 위로하고 타일렀다.

을축년(1685, 숙종11)에 교외의 집으로 물러나 거처하였다. 지중추부사와 대사헌에 제수하는 명이 있었는데, 모두 명에 응하지 않았다. 또 대사헌에 제수되자, 좌상 민정중(閔鼎重) 공이 경연에서 혐의를 풀어주고 간곡히 부르기를 청하자, 성상이 별유를 내려 말하기를,

"이모(李某) 형제가 어떤 젊은 사람의 괴상하고 터무니없는 논의로 인해 깊이 인책하고 일 년 동안 물러나 있다. 조정에서 이미 심사를 통촉하였고, 정국이 몹시 어려우니, 어찌 그대로 보고만 있을 수 있단 말인가. 어서 전에 내린 전지(傳旨)대로 속히 올라오라."

하였다. 부군이 마지못해 조정으로 나아갔다.

성균관 유생들이 통문을 돌려 윤증(尹拯)이 스승을 배반한 죄를 공격하자, 사관(四館)[69]에서 윤증을 편드는 자들이 유벌을 시행하려고 하였다. 대사간 송규렴(宋奎濂)이 학유들의 구원을 논의하자, 장령 홍수주(洪受疇)가 송규렴을 탄핵하였다. 부군은 다른 의견을 주장하다 체직되어 형조 판서 겸 동지경연춘추에 제수되었으며, 활인서 제조에 제수되었고, 또 태복시 제조에 제수되었다. 부군은 정승 김수흥(金壽興)이 영의정 자리에 있다는 이유로 법으로는 비록 상피할 이유가 없었지만, 인척이 중요한 자리에 오른다는 혐의[70]가 있어 극구 사양하여 체차되었다.

69 사관(四館) : 성균관, 예문관, 승문원, 교서관을 통틀어 일컫는다.

70 인척이……혐의 : 《시경》 〈소아(小雅) 절남산(節南山)〉에 "보잘것없는 인척은, 중요한 벼슬에 있게 해서는 안 된다.〔瑣瑣姻婭, 卽無膴仕.〕"라고 하였다.

이에 앞서 부군이 이조에 있을 때에, 동료 관원이 부군이 휴가를 간 틈을 타 와서 제조(瓦署提調)로 차임하였다. 부군이 남의 손을 빌렸다〔假手〕는 혐의가 있음을 들어 고사하였으니, 그가 구차하게 벼슬을 사양하고 받지 않는 것이 이와 같았다. 한성부 판윤을 거쳐 대사헌으로 자리를 옮겼다. 성상이 가뭄으로 인해 의견을 구하자, 부군이 봉사(封事)를 올렸는데, 민폐를 대해 논하기를,

"경술년(1670, 현종11)과 신해년(1671)의 기근[71] 이후로 백성들은 도랑과 골짜기에서 겨우 목숨을 부지하여 실의한 채로 삶을 즐거워하는 마음이 없었습니다. 그런데 조정의 명령이 신의를 저버리는 경우가 많고, 수령들은 어루만지고 보듬어주는 방도에 어두워 한량없이 세금을 거두어 가혹한 정치가 더욱 급해지니, 백성들은 명령을 감당하지 못해 사방으로 떠돌고 있습니다. 지금에는 마땅히 안정시켜 소요가 없게 하고 서두르지 말고 천천히 해야 하니, 비록 반드시 시행해야 할 좋은 법과 제도라도 우선 제쳐두고 오직 보호하여 편안히 쉬게 하는 것을 제일의 급선무로 삼아야 합니다. 몰래 규찰하는 관리를 자주 보내고 장률(贓律)로 엄하게 다스린다면 백성들이 번성할 가망이 있을 것입니다."

하였다. 당화(黨禍)에 대해 논하기를,

"논의가 무너지고 갈라져 표방이 점점 일어나 미세한 일도 갈수록

71 경술년과 신해년의 기근 : 이 두 해에는 이른바 '경신대기근'이라고 불릴 정도로 혹독한 흉년이 들었다. 1669년에 서울과 지방의 호수(戶數)는 1백 34만 2천 74호이고 인구(人口)는 5백 16만 4천 5백 24명이었다가, 두 해 기근을 지나고 1672년에는 호수 1백 17만 6천 9백 17호인데, 인구는 4백 69만 5천 6백 11명으로 약 50만 명이 줄었다. 《顯宗改修實錄 10年 12月 29日, 13年 10月 30日》

의심하고 저지하였습니다. 그리하여 시비가 서로 뒤섞이고 풍파가 자주 일어나 국사를 마치 수척한 진(秦)나라 사람을 보듯이 하였습니다.[72] 애석합니다. 선배들은 논의가 막 일어날 때 진정시키지 못하고, 젊은 사람들은 명리(名利)가 있는 곳으로 내달려 쫓아갈 줄만 알았습니다. 이 일이 반복되고 고질이 되어서 자기도 모르게 그 폐단이 이 지경에까지 이른 것입니다. 전하께서는 진실로 마음을 비워 처리하고 자신을 바로잡아 그들을 이끌어서 이편과 저편의 차이를 모두 잊고 다만 시비의 구분을 분명히 하여 말이 옳으면 그가 같은 편을 두둔한다고 먼저 의심하지 말고, 말이 그르면 그가 다른 편을 공격한다고 먼저 의심하지 마소서. 그리고 늘 지극히 공정하고 사사로움이 없는 마음을 지니고 편당(偏黨)이 없는 덕을 넓히신다면 여러 신하들이 비록 변변치 못하더라도 어찌 감히 자신의 사적인 소견을 고집하여 편당을 옹호하면서 공평하고 밝은 이치를 어길 수 있겠습니까."

하였다. 관방(官方)에 대해 논하기를,

"조정에서 평소에 인재를 기르지 않고, 전적으로 과거시험으로 사람을 선발합니다. 과거에 합격한 사람이 꼭 모두 현명하지 않은데 완전히 재능을 지닌 사람으로 대우하면 이는 정치에서 잘못되는 근본입니다. 나이가 젊은 선비가 경서를 공부하여 활용을 다하는 실제에 힘쓰지 않고, 영화를 꾀하고 벼슬을 취하려는 마음이 먼저 싹터 작은

72 수척한……하였습니다 : 본문의 '진척(秦瘠)'은 '월시진척(越視秦瘠)'의 줄임말로, 월나라 사람이 진나라 사람의 수척한 모습을 무심하게 보는 것처럼 어떤 일에 대해 자신과는 무관한 남의 일로 여긴다는 말이다.

봉록을 차지하면 스스로 만족하며 백성을 해치고 자신을 살찌우는 경우가 종종 있습니다. 인사를 담당한 관리는 정규(政規)에 구애되어 순서에 따라 옮기니, 한번 쉽게 붓을 놀려 관직에 임명하면 필시 온 고을에 재앙을 미치게 될 것입니다. 먼 지방의 무사(武士)의 경우에는 가산을 다 털어 도성에 머물러 있어도 열에 아홉은 등용되지 못하고, 품계가 높고 좋은 관직은 아무 하는 일이 없는 사람들에게 먼저 돌아갑니다. 만일 관직 제도를 혁신하여 묵은 폐단을 다 씻어내려면 오직 전하께서 먼저 사심을 제거하고 공도(公道)를 넓혀야 합니다. 그리하여 유사(有司)에게 따끔하게 명하여 분경(紛競)을 억제하고 적체된 인원을 선발하고, 올바르지 못한 경로를 통해 승진을 도모하는 사람들을 일체 없앤다면 인재가 불우함을 겪는 탄식이 없어질 것입니다."

하였다. 형벌과 상에 대해 논하기를,

"별도로 곡물을 비축해둔 수령은 으레 자급을 내려주는데, 이른바 '별비(別備)'[73]란 귀신이 가져다주고 마련해 준 것이 아니라, 교묘히 명색(名色)을 만들어 가혹하게 세금을 거두어 영리를 취하여 개인적인 용도로 쓰려고 마련한 것입니다. 구휼을 마치면 거짓으로 곡식의 수량을 늘려 은전(恩典)을 바라고, 심지어 군문의 장교나 시정의 무뢰배들이 혹 자질구레한 수고로 과분한 큰 포상을 받기도 합니다. 그러므로 미천한 하인이 모두 고관의 은인(銀印)과 금인(金印)을 차서 벼슬자리를 더럽히니, 이런 일은 예전부터 없었던 일입니다.

73 별비(別備) : 지방에서 관청이나 중앙의 필요에 의하여 정해진 물품 이외에 따로 준비하는 것이나 그 물품을 말한다.

그런데 근래에는 국법이 지엄하지 않아 사심이 흘러넘칩니다. 고묘(告廟)를 해야 한다는 글을 주어모아 일망타진의 화를 꾸민 것[74]이 얼마나 큰 중죄인데 성상과 가까운 곳에서 은혜를 바라며, 경의(經義)를 견강부회하여 동조(東朝)를 침범한 일[75]이 얼마나 큰 악행인데, 상소에서 불쌍히 봐주기를 원했습니다. 국가가 이미 배척하여 끊어내지 못하고, 그들의 현란한 술수에 빠져드니, 신은 이를 뒤이어 일어나는 자들이 앞으로 하지 못하는 일이 없을까 두렵습니다.

아! 상이 남발되어도 절제할 줄 모르고, 형벌이 제대로 시행되지 않아도 바로잡을 수 없어 형정(刑政)의 권한이 날마다 위태롭고 어지러워져 엄격한 기강이 바로서는 형세가 더 이상 없습니다. 만일 지금 상을 남발하는 폐단을 전부 개혁하지 않고, 요행히 죄를 면한 자들을 다시 감률하지 않으며, 속임수를 쓰고 현혹시킨 죄를 다스리

74 고묘(告廟)를……것 : 고묘는 나라나 왕실에 큰일이 있을 때에 이를 종묘에 고하는 것을 말한다. 숙종 2년 6월 12일, 갑인예송을 종묘에 고하는 논의가 정지호(鄭之虎)의 주장을 시작으로 조정에서 있었다. 고묘(告廟)할 경우 토역(討逆)이 뒤따라야 하므로, 송시열은 물론 예론에서 송시열을 지지했던 국구(國舅) 김만기(金萬基)와 인경왕후(仁敬王后)에게도 미칠 것이었다. 허목의 고묘론에도 불구하고, 허적, 김석주가 반대하고 숙종도 허락하지 않아 고묘는 무산되었다. 《肅宗實錄 2年 6月 12日》《朱子大全 附錄 卷7 年譜 丁巳年 6月》

75 경의(經義)를……일 : 동조(東朝)는 태후(太后)나 대비를 지칭한다. 1675년(숙종1)에 숙종의 외조부인 김우명(金佑明)이 복창군(福昌君)과 복평군(福平君) 형제를 상변하여 옥사를 일으켰는데, 허목(許穆), 윤휴(尹鑴) 등 남인이 무고라고 논박하자 숙종의 모친인 명성왕후 김씨가 나서서 김우명을 두둔하였다. 이에 홍우원이 상소를 올렸는데, 《주역》〈가인괘(家人卦)〉의 "여자는 안에서 그 위치를 바로 지키고 남자는 밖에서 위치를 바로 지킨다."라는 말을 인용하여 대비가 정치에 관여하는 것을 비난하였다. 《燃藜室記述 卷33 肅宗朝故事本末》

지 않는다면, 나라의 존망은 장담하기 어렵습니다."

하였다. 말미에 또 마음을 바로잡고 몸을 수양하는 일에 경계를 아뢰면서 신독(愼獨)에 더욱 뜻을 두라고 하니, 성상이 비답하기를 "나라를 걱정하고 군주를 사랑하여 가르치고 경계하는 말이 지금의 병통에 절실히 들어맞으니, 모두 지론이다. 내가 몹시 가상히 여기니, 마음에 새기지 않을 수 있겠는가."라고 하였다.

가을에 이조 판서에 제수되었는데, 과거에 겪었던 위협과 두려움으로 인해 연이어 상소를 올려 간절히 사양하였으나, 비답을 내려 타이르기를 "한두 명의 부박한 무리가 의도적으로 공격하는 것이니, 공론이 되기에는 부족한데, 해를 넘기도록 인책(引責)하는 것은 너무 지나치다."라고 하였다. 부군이 응지(應旨)하여 상소를 올려 벼슬길의 혼란한 상황을 전반적으로 논하니, 양전(兩銓)에서 너도나도 인혐하여 체직하였다. 그리하여 부군이 자신이 그 자리를 차지한다는 혐의를 들어 더욱 힘써 사면을 청하니, 성상이 부득이하여 윤허하였다. 다시 대사헌에 제수되었으며, 10월에 병조 판서에 제수되었다. 병인년(1686, 숙종 12) 가을에 질병을 이유로 체직되어 지중추부사 겸 지경연에 제수되었으며, 판윤으로 자리를 옮겼다.

정묘년(1687, 숙종13)에 체직되어 지중추부사가 되었고, 다시 대사헌에 제수되었다. 성상이 오랫동안 후사가 없어 궁궐 안팎에서 근심하였다. 부군이 강연에서 욕심을 줄이라는 경계를 아뢰고, 또 약을 쓰는 절차에 신경을 쓰라고 청하니, 성상이 나라에 충성하고 임금을 아끼는 마음을 칭찬하였다. 부군이 또 나아가 아뢰기를,

"옛날부터 종실의 현명한 인물로는 한나라의 하간왕(河間王)과 동평왕(東平王)[76] 같은 이가 있어 국가가 의지하였습니다. 종학(宗學)[77]

의 제도가 근래에 오랫동안 폐지되고 느슨해졌으니, 만약 가까운 종실 중에 12~13세부터 8~9세에 이르기까지 총명하고 민첩하며 재주가 있는 자를 가려 뽑고, 경서에 밝고 행실이 올바른 선비를 선발하여 종부시(宗簿寺)의 관원으로 삼아 그들을 가르치고 인도하게 하시고, 전하 역시 때때로 만나보고 장려하셔서 성취를 기대하신다면 훗날에 원자가 태어났을 때, 필시 반석의 도움이 될 것입니다."

하니, 성상이 "대신과 상의하겠다."라고 하였다. 부군은 종묘사직을 깊이 생각하여 말이 나오면 반드시 눈물을 흘렸는데, 이때에 이르러 후사를 세우라고 청하자, 위태롭게 여기는 사람도 있었으나, 부군은 조금도 동요하지 않았다. 듣는 자들은 감탄하여 부군을 한충헌(韓忠獻)에 견주기도 하였다.[78]

76 하간왕(河間王)과 동평왕(東平王) : 하간은 한(漢)나라 경제(景帝)의 아들인 하간왕 유덕(劉德)을 가리킨다. 그는 학문을 닦고 고도(古道)를 좋아하였는데, 특히 고서(古書)를 좋아하여 금백(金帛)을 주고 민간에서 많이 구입하였으므로 책이 매우 많았다고 한다.《漢書 卷53 景十三王傳》 동평은 한나라 광무제(光武帝)의 여덟째 아들인 동평왕 유창(劉蒼)을 가리킨다. 그는 경술(經術)을 좋아하고 지혜가 있었다. 명제(明帝)가 "일간에 동평왕은 집에 있으면서 무엇이 가장 즐거운가?"라고 묻자, "선(善)을 하는 것이 가장 즐겁습니다."라고 대답했다 한다.《後漢書 卷42 光武十王列傳 東平憲王蒼》

77 종학(宗學) : 조선 시대에 왕족의 교육을 맡아보던 관아이다. 대군(大君) 이하 종실(宗室)의 자제를 교육하기 위하여 1428년(세종10)에 설치하였다.

78 한충헌(韓忠獻)에 견주기도 하였다 : 한충헌은 송나라 인종(仁宗) 때의 정승 한기(韓琦, 1008~1075)를 말한다. 한기가 송 인종(宋仁宗)에게 '황저(皇儲)는 천하의 안위가 달려 있는 것으로 예로부터 화란(禍亂)이 일어났던 것은 모두 일찍 정하지 않은 데서 말미암았던 것인데, 폐하는 어찌 종실(宗室)의 어진이를 가려 종묘와 사직을 위하는 계획을 세우지 않습니까?"라고 말한 일이 있다.《宋史 卷312 韓琦列傳》

지의금부사를 겸하고 지돈녕부사와 좌참찬을 거쳐, 이조 판서로 자리를 옮겼다. 이항(李杭)이 가까운 종실로 총애를 받아 성상의 특명으로 혜민서 제조에 제수되었는데, 부군이 정사하는 자리에 있다가 옛날의 제도가 아니라는 점을 들어 반려하여 쟁론하였으나 받아들여지지 않았다.

몇 개월 전에 새로 정승을 제수하기 위해 후보자를 천거하였는데, 대신이 제일 먼저 부군을 추천하여 성상의 명에 응하였다. 성상이 여러 차례 명을 내려 후보자를 더 추천하라고 하여 조사석(趙師錫) 공이 정승에 임명되었다. 부군은 평소 정승이 되리라는 기대를 받았기에 식자들이 모두 부군이 정승의 지위에 오르는 것이 늦다고 안타까워하였다. 7월에 비로소 의정에 제수되어 우의정이 되었다. 당시에 부군이 이미 병에 걸려 있었는데, 성상이 태의를 보내어 머무르면서 병세를 보게 하였다. 부군이 상소를 올려 사양하자 성상이 비답하기를,

"경은 재주와 덕이 있으니, 진실로 보필하는 임무에 합당하오. 어찌 이렇게까지 겸양할 필요가 있겠소. 경의 질병이 비록 피로에 지쳐서 발병한 것이지만, 아직 노년이 아니라 근력이 여전히 왕성하니, 신명이 돌보아 조만간 절로 나을 것이오. 안심하고 사직하지 말아서 합문(閤門) 안에 누운 채로 도를 논하여 상하의 기대에 부응하시오."

하고, 사관을 보내어 타일렀다.

성상이 정승 후보자를 더 추천하라고 할 적에 대신이 자신의 의중에 있는 사람을 추천하지 않은 것에 진노하여 여러 차례 온당치 못한 하교를 내렸다. 이때에 이르러 경연에서 이전의 일을 논하면서 말하기를

"우상은 효종 때 과거에 급제하여 재주와 덕이 모두 넉넉하니, 이는 진실로 적합한 사람을 얻은 것이오. 나머지 몇 명의 신하들 역시

삼사(三事)[79]에 합당하지 않다고 여기지는 않소."

하였다. 부군의 세 번째 상소에 정승 후보자 명단에 섞여 들어갔다는 말이 있었는데, 또 비답을 내려 타이르기를,

"당초의 비망기는 원래 뭉뚱그려 지적하여 배척하려던 의도가 있었던 것은 아니요. 이 시기에 이 임무를 경이 아니면 누가 맡겠소."

하였다. 이후로 더욱 융숭히 돈면하였다.

10월에 비로소 병을 무릅쓰고 들어와 사은하니, 성상이 만나보고는 위로하고 타일렀다. 김만중(金萬重) 공이 정승 조사석(趙師錫)을 논열한 일로 멀리 유배되고 성상이 몹시 진노하였다. 부군이 문언박(文彦博)과 당개(唐介)의 고사[80]를 인용하여 반복하여 아뢰고, 또 김만중에게는 노모가 있으니 너그럽게 용서해 주어야 한다고 아뢰었으나, 성상이 듣지 않았다. 정승 김수항(金壽恒)이 당시에 멀리 물러나 있었는데, 부군이 돈독히 불러들이라고 청하였다. 성상이 장릉(長陵)을 배알할 때에 부군에게 도성에 머무르라고 명을 내렸으니, 부군이 병이 있음을 염려해서였다. 부군이 성상을 뵙고 아뢰기를 "근래에 언로가 막혔으니, 과감히 말할 수 있는 기운을 배양해야 합니다."라고 하고, 또 상전(賞典)을 삼가고 관방(官方)을 중시해야 하는 뜻을 정성스럽게 아뢰니,

79 삼사(三事) : 삼공(三公)과 같은 뜻으로, 영의정 · 좌의정 · 우의정을 가리킨다.

80 문언박(文彦博)과 당개(唐介)의 고사 : 송 인종 때 문언박이 장 귀비에게 등롱(燈籠)을 수놓은 비단을 바치고 재상이 되었다는 소문이 나돌자 당시 감찰어사였던 당개가 문언박을 탄핵하였다. 이 일로 당개는 유배당하고 문언박은 관직에서 물러나기를 청해 마침내 파직되었다. 그러나 당개는 오래되지 않아 불리어 임용(任用)되었고, 문언박도 비방을 받은 뒤에 마침내 정권을 잡게 되었는데, 세상에서 명상(名相)이라 칭찬을 받았다. 《宋史 卷316 唐介列傳》

성상이 가납하였다. 부군이 성상을 직접 뵙고 병세를 아뢰고 사직을 청하자 성상이 말하기를,

"대신의 도리는 근력으로 분주히 일하기를 요구하는 자리가 아니오. 시사가 어렵고 걱정스러운데 경은 어찌하여 사직을 하려고 하는 것이오."

하였다.

무진년(1688, 숙종14) 설날에 부군이 성상에게 하례하는 반열에 참가하지 않은 일로 견책을 청하고, 또 경계하는 말을 아뢰기를,

"바라건대 성상께서는 중도를 세우고 표준을 세워 왕도를 치우치게 하지 말고 명분과 실제를 치밀하게 밝혀 현명하고 능력 있는 사람이 지위에 오르게 하며, 지극히 공정한 천지를 본받고 인자하고 어진 봄빛을 체득하여 온 나라의 백성들이 모두 중화위육(中和位育)[81] 속에 살 수 있게 한다면 어찌 재앙을 우려하겠으며, 어찌 붕당을 근심하겠습니까. 신은 일 년 동안 병치레를 하느라 모든 감정이 뒤얽혀 감히 근폭(芹曝)의 정성[82]을 바쳐 이것으로 숭화(嵩華)의 축원[83]을

81 중화위육(中和位育) : 성(性)이 치우치거나 기울이 없는 것을 중(中)이라고 하고, 정(情)이 정도에 맞는 것을 화(和)라고 한다. 중화를 극진히 하면 천지가 그 자리를 얻고 만물이 저절로 생장 발육할 수 있다. 주희는 이것이 학문의 최고 공부이고, 성인(聖人)의 가장 훌륭한 사업이라고 하였다. 《中庸章句 第1章》

82 근폭(芹曝)의 정성 : 하찮은 것이라도 임금을 생각하여 바치고자 하는 아랫사람의 정성을 가리킨다. 송(宋)나라의 어떤 사람이 봄철의 따스한 햇볕을 쬐며 더없이 좋은 것이라고 여겨 임금에게 바치고자 한 고사(故事)와, 시골 사람이 토호(土豪)에게 미나리를 진미(珍味)라고 여겨 바쳤다는 고사에서 유래하였다. 《列子 楊朱》

83 숭화(嵩華)의 축원 : 신민(臣民)이 제왕의 수복(壽福)을 비는 것을 말한다. 한 무제(漢武帝)가 숭산(嵩山)에 올라갔을 때 백성들이 아래에서 만세를 부른 일이 있었

대신합니다."

하니, 성상이 비답을 내려 나라를 걱정하고 임금을 아끼는 마음이 있고 지극한 논의라고 표창하였다.

2월에 성상이 영릉(寧陵)에 행차하려고 할 적에 부군이 차자를 올려 간언하기를,

"지난해 경기 지역의 농사가 홍수와 가뭄, 병충해와 서리의 피해를 입었으며, 강변 지역은 재해의 피해가 더욱 참혹하여 촌락이 텅 비어 지나가는 행인이 묵을 곳조차 없습니다. 더구나 중국에서 갑자기 사신이 와서 백성들의 형편이 이미 고갈되었으니, 우리가 마음대로 하지 못하는 저런 상황은 비록 어쩔 수가 없으나 우리들의 입장에서 변통할 수 있는 방법을 어찌 생각하지 않을 수 있겠습니까. 임금이 며칠 걸리는 여정 길에 오르면 이는 막대한 거조(擧措)이고, 연로(沿路)에서 대접하는 것은 모두 백성들에게서 나오지 않는 것이 없습니다. 밤낮으로 뒤따라 호령하느라 닭과 개도 편안하지 못하니, 운반하는 노고와 소요를 일으키는 피해는 실로 죽음을 면하기에도 부족한 백성들이 감당할 수 있는 것이 아닙니다. 선조를 생각하는 성상의 마음을 비록 멈출 수 없다고 하나 봄이 한창인 때에 백성들이 곤궁하니, 참으로 구휼하는 방책을 의논하기에 겨를이 없어야 하는 때인데, 어찌 뒤따라 소요를 일으켜 근심과 원망을 더해서야 되겠습니까.

아, 백성이 존재한 뒤에야 나라가 있고, 나라가 존재한 뒤에야

고, 화(華) 땅의 봉인(封人)이 수(壽), 부(富), 다남자(多男子) 세 가지로써 요(堯) 임금을 송축한 일이 있는 데서 유래한다.

종묘사직이 존재합니다. 백성이 편안하고 나라가 태평하여 억만년이 지나도록 무궁한 아름다움을 이루게 하는 것은 바로 제왕의 달효(達孝)[84]입니다. 한때의 성묘를 잠시 미룬다고 어찌 의리에 방해가 되겠습니까. 더구나 지금은 역병이 기승을 부려 도로에 깨끗한 곳이 없으니, 신(臣)의 사사로운 근심과 지나친 우려는 다만 굶주린 백성들을 수고로이 분주하게 만드는 데에만 있는 것은 아닙니다."

라고 하였다. 성상이 비답하기를,

"종이 가득 차자로 아뢴 말이 모두 백성에 대한 근심이니, 말뜻이 지극히 간절하여 사람을 감탄하게 만든다. 옛날에 한 명제(漢明帝)가 원릉(原陵)을 참배하려 할 때 밤에 선제(先帝)와 태후(太后)가 평상시처럼 즐겁게 지내는 꿈을 꾸었다. 그러자 기쁘고도 슬퍼서 비통한 마음에 잠겨 잠을 이루지 못하여 곧바로 여러 신하들을 거느리고 능(陵)에 올랐다. 오늘의 일은 나의 마음을 몹시 두렵고 슬프게 한다. 내가 일찍이 꿈에 효종을 뵈니 효종께서 손을 맞잡고 기뻐하셨는데, 목소리가 정녕하고 온순하여 평소처럼 또렷했다. 깨어나니 눈물이 흘러서 양 볼을 적셨으며 추모하는 마음이 갑절이나 간절하였다. 아, 신도(神道)를 찾아보면 사람의 정리와 멀지 않고, 지극한 정리가 있는 곳에는 하늘도 반드시 가엾게 여겨 용서해 줄 것이다. 지극히 어리석지만 신령한 저 백성들이 어찌 이번의 행차가 만부득

84 달효(達孝) : 누구나 공통으로 인정하는 효(孝)이다. 공자(孔子)는 일찍이 "문왕(文王)과 주공(周公)은 달효라 할 것이다. 효라는 것은 선친의 뜻을 잘 계승하고 선친의 일을 잘 전하는 것이다.〔武王周公, 其達孝矣乎. 夫孝者, 善繼人之志, 善述人之事者也.〕"라고 하였다. 《中庸章句 第19章》

이한 데서 나온 것인 줄을 알지 못하겠는가. 내 뜻은 이미 정해졌으니, 경은 안심하고 생각하여 헤아려 보도록 하라."

하였다. 부군의 말이 비록 시행되지는 못하였으나, 논하는 자들이 대신의 체통을 얻었다고 생각하였다.

병조 판서 이사명(李師命)이 윤세희(尹世喜)의 상소로 탄핵을 받아 성을 나가 대죄하였는데,[85] 조정에서 오랫동안 처분을 내리지 않았다. 부군이 차자로 아뢰기를,

"이사명은 중신(重臣)이라 죄가 있든 없든 반신반의한 상태로 놓아두어서는 안 되니, 공경(公卿)에게 물어 허와 실을 명백히 밝혀야 합니다."

하고, 먼저 그를 체직하라고 청하니, 성상이 그대로 따랐다. 윤세희가 인피하여 비난하자, 성상이 부군의 뜻이 명백히 하고 신중히 하는데 있다고 여겨 윤세희를 옳지 않다고 배척하고 다시 부군의 상소에 비답하여 극진히 위로하며 혐의를 풀어주었다.

성상이 능에 행차할 적에 부군이 또 명을 받아 도성에 머물렀는데, 어가가 돌아오자 부군이 병을 무릅쓰고 문안을 여쭈었다. 병이 악화되어 드디어 휴가를 청하였으나, 성상이 세 차례 비답을 내려 유허하지 않았고, 또 어찰로 선유(宣諭)하여 시급한 당시의 정황을 자세히 논하여 크게 구제하는 재상의 임무를 요구하며 다음과 같이 말하였다.

85 이사명(李師命)이……대죄하였는데 : 지평 윤세희(尹世喜)가 상소하여, 이사명이 홍치상(洪致祥)과 박정영(朴廷英)을 통해 조사석(趙師錫)과 이항(李杭)을 규찰하게 하였고, 오랫동안 병조 판서를 맡으면서 병권을 독점하려고 한다는 등의 이유로 탄핵하였다. 《肅宗實錄 14年 2月 9日》

"경은 원로대신으로 일찍부터 무거운 명망을 짊어져 한 몸에 나라의 안위가 달려 있으니, 의리상 기쁨과 슬픔을 함께해야 한다. 내가 의지하고 믿으며 조야에서 그리워하고 바라는 것이 어찌 적다고 하겠는가. 그런데도 공고하게 잘 유지하려는 계책을 생각하지 않고, 급급하게 나를 버리고 떠나가기를 바라니, 결코 평소에 경에게 바라던 일이 아니다."

부군이 감격하여 눈물을 흘리고, 마지못해 은혜로운 명을 받들려 하였으나, 병이 더욱 심해져서 다시 일어날 수가 없었다. 차자를 올려 휴가를 청하니, 성상이 그때마다 승지와 사관을 보내어 하교를 전하고, 또 액례(掖隷)를 시켜 타락죽과 어찬을 보냈다. 여러 명의 태의(太醫)가 곁에서 지켰고, 약물을 가지고 안부를 묻는 자들이 길에 이어졌다. 병이 악화되자 마지막으로 올리는 상소를 입으로 불러주며 말하기를,

"신은 국가의 두터운 은혜를 받아 지위가 정승에 올랐습니다. 복이 지나치면 재앙이 생겨나는 법이라 병이 악화되어 죽음을 앞두고 있으나, 보잘 것 없는 저의 마음은 늘 성상이 계신 곳에 있습니다. 지금은 시세가 어려워 모든 일이 혼란한 상황이니, 바라건대 전하께서는 궁금(宮禁)을 엄히 하여 사사로이 통하는 길을 막고, 보고 듣는 것을 공정히 하여 부박하고 조급한 행동을 억제하며, 노숙한 이를 진출시키고 어진 신하를 등용하여 무너지는 나라를 붙잡고 편안하게 되돌리는 도움으로 삼으소서. 신의 한 가닥 숨이 아직 끊어지지 않았으니, 끝내 한 마디 말도 없이 죽는다면 평소 은혜에 보답하려던 정성을 드러낼 길이 없습니다. 정신이 혼미하고 기운이 떨어져 너무나 비통하고 목이 메여 흐르는 눈물을 감당할 수가 없습니다."

하였다. 성상이 비답하기를,

"경의 차자를 살펴보니 경계와 가르침이 아주 절실하여 사람으로 하여금 자신도 모르게 서글픈 마음이 들게 만든다. 내가 비록 민첩하지 못하지만, 유념하여 마음에 새기지 않을 수 있겠는가."

하였다. 마침내 5월 2일 진시(辰時)에 성 서쪽에 있는 집의 정침(正寢)에서 세상을 떠나니, 춘추가 63세였다. 아, 너무나 슬프도다.

성상이 몹시 애도하여 조회를 정지하고 승지를 보내어 상주(喪主)를 위로하였으며, 또 예관(禮官)을 보내어 제사를 지내게 하였다. 관곽(棺槨)을 하사하였으며, 또 3년 동안은 늘 주던 녹봉을 환수하지 않았다. 공경대부는 모두 탄식하며 조문하였고, 하인과 아전 및 관노들까지도 모두 어진 재상이 세상을 떠났다고 말하였다. 유사(有司)가 장례 용품을 갖추어 7월 3일에 용인(龍仁) 치소의 동쪽 천동(泉洞) 축좌(丑坐)의 언덕에 장사지냈다.

첫째 부인 나주 박씨(羅州朴氏)는 첨지중추부사 증 이조 판서 호(濠)의 딸이며, 관찰사 동열(東說)의 손녀이다. 엄하고 선하며 바르고 정숙하여 여사(女士)의 행실이 있어 친척들이 그 덕을 칭송하였다. 갑자년(1684, 숙종10) 11월 15일에 세상을 떠났으니, 태어난 정묘년(1627, 인조5)과의 거리가 58년이다. 정부인에 봉해지고, 정경부인에 추가로 추증되었으며, 인시로 오른쪽 언덕에 안장하였다가 이때에 이르러 부군과 합장하였다.

슬하에 3남 1녀를 두었다. 장남 만창(晩昌)은 진사로, 문장과 행실이 있었으니 일찍 세상을 떠났다. 차남 불초 만성(晩成)은 문과에 상원 급제하여 판서를 역임하였으며, 부군의 명으로 지평공(持平公)의 후사로 나갔다. 삼남 만견(晩堅)은 문과에 급제하여 감사를 역임하였으며, 도정공(都正公)의 후사가 되었다. 딸은 판서 홍수헌(洪受瀗)에게 출가하였다.

둘째 부인 경주 박씨(慶州朴氏)는 통덕랑 세영(世英)의 딸이며 승지 홍미(弘美)의 증손녀이다. 영특하고 은혜롭고 지혜로웠으며, 집안을 다스리는데 법도가 있었고, 정경부인에 봉해졌다. 정유년(1717, 숙종 43) 5월 16일에 세상을 떠났으니, 향년 53세였다. 부군의 묘소 우측 언덕에 장사지냈다. 슬하에 딸 한명을 두었는데, 사인(士人) 오이주(吳履周)에게 출가하여 일찍 세상을 떠났다.

만창은 여양부원군(驪陽府院君) 민유중(閔維重)의 딸에게 장가들어 아들 재(縡)를 낳았으니, 문과 중시에 급제하여 참판을 지냈다. 만성은 영의정 김수흥(金壽興)의 딸에게 장가들어 아들 구(絿)를 낳았으니, 진사시에 장원으로 합격하여 세마를 지냈다. 딸은 진사 김성택(金星澤)에게 출가하였다. 계취(繼娶)는 봉사(奉事) 김정(金淵)의 딸로, 슬하에 딸 한 명을 두었는데 어리다.

만견은 감사 윤가적(尹嘉績)의 딸에게 장가들어 아들 수(綏)와 유(維)를 낳았고 딸 넷을 두었는데, 장녀는 윤급(尹汲)에게 출가하였으며, 나머지는 아직 출가하지 않았다. 홍수헌은 아들이 셋인데, 우제(禹齊)는 판관이고, 우해(禹諧)와 우집(禹集)이 있으며, 딸은 이현숭(李顯崇)에게 출가하였다. 내외에 증손과 현손 약간 명이 있다.

부군은 풍채가 묵직하고 도량이 넓고 깊었다. 온화하고 순수한 기운이 가슴 속에 쌓여 겉으로 드러나 바라보면 대인군자인 줄을 알았다. 인자하며 너그럽고 충실하고 삼갔으며, 겸손하고 공손하며 검약하였다. 외면은 관대하고 내면은 명철하였으며, 자질이 두텁고 재주가 민첩하였다. 분노하는 말은 입 밖으로 내지 않았고, 몸가짐에는 오만한 모습이 없었으며, 정해진 격식과 규범에 구애를 받지 않았으니, 대개 부군의 덕성(德性)이 그러했었다. 어렸을 때에 난리를 만나 중국 땅을 출입하였으나 결국 몸을 잘 돌보아 위험의 굴레에서 벗어났다. 부군의 기국과 식견은 보통 사람이 미칠 수가 없었으니, 맹자(孟子)의 "큰 사명을 내리려 할 때에는 반드시 먼저 힘줄과 뼈를 수고롭게 한다."[86]는 말에 가깝다.

약관의 나이에 부안(扶安)에 우거하여 깊은 산 속 궁벽한 곳에 가서 개간하여 나무를 베고 집을 짓고 살았는데, 경영한 모든 것이 반듯하게 질서가 있었으니, 식자들이 이미 부군에게 경세제민의 역량이 있음을 알았다.

참의공은 가법이 매우 엄격하였으나, 부군이 어려서부터 삼가 훈계를 잘 받아들여 한 차례도 번거롭게 꾸지람을 받은 적이 없었다. 평상시에는 곁에서 모시며 얼굴빛과 용모를 온화하게 하였으며, 그 뜻에 순종하기를 힘썼기 때문에 여러 아들 중에 특히나 사랑을 받았다. 참의공이 김제(金堤)의 수령으로 부임한 적이 있는데, 부안과의 거리가 가까워 부군이 늘 밭에서 기른 오이와 냇가에서 잡은 물고기를 올리니, 참의공이 기뻐하며 말하기를 "관가의 음식이 어찌 이 음식에 미칠 수 있겠느냐."라고 하였다. 참의공의 상을 당해서는 상례와 애통한 마음

86 큰……한다 : 《맹자》 〈고자 하(告子下)〉에 "하늘이 어떤 사람에게 큰 사명을 내리려 할 때에는, 반드시 먼저 그의 마음과 뜻을 고통스럽게 하고, 그의 힘줄과 뼈를 수고롭게 하고, 그의 육체를 굶주리게 하고, 그의 몸을 궁핍하게 하여, 그가 행하는 일마다 어긋나서 이루지 못하게 하나니, 이는 그의 마음을 격동시키고 그의 성질을 굳게 참고 버티도록 하여, 그가 잘하지 못했던 일을 더욱 잘할 수 있게 해 주기 위함이다.〔天將降大任於是人也, 必先苦其心志, 勞其筋骨, 餓其體膚, 空乏其身, 行拂亂其所爲, 所以動心忍性, 增益其所不能.〕"라는 말이 나온다.

을 모두 극진히 하였고, 늘 끝까지 녹봉으로 봉양하지 못한 것을 종신토록 가슴 아파하였다. 한 가지라도 맛있는 음식을 얻으면 반드시 부친 생각에 뺨에 눈물이 흘렀는데, 만년에 이르러서도 그러했다.

형제간에 우애가 돈독하여 집을 이웃하여 함께 살았는데, 날마다 반드시 모였고, 모이면 이야기와 웃음이 넘쳐났다. 어떤 날은 정원의 연못과 뜰 사이를 거닐다가 한밤중이 되어서야 파하기도 하였다. 도정공의 나이가 거의 팔순이었는데 부친처럼 섬겼으며, 온공(溫公)이 백강(伯康)에게 한 것처럼[87] 추위와 더위, 굶주림과 배부름을 늘 때에 맞게 하였다.

서모(庶母)를 극진히 후대하였고, 서제(庶弟)와 서매(庶妹)에까지 그 마음이 미쳐 사랑으로 돌봐주고 구휼하여 은혜로운 뜻이 곡진하였다. 또 종족에게 돈독하여 궁핍한 이를 구휼해주고 곤란한 상황에 처한 이를 마치 미치지 못할 듯이 구제해주었기 때문에 친소와 원근을 막론하고 모두 자기 집처럼 의지하였다. 심지어 고아가 된 생질은 이사를 하여 의지하기까지 하였다.

선조를 섬기는 일에 더욱 삼갔으니 종가(宗家)가 몹시 가난했기 때문에 제수(祭需)를 자신의 집에서 마련하였는데, 제사를 도울 때에는 개연(愾然)하고 애연(僾然)한 마음으로 정성을 다하고,[88] 작은 질병이

87 온공(溫公)이……것처럼 : 송의 문장가 사마온공이 그의 형 백강과 우애가 매우 돈독하였던 것을 말한다. "사마온공은 그의 형 백강과 우애가 특히 돈독하였다. 백강의 나이 팔십이 되자 온공은 엄한 아버지처럼 모셨다.〔溫公與其兄伯康, 友愛尤篤, 伯康年將八十, 公奉之如嚴父.〕"라고 하였다. 《小學 善行》

88 개연(愾然)하고……다하고 : 《예기》 〈제의(祭儀)〉에 "제사 지내기에 앞서 재계한 지 3일이 되면 마침내 고인의 모습이 눈앞에 떠오르게 된다. 이리하여 제삿날, 사당

있다고 해서 그만두지 않았다.

장인 첨추공은 성품이 엄격하여 평소에 부군을 소중히 여겼지만 자신의 뜻에 차지 않으면 목소리와 얼굴빛을 매우 엄하게 하였는데, 부군은 그때마다 기쁜 기색으로 받아들였다. 처가살이 하는 십 년 동안 얼굴빛에 기미를 드러낸 적이 한 번도 없었으니, 첨추공이 늘 감탄하여 말하기를 "이 서방의 도량은 남들이 미칠 수가 없다."라고 하였다.

참의공이 문원 노선생(文元老先生 김장생)을 사사(師事)하였으니, 연원(淵源)이 유래가 있다. 부군이 비록 두 분 송 선생(宋先生)[89]의 문하에서 직접 배우지는 못했지만, 우러러 사모하고 기뻐하여 늘 문생으로 자처하였고, 선생 역시 공경하여 중시하였으니, 굴신과 영욕을 시종 함께하였다. 우재(尤齋 송시열)가 봉산(蓬山)에 유배되었을 때,[90] 앞으로의 재앙을 예측할 수가 없어 사람들이 모두 두려움에 떨었으나, 부군만은 끊이지 않고 음식을 보내 안부를 물었고, 또 유배지로 찾아가 인사하고 며칠간 머무르기도 하였다. 그 후에 성상이 우재를 돈면할 때에 번번이 부군에게 명하여 모두 세 차례를 왕복하였으니, 정의(情

안으로 들어가면 고인의 영혼이 그 자리에 있는 것과 방불하게 느껴지니, 제사를 마치고 나가려고 하면 반드시 마음이 숙연해져서 고인의 음성을 듣는 것 같으며, 문밖으로 나가 들으면 반드시 방 안에서 뚜렷하게 고인의 탄식 소리가 들려오는 것 같다."라고 하였다.

89 두 분 송 선생(宋先生) : 송준길(宋浚吉)과 송시열(宋時烈)을 말한다.

90 우재(尤齋)가……때 : 봉산(蓬山)은 경상도 장기(長耆)의 옛 이름으로, 자의대비(慈懿大妃)인 장렬왕후(莊烈王后) 조씨(趙氏)의 복제 문제와 관련된 2차 예송(禮訟) 패배의 여파로 1675년(숙종1)에 송시열이 삭탈 관직되고 함경도 덕원(德源)으로 유배 갔다가 경상도 장기(長鬐) 등지로 유배된 사실을 가리킨다.《국역 숙종실록 1년 7월 10일》

義)가 돈독함을 알았기 때문이다.

판서 김기종(金起宗)이 자신을 알아주었기에 관찰사로 부임하자 그의 묘소에 들러 제문을 지어 제사를 지냈고, 회은군(懷恩君)이 역옥에 연좌되어 죽을 때에[91] 그의 원통함을 바로잡아 덕에 보답하였다. 교유한 인물은 모두 당세에 저명한 사람들이었는데, 여양(驪陽) 민공(閔公 민유중(閔維重))과 가장 막역하여 어떤 일이 있으면 반드시 자문하였고, 늙어서도 감괴(甘壞)[92]가 없었다. 그가 세상을 떠났을 때에는 병든 몸을 끌고 가서 곡(哭)을 하였고, 물러나서는 하루 종일 눈물을 흘리며 말하기를 "나는 이제부터 쓸쓸한 처지라, 세상에 뜻이 없다."라고 하였다.

규문(閨門) 안이 화평하였으며, 집안 식구들을 대할 적에 은혜와 법도가 있었다. 늘 우리를 경계하시기를 "우리 집안은 충후함과 근신을 전승하였으니, 혹여나 우리 선조의 덕에 누를 끼치지 말아야 한다."라고 하였다. 도정공은 절개와 효성으로 발탁되었고, 도헌공은 부름을 받고 조정에 나아가 예우가 아주 융숭하였다. 판서공은 또 번갈아가며 중요한 직책을 맡았는데, 늘 퇴궐하면 수레가 앞뒤로 이어져 찾아온 손님들이 문에 가득했다. 부군이 근심하며 말하기를,

91 회은군(懷恩君) : 이덕인(李德仁)으로, 성종(成宗)의 둘째 아들 계성군(桂城君) 이순(李恂)의 증손이다. 1644년(인조22)에 심기원(沈器遠) 등의 추대를 받아 반란을 도모하였다가 발각되어 사사되었다. 회은군은 이숙(李翻)이 어린 나이로 포로가 되어 심양(瀋陽)에 잡혀갔을 때, 사신으로 갔다가 이숙이 귀국할 수 있도록 주선하였다.

92 감괴(甘壞) : 호들갑스럽게 서로 좋아하다가 언제 그랬느냐는 듯 멀어지는 것을 말한다. 《예기(禮記)》 표기(表記)에 "군자의 사귐은 물과 같고 소인의 그것은 단술과 같다. 군자는 담담한 가운데 교우 관계를 이루고 소인은 달다가 관계가 끊어진다.〔君子之接如水, 小人之接如醴, 君子淡以成, 小人甘以壞.〕"라 하였다.

"집안이 대대로 한미했으나, 우리 형제는 명성과 지위가 지나치니, 가득차면 기우는 두려움이 없겠는가."

하였다. 어릴 때에는 한양에 집이 없었고, 중년에 남쪽 고을 옛집으로 옮겼는데, 비바람도 가리지 못하였으며, 오랜 세월이 지나 비로소 새로운 재목으로 바꾸었다. 그러나 부군은 여전히 기쁜 기색이 없이 말하기를 "내 분수에 역시 지나치다."라고 하였다.

음식을 대하면 반드시 삼가서 낭비하는 것을 몹시 경계하였으며, 비록 즐기는 음식이 아니더라도 역시 싫어하는 내색을 보이지 않았다. 아이들 중에 간소한 음식과 검소한 의복을 싫어하는 이가 있으면 반드시 몹시 꾸짖으며 "너희들은 안락한 환경에서 태어나 고생을 모르니, 이것이 교만과 사치가 생겨나는 이유이다."라고 하며, 늘 자신이 심양(瀋陽)에 있을 때 일을 거론하며 타일렀다. 높은 관직에 올랐으나 가난한 선비처럼 처신하여 화려한 의복을 몸에 가까이 하지 않았고, 완호품을 집안에 두지 않았다.

여러 차례 큰 고을을 맡았으나, 마구간에는 좋은 말이 없었으며, 녹봉 이외에는 터럭만한 것도 반드시 삼갔다. 한 자의 베와 한 줌의 쌀도 함부로 남에게 주지 않으며 말하기를 "이는 공적인 물건이니, 어찌 감히 함부로 사용할 수 있겠는가."라고 하였다. 한 번은 말하기를 "사대부가 농사를 짓지 않고 녹봉만 믿다가 한번 관직을 잃으면 모든 일이 구차해진다."라고 하였다. 그러므로 조정에 있지 않을 때는 물러나 들에서 밭을 갈고 어떤 경우에는 몸소 밭농사를 짓는 것으로 즐거움을 삼기도 하였다. 터럭 하나도 남에게 요구하지 않았으며, 도리에 어긋나는 선물은 곧바로 물리쳤다. 그러나 모두 마음에 걸맞게 행하여 깨끗하다는 명성을 얻으려 하지 않았으며, 진실하여 꾸밈이 없었고,

충실하여 속이지 않았다.

남을 대할 적에는 한 덩어리의 온화한 봄기운[93]과 같아 친소와 귀천에 관계없이 한결같이 정성스레 대했으니, 보는 사람들이 마음으로 기뻐하여 만족한 듯하였다. 판서 홍수헌(洪受瀗)이 늘 말하기를 "내가 처가에 있던 30년 동안 한 번도 공이 근심하거나 화를 내는 모습을 본적이 없다."라고 하였다. 예전의 벗 중에 침체한 사람이 있으면 등용해주었고, 환난을 당한 사람이 있으면 구제해주었으며, 죽으면 그 뒷일을 보살펴주어 생사로 인해 마음을 달리 하지 않았다. 배우러 오는 후배들은 장려하여 이끌어 주며 계속해서 마음을 써 주었다.

통진(通津)을 다스릴 때에 가까운 친척 사이에 송사를 제기한 백성이 있었는데, 부군이 천륜의 정리로 타이르고 간곡하게 반복하자, 그 사람이 감동하여 눈물을 흘리며 사죄하고는 더 이상 쟁론하지 않았다. 체직되어 돌아올 적에는 생선과 게를 대접했다. 서족(庶族) 중에 형제가 서로 다투어 보지 않는 자가 있었는데, 부군이 눈물을 흘리며 깨우치자, 예전처럼 관계를 회복하였으니, 덕화(德化)가 남을 감동시킨 것이 이와 같았다.

포의 시절부터 사람들이 재상감이라고 기대하였는데, 일찍 조정에 진출하여 명절(名節)을 가다듬어 당시의 사류들이 모두 의지하여 소중히 여겼다. 언관(言官)으로 출입할 적에는 질박하고 강직함으로 스스

93 한……봄기운 : 화기애애한 기상이 풍겨 나오는 것을 표현한 말이다. 정명도(程明道) 즉 정호가 홀로 앉아 있을 적에는 석고상(石膏像)처럼 보이다가도, 일단 사람을 접하면 일단(一團)의 화기(和氣)가 뭉쳐 있는 것처럼 보였다는 고사가 전한다. 《二程全書 卷12》

로를 지켰으며, 전후로 논변한 내용은 모두 임금의 덕을 바로잡고, 사림을 부지하며, 떳떳한 윤리를 세우며, 법과 기강을 진작시키는 일이었다. 비록 여러 차례 어려운 상황을 만났지만, 후회할 줄을 몰랐다.

지방관으로 부임해서는 그때마다 재주와 계책이 돋보였으며, 몹시 인자한 성품과 두터운 은택이 온 지역에 두루 퍼졌다. 조정에서 부군의 능력을 알아보아 차츰 크게 쓰려했으나 시세가 갑자기 크게 변하여 물러나 향리에 은거하여 그대로 생을 마칠 것처럼 유유자적하였다. 떠돌거나 유배에 처해져 모진 곤액을 두루 겪었지만 조금도 동요하지 않았다.

국정이 다시 일신되어 훌륭한 선비들이 함께 진출하자, 한 해가 되기 전에 판서의 자리에 올랐으며, '충성스러워 큰 임무를 맡길 만하다'는 하교까지 있었으니, 부군의 곧은 절개와 민첩한 재주가 성상에게 특별한 인정을 받았던 것이다. 부군은 특별한 대우에 감격하여 드디어 나라를 위해 목숨을 바치기로 기약하였다. 지위와 명망은 더욱 높아지고, 공적이 점점 드러나서 백성들이 조만간에 정승 자리에 오를 것이라 기대하였는데, 뒤늦게야 그 자리에 올랐지만 부군은 병이 이미 깊었고, 나라의 정세와 시국의 상황은 역시 어떻게 할 수가 없었으니, 어찌 운명이 아니겠는가.

관직에 있을 때에는 자신을 엄하게 단속하고 아랫사람을 관대하게 대하였으며, 일을 만나면 능숙하게 처리하여 지체하지 않았다. 모든 정책과 규획이 주도면밀하였고, 늘 남에게 은택을 베풀고 이롭게 하려는 마음을 지녀 행동이 지성에서 나왔다. 그러므로 덕과 은혜가 믿음을 주어 사람들이 모두 감복하였다. 영남 백성들에게는 더욱 죽어도 잊지 못하는 은혜가 있었는데, 이후로 기근을 만나 관찰사가 순행을 하면 그때마다 길을 막고 말하기를 "신해년(1671, 현종12)의 이 관찰사처럼 해주십시오."라고 하였다.

평생 동안 한 사람도 함부로 죽인 일이 없으며, 비록 죄를 지어 사형에 처해질 사람도 반드시 살릴 수 있는 단서를 찾아보았다. 원통한 옥사(獄事)가 있는 경우에는 대부분 바로잡아 주었으니, 사람들이 음덕(陰德)이 있을 것이라 여겼다. 평소 영리를 좋아하지 않아 벼슬길에 나아가기를 어렵게 여기고 물러나기를 쉽게 여겼으며, 세상 사람들이 구차히 영합하여 내달리는 모습을 보면 자신의 몸을 더럽힐 것처럼 여겼다. 여러 차례 권세 있는 중요한 자리를 맡았지만, 상인과 역관의 무리가 집에 발을 들이지 못했다. 늘 능력이 없는 듯이 물러나 있었지만, 의리가 달린 문제는 확고하게 지켜 비록 맹분(孟賁)과 하육(夏育)[94]이라도 뜻을 빼앗을 수가 없었다. 어떤 사람이 한 가지 선한 점을 지니고 있다고 들으면 기뻐하여 그를 칭찬하였으며, 어떤 사람이 다른 사람의 과오를 말하면 항상 듣지 못한 것처럼 하였다. 그러나 관직을 맡아 규찰하고 탄핵할 때에는 오직 일의 시비만을 보아 비록 친구 사이라도 조금도 용서하는 법이 없었다.

임술년(1682, 숙종8) 이후로 사론(士論)이 분열되었는데, 부군이 여러 차례 이조 판서를 맡아 과격하지도 휩쓸리지도 않았으나, 음양과 선악의 구별에 있어서는 아주 엄하게 처리하였다. 시세가 급박하게 변하여 점차 이시척촉(羸豕蹢躅)[95]의 조짐이 생기자, 온 세상 사람들이

94 맹분(孟賁)과 하육(夏育) : 58쪽 주49 참조.

95 이시척촉(羸豕蹢躅) : 《주역(周易)》 구괘(姤卦) 초육(初六)에 있는 말로, 소인들이 불우함에 처해 있으면서 진출을 꾀한다는 뜻이다. 이시(羸豕)는 연약한 암퇘지라는

주저하면서 어떤 이는 간당(奸黨)을 풀어주도록 청하여 훗날을 도모하라고 하였으나, 유독 부군은 우뚝이 동요하지 않은 채 전후로 몹시 힘써 쟁론하여 비록 원망과 미움이 쌓여도 돌아보지 않았다.

늘 당시 정치의 과오를 들으면 하루 종일 탄식하고 슬퍼하였는데, 만년에는 근심이 더욱 깊어져 견딜 수 없을 정도로 탄식하였다. 임금을 사랑하는 마음은 밥 먹는 사이에도 잊지 않아 늘 말하기를 “머리끝에서 발끝까지 모두 성상의 은혜이니, 내가 어떻게 갚을 수 있으려나.”라고 하였다. 병이 악화되고 나서 몇 달이 지나도록 집안일에 대해서는 한 마디도 하지 않고, 오직 정성스럽게 나랏일만 이야기하였다. 절반의 상소는 절절하고 비통함에서 나온 충언(忠言)으로, 궁금(宮禁)을 엄히 하고, 사사로운 진출을 막으라는 경계에 더욱 뜻을 다하였다. 얼마 뒤에 군흉들이 모후의 폐위를 도모하여[96] 인륜이 끊어지고 종묘사직이 거의 위태롭게 되었으니, 부군이 죽음에 이르러서도 마음을 놓지 못하고 세도를 위해 몹시 근심하던 것이 불행히도 과연 그렇게 되었다. 종학(宗學)에 대한 요청은 남들이 하기 어려운 말인데, 부군만이 말하였으니, 나라의 근심을 자기 근심으로 여기고, 이해와 화복은 전부 자신과 관련 없는 일로 치부해 버렸나.

기사년(1689, 숙종15)에 이현기(李玄紀)가 성상에게 아뢰기를, “이(李) 아무개가 종실(宗室) 중에 뛰어난 사림을 선발하도록 청한 것은 송시열이 원자에 하례하지 않은 것과 동일한 속셈입니다.”[97]

뜻으로 음(陰)을 말하고, 척촉(躑躅)은 망설이고 나아가지 않는 모양이다.

96 모후의 폐위를 도모하여 : 1689년 기사환국이 일어나 서인들이 축출되고, 그해 4월에 인현왕후가 폐비되었는데, 그때의 일을 가리킨다.

하였는데, 성상이 비답을 내리지 않았다. 그 당시 일월처럼 밝으신 성상의 명철함이 아니었다면 온 집안 사람이 화를 면하지 못했을 것이니, 가령 부군이 세상에 살아계셨더라면 그 재앙을 또 이루 다 말할 수 있겠는가. 소인이 교묘하게 참소하는 정상을 차마 바로 보지 못할 지경이나, 부군의 높은 충성심과 진심어린 정성은 이로 말미암아 더욱 후세에 드러날 것이다.

고양(高陽) 도정리(陶井里)에 부학공(副學公)의 별서 터가 있는데, 부군이 그 서쪽 기슭에 정자를 지어 판서공(判書公)의 정사(亭舍)와 마주보게 하고는 일휴정(逸休亭)이라고 편액을 하고 자신의 호로 삼았다. 이는 김 모재(金慕齋 김안국(金安國)) 형제의 은일(恩逸)과 은휴(恩休)의 고사[98]에서 취한 것이다.

외물에는 담박하여 달리 즐기는 것 없이 오직 거문고와 학 및 도서를 사랑하여 스스로 즐거워하였다. 옛사람이 농사짓고 낚시하며 땔나무

97 송시열이……속셈입니다 : 1689년(숙종15)에 숙종이 태어난 지 두 달 된 원자(훗날의 경종)를 정호(定號)한 일로 봉조하 송시열이 상소를 올려 불만과 부족한 뜻을 노골적으로 드러낸 일이 있다. 《肅宗實錄 15年 2月 1日》

98 김 모재(金慕齋)……고사 : 김안국은 자가 국경(國卿)이고 호가 모재이며기묘사화(己卯士禍)가 일어나자 이천(利川)으로 물러나 살면서 조그마한 서재를 지어 놓고는 은일(恩逸)이라는 편액을 내건 다음, 그곳에서 날마다 여러 학도들과 더불어 학문을 강론하였다. 김안국의 아우인 김정국(金正國)은 자가 국필(國弼)이며 호는 사재(思齋)인데, 기묘사화가 일어난 뒤 고양(高陽)으로 물러나 살면서 서재를 지은 다음 은휴(恩休)라는 편액을 내걸고 그곳에서 지냈다. 이때 김안국이 김정국에게 시를 세 수 지어 보냈는데, 그 가운데 한 수에 이르기를, "은휴와 은일이 서로 간에 뜻이 같고, 아우는 서쪽 고을 형은 동쪽 고을 사네. 북쪽 향한 일편단심 피차간에 다름없어, 구중궁궐 바라보며 때때로 조아리네.〔恩休恩逸意相同, 弟在西州兄在東. 拱北丹心無彼此, 時時稽首向瀛蓬.〕" 하였다.

하고 소를 기르는 것을 읊은 시를 모아서〈한중잡영(閒中雜詠)〉이라 하고, 늘 조용한 저녁에 낭랑하게 도연명의〈귀거래사〉를 읊으며 여러 번 반복하여 뜻을 새겼다. 한번은 옛 그림을 얻어〈빈풍(豳風)〉의 남은 뜻[99]을 미루어 열두 달의 그림을 그려 우리나라의 농사짓는 일을 기록하였는데, 문곡(文谷) 김상공(金相公 김수항)이 성상께 아뢰어 성상이 대궐로 가져와 보고 반성하였다.

글재주가 아주 뛰어나고 총명도 남달리 뛰어나 젊었을 때에 읽어 암송한 것은 죽을 때까지 잊지 않았다. 일찍이 과거 시험장을 출입할 때에는 사람들이 지목하기를 "이 사람은 행비서(行祕書)[100]이다."라고 하였다. 시율(詩律)에 뛰어나 흥이 나서 회포를 쏟아내면 이따금씩 당나라 사람의 격조가 있었다. 도위 홍주원(洪柱元)을 축하하는 자리에서 시를 지었는데, 문곡(文谷) 및 여러 공들이 모두 감탄하며 양보하였고, 그 나머지 작품들도 간혹 세상 사람들의 입에 회자된다. 변려문도 정련(精鍊)되고 전아(典雅)하였으나 부군은 하찮은 문장으로 유명해지기를 바라지 않았다. 아름다운 산수를 몹시 좋아하여 여러 차례 금강산과 속리산 등 여러 산을 유람하였으며, 영동(嶺東) 지방에 초가

99 〈빈풍(豳風)〉의 남은 뜻 : 빈풍(豳風)은《시경(詩經)》국풍(國風)의 하나로, 그 중 〈칠월(七月)〉은 주공(周公)이 주(周)나라의 시조(始祖) 후직(后稷)으로부터 그 후손 공류(公劉)에 이르기까지 모두 빈(豳) 땅에 도읍하여 농사에 힘써서 백성들을 잘 살게 한 사실을 노래하여 성왕(成王)을 일깨운 것이다.

100 행비서(行祕書) : 견문이 넓고 기억력이 뛰어난 사람을 가리키는 말이다. 당 태종(唐太宗)이 출행(出行)할 적에 우세남(虞世南)을 데리고 다니면서 그의 박문강기(博聞强記)에 탄복하여 '걸어 다니는 백과사전〔行祕書〕'이라고 칭찬한 고사가 전한다.《隋唐嘉話 卷中》

를 짓고 살고자 하였는데, 뜻만 두고 결행하지 못한 것을 늘 한스러워 하였다.

아! 부군의 인자하고 후덕한 자질과 효성스럽고 우애로운 행실과 겸손하고 삼가는 덕은 하늘에서 타고나서 집안에서 수양한 것이며, 충성하고 사랑하는 정성과 올곧고 질박한 지조와 경세제민의 자질은 또 말에 드러나고 정사에 나타났다. 이 때문에 조정에서 벼슬하던 삼사십년 동안 계획과 사업이 도두 본말이 있었고, 대각에서는 올곧은 기운을 떨쳤으며 백성들에게는 은택을 베풀었다. 자신을 잊은 채 나라를 걱정하고 한결같은 절개를 돈독하고 확고히 하여 엄연히 옛날 대신(大臣)의 풍모가 있어 성주(聖主)는 신신(藎臣)[101]으로 인정하였고, 조야에서는 완인(完人)[102]이라고 불렀다. 비록 하늘이 수명을 더 늘려주지 않아 지업(志業)을 끝까지 이루지 못했으나, 시간(屍諫)[103]의 충성이

101 신신(藎臣) : 충애(忠愛)가 돈독한 충신을 이른다. 《시경》 〈대아(大雅) 문왕(文王)〉에 "왕의 충신들은 너의 할아버지를 생각하지 않겠는가〔王之藎臣, 無念爾祖?〕"라고 하였는데, 채침(蔡沈)은 《집전(集傳)》에서 "신(藎)은 나아감이니, 충애의 돈독함이 나아가고 나아가 그치지 않음을 말한 것이다."라고 하였다.

102 완인(完人) : 행실에 조금의 오점도 없는 사람이라는 의미이다. 특히 당쟁과 관련하여 한 점 오점을 남기지 않은 사람을 일컬었다. 원나라 유기(劉祁)의 《귀잠지(歸潛志)》에 "선비의 입신은 흰 실 같아야 하니, 삼가 조금이라도 더럽혀져서는 안 된다. 조금이라도 더럽혀지면 완인이 될 수 없다.〔士之立身如素絲然, 愼不可使點汚. 少有點汚, 則不得爲完人矣.〕"라는 말이 나온다.

103 시간(屍諫) : 시간은 죽음으로 임금에게 간언하는 것을 이른다. 춘추 시대 위(衛)나라 영공(靈公) 때에 사추(史鰌)가 훌륭한 거백옥(蘧伯玉)을 등용하고 형편없는 미자하(彌子瑕)를 내칠 것을 여러 번 간하였으나 들어주지 않자, 임종할 때에 아들에게 "나는 거백옥을 추천하고 미자하를 축출하지 못하였으니, 예장(禮葬)을 받을 자격이 없다. 방에다가 빈소를 차리라." 하였는데, 영공이 조문을 가서 그 사실을 듣고 잘못을

어제 일처럼 빛나고 있으니, 먼 훗날에도 그 모습을 상상하여 감동의 눈물을 흘리는 자가 있을 것이다.

부군이 세상을 떠난 지 1년이 안 되어 사화(士禍)가 일어나 대헌공(大憲公)은 옥중에서 세상을 떠났으며, 판서공은 유배지에서 세상을 떠났다. 6년 뒤에 하늘의 해가 다시 밝아져[104] 억울했던 일이 모두 풀렸다. 세상의 도가 뒤집혀 별별 일이 다 있었으나 부군은 모두 알 수가 없었다. 비루하고 무식한 불초 등이 연이어 조정에 진출하여 과도하게 총애를 입어 크게 어긋나는 일은 면했으니, 어찌 부군이 덕을 쌓고 복록을 남겨 무궁히 비추어 주고 덮어준 덕분이 아니겠는가.

아! 부군이 우리를 두고 세상을 떠나신 지 지금 거의 36년이 되었다. 불초 등이 늘 부군의 유사(遺事)를 편찬하여 당세의 입언군자에게 부탁하여 드러내어 널리 알릴 계획을 세웠으나, 뒤늦게 태어나 들은 것이 적고 빠뜨린 부분이 많아 오늘날까지 미적거려 부군의 아름다운 덕과 행실이 점점 멀어질수록 점점 희미해지게 하였으니, 이는 불효의 죄이다. 부군이 평소에 세상의 화려하기만 하고 실속이 적은 것을 병통으로 여긴 점을 생각하건대, 또 어찌 스스로 감히 과도하게 부화한 글을 지어 선친을 속이는 살봇에 서둡 빠지겠는가. 이에 감히 귀로 듣고 눈으로 본 것을 수집하여 은혜로운 한 마디 말을 바라나니, 집사께서 인자함을 드리워 채택해주기를 엎드려 바랍니다.

깨우쳐 사추의 말대로 따랐다는 고사에서 온 말이다. 《韓詩外傳 卷7》

104 6년……밝아져 : 1694년(숙종20) 폐비 민씨(閔氏)의 복위 운동을 반대하던 남인이 화를 입어 실권하고 소론과 노론이 재집권하게 된 사건으로 갑술환국(甲戌換局)을 말한다.

도암집

제48권

행장 行狀

현감 오한 박공 행장[1]

縣監五恨朴公行狀

선생의 휘는 성건(成乾), 자는 양종(陽宗)이며 오한(五恨)은 호이다. 함양 박씨(咸陽朴氏)는 고려 예부 상서(禮部尙書) 선(善)으로부터 시작되어 대대로 현달하였다. 고조 지빈(之彬)은 조청대부(朝淸大夫) 위위(尉衛)를 지내고 치사(致仕)하였고, 증조 계원(季元)은 관례를 하기 전에 문과에 급제하여 군수를 지내고 판서에 추증되었다. 조부 사경(思敬)은 무과에 급제하여 군사(郡事)를 지냈고, 부친 언(彦)은 만호를 지내고 일찍 세상을 떠났다.

선생은 타고난 성품이 깨끗하고 남달리 걸출하였다. 집이 영암(靈巖)의 구림(鳩林)에 있었는데, 구림은 호남 바닷가의 승경으로 물과 대나무, 언덕과 정원의 흥취가 있었다. 선생은 그곳에 살면서 즐거워하여 한죽정(閒竹亭)을 짓고 날마다 그곳에서 시를 읊조리며 마치 생애를 마칠 것처럼 하였다. 만년에 성균관에 올라가 마침내 성화(成化) 임진년(1472, 성종3) 문과에 급제하였다. 금성 교수(錦城敎授), 춘추관 기사관, 소격서 영, 장수 현감(長水縣監)이 처음부터 끝까지의 관력이다.

집에 있을 적에는 행실이 지극히 돈독하여 항상 법도를 따랐으며

1 현감……행장 : 이 글은 박성건(朴成乾, 1414~1487)의 행장이다. 본관은 함양(咸陽), 자는 양종(陽宗), 호는 오한(五恨)이다. 1453년(단종1) 진사시에 합격하고 1472년(성종3) 문과에 급제하였다.

고을 사람들이 모범으로 삼았다. 후진을 양성하는 것을 더욱 좋아하여 교수가 되자 문풍이 빛나 크게 변하였다. 일찍이 〈금성곡(錦城曲)〉 6장을 지어 노래로 불렀는데, 금성 사람들이 지금까지 전하고 있다. 장수에 있을 적에는 한결같이 유학으로 다스리니 사방이 잘 다스려졌다.

그러나 선생의 평소 뜻은 초야에 있었기에 시속을 따라 어울리려 하지 않았다. 복건 차림으로 남쪽으로 돌아와 단출하게 지팡이를 짚고 짚신을 신었으며 좌우에 도서를 두고 방에서 한가로이 지냈다. 부귀영달은 뜬구름처럼 보고 배회하며 스스로 즐기다가 나이 일흔에 세상을 떠났다. 그가 태어난 것은 영락(永樂) 연간이며, 죽은 것은 성화 말년으로, 그 해와 달은 자세하지 않다.

지은 시문은 병화(兵火)에 잃어버리고 절구 세 수만 전한다. 그중 하나는 다음과 같다.

동쪽으로 한죽정에 눕고 서쪽으로 배를 띄우며	東臥竹亭西泛舟
남쪽 개울에서 발 씻고 북쪽 정원에서 노니네	南溪濯足北園遊
평생 호탕하여 뜻이 얽매이지 않아	平生浩蕩不羈志
동서남북 마음대로 가고 머무네	南北東西任去留

재사당(再思堂) 이원(李黿) 공이 선생의 아들 고광공(孤狂公 박권(朴權))을 위해 정자의 기문을 지어주었는데,[2] 선생의 이 시를 대단히 칭찬하며 호탕하여 속세를 떠난 기상이 있으니 기수(沂水)에서 목욕한 사

2 재사당(再思堂)……지어주었는데 : 이원의 《재사당일집(再思堂逸集)》 권1에 〈간죽정기(間竹亭記)〉라는 제목으로 실려 있다.

람[3]과 같다고 하였다. 여기서 그 사람됨을 상상할 수 있다.

고광공의 휘는 권(權)이며 강직하고 단징하여 한 시대의 존경을 받았다. 연산군 때 정언으로 상소하여 극력 간언하다가 길주(吉州)로 유배되었다가 얼마 후 남쪽으로 옮겼다. 중종이 반정하자 사면받고 고향으로 돌아왔으나 미처 등용되지 못하고 죽었다. 사간원 대사간에 추증되었으며 《갑자명현록(甲子名賢錄)》에 보인다. 군자는 "오한의 맑은 지조는 참으로 미치기 어려우나 고광을 아들로 두기는 더욱 어렵다."라고 하였다.

선생이 세상을 떠난 뒤 2백여 년이 지난 신유년(1741, 영조17), 고을 사람들이 월출산(月出山) 서쪽에 사당을 세워 선생 부자를 제사지냈다. 3년 뒤, 선생의 손자 생원 규정(奎精)이 지극한 행실이 있다는 이유로 또 배향하였다. 농암(農巖) 김창협(金昌協) 공이 선생 3대의 행록(行錄)을 지은 적이 있는데,[4] 후손 순우(淳愚)가 그중에 한두 가지 빠진 것이 있다는 이유로 내게 행장을 지어달라고 부탁하였다.

삼가 생각건대, 호남에는 예로부터 기이하고 호걸스러운 선비가 많다고 일컬어졌다. 박씨 집안 한 곳은 선생을 얻어 이미 존중을 받는데, 아들과 손자는 또 어찌 그리 현명한가. 비록 그 언행과 풍도는 먼 옛날 일이라 사세히 알 수는 없으나 선배들이 기록은 모두 상고하여 믿을

3 기수(沂水)에서 목욕한 사람 : 공자의 제자 증점(曾點)을 말한다. 공자가 원하는 바를 묻자 증점은 "늦봄에 봄옷이 완성되면 관자(冠者) 5, 6인, 동자(童子) 6, 7인과 함께 기수에서 목욕하고 무우(舞雩)에서 바람 쐬고 시를 읊으며 돌아오겠습니다." 하였다. 《論語 先進》

4 농암(農巖)……있는데 : 김창협의 《농암집(農巖集)》 별집 권1에 〈박씨삼세행록(朴氏三世行錄)〉이라는 제목으로 실려 있다.

만하다. 높은 풍도와 곧은 절개는 후세 사람을 감동시키기 충분하니, 향선생(鄕先生)으로서 죽어서 마을에서 제사지낼 만한 사람[5]이란 바로 이를 두고 한 말이리라. 마침내 이상과 같이 서술하고, 입언군자(立言君子)의 채택을 기다린다. 후손의 성대함은 여기 다 기록하지 않는다.

5 향선생(鄕先生)으로서……사람 : 당(唐)나라 양거원(楊巨源)이 일흔이 되어 벼슬을 그만두고 고향으로 돌아가자, 한유는 "옛날에 이른바 향선생으로서 죽어서 마을에서 제사지낼 만한 사람이다."라고 한 말을 인용한 것이다. 《五百家注昌黎文集 卷21 送楊巨源少尹序》

장령 윤공 행장[6]

掌令尹公行狀

공의 휘는 길(趌), 자는 여직(汝直)이다. 윤씨는 파평(坡平)에서 나왔다. 시조는 고려 태사 신달(莘達)이며 그 뒤 대대로 알려진 사람이 있었다. 이조 낭관 처형(處亨)이 능성으로 유배되면서 자손들이 그대로 호남 사람이 되었다. 고조 묵(默)은 직장을 지냈고, 증조 은경(殷卿)과 조부 척(滌)은 모두 참봉을 지냈으며, 부친 시형(時衡)은 주부를 지냈다. 모친은 광주 김씨(光州金氏)로 진사 형필(亨珌)의 딸이다.

공은 가정(嘉靖) 갑자년(1564, 명종19) 7월 1일에 태어났다. 겨우 예닐곱 살에 이미 어버이 섬기는 방도를 알고서 한 가지 맛있는 음식을 얻으면 반드시 자기가 먹는 것을 잊고 바쳤다. 총명하기가 남달라 눈으로 보면 암송하였으며 사흘 만에《통감절요(通鑑節要)》한 질을 모두 마쳤다. 한번은 손에 책을 들고 가다가 잘못하여 깊은 숲으로 들어갔는데 범이 앞에 있는데도 태연히 읽기에 탐닉하였으니 책을 좋아하기가 이와 같았다.

기축년(1589, 선조22) 증광시에 급제하여 승문원에 분관되고, 어버이를 편히 뵙기 위해 삼례 찰방(參禮察訪)이 되었다. 임진왜란을 당하자 감사 이광(李洸)이 군사를 묶어두고 지체하며 달아날 계책을 세웠다. 공은 이광을 만나서 칼을 만지작거리며 말하기를,

6 장령 윤공 행장 : 이 글은 윤길(尹趌)의 행장이다. 자는 여직(汝直), 호는 몽파(夢坡)이며, 1564년(명종19) 7월 1일에 태어나 1615년(광해군7) 9월 2일 세상을 떠났다.

"나라가 이렇게 위태로운데 공은 한 도의 원수가 되어 적 때문에 임금을 버리려는 것입니까?"

하니, 이광이 두려운 낯빛으로 한참동안 있다가 말하기를,

"군량이 없는데 어찌하겠는가."

하였다. 공이 말하기를,

"제가 단기(單騎)로 달려가 즉시 운반해 오겠습니다."

하니, 이광이 부득이 진군하였다가 얼마 후 패배하여 돌아왔다. 체찰사 완평(完平) 이원익(李元翼) 공이 세자를 모시고 남쪽으로 내려와 막부에 등용하도록 아뢰고, 또 공의 재주와 학문은 홍문관에 들어가기에 마땅하다고 말하였다. 마침 급보가 있어 문서로 아뢰어야 했기에 공을 불러 쓰게 하였는데, 말이 복잡하였으나 한번 듣고는 곧 이해하고 순식간에 열 장을 다 썼으나 한 글자도 틀리지 않았다. 완평이 손을 잡고 감탄하기를,

"이 사람은 기이한 인재다."

하였다.

갑오년(1594), 무주 현감(茂朱縣監)이 되어 원수 권율(權慄)을 따라 행주(幸州)로 나아가 싸워 크게 이겼다. 정유년(1597), 순찰사 황신(黃愼) 공이 또 격문으로 공을 불러 군무에 참여하게 하였다. 공의 집은 무안(務安)에 있었는데 부모가 모두 적에게 죽었기에 공은 속히 돌아가 장사지내고 묘소 옆에 여막을 짓고 밤낮으로 슬피 통곡하니 길 가는 사람들이 눈물을 흘렸다.

임인년(1602), 병조 정랑이 되었다. 이듬해 공주 통판(公州通判)이 되었는데, 공주는 병화를 거친 지 얼마 되지 않아 공사(公私)가 모두 빈곤하였다. 공이 도착하여 다독이기를 먼저 하니, 유망한 백성이 돌아

오고 황야가 개간되었다. 또 대동법을 처음 시행하여 세금의 10분의 7을 줄이니, 백성이 크게 소생하였다. 일이 알려져 포상을 받았다. 중간에 강원 도사(江原都事)에 임명되고, 조정으로 들어가 사헌부 장령이 되었다.

조정에서 강진(康津)이 몹시 피폐하다는 의견이 있어 특별히 공을 선발하여 임명하였다. 적신(賊臣) 박승종(朴承宗)이 전라도를 다스리고 있었는데, 사사로운 일을 공에게 요구하였다. 공은 강직하여 구차히 따르지 않았는데 박승종이 노할 줄 알고 당일로 관직을 버리고 돌아가자 백성이 길을 막고 유임을 원하였다. 박승종은 되레 태도를 굽히고 사죄하였으나 어쩔 수 없었기에 이로 말미암아 큰 원한을 품었다.

이후 경성 판관(鏡城判官)을 거쳐 구성 부사(龜城府使)로 옮겼다. 어떤 이웃 고을 사람이 대각에 있으면서 옛 유감을 품고 탄핵하였으나 남쪽 땅의 선비들이 번갈아 상소하여 신원하였다. 광해군이 군사를 감독할 때 이미 공의 절개를 들었기에 말한 자를 반좌율(反坐律)에 처하라고 명하였다.

박엽(朴燁)이 북병사가 되어 학대를 자행하자 사람들이 범처럼 두려워하였는데, 공은 평사로서 그의 참람한 태도를 면전에서 논척하고 칼을 뽑아 앉은 탑상의 다리를 쳐서 부러뜨리니 박엽이 조금 위축되었다. 북방 사람들이 지금까지도 그 일을 말한다.

공은 평소 강직하여 세상 사람들과 뜻이 맞는 경우가 적어 고을 수령으로 부침하느라 하루도 조정에서 편안히 있은 적이 없었다. 중간에 홍문관 교리에 임명되었으나 나아가지 않았다. 시사가 갈수록 어려워지는 것을 보고 답답하여 즐겁지 않은 마음에 홍주(洪州)의 시골집으로 물러나 살았다. 또 파산(坡山)으로 이사하여 몽파(夢坡)라 자호하고 날마다 시와 술을 즐겼다.

이보다 앞서 익산(益山) 사람 소명국(蘇鳴國)이 음험하고 행실이 나빠 향리에서 배척을 받고 이이첨(李爾瞻)과 박승종(朴承宗)의 집으로 달아나 숨어 권력에 의지하여 위세를 부렸기에 많은 남쪽 선비들이 음해를 입었다. 공이 재차 장령에 임명되자 친구들이 공을 두고 탄핵하기를 잘 한다며 출사를 권하였다. 공도 개탄하며 사류를 위해 폐해를 제거하고자 마침내 소명에 응하여 나아간 날 즉시 아전을 보내 이이첨의 집에서 소명국을 체포하고 열 가지 큰 악행을 따지고 죽이려 하니, 이 이야기를 들은 자들이 전율하였다.

마침 공이 휴가를 받아 남쪽으로 내려가자 두 흉인이 소명국을 사주하여 감옥에서 상변(上變)하여, 평릉군(平陵君) 신경진(申景禛)이 "새문동(塞門洞)[7]에 왕기(王氣)가 있는데 윤 아무개도 알고 있다."라고 말했다며 마침내 큰 옥사를 일으켰다. 박승종은 판의금부사로서 생각을 다해 죄를 지어내니 이름난 선비들이 대부분 연루되었다. 능창 공자(綾昌公子 이전(李佺))는 유배되어 죽고, 공은 감옥에서 죽었으니 을묘년(1615, 광해군7) 9월 2일이었다.

새문동은 장릉(章陵 원종)의 옛집이며 공의 처가는 인헌왕후(仁獻王后 원종 비)와 가까운 친척이었기에, 흉인들은 호시탐탐 화를 일으킬 마음을 품었으나 공이 혀를 깨물고 어지러운 말을 하지 않았기에 마침내 그만두었다.

7 새문동(塞門洞) : 인왕산 아래로 원종(元宗)의 사가(私家)가 있던 곳이다. 광해군이 술사 김일룡(金馹龍)에게 이 말을 듣고 인경궁(仁慶宮)을 지어 왕기를 억눌렀다고 한다. 《光海君日記 9年 6月 11日》

아, 이는 하늘의 뜻이다. 논자들은 공이 한 번 죽어 성조(聖祖 인조)를 위해 화를 막았으니, 종묘사직을 지킨 공로가 있다 해도 지나치지 않다고 한다. 계해년(1623, 인조1) 반정이 일어나자 가장 먼저 능창공자를 신원하였다. 공도 복관되었으며 즉시 증직하고 또 자손을 녹용하라고 명하였으나 시행되지 않고 중지되었다. 숙종 신유년(1681, 숙종7), 손자 혜(惠)가 상소하여 스스로 아뢰고, 정승 민정중(閔鼎重) 공이 또 말하여 비로소 승정원 도승지에 추증되었다.

공은 두 번 혼인하였으니, 문화 유씨(文化柳氏)는 동지 인지(麟趾)의 딸이고, 평산 신씨(平山申氏)는 설도사 할(硈)의 딸이다. 4남 3녀를 두었으니 아들은 지성(之聖), 지상(之商), 지중(之重), 지은(之殷)이며 사위는 참봉 신희영(辛喜永), 이급(李伋), 김세주(金世柱)이다. 지성은 유씨 소생으로 재(宰), 채(寀), 보(寶), 혜(惠)를 낳았다. 지상은 빈(賓), 인(寅), 굉(宏), 식(寔), 헌(憲)을 낳았다. 지중은 관(寬)을 낳았고, 지은은 심(審), 실(實), 정(定)을 낳았다.

공은 사람됨이 뛰어나고 강개하여 큰 절개가 있었다. 당시의 이름난 현인 포저(浦渚) 조익(趙翼) 공, 팔송(八松) 윤황(尹煌) 공과 막역지교(莫逆之交)를 맺었다. 글짓기에 뛰어나 월사(月沙) 이정귀(李廷龜) 공이 한번은 공의 시를 읽다가,

도성 떠난 지 겨우 사흘인데 去國只三日
임금 그리워 십년 같구나 懷君猶十年

라는 구절에 이르자, 나라에 충성하고 임금을 사랑하는 마음에 감탄하였다. 또 의기를 숭상하여 재물을 흩어 곤궁한 이들을 도와주기를 마

치 미치지 못할 것처럼 하였으며, 흉년이면 길에서 구걸하는 자들이 제 집으로 가듯 공의 집으로 왔는데 살린 사람이 몹시 많았다. 도적들은 몹시 의롭게 여겨 서로 주의를 주며 감히 공의 집을 침범하지 않았다고 한다.

공은 본현 양동(陽洞)에 장사지냈다. 증손 갑민(甲民)이 묘갈을 세운 뒤 또 내게 행장을 청하기에 삼가 가승(家乘)에 실린 내용을 바탕으로 이상과 같이 서술하여 후세의 입언군자(立言君子)를 기다린다.

관찰사 신공 행장[8]

觀察使申公行狀

공의 휘는 익량(翊亮), 자는 군보(君輔), 호는 상봉(象峰)이다. 신씨(申氏)는 평산(平山)에서 나왔다. 시조 장절공(壯節公) 숭겸(崇謙)은 고려의 충신이었다. 서호산인(西湖散人) 효(曉)는 우리 태종조에 정언이 되었으나 벼슬하지 않았다. 3대를 내려와 영(瑛)은 참찬을 지냈고 시호는 이간(夷簡)이며 기묘명현(己卯名賢)이다. 이분이 개성 도사(開城都事) 승서(承緖)와 영숭전 참봉(永崇殿參奉) 광서(光緖)를 낳았다.

공의 부친은 휘가 감(鑑)이며 도사공의 아들인데 출계하여 계부의 후사가 되었으며 형조 참판을 지냈다. 그 형님 흠(欽)이 바로 정승을 지낸 상촌(象村) 문정공(文貞公)이다. 우암(尤菴 송시열)이 공의 묘지명에 "정승이 되리라는 기대는 실로 문정공과 난형난제였다."[9]라고 하였다. 참판공은 평양 조씨(平壤趙氏)와 혼인하였으니 도승지 인후(仁後)의 딸이다. 만력(萬曆) 경인년(1590, 선조23) 공을 낳았다.

태어나면서부터 영특하여 말을 할 줄 알게 되자 곧 글자를 알았다. 한번은 밤에 아이들과 놀다가 수풀 사이에서 노깨비불이 켜졌다 꺼졌

8 관찰사 신공 행장 : 이 글은 신익량(申翊亮)의 행장이다. 신익량의 자는 군보(君輔), 호는 상봉(象峰)이며 1590년(선조23) 태어나 1650년(효종1) 5월 11일 세상을 떠났다.

9 정승이……난형난제였다 : 《송자대전(宋子大全)》 권165에 실려 있는 〈형조참판 신공 신도비명(刑曹參判申公神道碑銘)〉의 명(銘)에 보인다.

다 하는 것을 보았는데 얼마 후 가까이 다가왔다. 아이들은 놀라 달아났으나 공은 홀로 태연히 놀았다. 참판공이 사방으로 벼슬하러 다니자 공은 9세의 나이로 따라갔다. 당시 병란이 한창이었으나 의젓하게 똑바로 앉아 책을 읽으니 보는 사람들이 기이하게 여겼다. 2년 뒤, 참판공이 평사로 구성(龜城)에 갔다가 등창을 앓자 공은 눈물을 흘리며 의원을 모셔왔다. 음식과 대소변에 관한 일도 모두 묵묵히 알고서 곁에서 간호하니 병이 마침내 나았다. 참판공의 상을 당하자 공은 약관의 나이로 부친의 일을 계승하여 제사를 지내고 손님을 접대하니, 내외의 가솔이 수백 명이나 되었는데 모두의 환심을 얻었다. 문정공이 감탄하며,

"이 아이의 직분은 나도 하기 어렵다."

하였다.

임자년(1612, 광해군4), 진사가 되었다. 그 뒤로 광해군이 날로 혼란해지자 공은 과거 공부를 그만두고 원주(原州) 강가에서 농사를 짓고 십년 동안 독서하며 백가(百家)를 꿰뚫었다. 인조가 반정하자 의금부 도사에 임명되었으나 벼슬하지 않았다. 당시 문정공이 인사를 맡아 청론(淸論)이 그의 집에서 나왔으며, 공은 또 일찍부터 정승이 되리라는 기대를 받았으나 물러나 지조를 지키며 남과 교유하지 않았다. 익위사 시직에 임명되고 위솔로 승진하였다.

정묘년(1627, 인조5) 난리가 일어나자 동궁을 호종하여 전주(全州)로 갔다. 얼마 후 거창 현감(居昌縣監)이 되었는데 정사가 잘 다스려지고 송사가 공평하기가 온 도의 으뜸이었기에 표리(表裏)를 하사받았다.

신미년(1631) 참판공이 세상을 떠났다. 참판공이 병들었을 때는 넓

적다리살을 베었고, 상을 치를 적에는 시묘살이하며 3년상을 마쳤다. 공조 좌랑을 거쳐 태인 현감(泰仁縣監)이 되었다. 태인현은 평소 일이 많은 곳으로 일컬어졌으나 공은 담소하며 판결하고 하루종일 책을 보았다.

을해년(1635), 문과에 급제하였다. 이듬해 오랑캐와 틈이 벌어지자 청음(淸陰 김상헌) 문정(文正) 선생이 공이 세상일에 통달하였다는 이유로 천거하여 자급을 뛰어 넘어 진주 목사(晉州牧使)에 임명되었다.

정축년(1637), 특별히 본도 관찰사에 임명되었으나 말하는 자가 승진이 너무 빠르다고 하여 체직되었다. 여름, 또 충청도 관찰사가 되었다. 당시 병란이 끝나지 않아 조정에서 어진 이를 찾기에 급급하여 바야흐로 점차 크게 쓰이려 하였다. 그러나 공은 나라의 수치를 애통해하여 당세에 뜻이 없어 굳게 사직하여 체직되고 산음(山陰)의 깊은 골짜기에 우거하였다. 청음, 동계(桐溪 정온) 두 선생이 남한산성에서 남쪽으로 돌아오자 공은 늘상 말 한 필을 타고 가서 함께 강개한 마음으로 팔뚝을 흔들며 눈물을 흘렸다. 청주 목사(淸州牧使)에 임명되었다가 얼마 후 해직되어 돌아왔다.

공의 아우 익륭(翊隆)과 조카 만(曼) 역시 고상한 선비로 충주(忠州)의 목계(木溪)에 함께 살았는데, 또 청주(淸州) 청천(晴川)의 산수를 좋아하여 그곳으로 이사하였다. 그 뒤 누차 승지, 호조와 예조의 참의, 외직으로는 의주(義州), 여주(驪州), 해주(海州)에 임명되었으나 모두 나가지 않았다. 오직 한 번 승지로 사은숙배하고 한 번 전주부(全州府)에 부임하였다. 승지가 되었을 때 오랑캐 사신이 온다는 소식을 듣고 병을 핑계로 속히 돌아갔다. 전주에서 옥천(沃川)으로 거처를 옮기고 또 회인(懷仁) 강가로 옮겼다.

갑신년(1644), 황도(皇都 북경)가 3월에 함락되었다는 소식을 듣고는 아우, 조카와 붙들고 통곡하였다. 한번은,

"《주역(周易)》에 '천지가 막히면 어진 이가 숨는다.'[10]라고 하였으니 지금이 어찌 군자가 출사할 때이겠는가."

라고 외었다. 또 승지, 밀양 부사(密陽府使)에 임명되었으나 나아가지 않았다. 병조 참의에 임명되자 한 번 사은하고 안성(安城) 촌가로 돌아왔다.

정해년(1647), 또 승지, 남원 부사(南原府使)에 임명되었으나 나아가지 않았다. 조정이 내쳐서 덕원 부사(德源府使)에 보임하였다. 덕원부는 철령(鐵嶺) 너머에 있는데 공은 억지로 부임하였다. 오래지 않아 누추한 풍속이 거의 변하였다.

기축년(1649), 관직을 그만두고 돌아가니 아전과 백성이 통곡하며 전송하였다. 5월, 인조가 승하하자 공이 한양으로 들어가 임곡(臨哭)하였다. 청음을 비롯한 현인들이 한창 조정에 나와 새로운 교화가 밝아지고 조야가 경도되었다. 여러 공들이 다투어 공을 붙잡으려 하였으나 공은 오래 있으려 하지 않았다. 흉도들이 몰래 오랑캐와 내통하여 사림에게 화를 끼치려 하여 청나라 사신이 예닐곱 차례 국경에 왔다. 현인들이 달아나면서 비로소 공이 기미를 보았다고 탄복하였다.

경인년(1650, 효종1), 다시 승지에 임명되었으나 나아가지 않았다. 5월 11일, 춘천(春川) 삼내촌(三內村)에서 세상을 떠나니 향년 61세였다.

공은 기상이 우뚝하고 침착하여 말과 웃음이 적었다. 평소에는 굳세

10 천지가……숨는다 : 《주역》 〈곤괘(坤卦) 문언전(文言傳)〉에 나오는 말이다.

어 범할 수 없는 기색이 있었으나 어버이 곁에 있을 적에는 뼈가 없는 것처럼 부드러웠으며 삼가 부지런히 모셨다. 일찍 모친을 잃고서 이야기가 미치면 반드시 눈물을 흘렸다. 골육의 질병과 생사에 각기 그 정을 다하니, 사람들이 간혹 유곤(庾袞)[11]에 비유하였다. 관혼상제는 모두 《주자가례(朱子家禮)》를 따랐으며, 매일 새벽이면 가묘에 알현하고 정침으로 물러가 앉아 《소학(小學)》의 좋은 말과 훌륭한 행실을 읽고 자제들에게 그 앞에서 강론하게 하였다. 또 부녀자들에게 날마다 《여훈(女訓)》을 외게 하였으며, 며느리가 처음 오면 반드시 《소학》과 우리나라 열녀의 사적을 손수 써서 주었다. 진기하고 사치스러운 물건은 모두 배척하여 멀리하였다. 자제들은 감히 편한 차림으로 뵙지 못했으며, 그 집에 들어가는 사람은 마치 조정처럼 엄숙해졌다.

젊어서부터 여색을 가까이하지 않았고 주량이 매우 컸으나 어지러운 지경에 이르지는 않았다. 평생 명성을 겁쟁이처럼 두려워하여 특이한 행동을 하려고 하지 않았다. 불러도 오지 않고 쫓아도 가지 않아 빼앗을 수 없는 확고한 지조가 있었다. 옷은 몸을 가릴 정도였고 음식은 배를 채울 정도였으며 집안이 쓸쓸하여 비바람도 막지 못하였으나 태연히 지냈다. 세상의 부귀와 빈천, 영욕과 이해는 그의 마음을 흔들기 부족하였다. 오직 나라가 위태롭고 정사가 잘못되었다는 소식을 들으면 걱정하고 한탄하느라 거의 먹고 자는 것도 잊었다.

다스림의 도를 논할 적에는 옛것에 구애되지 않고 속습에 빠지지도 않았으며 모두 질서있게 이치에 맞았으나 끝내 하나도 시행하지 못하

11 유곤(庾袞) : 진(晉)나라 사람으로, 전염병이 돌아 두 형이 죽고 형 하나만 남았는데, 전염될 위험을 무릅쓰고 간호하여 병을 낫게 하였다. 《晉書 卷88 庾袞列傳》

였다. 몇 고을에서 나타난 것으로 보자면 위엄과 은혜를 나란히 시행하고 문교를 먼저하여, 그의 비석을 지나가는 영남 사람이 종종 눈물을 흘렸다. 청음과 막역지교(莫逆之交)를 맺었는데 청음이 당시에 정승이 될 만한 사람 셋을 논한 적이 있었는데 공이 그중 하나였다고 한다. 공은 남명(南溟) 조식(曺植)의 "만고의 천왕봉은 하늘이 울어도 울리지 않네.〔萬古天王峰, 天鳴猶不鳴〕"[12]라는 구절을 즐겨 읊고 무릎을 치며 감탄하였다. 창강(滄江) 조속(趙涑)이 공의 자를 부르며,

"아무개와 이야기하면 산악이 내리누르는 것 같다."

하였으니, 그 기상을 알 만하다. 또 감식안이 뛰어나 여관에서 우암 선생을 한 번 보고 탄식하기를,

"이 사람은 선비의 종주이다. 그러나 훗날의 사화를 면하지 못할 것이다."

하였다. 조경(趙絅)은 젊은 시절 광해군의 조정에서 절개를 세워 당시 명망이 있었는데, 공만은 만년의 절개가 걱정스럽다고 하였고, 훗날 과연 그의 말대로 되었다.

부인 이씨(李氏)는 장령 진빈(軫賓)의 딸이다. 3남을 두었으니 호(鄗), 담(曇), 환(奐)이다. 계배(繼配) 고령 박씨(高寧朴氏)는 부사 효성(孝誠)의 딸이다. 딸 하나를 두었으니 나성위(羅星緯)에게 시집갔다. 측실 소생 2남은 욱(勖)과 진사 적(逿)이고 딸 하나는 생원 윤두만(尹斗晚)의 처가 되었다. 용화(用華), 관화(觀華), 현감 명화(鳴華)는 장남 소생이고, 태화(泰華)와 만(曼)의 후사로 출계한 일화(日華), 제

12 만고의……않네 : 《남명집(南冥集)》 권1에 실려 있는 〈제덕산계정주(題德山溪亭柱)〉에 나오는 구절이다.

화(濟華)는 3남 소생이다. 적의 아들은 대화(戴華), 위화(緯華), 우화(遇華)이다. 증손은 서(恕), 원(愿), 각(慤), 희(憙), 헌(聽), 지(志)이다. 서는 진사가 되었는데 실로 공의 제사를 주관하였다. 공의 묘소는 여주(驪州) 두둔리(斗屯里) 아무 방향의 언덕에 있고 박부인을 부장하였다. 이 부인의 묘소는 김포(金浦)에 있다.

내가 삼가 공의 행실을 살펴보고 논하건대, 공은 문벌이 높고 도량이 넓으며 아울러 문무의 재주까지 있었으니 곧 정승의 자리에 오를 수 있었는데, 훌쩍 벗어나 적막한 강가에서 자유롭게 지냈다. 유랑하며 곤경을 겪다가 생애를 마쳤으나 원망하거나 후회하지 않았으니, 작은 한 몸으로 천지 사이의 큰 법도를 부지하고자 한 것이 아니겠는가. 그 마음은 청음, 동계의 마음과 같은데 또 그 자취를 숨겼으니, 그 자취가 기이할수록 그 마음은 더욱 고달프다. 구당(久堂) 박장원(朴長遠)은 그의 처조카로 망년지우(忘年之友)였는데, 공이 한가로이 이야기하다가 탄식하기를,

> "나는 늙었고 세상과 맞지 않지만, 그대는 반드시 원대한 경지에 도달할 것인데 장차 어떻게 북쪽 오랑캐를 대할 것인가."

하였다. 박공이 훗날 원접사가 되어 의주(義州)로 갔다가 공의 말을 생각하고 눈물을 흘렸다고 한다.

아, 천하에 관대(冠帶) 차림을 한 나라는 오직 우리나라 하나 뿐이다. 그러나 지금의 사대부들은 대부분 오랑캐를 섬기는 기간에 태어나서 늙어 죽으므로 더 이상 원한을 품고 애통함을 참는 뜻이 있는 줄 모르게 된 지 오래이다. 공이 본다면 어떤 사람이라고 여기셨는가.

서가 임종을 앞두고 공의 종증손 유(愈)가 지은 가장(家狀)을 내게 보내 행장을 부탁하였다. 나는 그의 뜻을 슬피 여겨 마침내 뜻과 사업

의 대략을 감히 이와 같이 서술한다. 훗날 입언군자(立言君子)가 나온다면 행여 살펴보고 확인할 수 있을 것이다.

숭정 두 번째 무신년(1728, 영조4) 여름, 삼주(三州) 이재(李縡)가 쓴다.

참봉 덕암 심공 행장[13]
參奉德菴沈公行狀

공의 휘는 제(梯), 자는 덕승(德昇)이며 그 호는 덕암(德菴)이니, 우암(尤菴) 송 문정(宋文正 송시열) 선생이 지어준 것이다. 심씨(沈氏)는 청송(靑松)에서 나왔으니 고려 때 문림랑(文林郞)을 지낸 홍부(洪孚)가 그 시조이다. 청성백(靑城伯) 덕부(德符)는 우리 태조(太祖)를 보좌하여 개국하였는데 이때부터 높은 벼슬이 이어졌다.

좌참찬 휘 광언(光彦)은 공의 5대조인데, 이분이 참봉 휘 현(鉉)을 낳고, 이분이 감찰 휘 종범(宗範)을 낳고, 이분이 휘 탁(倬)을 낳았는데, 광해군 때 적신(賊臣) 한찬남(韓纘男)의 혼사 논의를 거절하였다가 그의 핍박을 받아 강가에 우거하다가 포의로 일찍 세상을 떠났다. 이분이 휘 지한(之漢)을 낳았으니 문과에 급제하여 승지를 지냈다. 안동 권씨(安東權氏)와 혼인하였으니 병조 판서 징(徵)의 증손이며 4남을 두었는데 공은 그 두 번째이다.

어려서부터 단정하고 중후하여 독촉하지 않아도 스스로 일과를 정해 공부하여 약관도 되지 않아 이미 큰 선비가 되었다. 승지공의 상을 당하자 한결같이 《주자가례(朱子家禮)》를 따랐으며, 따로 서재를 짓고 둘째 아우 해(楷)와 함께 항상 그곳에서 지내면서 전(奠)을 올리는 여가에 경전에 잠심하고 강론하기를 게을리하지 않았다. 얼마 후 해가

13 참봉……행장 : 이 글은 심제(沈梯)의 행장이다. 심제는 자가 덕승(德昇), 호가 덕암(德菴)이며, 1637년(인조15) 태어나 1706년(숙종32) 5월 7일 세상을 떠났다.

일찍 죽자 공은 형제 사이의 두려운 벗 하나를 잃었다고 애통해 하며 더욱 노력하였다. 모부인이 세상을 떠나자 부친상과 똑같이 예를 지켰다. 공은 평소 벼슬할 뜻이 없었으나 모친의 명으로 과거를 보았는데, 이때부터 다시는 과거에 응시하지 않고 학문에 전념하니, 마을에서 소문을 듣고 따르는 자가 많았다.

공은 만의사(萬義寺)에서 우암 선생을 처음 뵈었다. 선생이 공에게 나이가 몇인지 묻자 대답하기를,

"정축년(1637, 인조15) 생입니다."

하니, 선생이 서글피 말하기를,

"난리 이후에 태어났구나."

하고, 이어서 말하기를,

"명나라 때의 일을 아는가?"

하니, 대답하기를,

"모릅니다."

하였다. 돌아온 뒤 공이 편지를 보내 그 당시 하문한 뜻을 알려달라고 하니, 선생이 답하기를,

"나는 정축년 이전에 태어나 황조(皇朝 명나라)의 은택을 입은 사람은 황상의 은혜를 더욱 잊어서는 안 된다고 생각하니, 이것은 난리 이전에 태어난 사람의 탄식이다. 정축년 이후에 태어난 사람은 미처 황조의 문물과 위의를 보지 못하였다. 그날 그대의 '정축'이라는 글자로 인하여 마음이 서글퍼져 나도 모르게 말이 나온 것 뿐이다."

하였다. 공은 평생 존주양이(尊周攘夷)를 제일의 의리로 삼았으니, 여기서 전수받은 것이었다.

공은 독서하다가 의문이 있으면 그때마다 선생에게 편지를 보내 질

문하였다. 편지가 두세 차례 왕복하기도 했는데, 선생은 매번 정확하다고 감탄하였다. 선생이 장기(長鬐)로 유배되자 공이 가서 문안하고 의리를 강론하였다. 이별을 앞두고 공이 시를 지어 올리자 선생이 말하기를,

"죄인이라 감히 화답할 수 없다."

하고, 훗날 화답시를 보내어 간곡한 뜻을 보였다. 공은 현석(玄石) 박공(朴公 박세채)과도 도의(道義)의 교분을 맺고 누차 편지를 주고받았다.

승지공은 청렴결백을 집안에 전수하여 자손들이 살아갈 방도가 없어 원근에 나뉘어 살았다. 공은 죽산(竹山)에서 해주(海州)의 고산(高山)으로 이사하였는데, 율곡(栗谷 이이(李珥)) 선생의 옛집과 몹시 가까웠다. 때때로 학자들과 서원을 배알한 뒤 강당에 올라 《격몽요결(擊蒙要訣)》 한 편을 읽고, 또 산수 사이를 배회하며 어른과 아이들에게 선생의 〈고산구곡가(高山九曲歌)〉를 외게 하니, 마치 어렴풋이 선생의 모습이 보이는 듯하였다.

공이 새로 살게 된 집이 몹시 누추하여 사람들이 졸렬하다고 비웃으면, 그때마다 "외물이 좋으면 심신이 먼저 좋지 못하다"[14]라는 한 마디를 읽어 해명하였다. 형님 주부공이 세상을 떠나자 종가의 제사를 주관할 사람이 없는 것을 애통하게 생각하여 선대의 신주와 형수를 모시고 돌아왔으니 율곡 선생이 남긴 법도를 따른 것이었다.

14 외물이……못하다 : 《소학》 〈가언(嘉言)〉에 실려 있는 정이(程頤)의 "좋은 외물을 얻으면 도리어 자신의 몸과 마음이 이미 스스로 좋지 않게 됨을 알지 못한다.〔苟得外物好時, 却不知道自家身與心, 已自先不好了也.〕"라는 말을 인용한 것이다.

승지공이 예전에 《대학연의(大學衍義)》의 〈숭경외(崇敬畏)〉, 〈빈풍(豳風) 칠월(七月)〉, 〈주서(周書) 무일(無逸)〉, 《주례(周禮)》의 황정(荒政), 사정(邪正) 몇 조목을 네 폭의 족자로 만들어 효종에게 경계로 올려 특별히 칭찬을 받았다. 말년에 〈역월괘도설(易月卦圖說)〉을 지어 진상하려 하였으나 미처 하지 못하였다. 공이 더욱 연구하고 또 세월을 들여 《연회(衍會)》 한 책을 저술하고, 또 《시경(詩經)》, 《서경(書經)》, 《주례(周禮)》 등에서 어린 사람이 알아야 하는 것을 수집하여 숙종조에 바쳐 승지공이 남긴 뜻을 이으려 하였으나 결국 올리지 못했다.

공은 은거하여 뜻을 지키고 관직에 나아가는 것을 사모하지 않았으나 시대를 상심하고 나라를 걱정하는 마음은 초야에 있어도 차이가 없었다. 한번은 어진 이와 사악한 이의 진퇴에 나라의 치란이 달려 있다고 여기며 조정에서 인재를 등용하였다는 소식을 들으면 반드시 "아무개는 어질다." "아무개는 사악하다."라고 하였다. 어진 사람이면 기쁨이 낯빛에 드러났고, 사악한 사람이면 밤새도록 근심하고 한탄하였으니 모두 지극한 정성과 간곡한 마음에서 나온 것이었다.

당시 노론(老論)과 소론(少論)으로 당파가 나뉘었는데 공이 몹시 슬퍼하며,

"서인(西人)과 남인(南人)의 색목(色目)이 이미 망국의 바탕이 되었는데, 또 이렇게 한 집에서 싸움이 일어났으니 무한한 화의 기미가 어둠 속에 잠복한 것이다. 이미 이와 같다는 것을 알고서 내가 감히 태연히 있을 수 있겠는가."

하고, 우암에게 편지를 올려,

"지금 사람들의 마음이 무너지고 선비들의 방향이 정해지지 않았으

며 시사가 어지럽고 나라의 형세가 어려운데 선생께서는 어찌 이를 유념하지 않으십니까. 처음 불이 붙었을 때는 그래도 불을 끌 수 있고, 처음 물이 흐를 때는 그래도 하천을 막을 수 있습니다. 노론과 소론은 지금 마치 처음 불이 붙고 처음 물이 흐르는 것과 같습니다.

선생께서는 이러한 때에 불을 끄고 물을 막을 방법을 생각하여 젊은이들이 비록 비방하는 논의를 하더라도 항상 너그러이 용납한다는 점을 보이고, 늙은이들이 과격한 논의를 하더라도 더욱 조제하도록 힘써야 합니다. 악을 미워하더라도 너무 심해서는 안 되고 선을 장려하더라도 너무 치우쳐서는 안 됩니다. 사람들의 마음을 감동시켜 사림을 정돈하고, 시사를 화평하게 하여 나라의 형세를 공고히 하는 것이 오늘날 선생의 책임이자 온 나라 사람들이 선생에게 기대하는 것이 아니겠습니까."

하였다. 또 현석에게 편지를 보내어,

"삼가 들으니 당신께서는 언행을 반드시 우암 어른과 달리하고자 하여 조금 양쪽으로 나누어졌다고 합니다. 제가 처음 들었을 때는 의심하지 않았으나 지금은 이 이야기가 점차 전파되어 깨뜨릴 수 없을 정도로 굳어졌으니, 이것이 제가 몹시 걱정하는 것입니다."

하고, 또 말하기를,

"예전에 당론이 처음 싹텄을 때, 저는 보합하기 어려울 것이라고 걱정하였고, 당신께서는 소론이 멈출 것이라 하였습니다. 그런데 지금 보니 갈수록 심해져 마치 불이 더욱 뜨거워지는 것 같고 물이 더욱 깊어지는 것 같아 사람들의 마음이 무너지고 선비의 기세가 꺾였습니다. 시세를 이 지경에 이르게 한 것은 누구의 잘못입니까. 지금 이 논의가 더욱 확대된 것은 반드시 당신께서 그 형세를 조장했기 때문이 아니라고는 할 수 없습니다.

당신의 친척은 노론이 헐뜯는 사람이고, 당신의 벗들은 소론이 어울리는 사람이니, 당신께서도 필시 들었을 것입니다. 당신께서 비록 스스로 해명하고자 하더라도 집집마다 이야기할 수는 없을 듯합니다. 앞으로는 더 이상 노론과 소론의 당파를 이야기하지 마십시오. 그렇게 하여 당파가 없어져 결국 화평에 도달한다면 몹시 다행이겠습니다."

하였다. 또 윤증(尹拯)에게 편지를 보내 경계하기를,

"노론과 소론의 당론이 온 나라에 가득 찼으니, 형과 현석이 함께 허물을 떠맡아야 합니다. 당파의 화란이 이미 싹터 점차 가득차고, 충성스럽고 바른 사람이 위축되며 사특한 자가 곁에서 엿보니 끝에 가서 어떻게 결말이 날지 모르겠습니다.

형과 우암 어른의 뜻이 서로 맞지 않는 것은 단지 묘도문 한 가지 뿐입니다. 형의 도리에 있어서는 나쁜 소문을 내지 말고 깊이 후회하고 자책하며 먼 훗날의 공론을 기다려야 합니다. 그런데 도리어 한바탕 소란을 일으켜 먼저 대치하여 평소 우암을 좋아하지 않는 사람들로 하여금 형을 빙자하여 함께 일어나 공격하게 하였으니, 그 허물을 떠맡을 사람은 형이 아니고 누구이겠습니까.

형의 집안은 팔송(八松 윤황(尹煌)) 이래로 효성과 우애, 충성과 신의로 세상에 알려졌습니다. 그런데 오늘날에 이르러 사문(師門)에서 변고를 일으키고 화의 기미를 도발하여 사람이 사람답지 못하고 나라가 나라답지 못한 지경에 이르렀습니다. 지금 보는 사람들은 무어라 하겠으며, 후세에 논하는 사람들은 또 무어라 하겠습니까. 부디 형과 자서(子恕) 및 여러 형제들이 서로 권면하여 회답해 주십시오."

하였다. 자서는 윤증의 아우 윤추(尹推)의 자이다.

현석은 또 재주 있는 사람을 가려서 섞어 써야 한다는 한쪽 사람들의 논의를 한창 주도하고 있었다. 공은 몹시 안 된다고 여기면서 의리에 근거하여 깨우쳤으나 끝내 생각을 바꾸게 하지 못했다. 공이 다시 편지를 보내 논변하였는데 자세하여 수천 자나 되었다. 대략 이르기를,

"율곡 선생의 시대에 당론이 처음 싹터서 사정(邪正)이 분별되지 않았습니다. 선생께서는 반드시 조정하여 융통하려 하였으니, 이것은 지극히 공정하고 지극히 어진 뜻입니다. 지금은 시세가 현격히 달라졌으니, 율곡을 공격하는 자는 분명 소인의 무리이고, 율곡을 존숭하는 자는 대부분 군자의 부류입니다. 사정이 이미 나뉘고 선악이 저절로 구별되었는데, 군주를 미혹하고 나라를 그르치는 저들은 못하는 짓이 없습니다.

전에는 문묘 종사를 반대하는 것[15]을 시론(時論)이라 하더니 지금은 종묘에 고하는 것[16]을 시론이라 하고, 전에는 대비를 폐위하는 것[17]을 기회로 여기더니 지금은 자전을 모욕하는 것[18]을 기회로 여깁

15 문묘……것 : 남인이 이이(李珥)와 성혼(成渾)의 문묘 종사를 반대한 일을 말한다. 이들은 1682년(숙종8) 문묘에 배향되었다.

16 종묘에 고하는 것 : 1659년(효종10) 기해예송 때 효종을 서자(庶子)로 간주하는 송시열의 주장이 채택되었는데, 1674년(현종15) 갑인예송 때 효종을 적자(嫡子)로 간주하는 남인의 주장이 채택되었다. 이로 인해 송시열의 죄를 다스리고 이를 종묘에 고해야 한다는 주장이 나왔다.

17 대비를 폐위하는 것 : 1618년(광해군10) 인목대비(仁穆大妃)를 폐위한 사건을 말한다.

니다. 때를 얻고 뜻을 얻으면 반드시 어진 이를 해치고 나라를 좀먹으며, 때를 잃고 뜻을 잃으면 반드시 모후를 폐위하고 군주를 바꾸려 합니다. 그 간사한 마음과 사특한 행태가 남김없이 드러났는데, 어찌 이러한 당파를 서인 속에 섞어 넣어 우리나라에 끝없는 화를 끼칠 필요가 있겠습니까. 집사께서는 예전에 보셨을 것이니, 물과 불이 한데 모이면 그 형세를 보존할 수 있습니까. 향내 나는 풀과 악취 나는 풀이 섞이면 그 냄새를 보존할 수 있습니까. 군자와 소인을 함께 등용하면 다스림을 보존할 수 있습니까.

선을 좋아하면서 그 맑음을 함께 하고, 악을 미워하면서 그 더러움을 함께 하는 것도 이치가 본디 이와 같습니다. 서인 중에 못난 자를 물러나게 하는 건 괜찮습니다. 그러나 남인 중에 뛰어난 자를 등용하면, 그 뛰어난 자가 또 자기 무리를 끌어들여 조정을 가득 채울 것이니, 지난번 허적(許積)의 일을 거울삼을 만합니다.

아, 율곡은 당론을 타파하고 나란히 등용하자고 주장하였으나 끝내 계미년(1583, 선조16)의 화[19]가 일어났습니다. 더구나 지금 시대는 율곡의 시대와는 다르며, 남인의 가득찬 죄악은 동인(東人)과 다르니, 혼용할 수 없다는 점은 지혜로운 자가 아니라도 알 수 있습니다. 이것이 제가 계해년(1623, 인조1) 청음(淸陰 김상헌)의 논의[20]

18 자전을 모욕하는 것 : 1675년(숙종1) 박헌(朴瀗) 등이 명성왕후(明聖王后)를 핍박하는 상소를 올린 일을 말한다.

19 계미년의 화 : 1583년 송응개(宋應漑), 허봉(許篈), 박근원(朴謹元) 등 동인들이 이이를 탄핵하다가 유배된 사건을 말한다. 이 사건으로 동서 양당의 대립이 격화되었다.

20 계해년 청음(淸陰)의 논의 : 김상헌은 1623년 인조반정 이후 조정의 논의를 주도하면서 "논의를 달리하는 자들이 태도를 바꾸고 마음을 돌려야 수용할 수 있다."라고

를 주장하는 이유입니다."

하였다. 현석이 답장에서 또 황극(皇極)에 관한 이야기를 장황하게 하고, 심지어 공을 두고 어질지 않다고 비난하였다. 그러나 기사년(1689, 숙종15)의 화가 일어난 뒤, 현석은 비로소 공의 밝은 견해에 감복하였다.

우암 선생이 사사당하던 날, 공은 곡위(哭位)를 만들어 곡하였다. 갑술년(1694, 숙종20) 정국이 바뀌자 현석이 다시 부름을 받고 좌의정에 임명되었다. 그가 편지를 보내 공에게 자신의 거취를 묻자, 공이 대답하기를,

"제가 보기에 집사께서는 무진년(1688)에 명에 응한 것[21]은 헤아리지 않고 조정에 들어간 것 같습니다. 지금은 성상께서 새로 뉘우치고 나랏일이 위태로우며 조정이 텅 비었으니, 시대를 위해 출사하여 어려움을 널리 구제하는 것은 집사의 책임입니다. 그러나 임금의 마음을 바로잡고 명분을 바로잡는 것이 가장 중요한 의리입니다."

하니, 현석이 마침내 조정에 나아갔다. 당시 경전에 밝고 행실을 닦은 선비를 천거하라는 명이 내렸기에 현석이 12인을 천거하였는데 공이 으뜸이었다. 이후 경진년(1700) 처음으로 목릉 참봉(穆陵參奉)에 임명되었으나 나아가지 않았다.

갑신년(1704, 숙종30), 수암(遂菴) 권공(權公 권상하)에게 편지를

하였다. 《白湖集 附錄 年譜》

21 무진년(1688)에……것 : 박세채가 이조 판서에 임명되어 입시하여 동평군(東平君) 이항(李杭)의 혜민서 제조(惠民署提調) 임명을 문제삼았다가 숙종의 분노를 사서 유현(儒賢)으로 대우하지 말라는 명을 받은 사건을 말한다.

보내기를,

"얼핏 들으니, 명나라 황제의 사당을 세우는 일에 대해 수의(收議)할 적에 존형께서 강화도에 세우자고 주장하였다고 합니다. 정말 그런지 모르겠습니다. 제 생각에 신종(神宗) 황제의 사당은 큰 길에 세워야 하고, 그렇지 않으면 서울 안팎의 조용한 곳에 세워야 합니다. 어찌 외지고 누추한 섬에 봉안할 필요가 있겠습니까. 이러한 일은 모름지기 광명정대한 데서 나온 뒤에 당세 사람들을 감동시킬 수 있고 후세에 할 말이 있습니다. 저 청나라 오랑캐도 행여 감복하고 공경할 수 있으니, 무엇을 꺼려서 미리 의심하고 걱정하십니까."

하였다.

이보다 앞서 공의 집안에 있던 도적 노비가 강도를 끌어들여 불을 켜고 뛰어들어 공의 부자를 해치려 하였다. 공의 배위 오씨는 칼날을 무릅쓰고 공을 덮어 보호하다가 중상을 입어 세상을 떠났다. 공은 겨우 몸만 빠져나와 곧장 교하(交河)로 떠났다. 얼마 후 파주(坡州) 월롱산(月籠山) 북쪽에 터를 잡았으나 미처 집을 짓기 전에 우연히 병에 걸려 병술년(1706, 숙종32) 5월 7일, 임시로 살던 집에서 세상을 떠났으니 향년 70세였다.

공은 세 번 혼인하였다. 파평 윤씨(坡平尹氏), 해주 오씨(海州吳氏), 풍양 조씨(豐壤趙氏)로 모두 공인(恭人)이다. 오 공인의 조부는 현감 윤함(允諴)이니, 추탄(楸灘 오윤겸(吳允謙)) 정승의 아우이다. 공과 함께 가난하게 살면서도 한탄하거나 원망하는 기색이 없어 실로 녹거(鹿車)의 유풍[22]이 있었다. 공인이 죽고 7일 뒤, 도적 집에 있던 개성 의원

22 녹거(鹿車)의 유풍 : 후한(後漢) 사람 포선(鮑宣)의 아내 환씨(桓氏)가 부유한

의 꿈에 나타나 장물 옷을 가지고 가서 고발하게 하여 마침내 도적을 찾아 죽이니, 사람들이 모두 기이하게 여겼다. 해주 고을 선비들이 절개를 세웠다고 조정에 아뢰어 정려를 하사받았다. 윤씨는 20세에, 조씨는 향년 61세에 세상을 떠났다.

오씨는 1남 2녀를 두었으니 아들 익희(益熙)는 일찍 죽었고 딸은 관찰사 서명연(徐命淵)에게 시집갔으며 막내딸은 계례(笄禮)를 치르기 전에 죽었다. 손자는 중하(重夏), 진사 중은(重殷)으로 모두 문장과 행실이 있었으나 불행히 일찍 죽었다. 중주(重周)는 진사시에 합격하고 식상을 지냈다. 중은은 두 아들을 두었으니 일진(一鎭)은 남의 후사로 출계하였고 다음은 수진(洙鎭)이다. 중주는 두 아들을 두었는데 장남은 백부의 후사가 되었다.

공은 용모가 엄격하고 지조가 확고하였다. 곁눈질을 하지 않았고 함부로 웃거나 말하지 않았으니 타고난 자질이 원래 도에 가까웠다. 학문을 할 적에는 신기한 것에 힘쓰지 않고 반드시 평범하고 실질적인 것을 위주로 하였으며, 빨리 도달하는 데 힘쓰지 않고 반드시 축적을 위주로 하였다.

《소학》을 평생 받아들여 활용하는 근본으로 삼고 아침 저녁으로 보면서 준칙으로 삼았다. 평소 일찍 일어나 밤늦게까지 낙비로 앉아 늘 읽고 생각하여 터득하면 곧 기록하였다. 매번 증자(曾子)의 "죽은 뒤에 그만둔다."[23]라는 가르침을 외면서 늙어서도 게을리하지 않았다. 집이

친정에서 준 혼수를 모두 돌려보내고 베옷으로 갈아입고 작은 수레〔鹿車〕를 끌고 시골에서 살았다는 고사를 인용한 것이다. 《後漢書 卷84 列女列傳 鮑宣妻》

23 죽은 뒤에 그만둔다 : 《논어(論語)》 〈태백(泰伯)〉에 보인다.

평소 가난하였으나 생업을 일삼지 않았고, 만년에는 이틀에 한 번 끼니를 먹었으나 태연히 지냈으니, 세상사에 대해서는 일절 담박하였다.

집안에 법도가 있어 질서정연하였는데, 한번은 말하기를,

"고식적으로 처첩을 대하면 처첩은 공경하지 않고 무례해지며, 고식적으로 자손을 사랑하면 자손은 배우지 않고 행실이 없어지며, 고식적으로 노비를 부리면 노비는 일을 하지 않고 무식해진다. 집안을 다스릴 때도 그러하거늘 하물며 나라는 어떻겠는가."

하였다. 가르칠 적에는 행실을 먼저하고 문장을 뒤로 하였으며, 경학을 귀하게 여기고 과거 공부를 천하게 여겼다. 가까운 데서부터 먼 데로 나아가 차례로 순서를 따랐다. 성품이 속습을 좋아하지 않아 모든 일은 옛 도를 표준으로 삼았으며, 성심으로 남을 대하여 남의 선행을 들으면 자기가 한 것처럼 기뻐하고, 선하지 않은 모습을 보면 혹시라도 자기를 더럽힐 것처럼 여겼다. 절의를 세우거나 충성하고 효도한 사람이 있으면 가난한 민간의 서민이라도 마음을 다해 표창하며 행여 인몰될까 두려워하였다. 고을에서 재물의 이익을 다투거나 술과 여색에 빠졌다가 공의 좋은 가르침을 받고 눈물을 흘리며 허물을 고친 자도 종종 있었다.

공은 비록 초야에서 나오지 않았으나 논의는 세도에 관계가 매우 컸다. 공이 우암 선생을 스승으로 존숭한 것은 당연하니 논할 것도 없고, 현석과 윤증까지도 벗으로 대우하여 자(字)를 불렀다. 그러나 시비와 호오가 달라질 적에는 용서하지 않고 엄격하였다. 한번은 말하기를,

"화숙(和叔 박세채)은 서인과 남인을 등용하고 버리는 논의에 참여하였으니, 그 학술을 알 만하다. 자인(子仁 윤증) 부자는 그간 우암에게

보내려던 편지를 보면 심술이 의심스럽다."

하고, 또 말하기를,

"우암은 일을 당하면 오직 의리가 있는 곳으로 용맹하게 곧장 나아갔으니, 천 길 절벽이 서 있는 듯한 기상이 있었다. 화숙은 세상 사람들의 마음을 잘 따랐으나 이익과 손해의 관건에 대해서는 가장 분명히 알았다."

하고, 또 말하기를,

"우암은 율곡 이후의 한 사람이니, 그의 학문을 논하자면 참으로 화숙의 스승이다. 그런데 화숙은 도리어 그를 능져서 점차 혼란을 조래하였으니 견식이 있다고 할 수 있겠는가. 화숙은 젊은이들과 함께 나랏일을 다스리려 하면서 노성한 이들과 틈이 벌어지면 아무 일도 할 수 없다는 것을 몰랐으니, 한탄을 견딜 수 있겠는가."

하고, 또 말하기를,

"윤증이 화숙에게 편지를 보냈을 때 화숙이 만약 곧장 의리에 근거하여 통렬히 꾸짖었다면 윤증은 필시 방자하게 비방하지 못하였을 것이다. 그런데 화숙의 편지는 다만 그로 하여금 자세를 낮추어 사죄하게 하였을 뿐이었기에 윤증이 끝내 스승을 배신하게 하였으니, 이는 화숙의 책임이다."

하고, 자기 자손들에게 말하기를,

"스승과 제자의 도리는 지극히 중요하다. 그런데 우리나라에서 수천 년 동안 존숭하던 스승의 도가 윤증에 이르러 마침내 무너졌으니 애통하다. 사림에 다툼이 벌어져 각기 제 스승을 존숭하며 서로 비방하는데, 오직 박화숙(朴和叔)만이 중간에 있으면서 일정한 논의가 없고 진정한 견식이 없다. 지금 스승을 찾는 사람은 신중히 선택해야

"한다."

하였다.

공은 윤증과도 인척의 우호가 있었기에 교분이 제법 두터웠다. 그러다가 공이 누차 편지를 보내 꾸짖어도 끝내 고치지 않고, 우암이 화를 당하고 윤증이 대사헌에 의망되자 이때부터 절대 편지를 보내지 않았다. 공이 노년이 되었을 때 윤증이 공의 종인(宗人)이 외어 전한 공의 시를 보고서 차운하고, 또 편지를 보내 옛정을 말했다. 공은 웃으며 말하기를,

"나는 절교한 지 오래인데 어찌 이제 와서 교분을 논할 리가 있겠는가."

하였다. 종인이 굳이 답장을 요구하였으나 끝내 쓰려 하지 않았으니, 의리에 대처함이 이와 같이 엄격하였다.

아, 세도가 무너진 지 세월이 오래되어 의리가 더욱 어두워졌다. 처음 배우는 후생은 각기 견문에 매몰되었으니, 자기가 시비를 대략 안다고 생각하는 사람인들 어찌 그 본말을 끝까지 궁구할 수 있겠는가. 후대에 와서 옛일을 논하는 선비들은 대부분 그 실정을 알기가 어렵다. 공과 같은 사람은 몸소 사우 사이에 있으면서 변고를 경험하고, 시종일관 공정하게 듣고 나란히 보았으며 진실한 마음으로 발언하였다. 그 투철한 견식과 준엄한 논의는 먼 훗날 증거로 삼을 만하다. 그러므로 나는 행장에 특별히 써서 여러 번 기록하며 비록 번거로와도 줄이지 않았다. 이 또한 쇠퇴한 세상의 뜻[24]이리라.

24 쇠퇴한 세상의 뜻 : 《주역》 〈계사전 하(繫辭傳下)〉에 나오는 말로, 순박한 상고시대와 달리 세상이 변하여 어쩔 수 없이 그렇게 한다는 말이다.

좌승지 박공 행장[25]

左承旨朴公行狀

공의 성은 박씨, 휘는 치도(致道), 자는 학계(學季)이다. 그의 선조는 평양(平陽) 사람인데, 훗날 광주(光州)에 살았다. 대제학을 지낸 문숙공(文肅公) 석명(錫命)이 국초에 현달하였으니, 공은 그의 8대손이다. 증조는 정수(貞壽), 조부는 언함(彦瑊), 부친은 성균관 진사 충정(忠挺)이다. 모친은 고령 신씨(高靈申氏)로 별제 필(滭)의 딸이며 귀래정(歸來亭) 말주(末舟)의 후손이다.

공은 숭정 임오년(1642, 인조7)에 태어났다. 어려서부터 영리하고 뛰어나 종종 사람을 놀라게 하는 말을 하였다. 공부를 시작해서는 눈을 스치는대로 암송하였다. 16세에 부친을 잃자 성인처럼 상제(喪制)를 지켰다. 유순하게 모친을 섬기며 형과 화목하게 살았다. 진사공은 경학으로 이름나 공에게 《주자서절요(朱子書節要)》, 《심경(心經)》, 《근사록(近思錄)》을 가르치고 또 경계하기를,

"독서할 적에는 반드시 심신을 반성해야 도움이 된다."

하였다. 공은 잊지 않고 명심하며 마음을 집중하고 연구하여 오직 공부에만 힘쓰지 않으니 명성이 널리 퍼졌다. 21세에 진사가 되고 27세에 문과에 급제하였다. 얼마 후 모친상을 당하고 상을 마치자 승문원

25 좌승지 박공 행장 : 이 글은 박치도(朴致道)의 행장이다. 박치도는 자가 학계(學季), 호가 금암(黔巖)이며 1642년(인조7) 태어나 1697년(숙종23) 6월 16일 세상을 떠났다.

에 들어가 저작을 거쳐 김천도 찰방(金泉道察訪)에 임명되었는데 역인(驛人)들이 그의 청렴결백을 칭송하였다.

성균관 전적으로 승진하고 사헌부 감찰로 옮겼으며 제주 판관(濟州判官)으로 나갔다. 제주에서 나는 준마는 남쪽 지방에서 재산으로 여겼는데, 공만은 광주(光州) 사람이 가까이 하지 못하게 금지하였으니, 범 문정(范文正 범중엄(范仲淹))이 조카를 경계한 말[26]을 따른 것이었다. 또 나주 제독(羅州提督)이 되었다. 당시 세도(世道)가 크게 무너져 공은 오랫동안 외직에 묻혀 있었다.

경신년(1680, 숙종6), 비로소 강원도 도사에 임명되고, 사헌부 지평, 사간원 정언으로 옮겨 지제교를 겸임하였다. 소현세자(昭顯世子)의 손자 이혼(李焜)이 죄없이 섬에 유배되자 공이 풀어주어 친척을 친애하는 은혜를 온전히 하도록 청하였다. 또 역적 윤휴(尹鑴에게 역률을 시행해야 한다고 말하였다. 얼마 후 옥구 현감(沃溝縣監)으로 나갔다가 천연두에 걸렸다. 백성이 "우리 사또께서 우리를 진심으로 사랑하시니 신께서 보호하소서."라고 빌었다. 병이 낫자 또 함께 기뻐하며 축하했다고 한다.

함경북도 평사에 임명되었으나 좋아하지 않는 자가 저지하였다. 병조의 좌랑과 정랑을 역임하고, 홍문관에 선발되어 부수찬, 부교리가 되었다. 다시 양사에 들어가 장령, 집의, 헌납, 사간을 지내고, 중간에 사복시 정이 되었다가 승정원 동부승지에 발탁되었다. 묘당의 천거를 받아 동래 부사(東萊府使)에 임명되었는데 몸가짐이 김천에 있을 때와

26 범 문정(范文正)이……말 : 범중엄은 고을 수령으로 부임한 조카에게 편지를 보내 고향 사람이 고을에 와서 장사하지 못하게 하였다.《晦菴集 卷81 跋范文正公家書》

한결같았다. 조정으로 돌아와 예조 참의가 되고, 다시 홍주 목사(洪州牧使)로 나갔다. 또 조정으로 돌아와 승지가 되어 순서대로 우부승지로 승진하였다.

기사년(1689, 숙종15)에 화가 일어나자 공은 위원(渭原)으로 유배되었다. 두문불출하고 독서하였는데 두보(杜甫) 시 보기를 더욱 좋아하였다. 어떤 이가 공을 위해 권력자에게 애걸하려 하자, 공이 배척하며 말하기를,

"사군자의 몸가짐은 만 길 철벽과 같아야 하니, 형구(刑具)가 좌우로 펼쳐져 있더라도 변해서는 안 된다. 더구나 먼 영해(嶺海)의 땅이 어찌 사람을 죽일 수 있겠는가."[27]

하고, 또 어떤 문하생에게 보낸 편지에 스승을 배반한 윤증의 죄를 극론하였는데, 말뜻이 분명하였다.

갑술년(1694), 정국이 바뀌어 사면받고 돌아와 형조 참의가 되었다가 좌승지로 옮겼다. 조정이 분열되어 공은 즐거워하지 않아 병을 핑계로 남쪽으로 내려갔다. 가을에 능주 목사(綾州牧使)가 되어 백성을 진휼한 공로로 표리를 하사받았다. 얼마 후 관직을 버리고 도화동(桃花洞) 옛집으로 돌아와 서적을 즐기며 생계가 어려워도 마음에 두지 않았다. 정축년(1697) 6월 갑자일에 세상을 떠났다.

족손(族孫) 자의(諮議) 박광일(朴光一)이 공의 안부를 물으러 간적이 있는데, 공이 말하기를,

"나를 위해 복건(幅巾)과 심의(深衣)를 만들어 다오. 나는 곧 죽을

27 먼……있겠는가 : 유배를 겁내지 않는다는 뜻으로, 송(宋)나라 추호(鄒浩)가 간언을 올렸다가 유배되자 전화(田晝)가 한 말이다. 《宋史 卷345 鄒浩列傳》

것이다."

하였는데, 1년도 못 가 그 말대로 되었으니, 공은 상수학(象數學)에 정통했다고 한다. 서석산(瑞石山) 신향(申向)의 언덕에 장사지냈다. 부인 성산 이씨(星山李氏)는 아무 관직을 지낸 아무개의 딸인데, 공보다 9년 뒤에 세상을 떠나 부장하였다. 계자(繼子)는 상철(尙喆)이고, 딸은 사인 이원좌(李元佐)에게 시집갔다. 광연(光淵), 광삼(光參), 광사(光思), 광택(光澤)은 상철의 소생이다. 사위 이원좌의 아들 태상(泰祥)은 현감을 지냈고 딸은 세마 권혁(權爀)에게 시집갔다.

공은 기운이 맑고 안색이 온화하며 뜻과 행실이 바르고 깨끗하였다. 한미한 집안 출신으로 홍문관에 올라 사람들이 영예롭게 여겼으나 무능한 사람처럼 겸손했다. 농암(農巖) 김창협(金昌協) 공이 당시의 동료들을 논하면서 공의 재주가 민첩하여 미칠 수 없다고 감탄하였다.

집에 있을 적에는 사례(四禮 관혼상제)를 행하기 좋아하였고, 효성과 우애로 고을에서 신뢰를 받았으며, 청렴과 신중이 조정에서 드러났다. 비록 다급하고 어지러운 상황에서도 확고히 지조를 지켰으며, 만년의 진퇴는 더욱 볼 만하였다. 공과 같은 사람은 가학(家學)을 저버리지 않았다고 하겠다. 공이 한번은 말하기를,

"훗날 훌륭한 사관이 기사년의 당화를 기록하면서 문곡(文谷 김수항)과 노봉(老峰 민정중) 등 여러 공을 대서특필할 것인데, 나 역시 아래에 수록될 것이니, 죽더라도 영광이다."

하였다. 훗날 공을 알고자 하는 자는 이를 보면 될 것이다. 광삼은 내게 배웠는데 자의가 지은 가장(家狀)을 가져와 부탁한 지 오래이다. 나는 공을 중하게 만들 수 있는 사람이 아니지만 대략 이상과 같이 채록하여 입언군자(立言君子)를 기다린다.

군수 윤공 행장[28]

郡守尹公行狀

공의 휘는 정경(挺卿), 자는 수부(秀夫)이다. 윤씨(尹氏)는 파평(坡平)에서 나왔으니 시조는 신달(莘達)로 고려에서 태사를 지냈고, 시중을 지낸 문숙공(文肅公) 관(瓘)이 널리 알려졌다. 우리나라에서 소정공(昭靖公) 곤(坤)은 좌명공신에 책록되었으며, 6대를 지나 참판 휘 인함(仁涵)은 호가 죽재(竹齋)이고 명종과 선조 연간의 명신이었다. 이분이 휘 홍유(弘裕)를 낳았는데 덕을 숨기고 벼슬하지 않았다. 우암 선생이 그의 묘갈에 '처사'라고 썼으니, 공의 조부이다. 부친의 휘는 유익(惟益)이며 병자년(1636, 인조14)과 정축년(1637) 이후 과거를 포기하고 유유히 살다가 세상을 떠났다. 연안 이씨(延安李氏)와 혼인하였으니 동중추 시담(時聃)의 딸이며 연평부원군(延平府院君) 귀(貴)의 손녀이다.

공은 숭정 계미년(1643, 인조21)에 태어났다. 타고난 자질이 단정하고 순수하여 사우들에게 존중을 받았다. 한번은 중형 정부공 헌경(憲卿)과 상소하여 우암 선생의 원통함을 변론하였다가 선부공은 멀리 유배되고 공도 두문불출하였다. 집에는 아무 것도 없어 남들은 그 고통을 견디지 못해도 태연히 지내며,

28 군수 윤공 행장 : 이 글은 윤정경(尹挺卿)의 행장이다. 윤정경은 자가 수부(秀夫), 호가 국재(菊齋)이며 1643년(인조21) 태어나 1711년(숙종37) 12월 21일 세상을 떠났다.

"나의 도는 대개 이와 같다."
하고, 국재(菊齋)라 자호하였다. 《논어》 읽기를 좋아하여,

"성현의 학문은 모두 여기에 있다."
하였다.

병인년(1686, 숙종12) 처음 벼슬하여 선공감 감역이 되었다. 동몽교관으로 옮겨서는 재주에 따라 지도하여 방법과 차례가 있었다. 대체로 어버이에게 효도하고 어른을 공경하는 것을 먼저 하니, 소문을 듣고 배우기를 청하는 자가 백여 명이나 되어 크게 성취하는 효과를 거두었다.

기사년(1689), 전생서 주부에 조용되고 의금부 도사로 옮겼다. 며칠 뒤 흉당이 권력을 잡아 선한 이들이 쫓겨났다. 공은 당일로 관직을 버리고 외딴 마을에 은거하며 거의 대여섯 해 동안 집밖으로 나가지 않았다.

갑술년(1694), 정국이 바뀌자 전에 관직을 버린 이들이 차례로 복직되었으나 세상에 공을 아는 사람이 없었다. 이웃에 사는 전관(銓官) 한 사람이 정사에 나아가서 동료에게 말하기를,

"윤 아무개는 내가 얼굴도 모르는 사람이지만 행실이 몹시 고상하다고 하니, 군자다운 사람이다."
하고, 마침내 영평 현령(永平縣令)에 제수하였다. 공은 예전에 수령강(守令講)[29]을 거치지 않았으나 세월이 오래되어 아는 사람이 없었다. 공이 사실을 밝히고 인혐하여 체직되니, 사람들이 훌륭하게 여겼다.

29 수령강(守令講) : 수령에 의망할 음관(蔭官)을 대상으로 시행하는 강경(講經) 시험을 말한다.

병자년(1696), 군자감 주부에 임명되고 산음 현감(山陰縣監)으로 나갔다. 공은 평소 옛도를 좋아하여 먼저 율곡 선생의 향약을 시행하였다. 면(面)에 정(正)을 두고, 또 도향정(都鄕正)을 두었으며, 선(善)과 악(惡) 두 과목으로 나누어 초하루에 보고하였다. 봄가을 마지막 달마다 환아정(換鵝亭)에 모두 모여 패(牌)를 세우고 각기 선자(善字)와 악자(惡字)를 쓰고서 선한 자에게는 음식을 잘 차려 먹이고, 행실이 남보다 뛰어난 자에게는 또 예물을 후하게 주었다. 악한 자는 하루종일 악패(惡牌) 아래에 엎드리되 죄에 따라 경중을 조절하니 권선징악이 몹시 엄격하며 사람들이 수치를 알고 착해져 몇 해가 지나자 풍속이 크게 변하였다. 이웃 고을에서 모두 흠모하여 더러는 감영과 수령에게 호소하여 그 법을 시행하고자 하였으나 끝내 시행하는 자가 없었다.

계미년(1703), 장흥고 주부에 임명되고 한성부 판관으로 승진하였다. 임천 군수(林川郡守)가 되어서는 청렴한 다스림이 영남 고을에 있을 때와 한결같았다. 큰 흉년을 당하자 녹봉을 덜어 굶주린 이들을 진휼하니 백성이 실질적인 혜택을 입었다. 환곡을 거두어들일 때는 차마 각박한 정사를 하지 못하여 대신 납부하는 것을 허락하였다. 이로 인해 어사에 의해 파직되자 백성이 모두 그가 떠나는 것을 애석해 하였다. 공은 노년에 선영을 바라보며 의지하고자 양주(楊州) 청송(靑松)에 있는 종질(宗姪) 명언(明彦)의 집에 가서 우거하였다. 신묘년(1711) 12월 21일 세상을 떠나니 향년 69세였다. 이듬해 2월 금촌리(金村里) 자좌(子坐)의 언덕에 장사지냈으니 청송과 5리 떨어진 곳이다.

공은 자애롭고 선량하며 단정하고 공후하며 겉은 부드러우나 속은 굳세었다. 평소에는 온화하여 일에 대해 그다지 가부가 없는 듯하였으나 의리로 결단하면 과감하여 맹분(孟賁)과 하육(夏育)[30]도 빼앗지 못하는 지조가 있었다. 어버이를 섬기면서 뜻을 어기지 않았고, 상을 당하자 예법을 넘어설 정도로 슬퍼하여 몸을 상하였다. 제사지낼 때마다 정결하게 정성을 다하고, 반드시 평소 어버이가 즐기던 음식을 생각하여 힘을 다해 바쳤다. 관직에 있을 때는 청렴을 지키며 항상 말하기를,

> "가솔이 한때나마 편안히 봉양을 받는 것은 모두 나라의 은혜이다. 저 백성을 학대하고 자기를 살찌워 자손의 재산을 마련하는 자는 유독 무슨 마음인가."

하였다. 이 때문에 여러 차례 고을을 맡았으나 땅이 한 뙈기도 늘어나지 않았고 상자에는 옷 한 벌 없었다. 성 동쪽에 몇 칸의 부서진 집을 소유하였는데, 세월이 오래되어 담이 무너졌으나 수리하려 하지 않고, 이쪽 저쪽에서 더부살이하며 정해진 거처가 없었다.

공무 외에는 출입하지 않고 궤안에 기대어 편안히 앉으니 자리에 먼지가 가득하였다. 보잘 것 없는 음식도 자주 먹지 못했으나 재산의 유무를 말한 적이 없고, 평생 터럭만큼도 남에게 요구하지 않았으며 남들도 사사로운 일을 요구하지 못했다. 몸으로는 게으른 모습을 짓지 않았으며, 입으로는 비루한 말이 나오지 않았으니, 말과 행동에 정해진 법이 있는 것 같았다.

공은 비록 학문으로 자처하지는 않았으나 타고난 자질이 매우 높았으니, 가난을 편안히 여기며 의리를 지키기로는 짝이 드물었다. 젊어서 과거 공부를 하였으나 합격하지 못하였는데, 글을 지으면 말이 간략하고 이치가 통창하였으며, 흥이 나면 종종 시를 지었는데 역시 꾸미는

30 맹분(孟賁)과 하육(夏育) : 58쪽 주49 참조.

태도가 없었다.

첫 부인 양주 최씨(楊州崔氏)는 부사 석우(錫祐)의 딸이다. 1남 명상(明相)을 낳았는데 지극한 행실이 있었으나 일찍 죽어 조정에서 정려문을 내렸다. 계배(繼配) 청주 한씨(淸州韓氏)는 종사랑 여기(汝琦)의 딸이다. 1남 1녀를 두었으니 아들은 명시(明蓍)이고 딸은 성예석(成禮錫)에게 시집갔다. 명상은 후사가 없어 명시의 아들 봉문(鳳文)을 후사로 삼고, 명시는 족형 명응(明應)의 아들 봉주(鳳周)를 아들로 삼았다.

공과 우리 조부 의정부군은 내외종 형제 사이였기에 내가 어려서부터 공을 뵙고 공이 온화한 군자라는 것을 잘 알고 있었다. 비록 가난 때문에 벼슬하였으나 심신이 고결하여 마치 흠 없는 옥 같았으니, 지금 세상에 이런 사람을 어찌 다시 볼 수 있겠는가. 지금 그 언행의 대략을 모아 행장을 짓고 입언군자(立言君子)의 선택을 기다린다.

우의정 이우 조공 행장[31]

右議政二憂趙公行狀

공의 휘는 태채(泰采), 자는 유량(幼亮), 호는 이우당(二憂堂)이다. 조씨(趙氏)는 양주(楊州)에서 나왔으니, 고려 때 판원사에 추증된 잠(岑)이 그 시조이다. 우리나라에서는 문강공(文剛公) 말생(末生)이 가장 저명하다. 증조 휘 존성(存性)은 지돈녕부사를 지냈고, 조부 휘 계원(啓遠)은 형조 판서를 지냈으며, 부친 휘 희석(禧錫)은 군수를 지내고 의정부 영의정에 추증되었다. 모친 수원 백씨(水原白氏)는 첨지중추부사 홍일(弘一)의 딸이며 휴암(休庵) 문숙공(文肅公) 인걸(仁傑)의 후손이다.

공은 태어난 지 3년 만에 부친을 잃었으나 스스로 학문에 힘쓸 줄 알아 숙종 병인년(1686, 숙종12) 문과에 급제하여 승문원 정자에 임명되고 저작, 박사로 옮겨 봉상시 직장을 겸하였다. 조정을 출입할 때마다 풍채가 빼어나 볼 만하였으니, 여러 어른들이 모두 나라의 그릇으로 인정하였다. 얼마 후 성균관 전적, 사헌부 감찰, 병조 낭관으로 옮겼다.

한번은 행행(行幸)할 때 성상께서 용기(龍旗) 아래의 젊은 낭관이 누구냐고 물으셨다. 그리하여 흉당(凶黨)이 정권을 잡자 높이 등용할까 두려워 옥구 현감(沃溝縣監)으로 내보냈다. 마침 흉년이 들자 저치

31 우의정……행장 : 이 글은 조태채(趙泰采)의 행장이다. 조태채의 자는 유량(幼亮), 호는 이우당(二憂堂)이며, 1660년(현종1) 11월 9일에 태어나 1722년(경종2) 11월 5일 세상을 떠났다.

미(儲置米)를 내어 백성에게 빌려주었는데, 담당 관사에서 위법이라고 논죄하려 하자, 백성은 공이 파직될 것이라는 말을 듣고 행여 뒤처질까 일시에 채워서 갚았다.

갑술년(1694, 숙종20), 정국이 바뀌자 사헌부 지평에 임명되고, 얼마 후 어사로 영우(嶺右) 지방을 순시하였다. 당시 남구만(南九萬)이 영의정으로 있으면서 나라의 역적 장희재(張希載)를 구원하려 하였는데, 공의 여러 종형제들이 모두 그에게 붙었다. 공은 홀로 우뚝히 정도를 지켜 이로 인해 미움을 받았다. 현석(玄石) 박세채(朴世采) 공이 조정에서 말하여 마침내 홍문관 수찬에 임명되고 교리로 옮겼다. 누차 사간원 정언, 시강원 문학, 지제교에 임명되었다. 무지개의 이변을 계기로 덕을 닦고 검소를 숭상하며 언로를 열고 공도를 넓히도록 성상에게 경계를 아뢰었다. 물러나서 또 상소하여 여섯 조목을 아뢰었는데 말이 몹시 간절하였다.

당시 남구만은 몰래 기사년(1689, 숙종15)의 흉당을 도와 너그러이 풀어주고자 조정에서 삼사와 회의하려 하였다. 공은 나아가지 않고 스스로 논열하였으며, 또 양사에 글을 보내 각기 인피하게 하니 논의가 마침내 시행되지 못하였다. 성상이 노하여 삼사를 몹시 엄하게 책망하자, 공이 상소하여 강력히 변론하였는데 말이 더욱 강직하였다.

지평 신임(申銋) 공이 세 대신을 논핵하다가 조정에서 쫓겨나 바닷가 고을에 보임되자 공이 또 강력히 간언하기를,

"전하께서 간언하는 신하를 죽였다는 이름을 얻을까 두렵습니다."

하니, 성상이 이 때문에 다른 고을로 바꾸어 임명하였다. 또 강연에서 선조(先朝 현종)의 어용(御容)을 사찰에 봉안한 잘못을 논하고, 또 근교에서 불사(佛事)를 성대하게 거행한 궁인과 액례를 조사하여 다스

리도록 청하니, 성상이 모두 가납하였다. 또 권상하(權尙夏) 공과 유신들을 불러 동궁을 지도하게 하고, 나머지 궁료도 각별히 선발하여 오래 맡기며, 좌우에 있는 환관까지도 아첨하는 자를 없애고 근후한 자로 바꾸도록 청하였다. 이어서 성상에게 이 문성공(李文成公 이이)의 《성학집요(聖學輯要)》를 진강하도록 권하였으니, 일에 따라 말을 다하고 충성스러운 생각이 심원하기가 이와 같았다.

그리하여 지우가 날로 깊어져 이조 좌랑에서 승정원 동부승지로 발탁되고, 장례원 판결사로 옮겼다가 충청도 관찰사로 나가게 되었으나 어버이가 늙었다는 이유로 사면하였다. 공조 참의에 임명되고, 대사간, 형조 참판으로 승진하였으며, 천거를 받아 평안도 관찰사에 임명되었다. 1년 동안 있다가 조정으로 들어와 이조 참판, 대사헌, 한성부 우윤 겸 동지경연사가 되었다. 얼마 못 가서 도승지를 거쳐 호조 판서로 발탁되었다.

당시 오랑캐 사자가 연이어 왔으나 호조의 업무가 오랫동안 방기되어 있었는데, 공이 빠짐없이 마련하니 아전이 감히 농간을 부리지 못했다. 수어사를 겸하여 산성을 수리하는데, 막료가 강가 창고의 쌀 8백 섬을 내다 팔고 남는 것을 차지하고, 공의 후임자는 가져다 군수에 보탰다. 소인들이 평소 공을 미워하여 이를 계기로 비방을 퍼뜨렸다. 또 공이 평안도에 있을 때 일을 맡긴 자가 간사한 짓을 하였는데, 이 일로 공에게 누를 끼치려 하였다. 대관(臺官) 정식(鄭栻)과 이세최(李世最) 등이 잇달아 모함하였으나 성상이 모두 받아들이지 않았다. 공은 마침내 금천(衿川)의 우파(牛坡)로 물러나 살았다.

장령 여필중(呂必重)이 정식의 논의를 답습하고, 또 전원을 널리 차지하였다고 말하니, 성상이 모함이라며 배척하였다. 정승 이여(李

畬) 등 여러 공이 힘껏 변론하여 곧 공조 판서에 임명하고 융숭한 비답으로 불렀다. 공이 감격하여 조정에 나아가자 병조 판서로 옮겨 조용(調用)하는 길을 소통하니, 무사들이 모두 기뻐하며 감복하였다. 얼마 후 호조를 거쳐 정헌대부에 오르고, 곧 판의금부사에 발탁되었다.

임부(林溥)라는 자가 상소하여 동궁을 해치려고 모의하였다는 말을 인용하여 선한 이들을 무함하려 하였다.[32] 공이 국청(鞫廳)을 설치하여 캐묻도록 하니, 임부가 또 거짓으로 공을 무함하여 제거하려 하였는데, 그의 당파인 최석정(崔錫鼎)이 위관(委官)으로 있으면서 공을 체직하도록 청하였다. 얼마 후 이조 판서 겸 수어사에 임명되고, 여러 차례 호조, 예조, 병조의 판서가 되었다. 이어서 한성부 판윤, 의정부 좌참찬으로 옮겼다. 모친상을 당하고 상을 마친 뒤 숭록대부에 오르고 지중추부사, 판윤, 참찬을 역임하였다.

임진년(1712, 숙종38) 과거 옥사[33]가 일어나자 공은 판의금부사로 사건을 맡았는데, 이때 시관 이돈(李墪)은 죄 때문에 유배되고, 응시자 오수원(吳遂元), 이헌영(李獻英), 이진급(李眞伋) 등은 모두 삭과(削科)당했다. 공이 당한 큰 화는 실로 여기서 비롯된 것이었다. 다시 병조에 임명되어 북한산성(北漢山城) 쌓는 일을 관할하였다.

32 임부(林溥)라는……하였다 : 1706년 충청도 유생 임부 등이 상소하여 1701년(숙종27) 장희빈이 인현왕후를 저주한 사건을 조사할 때 죄인 윤순명(尹順命)이 "동궁을 해치려고 모의하였다."라고 자백하였으나 당시 국청(鞫廳)의 신하들이 이를 숨기고 아뢰지 않았다고 폭로하였다. 《肅宗實錄 32年 5月 29日》

33 과거 옥사 : 이해 봄 정시(庭試)의 시관 이돈이 시관으로 낙점을 받은 뒤 대궐을 나가 응시자를 두루 찾아다녔다는 혐의를 받은 사건을 말한다. 《肅宗實錄 38年 6月 20日》

계사년(1713, 숙종39), 존호(尊號)를 올리고 그 노고로 보국숭록대부에 올랐다. 사신으로 충원되어 연경에 갔다가 돌아와 이조와 공조의 판서에 임명되었다. 적신(賊臣) 이진유(李眞儒)가 윤증(尹拯)의 일 때문에 상소하여 공을 모욕하고, 그의 당파가 또 임진년 과옥을 번안(飜案)하려 하였다. 적신 박필몽(朴弼夢)이 끝없이 공을 무함하자 성상이 즉시 내쫓고 몹시 간곡하게 공을 위로하였다. 공조에 옮겨 임명되자 누차 사직하였으나 윤허받지 못하였다. 또 별유(別諭)를 내려 "경 생각이 그치지 않아 꿈에서도 나타난다."라고 하니, 공이 감격하여 명을 받들었다.

정유년(1717, 숙종43) 봄, 진휼청 당상으로 진휼하는 일을 담당하고, 온천 행차에 배종하여 명을 받들고 호서 백성의 진휼을 감독하였으며, 이어서 별과(別科)를 담당하였다.

10월, 우의정에 임명되었다. 2품 이상 관원들과 빈청에서 회의하여 강빈(姜嬪)을 신원하였다. 조정에서는 윤선거의 문집에 효종(孝宗)을 무함하는 말이 있다는 이유로 이미 판목을 부수었는데, 또 그 서원을 철거하려 하였다. 공이 성상에게 아뢰어 사액만 철거하게 하였다. 정언 성진령(成震齡)과 장령 박치원(朴致遠)이 상소하여 논하자 공이 교외로 물러나 마침내 인혐하여 사직하니, 판중추부사로 옮겼다. 성상이 근시를 보내 함께 들어오게 하니, 공이 억지로 조정에 나아갔으나 공적인 모임이 아니면 나가지 않았다. 한번은 조정 반열에 나왔는데 왕자가 일어나지 않자 공이 그 부리(府吏)를 불러 잘못을 책망하니, 왕자가 사죄하였다. 대신들도 재상의 체모를 얻었다고 하였다.

경자년(1720, 숙종46) 6월, 숙종대왕이 승하하였다. 중궁이 지금 성상에게 말을 전하게 하여 직접 반함(飯含)하려고 하니, 공이 예법을

인용하여 간쟁하였다. 중궁이 이르기를,

"나는 부인이니 예법을 모른다."

하였다. 얼마 후 날이 저물자 내시가 촛불 하나만 들고 있었다. 공이 우두머리 환관을 불러 태만하다고 꾸짖자 이때부터 환관들은 공이 출입할 때마다 위축되어 두려워하였다. 공이 물러나 사람들에게 말하기를,

"나랏일을 이미 알 만하다."

하였다. 인산(因山)을 마치자 또 북경에 사신으로 갔다. 돌아올 적에는 등나무 지팡이 하나만 들고 왔는데, 명(銘)에 이르기를,

"곧은 지팡이 하나로 험한 곳도 편한 곳도 가네."[34]

하였으니, 스스로 맹세한 말이었다. 당시 경종에게 병이 있어 후사가 없었기에 대신들이 몹시 걱정하여 일찍 후사를 정하려 하였다. 그러나 공은 강가 교외에 있었기에 듣지 못했다.

신축년(1721, 경종1) 가을, 대신(臺臣) 이정소(李廷熽)가 상소하여 건의하자 공이 수레를 재촉하여 도성으로 들어왔는데 대신들은 바야흐로 청대(請對)하고 있었다. 공이 소명을 받들고 합문 밖으로 가니, 김창집(金昌集) 공이 맞이하며 말하기를,

"어떻게 대처할 것인가?"

하니, 공이 말하기를,

"나라에 장성한 왕자가 있으니 나라의 복이다."

하였다. 입대해서는 공이 송 인종(宋仁宗) 때 범진(范鎭)과 문언박(文

34 곧은……가네 : 《이우당집(二憂堂集)》 권6에 실려 있는 〈등장명(藤杖銘)〉에 나오는 구절이다.

彦博) 등이 후사를 세우도록 건의한 일[35]을 인용하여 거듭 청하자 성상이 허락하였다. 신하들이 성상에게 대내로 들어가 자전에게 여쭙도록 청하고, 합문 밖으로 물러나와 기다렸다. 파루(罷漏) 이후 성상이 낙선당(樂善堂)에 나와 신하들을 불러 손으로 책상 위의 봉서(封書)를 가리켰다. 하나는 어필로 쓴 '연잉군(延礽君)' 세 글자였고, 하나는 자전이 손수 쓴 글이었다. 그 글에 이르기를,

"효종의 혈맥과 선왕의 골육은 오직 주상과 연잉군 뿐이다. 어찌 다른 뜻이 있겠는가."

하였다. 대신들이 받들어 읽고는 모두 비오듯 눈물을 흘렸다. 이어서 승지에게 전지(傳旨)를 쓰게 하고는 성상 앞에서 보이고 나와서 사관에게 맡겼다.

지금 성상이 동궁으로 정해지자 흉당이 좋아하지 않아 몰래 다른 뜻을 품었다. 적신 유봉휘(劉鳳輝)가 상소하여 드러내놓고 배척하며 사람들이 의심스러워한다고 하고, 또 "신하로서의 예의가 없다."라고 하였다.

상소가 들어가자 성상이 조정으로 하여금 유봉휘의 죄를 논의하게 하였다. 그리하여 대신과 삼사가 합사(合辭)하여 국문하도록 청하자 허락하였는데, 얼마 후 참작하여 멀리 유배보내라고 명하였다. 신하들이 입대하여 강력히 요청하니 또 국문하도록 허락하였다. 얼마 후 흉당이 구원한 덕택에 이전대로 멀리 유배보내라고만 명하였다. 신하들이 누차 입대를 청하였으나 끝내 그렇게 하지 못하였다. 당시 동궁의 자리

35 송 인종(宋仁宗)……일 : 송 인종이 후사가 없자 범진과 문언박이 후사를 세우도록 간청한 일을 말한다. 《宋史 卷313 文彦博列傳, 卷337 范鎭列傳》

가 불안하여 사람들이 더욱 두려워하였다.

10월, 집의 조성복(趙聖復)이 상소하여 선조(先朝 숙종) 정축년(1697, 숙종23) 대신이 의논한 대로 동궁에게 성상 곁에서 모시면서 조정의 정사에 참여하여 사무를 분명히 익히도록 청하였다.[36] 성상이 하교를 내려 갑자기 세제에게 온갖 업무를 결단하라고 명하였다. 그러자 최석항(崔錫恒)이 갑자기 입대를 청하니, 이미 내린 명을 도로 중지하였다. 이튿날 또 2품 이상 관원들에게 빈청에 모이라고 명하고 대리청정(代理聽政)의 명을 내렸다. 대신들은 감히 대번에 받들어 시행할 수 없어 환수하도록 4일 동안 정청(庭請)하였으나 성상이 허락하지 않았다.

대신들이 차자를 올려 아뢰기를,

"신 김창집(金昌集), 신 이이명(李頤命), 신 조태채(趙泰采), 신 이건명(李健命)은 아룁니다. 삼가 생각건대, 당초 성상께서 전지를 내려 크고 작은 나랏일을 모두 세제에게 결단하게 하라고 하교하셨습니다. 정유년(1717, 숙종43)의 일[37]은 원래 선조께서 결정하신 것이고, 또 절목에 차이가 있으니, '모두 세제에게 결단하게 하라.'라는 명과는 차이가 있는 정도에 그치지 않습니다. 그러나 성상의 하교가 간곡한 지성에서 나왔으니, 신들 또한 어찌 감히 모두 거부하여 전하의 마음을 상하게 할 수 있겠습니까. 유사로 하여금 정유년의 절목대로 거행하게 하소서."

36 조성복(趙聖復)이……청하였다 : 조성복이 상소하여 1697년(숙종23) 세자였던 경종을 국정에 참여하게 한 일을 거론하며 세제를 국정에 참여시키도록 청하였다.《景宗實錄 1年 10月 10日》

37 정유년(1717)의 일 : 숙종이 세자였던 경종에게 대리청정을 명한 일을 말한다.

하였다. 차자를 올리자마자 조태구(趙泰耉)가 갑자기 선인문(宣仁門)으로 지레 들어가 청대하였다. 당시 조태구는 우의정으로 상소하여 유봉휘를 구원하였기에 양사가 파출하도록 계청하는 상황이었기에, 승정원에서는 대각의 논의가 한창이라며 입대를 허락하지 않았다. 조태구가 마침내 근시를 통해 억지로 들어가니, 성상이 진수당(進修堂)에서 불러 보았다. 대신들이 듣고 마침내 너도나도 입시하면서 공과 함께 하려고 하였으나 공만은 그렇게 하려고 하지 않았다. 성상 앞에 가자 성상은 묵묵히 한 마디도 하지 않았다.

이 처분을 내렸을 때 피차가 서로 다투어 온 나라가 혼란하였으나 성상은 도리어 병 때문에 알지 못하였다. 그리하여 유봉휘, 최석항, 조태구 등이 김일경(金一鏡), 이진유(李眞儒), 박필몽(朴弼夢) 및 환관, 궁인과 안팎으로 결탁하여 반드시 나라의 근본을 흔들고 사류를 해치고야 말려고 하였다.

12월, 김일경과 이진유 등 7인이 상소하여 먼저 자전을 무함하였다. 또 환관과 궁인에게 요망한 말을 지어내게 하여 대궐에 덫을 놓아 윗사람과 아랫사람이 감히 서로 소통하지 못하게 하였다. 상소가 들어가자 누차 날조한 전지를 내려 선한 이들을 모두 쫓아내고 자기 당파를 등용하였다. 이튿날 대신들은 모두 섬으로 유배되고, 공도 진도(珍島)에 위리안치되었다. 당시 화란의 기색이 하늘까지 넘쳤으나 공은 태연자약하게 담소하였다. 자제들이 조태구를 통해 화란을 누그러뜨리도록 빌려고 하였으나[38] 공은 허락하지 않으며,

"화복은 하늘에 달려 있으니 어찌 구차하게 면할 수 있겠는가."

38 자제들이……하였으나 : 조태채는 조태구와 사촌 관계였으므로 이렇게 한 것이다.

하였다. 얼마 후 조태구가 찾아오자 공이 말하기를,

"자전은 국모이고 동궁은 나라의 근본이다. 만약 터럭만큼이라도 미진하게 대한다면 장차 역사의 비판을 어찌하겠는가."

하였다. 도성을 떠나던 날, 눈보라가 쳐서 낮에도 어두워 지척을 분간할 수 없었다. 또 얼마 지나지 않아 환관 박상검(朴尙儉) 등의 역모가 발각되었다. 이전에 자전이 세제에게 하교하기를,

"너는 종묘사직이 장차 망하려는 모습을 보면서 어찌하여 대전에 들어가 고하지 않는가."

하니, 세제가 그제서야 환관과 궁녀가 역모를 꾸민 실상을 성상 앞에서 울면서 아뢰었다. 박상검 등은 청휘문(淸暉門)을 굳게 닫아 세제가 대조(大朝 경종)를 뵙지 못하게 하였다. 역모가 갈수록 심해지자 세제가 밤에 궁료를 불러 합문을 나가서 동궁 자리에서 물러나려고 하였다. 자전도 조정에 하교하여 환관과 궁녀가 역모를 꾸민 실상을 열거해 보였다. 조태구는 두려워하여 번번이 봉하여 돌려주고 숨겼다. 그리고는 박상검 등을 잡아다가 속히 주살하여 입을 막고, 또 세 대신에게 법을 적용하고 공을 제주(濟州)로 이배(移配)하도록 청하며 쟁집하기를 멈추지 않았다. 그러다가 세제 책봉을 청하는 사신이 연경에서 돌아오자 흉악한 역모가 더욱 급박해졌다. 이튿날 목호룡(睦虎龍)을 시켜 세 대신의 자제와 문객을 무고하여 위로 동궁에까지 미치게 하고, 또 공에게 법을 적용하도록 청하였다.

당시 세 대신은 이미 명을 받고 죽었고 공만 홀로 살아남았다. 섬은 바람이 음습하고 장독이 있어 사람들이 견디지 못했는데, 공은 태연하게 지냈다. 간혹 시가를 지어 나라 걱정하는 뜻을 담으니, 흉당이 더욱 미워하였다. 오래지 않아 '아뢴 대로 하라'라고 비지에 써서 임인년

(1722. 경종2) 11월 5일 사사(賜死) 받고 세상을 떠났으니 향년 63세였다.

공은 죽음을 앞두고 또렷한 정신으로 아들들을 돌아보며 말하기를,

"나는 죽어도 유감이 없으나 오직 선조(先朝 숙종)의 두터운 은혜에 보답하지 못한 것이 한스럽다."

하였다. 어떤 이가 흉당 중에도 사사하는 명을 중지하도록 청하는 상소를 올린 사람이 있으나 미처 비답이 내리지 않았다고 하며, 조금 지체하여 기다리자고 의논하였다. 공이 정색하고 말하기를,

"한 번 죽기는 어렵지 않으니, 내가 어찌 이 무리의 힘을 빌어 조금이나마 연명할 수 있겠는가."

하였다. 이때 거센 바람이 불고 우레가 쳐서 날이 어둡고 집 뒤에서 긴 무지개가 솟았다. 도성 사람 중에 상소하여 공의 목숨을 살려달라고 청한 자가 거의 백 명이었다. 영구가 돌아오던 날 연로의 선비들은 아는 이와 모르는 이를 막론하고 모두 맞이하여 통곡하고 눈물을 흘렸다고 한다.

갑진년(1724 영조즉위년), 지금 성상이 즉위하여 먼저 김일경과 목호룡 등을 주살하고, 이듬해 1월 역적의 당파를 모두 쫓아냈다. 그러자 우의정 정호(鄭澔) 공이 상소하여 먼저 네 대신의 원통함을 아뢰기를,

"신하들의 화는 실로 대리청정을 결정한 데서 비롯되었습니다. 선왕께서 불행히 병이 있고 후사가 없어 대리청정을 결정한 것이지 어찌 다른 뜻이 있었겠습니까. 그러나 전하에게 다른 마음을 품은 흉당은 감히 이를 두고 폐립하여 찬탈하려 한다고 지목하였습니다. 이것은 비단 신하들만 무함한 것이 아니라 전하를 무함한 것입니다."

하였다. 성상이 대신에게 입시하라고 명하고 신하들이 모두 모이자

성상이 오랫동안 눈물을 흘리며 이르기를,

"지금 내게 터럭만큼이라도 스스로 혐의쩍어 하는 마음이 있어 신하들을 신원할 방도를 생각하지 않는다면 종묘사직을 중시하는 뜻이 아니다."

하고, 특명으로 복관하고 시호를 내려 공에게 충익(忠翼)이라는 시호를 내렸다. 정언 성진령(成震齡)이 상소하기를,

"신은 몇해 전 상소를 올려 조 아무개를 비난하였는데, 신축년(1721, 경종1)에 이르러 아무개와 세 대신은 사직이 있는 줄만 알고 제 몸이 있는 줄 몰라 중대한 계책을 도와 결정하고 마침내 섬에서 죽었습니다. 그 외로운 충성과 위대한 절개는 후세에 할 말이 있을 것입니다. 신이 지난날 함부로 논죄한 것은 '소인의 속내로 군자의 마음을 헤아린다.'[39]라는 것입니다."

하니, 성상도 융숭하게 칭찬하였다. 그간 화를 만들어낸 흉당은 죽이거나 유배하고 온 세상에 널리 선포하였다. 종묘의 남은 재목을 하사하여 강가에 사당을 세우라 명하고, 사충(四忠)이라 사액하였다.

공은 어버이를 지극히 효성스럽게 섬겨 영예와 봉양을 모두 지극히 하였다. 해마다 잔치를 벌여 헌수(獻壽)하고, 또 의정공이 생일에 태어났다는 이유로 생일에는 죽을 때까지 술과 고기를 먹지 않았다. 한번은 가묘의 조주(祧主)[40]를 옮겨 매안(埋安)하였는데, 눈물이 얼굴을 덮었다. 형 도정공을 엄한 아버지처럼 섬겼다. 외선조 휴암공(休菴公 백인걸

39 소인의……헤아린다 : 《춘추좌씨전(春秋左氏傳)》 소공(昭公) 28년의 "소인의 배로 군자의 마음을 삼아 주십시오.〔願以小人之腹, 爲君子之心〕"라는 말을 인용한 것이다.

40 조주(祧主) : 먼 조상의 신주를 말한다.

(白仁傑))의 묘소에 비석이 없었는데, 공이 봉급을 덜어 돌을 떠서 세우고, 장원의 곡식을 덜어 외가 사당의 사철 제사를 도왔다. 종족이라면 귀천에 관계없이 은혜와 의리를 다하여 공에게 힘입어 밥을 먹는 자가 몹시 많았다.

공의 서형(庶兄)에게 천한 아들이 있었는데, 자기 의붓아버지의 집에서 죽었다. 공은 병조 판서였는데 자제들을 데리고 가서 머물며 몸소 염습을 지켜보았다. 자제들을 가르칠 적에는 자애로우면서도 위엄이 있었으며, 시첩 몇 사람은 감히 부녀자의 반열에 끼지 못하였다. 동당의 가까운 친척들이 논의가 달라도 공은 모두 성의로 대우하여 결코 마음에 두지 않았다. 간혹 이치에 닿지 않는 요구를 하더라도 너그럽게 받아들였다.

남을 대할 적에는 정성스러웠으며 빈천한 친구에게 더욱 돈독하였고, 남의 선행을 보면 얼굴에 기쁨이 넘쳤다. 말을 할 적에는 간격을 두지 않고 해학과 담소를 섞었으며, 집안의 사소한 일이라도 남에게 숨긴 적이 없었다. 선물을 주고받을 적에는 사양하고 받는 절차에 그다지 까다롭게 굴지 않았으나 곤궁하고 위급한 이가 있으면 그때마다 어려워하지 않고 구휼하였다. 재상 노릇한 지 수십 년 동안 손님이 집에 가득하고 문서가 책상에 쌓여 간혹 먹고 잘 겨를도 없었으나 끝내 괴로워하는 기색이 없었다. 풍류가 넘치고 풍채가 남달랐으니, 기상이 이처럼 좋았다.

공은 숙종께 불세출의 지우를 입어 높은 지위에 올라 항상 감격하여 보답할 마음을 품었다. 숙종께서는 여러 해 편찮으셨는데, 공은 날마다 문안하는 예를 그만두지 않았다. 한번은 성상이 이르기를,

"성심으로 병을 살피는 사람은 조 아무개와 아무아무 뿐이다."

하였다. 대상(大喪)을 당해서는 이야기가 나올 때마다 반드시 눈물을 흘렸다. 매번 후사로 즉위한 임금에게 병이 있고 나랏일에 걱정거리가 많아 근심하고 탄식하며 잠을 이루지 못하였다. '그리 하라.〔依爲之〕'라는 성상의 하교 세 글자를 읽을 때마다,

"만일 소인이 정권을 잡으면 나라가 어찌되겠는가."

하였다. 화가 일어나자 김창집 공이 사람들에게 말하기를,

"조공의 선견지명은 거의 미칠 수 없다."

하였다.

공은 처음에 목천(木川)에 임시로 장사지냈다가 병오년(1726) 3월, 장단(長湍) 동파(東坡)의 언덕으로 이장하였으며 관청에서 장례를 도왔다. 부인 청송 심씨(靑松沈氏)는 먼저 세상을 떠났는데 합장하였다. 부인은 부사 익선(益善)의 딸이며 영의정 지원(之源)의 손녀이며 충정공(忠正公) 홍익한(洪翼漢)의 외손으로 정경부인에 추증되었다.

장남 정빈(鼎彬)은 진사시에 합격하고 판관을 지냈으며, 차남 관빈(觀彬)은 문과에 급제하고 참판을 지냈으며, 삼남 겸빈(謙彬)은 진사시에 합격하고 교관을 지냈다. 딸은 이정영(李廷煐), 진사 박서한(朴舒漢), 홍계백(洪啓百)에게 시집갔다. 측실 소생 아들은 복빈(復彬)이고 딸은 무과에 급제한 홍보인(洪輔人)의 아내이다. 정빈은 아들이 없어 공의 유언으로 겸빈의 아들 영극(榮克)을 아들로 삼았다. 딸 넷을 두었으니 이정황(李廷煌), 송요협(宋堯協), 윤득민(尹得敏)에게 시집갔고 막내는 아직 시집가지 않았다. 관빈은 계자 영석(榮晳)을 두었으며, 겸빈은 2남 2녀를 두었는데 장남은 영극이며 차남은 아직 이름을 짓지 않았고 딸들은 모두 시집가지 않았다.

아, 죽고 사는 것은 중대한 변고이다. 의리를 깊이 보고 확고하게

지키지 않는다면 어찌 담소하며 대처하면서 정도를 잃지 않을 수 있겠는가. 공과 세 대신은 소인의 화를 당하여 생사와 영욕이 형세상 혼자만 다를 수 없었다. 그러나 당시 공의 가까운 친척들이 조정에서 정권을 잡고 있었으니, 만약 공이 한 마디 하지 않았더라도 살기를 바라는 뜻을 조금 보였다면 화를 면할 수 있었을 것이다. 그런데 정도를 지키며 흔들리지 않고 죽음을 집에 돌아가듯 여겼으니, 어찌 더욱 탁월하여 미치기 어려운 점이 아니겠는가.

공은 평소 과격하고 준엄한 행실을 좋아하지 않아 세상과 함께 부침하는 것 같았지만, 결국에는 만 길 철벽과 같은 우뚝한 절개를 세웠으니, 자기가 공을 안다고 하는 세상 사람들도 제대로 알지 못한 결과를 면할 수 없다. 이것이 어찌 속된 사람과 쉽게 이야기할 수 있는 것이겠는가. 옛글에 이르기를,

"큰일을 당해도 절개를 빼앗을 수 없다."[41]

하였으니, 공이 그런 사람이 아니겠는가. 중요한 점은 이와 같으니 세세한 것은 생략한다. 이에 감히 그 가장(家狀)을 바탕으로 중대한 요점을 모아 입언군자(立言君子)의 채택을 기다린다.

41 큰일을……없다 : 《논어(論語)》 〈태백(泰伯)〉의 "어린 임금을 맡길 만하고, 제후국에 사신으로 갈 만하며, 큰일을 당해도 절개를 빼앗을 수 없다면 군자다운 사람이다.〔可以託六尺之孤, 可以寄百里之命, 臨大節而不可奪也, 君子人與, 君子人也.〕"라고 한 말을 인용한 것이다.

도암집

제49권

행장 行狀

영의정 장암 정공 행장
領議政丈巖鄭公行狀

본관 경상도(慶尙道) 영일현(迎日縣).

증조 증 병조판서 행 통정대부 강릉대도호부사 휘 종명(宗溟), 증조모 증 정부인 남양 홍씨(南陽洪氏).

조부 성균 생원 증 좌찬성 휘 직(溭), 조모 증 정경부인 비안 박씨(比安朴氏).

부친 증 영의정 행 통훈대부 사헌부감찰 휘 경인(慶演), 모친 증 정경부인 덕수 이씨(德水李氏), 모친 증 정경부인 여흥 민씨(驪興閔氏).

공의 휘는 호(澔), 자는 중순(仲淳)이며 영일 사람이다. 영일 정씨는 고려 평장사 균지(均之)로부터 문정공(文貞公) 사도(思道), 공간공(恭簡公) 홍(洪)을 거쳐 문청공(文淸公) 휘 철(澈)에 이르렀다. 이분은 소경왕(昭敬王 선조(宣祖)) 때 청렴하고 충성스러우며 강직한 도리로 시대의 명신이 되어 사적이 역사에 실려 있다. 이분이 공의 고조이다.

강릉공(江陵公 정종명)은 일찍 과거에 장원하여 성승이 되리라는 기대를 듬뿍 받았는데, 광해군 때 곤액을 당하였다가 만년에 태평성대를 만나 비로소 청요직에 올랐으나 다 쓰이지 못하고 세상을 떠났다. 생원공(生員公 정직)은 젊어서 중망이 있었으며, 계곡(谿谷) 장공(張公 장유(張維))과 막역지교(莫逆之交)였으나 불행히 약관을 넘겨 세상을 떠났다. 장공이 글을 지어 조문하여 애통해 하는 뜻을 다하였으니 그의 문집에 실려 있다.[1]

감찰공(監察公 정경인)은 젊어서 성균관에 들어갔다. 비록 어버이를 위해 벼슬하였으나 지조가 고결하고 진취에 뜻이 없었다. 덕이 순수하고 행실이 뛰어나 집안을 잘 계승하였다. 노봉(老峰) 민정중(閔鼎重) 공, 남계(南溪) 박세채(朴世采) 공이 행장과 묘지를 지어 몹시 칭찬하였다.[2] 민부인은 부인의 덕이 순수하고 완비되었으며 예법을 따라 흠이 없었다. 숭정 무자년(1648, 인조26) 10월 10일 인시(寅時)에 공을 낳았다.

감찰공이 아명을 태교(胎敎)라고 지었으니, 《소학》 첫편의 말을 취한 것이었다.[3] 어려서부터 남다른 자질이 있어 단정하고 엄숙하였다. 놀기를 좋아하지 않고 스스로 배우기를 좋아할 줄 알아 번거롭게 가르칠 필요가 없었다. 조금 장성하자 효성이 지극하였다. 감찰공이 노년에 모친상을 당하여 예법을 넘어설 정도로 상을 치르다가 몸을 상하여 병이 들었다. 공은 좌우에서 부축하고 밤낮으로 걱정하며 3년을 하루같이 보냈다. 상을 마치자마자 병이 마침내 위독해졌는데, 공은 더욱 애태우며 분주하게 치료하며 눈을 붙이지도 않고 띠를 풀지도 않았다.

1 그의……있다 : 《계곡집》 권9에 실려 있는 〈제정군평문(祭鄭君平文)〉을 말한다.

2 노봉(老峰)……칭찬하였다 : 민정중의 《노봉집(老峯集)》 권9에 실려 있는 〈사헌부 감찰 정공 행장(司憲府監察鄭公行狀)〉과 박세채의 《남계집(南溪集)》 외집(外集) 권40에 실려 있는 〈사헌부 감찰 정공 묘지명(司憲府監察鄭公墓誌銘)〉을 말한다.

3 감찰공이……것이었다 : 《소학》 〈입교(立教)〉의 "《열녀전》에 이르기를 '옛날에 부인이 임신하면 잠잘 때는 옆으로 눕지 않고, 앉을 때는 모로 앉지 않으며, 설 때는 한쪽 발로 서지 않았다. 맛이 이상한 것은 먹지 않고, 반듯하게 썰지 않으면 먹지 않고, 자리가 바르지 않으면 앉지 않고, 눈으로 부정한 색을 보지 않고, 귀로는 부정한 소리를 듣지 않고, 밤이면 맹인에게 시를 외우고 바른 일을 말하게 하였다. 이와 같이 하고 아이를 낳으면 용모가 단정하며 재주가 보통 사람보다 뛰어날 것이다."라는 내용을 말한다.

하늘에 호소하여 대신 죽기를 기원하였으며, 손가락을 베어 피를 올렸다.

상을 당하자 통곡하고 발을 구르다가 혼절하였으며, 손가락의 상처도 심해져 거의 목숨을 보전하지 못할 정도였기에 보는 사람들은 코가 시큰해졌다. 그래도 장례지내는 큰 일에 힘을 다하여 형들을 도왔다. 시신에 입히고 관에 넣는 물건은 반드시 정성과 신의를 다하여 유감이 없게 하였다. 장사지낸 뒤에는 그대로 묘소 옆에서 여막살이하니, 형들이 어린 나이에 몸을 상할까 걱정하여 온갖 방법으로 멈추도록 달랬으나 멈추지 못하였다. 상을 마치자 비로소 집으로 돌아와 민부인을 섬겼다. 집안이 평소 곤궁하여 살 길이 없었으나 봉양하는 물품과 맛있는 음식은 몸소 마련하여 부족한 적이 없었다.

공은 일찍 문예를 성취하였으나 조모상을 마칠 때까지 3년 동안 과거에 응시하지 않다가 이어서 부친상을 당하였다. 상을 마치고 민부인이 입신양명을 간절히 바라자 공은 모친의 뜻에 따라 과문(科文)에 제법 힘을 쏟았다. 중간에 우암(尤菴) 송 문정공(宋文正公 송시열) 선생의 문하를 오가며 학문을 질의하니, 선생이 대단히 기대하였다.

얼마 지나지 않아 사화가 일어나자 선생이 가상 년서 유배되고, 공은 마침내 과거 공부를 그만두었다. 어버이를 봉양하는 여가에 날마다 염락(濂洛)[4]의 성리서(性理書)를 가져다 전념하여 공부하니, 잠심하여 실제로 체득하는 데 요점을 두고 예전에 익힌 글짓기는 더 이상 마음에 두지 않았다.

4 염락(濂洛) : 염계(濂溪)의 주돈이(周敦頤), 낙양(洛陽)의 정호(程顥), 정이(程頤) 등 송나라 성리학자들을 말한다.

무오년(1678, 숙종4) 봄, 민 부인의 상을 당하여 한결같이 이전의 상처럼 엄하게 예법을 지켰다. 혼자서 어린 조카 둘과 함께 여막에서 살며 아침저녁으로 묘소에 올라가 성묘하고 슬피 통곡하니 눈물이 흘러 땅을 적셨다. 항상 거적으로 자리를 삼고 흙덩이를 베개로 삼으며 진자리 마른자리를 가리지 않았다. 아침저녁으로 죽을 먹었는데 종에게 맡기지 않고 몸소 불을 때었다. 묘소가 집에서 20여 리 떨어져 있었는데 초하루와 보름이면 반드시 가서 전(奠)을 올렸다. 가난하여 조랑말도 없었기에 항상 도보로 갔는데 비가 오나 바람이 부나 추우나 더우나 한번도 그만둔 적이 없었다. 공은 앞서 부친상을 당했을 때 혈기가 아직 건장하지 않아 지나치게 몸을 상하였는데, 이때 더욱 기운이 없어져 보는 사람들이 상을 견디지 못할 것이라 모두 걱정하였다.

모친상을 마친 뒤, 생전에 벼슬하여 봉양하지 못한 것을 더욱 한스럽게 여겨 과거 공부를 그만두고 실질적인 공부에 전념하려 하였다. 그러나 형제들이 모두 집안을 위해 과거 공부를 그치지 않고 권하였기에 공도 감히 제뜻을 이룰 수 없었다. 경신년(1680) 비로소 별과(別科)에 응시하여 초시(初試)에 1등으로 합격하였다. 임술년(1682) 성균관에 오르고, 갑자년(1684) 문과에 합격하니 명성이 널리 퍼졌다.

을축년(1685, 숙종11) 승문원에 선발되어 들어갔다. 병인년(1686) 천거를 받고 예문관 검열에 임명되었다. 정묘년(1687) 가을, 대교로 승진하였다. 얼마 후 가주서로 있을 때의 사건[5]으로 인해 고양(高陽)으로 유배되었다.

5 가주서로 있을 때의 사건 : 《승정원일기》를 대신 쓰게 한 일을 말한다. 《承政院日記 肅宗 12年 11月 3日》

무진년(1688, 숙종13) 1월, 사면받고 돌아와 봉교로 승진하고 규례대로 성균관 전적으로 옮겼다가 곧 예조 좌랑으로 옮겼다. 2월, 병조 좌랑으로 옮겼다. 이보다 앞서 윤증(尹拯)이 우암의 문인으로서 자기 부친의 묘갈명이 기대에 걸맞지 않는다고 미워하여 스승을 배반하고 당파를 나누었다.[6] 조정의 논의가 분열되어 당론을 표방하는 경우가 점점 일어나니, 근심스러운 일이 많아졌기에 공은 이미 뜻을 접기로 마음먹었다.

하루는 대궐에서 연일 숙직하다가 보니, 병조에서 궐문에 난입하는 자를 금지하는 것을 담당하는데 날마다 금령을 어기는 자는 대부분 금표(禁標)를 지니고 출입하는 여염의 여인들이었다. 공은 대궐이 엄하지 못한 모습을 보고서 자기도 모르게 놀라 당일로 가족을 데리고 시골로 내려가니, 친구들이 모두 기이하게 여겼다.

5월, 사간원 정언에 임명되자 사직하였으나 받아들여지지 않았다. 차라리 조정의 잘잘못을 극론하여 성상께서 한 번 깨닫기를 바라는 마음으로 만여 자의 상소를 썼다. 우암 선생이 당시 화양(華陽)에 있다가 이 이야기를 듣고 만류하며 심지어 회옹(晦翁 주자)이 상소를 불태운 일[7]을 인용하여 타이르니, 마침내 상소를 올리지 못했다. 마침내

6 윤증(尹拯)이……나누었다 : 윤증이 부친 윤선거(尹宣擧)의 묘갈명을 송시열에게 부탁하였는데, 송시열은 박세채(朴世采)의 행장에 따라 간략히 기술하고 병자호란 때의 처신을 비판하였다. 이로 인해 윤증과 송시열의 관계가 소원해지고 서인(西人)은 노론(老論)과 소론(少論)으로 분열하였다.

7 회옹(晦翁)이……일 : 주희가 조여우(趙汝愚)를 변호하고 한탁주(韓侂胄)를 탄핵하는 상소를 올리려 하였으나 문인 채원정(蔡元定)의 권유로 점을 쳐 보니 불길하여 상소를 불태웠다.《朱子大全 附錄 卷6 年譜》

도성에 들어가 숙배하고, 즉시 오도일(吳道一)을 삭거사판(削去仕版)하라는 논의[8]를 꺼냈다. 동료들은 각자 인피하고, 어떤 이는 오도일을 위해 앞장서서 신구(伸救)하는 자도 있었다. 공 또한 오도일의 몸가짐이 패악하며 관원들을 모욕하고 논의를 제멋대로 주도하며 오로지 속이고 숨기기를 일삼는 실상을 자세히 논하였다.

이때 소인들이 스스로 청론(淸論)을 가탁하며 덕 있는 선배들을 훈척(勳戚)의 당파로 배격하여 훗날 이익을 얻고자 하였다. 그리하여 오도일을 오랫동안 전형하는 자리에 두고 붕당을 심어 마음껏 행동하게 하니, 온 세상 사람들이 휩쓸려 감히 말하는 자가 없었다. 공이 보잘것없는 신진으로서 혼자 이 논의를 제기하자 시배(時輩 소론)가 몹시 놀랐다. 오도일 역시 제 수법이 남김없이 드러났기에 증오하여 자기 당파에 속한 김홍복(金弘福), 박태순(朴泰淳) 등을 사주하여 떼지어 일어나 거꾸로 헐뜯게 하여 공을 논죄하여 파직시켰다. 이해 겨울, 외직으로 나가 석성 현감(石城縣監)에 보임되었으니, 그들의 계책에 빠진 것이었다. 교대하는 데 친혐(親嫌)이 있다는 이유로 부임하지 않았다.[9]

기사년(1689, 숙종15) 봄, 병조 좌랑에 임명되었다. 얼마 후 우암이 외딴 바닷가에 위리안치되고 인현왕후(仁顯王后)가 사가(私家)로 물러났다. 흉인들이 권력을 잡자 오도일의 당파가 마침내 협력하여 공을

8 오도일(吳道一)을……논의 : 정호는 오도일이 신계화(申啓華)를 비롯한 조정 선비들을 모욕하였다는 이유로 삭거사판을 청하였다. 《肅宗實錄 14年 7月 8日》

9 교대하는……않았다 : 전 석성 현감 이집성(李集成)은 정호의 사촌형이었다. 《承政院日記 肅宗 14年 11月 11日》

경성 판관(鏡城判官)으로 내보냈다. 공은 우암이 정읍(井邑)에서 사사되었다는 소식을 듣고 조복(弔服) 차림에 가마(加麻)[10]하여 애도하고, 사람을 보내 제문을 가지고 가서 제사지내게 하였다.

부임한 뒤로는 좌천된 사람으로 자처하지 않고 그곳 백성을 비루하게 여기지도 않았다. 먼저 임진년(1592, 선조25) 의병을 일으킨 이들의 사적을 찾아보고 제문을 지어 몸소 창의사(彰義祠)에 제사지내고 그곳에 남아 있는 자손들의 세금을 면제해 주었으며, 효자 강민인(姜敏仁)의 집을 표창하였다.[11] 새로 《격몽요결(擊蒙要訣)》과 《상례비요(喪禮備要)》 등의 책을 간행하고 시골의 우수한 이들을 모아 양식을 주고 공부하게 하니, 멀고 가까운 곳에서 감화되어 습속이 크게 변하였다.

이때 흉년이 들어 관청의 저축이 고갈되었는데, 공이 마음을 다해 구휼하여 백성이 굶어죽는 것을 면하였다. 어사 이만원(李萬元)이 몰래 경내로 들어갔다가 사적으로 평사 이현조(李玄祚)를 만났는데, 이현조는 시배(時輩)에 속하였으나 공과는 예문관에 함께 있었던 동료로서 교분이 제법 깊었다. 그는 평소 공이 오래 전부터 중병을 앓고 있다는 사실을 알았기에 오래 변방에 머무는 것을 안타깝게 여기다가 이때에 이르러 어사에게 부탁하여 아뢰어 파직시키게 하였다. 어사가 말하기를,

"내가 드나들며 염찰하여 이미 자세히 보았고, 수령의 잘잘못도 다

10 가마(加麻) : 스승의 상(喪)에 심상(心喪)을 입는 표시로 건옷에 삼베 조각을 붙이는 것이다.

11 효자……표창하였다 : 강민인의 행적은 《장암집(丈巖集)》 권24에 실려 있는 〈경성 효자 강민인 정려기(鏡城孝子姜敏仁旌閭記)〉에 보인다.

알고 있다. 비록 청렴하여 자신을 아끼는 자도 북방의 말 한 마리를 기르지 않는 자가 없는데, 경성 판관만은 이런 일이 없으니 내가 실로 감복한다. 장차 무슨 말로 아뢰어 파직시키겠는가."

하였다.

경오년(1690, 숙종16) 겨울, 대간의 탄핵을 받고 체직되어 돌아왔다.[12] 탄핵하는 글이 지극히 참혹하였으나 끝내 터럭만큼도 관청의 일로 연루시키지 못하였으니, 공론을 속일 수 없다는 것을 알 수 있다. 공은 평소 아름다운 산수를 좋아하였는데, 이때부터 세상에 뜻이 없어 깊은 산속으로 들어갈 생각이 더욱 간절해졌다. 연풍(延豐) 골짜기 장암(丈巖) 근처에 으슥한 땅 한 곳을 얻어 몇칸 초가집을 짓고 반계정(攀桂亭)이라고 하였으니, 회암의 〈초은사(招隱詞)〉에 나오는 "계수나무 가지를 잡고 오랫동안 머문다.〔攀援桂枝聊淹留〕"라는 뜻을 취한 것이었다. 소문을 듣고 배우러 오는 이웃 학생들이 많아 날마다 경전과 사서를 토론하였다. 비록 거친 밥도 잇지 못했으나 근심으로 여기지 않고 이렇게 살다가 죽을 뜻이 확고하였다.

갑술년(1694, 숙종20), 성상이 크게 깨닫고 중전을 복위하여 먼저 우암 이하 여러 현인들을 신원하고, 기사년(1689) 이후 흉역을 저지른 당파를 쫓아내었다. 사람들은 모두 낯빛을 바꾸고 경하하며 태평성대를 기약할 수 있다고 하였다. 그러나 공만은 그렇지 않다고 여겼는데, 누군가 그 이유를 묻자,

"예전의 이름난 신하들은 거의 다 죽고 오직 남 상국(南相國 남구만)

12 경오년……돌아왔다 : 당시 사헌부에서 정호가 공무를 방기하고 역적 김환(金煥)을 옹호하였다는 이유로 삭거사판을 청하였다. 《肅宗實錄 16年 6月 29日》

한 명만 남았는데 이 사람이 반드시 정승을 맡을 것이니, 하늘의 뜻과 사람의 일을 분명 알 수 있다."

하였다. 수암(遂菴) 권상하(權尙夏) 공이 공의 출처를 묻자,

"저는 벼슬하지 않기로 정한 지 이미 오래입니다. 더구나 시배(時輩)가 하는 짓은 대부분 바르지 않으니, 지금이 어찌 사군자가 조정에 발을 들일 때이겠습니까."

하였다.

4월, 사헌부 지평에 임명되었다. 당시 조정이 어수선하고 국옥(鞫獄)이 한창이었는데, 시배가 흉역을 비호하며 몰래 훗날 자신의 안전을 도모하려 하였다. 공이 상소하여 말하기를,

"조사기(趙嗣基)는 명성왕후(明聖王后 현종 비)를 무함하여 성상께서 이미 죽이라고 명하셨는데도 공초(供招)를 받아 법을 적용하라는 내용으로 복주(覆奏)한 자가 있었습니다.[13] 그리고 중전이 복위하여 인륜이 다시 바르게 되었는데도 상소하여 쟁집하고 관청에서 의견을 모은 자가 있었습니다.[14] 그 죄는 모두 죽일 만한 데도 조정 신하들은 우물쭈물하며 분명히 말하여 바로잡으려 하지 않습니다.

13 조사기(趙嗣基)는……있었습니다 : 1694년(숙종20) 5월 5일 장령 김홍정(金弘禎)이 조사기를 더 이상 심문하지 말고 처형하도록 청하자 숙종이 윤허하였다. 그러나 5월 11일 의금부에서 조사기가 아직 자백하지 않았는데 먼저 처형한다면 앞뒤가 바뀐다고 아뢴 일을 말하는 것으로 보인다. 숙종은 더 이상 심문하지 않고 조사기를 처형하고 가산을 몰수하였다.《肅宗實錄 20年 5月 5日, 11日》

14 중전이……있었습니다 : 인현왕후가 복위한 날, 승정원에서 대신(大臣), 재신(宰臣) 및 삼사(三司)의 신하들에게 조당(朝堂)에 모여 의논하게 하라고 청한 일을 말한다.《肅宗實錄 20年 4月 13日》

서문중(徐文重)은 역적의 옥사를 비호하고 사적으로 감옥의 죄수에게 문안하고는 자기 마음대로 그 원정 공사(原情供辭)를 고치고 몰래 낭관을 사주하여 엄하게 형신하여 그를 지레 죽게 하여 옥사의 실정을 어지럽히려 하였는데,[15] 전하께서는 갑자기 관대히 용서하고 죄를 묻지 않으셨습니다. 김시걸(金時傑)이 상소하여 논박하고 바로잡으려 하였으나 전하께서는 도리어 그가 모함한다고 꾸짖으시고 특별히 견책을 시행하며 조금도 용서하지 않으셨습니다. 신은 전폐(殿陛) 사이와 조정 위에 아랫사람을 막고 윗사람을 가리는 간신이 있더라도 장차 알 방법이 없게 될까 두려우니, 이는 국가의 복이 아닙니다."

하고, 또 아뢰기를,

"죄인 이현일(李玄逸)은 예전에 중궁을 모함하여 '스스로 하늘과 단절하였다.〔自絶于天〕'라고 하였는데, 그 원사에서 하늘 천(天)자를 '하늘로 삼는 바〔所天〕'의 하늘이라고 풀이하였으니, 그 정상이 더욱 패악합니다.[16] 구원하려는 자가 있는데도 전하는 깨닫지 못하시니, 한결같이 국법으로 처단하소서."

15 서문중(徐文重)은……하였는데 : 이 무렵 조정에서 기사환국을 일으킨 남인들을 심문하기 위해 국청을 설치하였는데, 김시걸(金時傑)이 상소하여 서문중이 지의금부사로 국청에 참여하여 죄인들의 진술을 조작하였다고 폭로하였다. 서문중은 이때 연루된 민암(閔黯)의 인척이었다. 《肅宗實錄 20年 4月 28日》

16 죄인……패악합니다 : 이현일이 1689년 9월 상소하여 인현왕후를 두고 "스스로 하늘과 단절하였다.〔自絶于天〕"라고 하였는데, 1694년 장령 안세징(安世徵)이 이를 문제 삼아 이현일을 국문하도록 하였다. 이현일은 이때의 공초에서 "성상은 중궁 전하가 하늘로 삼는 바〔所天〕이므로 완곡하게 말한 것입니다."라고 진술하였다. 《葛庵集 己甲辛癸錄》

하였으나 들어주지 않았다.

가을, 홍문관 수찬, 지제교에 임명되었다. 사정을 아뢰어 힘껏 사직하였으나 허락받지 못했다. 부득이 조정에 나아가 동료와 차자를 올려 사치를 혁파하고 검약을 숭상하며 정성을 다하고 실제에 힘쓰는 방도를 아뢰었다. 얼마 못 가서 휴가를 청하여 돌아와서는 오랫동안 조정에 돌아가지 않고 상소하여 인책하였다. 또 아뢰기를,

"전하께서 정국이 바뀐 초기에 조처가 정당하여 풍채가 즉시 변하였으나 일을 맡은 신하가 도리어 왜곡되고 구차한 논의를 두고 원대하고 심원한 생각이라 하여 전하로 하여금 의리와 이익의 구분을 바로잡고 정사와 형벌의 권한을 분명히 하지 못하게 하여 사람들이 아래에서 답답해 하도록 만들었습니다. 사정(邪正)을 분별하고 시비를 밝혀 사악한 붕당을 깨뜨리고 난리의 싹을 막는 요점으로 삼으소서."

하였다. 이때 정승 남구만(南九萬)이 장희재(張希載)를 구원하며 스스로는 세자를 위한 심원한 생각이라 하였다. 온 세상이 그의 간사함을 알았으나 훗날의 화복에 관계되어 그 잘못을 말하는 자가 없었다. 공이 예전에 말하기를,

"'심원한 계책〔深長慮〕'[17]이라는 세 글자는 비단 사류에게 해독을 끼칠 뿐만 아니라 필시 국가에 화를 끼칠 것이다."

하였는데, 이때에 이르러 마침내 말한 것이다. 성상의 비답에,

"대신을 침척하여 소란을 야기하려 하며, 앞뒤의 말뜻도 제법 은미하

17 심원한 계책〔深長慮〕: 남구만이 장희재의 극형에 반대하며 "나라를 위한 깊은 생각과 지나친 염려에서 이렇게 하지 않을 수 없다.〔爲國家深思過慮, 不得不出於此矣〕"라고 한 말을 가리킨다.《肅宗實錄 20年 閏5月 2日》

니, 몹시 불쾌하다."

하였다. 또 대신의 상소에 대한 비답에 '정호의 상소는 바르지도 않고 명백하지도 않다.'라는 말씀이 있었다.

이듬해 봄, 부교리로 승진하였다. 공은 연달아 엄한 비답을 받았기에 감히 집에 있으면서 사직할 수 없어 근기 지방으로 나아가 지난 일로 인책하고 견책을 청하였다. 성상이 온화한 비답을 내리며 허락하지 않자 마침내 도성에 들어가 숙배하고, 얼마 지나지 않아 체직되어 고향으로 돌아왔다. 가을에 잇따라 정언, 수찬에 임명되어 사직하였으나 윤허를 받지 못하였다.

겨울에 조정으로 돌아왔다. 이전에 성균관 유생들이 송 문정공(宋文正公 송시열)을 도봉서원(道峰書院)에 나란히 제향하도록 청하여[18] 유사에게 명을 내렸는데, 유사가 잘못하여 배향(配享)하겠다고 복주(覆奏)하였다. 공이 즉시 들어가 그 일을 말하자 고쳐서 처음의 명령을 따랐다. 그러자 흉도들이 상소하여 문정공을 무함하여 제향을 저지하였다.

또 이사상(李師尙)이라는 자가 예전 상소의 어구를 뒤늦게 제기하였으니, 공을 침척하려는 의도였다.[19] 이사상은 기사년(1689) 중전이 대

18 이전에……청하여 : 1694년 성균관 유생 이기익(李箕翊) 등이 상소하여 송시열을 도봉서원에 제향하도록 청하였다. 《肅宗實錄 20年 8月 22日》

19 또……의도였다 : 이사상(李師尙, 1656~1725)의 본관은 전주(全州), 자는 성망(聖望)이다. 1694년 정호가 서문중(徐文重)을 탄핵하자 정재희(鄭載禧)가 변호하였는데, 정호는 상소하여 정재희를 비판하며 "속임수를 쓰고 사실대로 말하지 않는다.〔詐不以實〕"라고 하였다. 정재희는 이 일로 인해 시골에 물러나 있었는데, 이때에 와서 이사상이 정호의 상소 내용을 문제 삼아 공격하였다. 《肅宗實錄 20年 閏5月 11日, 22年

궐에서 쫓겨나던 날 외람되게 전시(殿試)에 응시하여 높은 성적으로 급제하였다. 동방(同榜)의 여러 사람들이 상소하여 스스로 탄핵하려 하자, 이사상이 계책을 써서 저지하였다. 그 뒤 유명천(柳命天)과 심단(沈檀)의 문하를 출입하면서 외람되게 홍문관에 선발되었다. 정국이 바뀐 초기에 정사하는 자리에 금고를 당하였으나 시배가 곧 다시 대간의 자리로 끌어들였다. 공이 예전에 개탄하며 논의를 꺼낸 적이 있었는데, 이사상은 자신이 청론에 용납받지 못할 줄 알고, 마침내 일을 계기로 공을 비난하였다. 공이 상소하여 말하기를,

"저 이사상은 출사한 초기에 인륜에 죄를 짓고 흉인들에게 붙었기에 사람들이 모두 침을 뱉고 사류에게 버림받은 지 오래입니다. 지금 그의 상소 내용이 지극히 패악하니, 실로 조정의 수치입니다. 어찌 신에게만 모욕일 뿐이겠습니까."

하고, 마침내 스스로 벼슬을 그만두고 돌아갔다. 이듬해 외직으로 나가 의성 현령(義城縣令)에 보임되었다. 영남의 풍속은 평소 다스리기 어렵기로 알려졌는데, 1년 동안 고을에 있으면서 맑고 깨끗하게 다스리니, 관청이 아무 일 없는 것처럼 조용하였다.

정축년(1697, 숙종23) 가을, 벼슬을 그만두고 곧장 돌아갔으므로 해유(解由)[20]가 나오지 않았는데, 이 때문에 저절로 공격(公格)[21]에 걸렸다.

1月 11日》

20 해유(解由) : 관직을 그만두면서 후임자에게 인수인계하는 절차를 이상없이 마치는 것을 말한다.

21 공격(公格) : 관원이나 공직 등에 관한 격식을 말한다.

무인년(1698, 숙종24) 봄, 연석의 신하가 성상에게 아뢰어 특명으로 해유를 없애주어 다시 경연에 들어갔다. 수찬에 임명되고 곧 다시 시강원 필선으로 승진하였다. 당시 논의하는 사람들이 공을 이조의 낭관으로 추천하였는데, 오도일이 이조 참판으로 있으면서 이유 없이 올려서 의망하였다. 고사에 따르면 이름난 관원의 품계를 올리는 것은 낭관으로서 정사에 참여한 경우가 아니면 으레 하지 못하였다. 이때에 이르러 이조의 아전이 전례를 아뢰자 오도일이 소리를 지르며,

"나부터 전례를 만들면 된다. 어찌 전례를 따를 필요가 있겠는가."

하니, 들은 사람들이 놀라고 분개하였다. 얼마 후 사헌부 집의로 옮겨 임명되자 연달아 사직하였으나 체직되지 않았다.

4월, 배를 타고 북경에 가다가 즉시 염문 어사(廉問御史)에 임명되었다. 이때 연달아 기근이 들어 영의정 최석정(崔錫鼎)이 오랑캐의 쌀을 사오려고 오랑캐 사신을 빈접하다가 그에게 오만한 글을 받아 성상에게 치욕을 끼쳤다.[22] 이유(李濡) 공이 호조 판서로 그 일을 받들어 시행하는데, 공이 장차 떠나려 하면서 소매에서 차자를 꺼내 올려 청대하고 성상께 아뢰기를,

"우리나라는 오랑캐에게 만대가 지나도 반드시 갚아야 하는 원한이 있습니다. 비록 나라가 없어지더라도 의리상 구걸하여 먹여달라고 할 수 없습니다. 지금 나라를 다스리는 자가 백성을 도탄에서 구하지

22 이때……끼쳤다 : 최석정이 중강(中江)에서 청나라의 쌀을 사 오면서 청나라 이부시랑(吏部侍郎) 도대(陶岱)가 국왕에게 보내는 편지를 가져왔는데, 자신을 '권제(眷弟)'라고 칭하였다. 양사(兩司)에서는 최석정이 이 글을 물리치지 못하고 받아와 국가에 치욕을 끼쳤다는 이유로 파직을 청하였다. 《肅宗實錄 24年 5月 1日·28日》

못하고, 또 씨만 남은 백성을 몰아서 금수와 오랑캐의 지경으로 몰아넣으면서도 꺼리지 않으니, 참으로 통곡하고 눈물을 흘릴 일입니다."

하니, 성상이 온화한 낯빛으로 대답하기를,

"오늘날 이러한 의논은 끝내 없을 수 없다."

하였다. 마침 그날 빈청에서 인견하는 날이었는데, 대신 이하로 공이 올린 차자를 읽은 자들이 모두 귀 기울여 듣고 물러나 서로 이야기하기를,

"이는 우리들을 곧바로 오랑캐와 짐승으로 몰아넣는 것이다."

하였다고 한다. 당시 3도에서 임명을 받았는데, 공은 영동과 영서를 맡았다. 공은 평소 임증(淋症)과 산증(疝症)이 있어 먼 길을 가는 데 방해가 되었기에 이때에 이르러 사람들이 모두 걱정하였다. 그러나 공은 스스로 돌볼 겨를이 없이 없었다. 마침 장마철을 만나 영해 수천 리를 출입하면서 깊은 산과 외딴 골짜기라도 가지 않는 곳 없이 백성의 질고를 묻고 어려움을 꺼리지 않았다. 마지막에는 순무(巡撫)하기 위해 여러 고을을 두루 다니면서 적체된 옥사를 해결하면서 모두 공정하게 처리하도록 힘써 백성이 만족하였다. 근세에 안렴하는 자들은 대부분 가혹하게 잘못을 집어내는 것을 현명하다고 여기고 창고를 봉하여 쫓아내는 것을 위엄 있다고 여기는데, 공은 그것이 사대부를 예우하는 방도가 아니라고 문제로 여겼다. 이때 와서는 한번도 창고를 봉하지 않고 단지 서계를 올려 논죄하였으며 자잘한 일은 생략하니, 논하는 자들이 모두 사신의 체모를 얻었다고 하였다.

복명(復命)한 뒤 양사(兩司)와 함께 최석정(崔錫鼎)과 이광좌(李光佐) 두 신하의 죄를 논하였다. 이공은 공의 오랜 벗이었기에 많은 친구들이 그를 위해 회유하며 "용서할 방도가 있을 것이다."라고 하였으나

공이 말하기를,

"내가 언제 아무 대감이 일부러 일을 망쳤다고 하였는가. 최 정승조차도 그 본뜻을 따져보면 필시 좋은 방책이라고 여겼을 것이다. 그러나 결국은 모두 백성을 병들게 하고 나라를 욕되게 하는 결과를 면하지 못하였다. 대각이 일을 논하면서 어찌 취사선택할 수 있겠는가."

하였다. 얼마 후 수찬으로 옮기고 시강원 보덕에 임명되어 상소하여 동궁을 보도할 방도를 논하였다. "천하에서 제일 가는 사람을 찾아야 한다."[23]라는 황상(黃裳)의 말을 인용하여 공경과 예의를 다해 진선 권상하(權尙夏)를 불러들여 훈도의 책임을 맡길 것을 요구하였다. 얼마 후 사간원 사간으로 옮겼다. 당시 영소전(永昭殿)[24]을 옮겨 봉안하는 일이 있었는데, 두세 대신이 이유 없이 참석하지 않았다. 공이 상소하여 말하기를,

"전하께서 영소전에 대하여 비록 예절의 등급을 낮추었으나 신하가 존숭하고 받드는 의리에 있어서는 어찌 감히 억지로 차등을 두어 위의와 체모 사이에 이처럼 흠이 있을 수 있겠습니까."

하였다. 얼마 후 휴가를 청해 고향으로 돌아가 상소를 올려 시비를 바로잡고 호오를 밝혀 붕당을 타파하는 요점으로 삼도록 논하였는데 거의 수천 자였다.

이에 앞서 성균관 유생들이 쾌주 윤증을 부르도록 청하고자 하였으나 대사성 송상기(宋相琦) 공을 꺼려서 마침내 쫓아내려는 계책을 세

23 천하에서……한다 : 송(宋)나라 황상(黃裳)이 광종(光宗)에게 훗날 영종(寧宗)이 되는 가왕(嘉王)의 스승으로 주자를 추천하며 한 말이다. 《資治通鑑後編 卷129》

24 영소전(永昭殿) : 인경왕후(仁敬王后) 김씨(金氏)의 신주를 모신 혼전(魂殿)이다.

웠다. 공은 선비의 기습이 바르지 않다고 통탄하며 상소 말미에 근본을 찾아서 말하기를,

"오늘날 유생들이 존숭하는 자는 지난날 스승을 배반한 사람입니다. 옛사람이 이르기를, '백성은 세 가지 존재 덕택에 살아가니, 한결같이 섬겨야 한다. 그들이 있는 곳에는 목숨을 바쳐야 한다.'[25]라고 하였습니다. 스승의 의리는 중요하기가 실로 임금, 아비와 차이가 없습니다. 지금 윤증은 젊어서 선정신 송시열의 문하에서 40여 년 수학하였으니, 그 계발하고 이끌어준 은혜가 부자 관계와 다름이 없습니다. 그런데 하루아침에 사사로운 유감 때문에 무함하고 능멸하여 못하는 짓이 없으니, 참으로 천고에 한 번 있는 큰 변고입니다.

그러므로 정승 김수항(金壽恒), 민정중(閔鼎重)은 백성의 인륜이 막히고 세도가 어지러워질까 몹시 두려워하여 더 이상 유현(儒賢)으로 대우하지 말라는 뜻을 탑전에서 아뢰었습니다.[26] 성상께서 특별히 윤허를 내리신 덕택에 사문이 실추되지 않고 선비가 나아갈 길도 거의 바르게 되었습니다. 그 뒤 윤증이 기사년(1689) 흉인들에게 추대를 받아 다시 청현직에 나와서 오늘날까지 인순하며 그대로 있습니다. 그 무리가 존숭하고 따르면서 못하는 짓이 없고, 전하께서 내우하는 예의도 몹시 융숭하였기에 점차 국시(國是)가 뒤집히고 선비들의 기습이 어그러져 그 폐난이 대사성을 쫓아내는 데 이르렀으

25 백성은……한다 : 《국어(國語)》〈진어(晉語)〉에 나오는 말이다.

26 성승……아뢰었습니다 : 1684년(숙종10) 5월 13일, 송시열과 윤증의 갈등이 불거지자 김수항과 민정중이 윤증을 이전과 달리 대우해야 한다고 말한 일을 가리킨다. 《肅宗實錄 10年 5月 13日》

니, 참으로 '스승이 걸으면 나도 걷고 스승이 말하면 나도 말한다.'[27]라는 것입니다. 유생들만 유벌(儒罰)을 받는다면 원통하지 않겠습니까. 근원을 맑게 하지 않고서 지류를 깨끗이 하려 한다면, 신은 날마다 백 명을 벌하더라도 끝내 선비의 풍습을 바로잡고 나라의 체모를 높일 수 없을까 두렵습니다."

하니, 성상께서 "대의는 참으로 좋으니 내가 가상히 여긴다."라는 비답을 내리고, 또 이르기를,

"상소 말미의 일은 무슨 말인가. 예전에 좨주가 당한 일은 시비가 어떠한지를 막론하고 관청의 문서가 아니었는데,[28] 당시 대신이 확대하여 조정에 알린 것은 큰 실착이다. 그런데 내가 깊이 생각하지 못하여 경솔히 윤허한 결과 고요한 평지에 큰 파란이 일어났으니 내가 지금까지도 후회한다. 이처럼 고집하지만 지금 갑자기 바꾼다면 이것은 마음 속에 주관이 없어서 안정되지 못하고 흔들리는 것이니, 나는 이렇게 하지 않겠다."

하였다.

옥당 김진규(金鎭圭) 공이 상소하여 승정원이 복역(覆逆)[29]하지 못한 잘못을 논하니, 승지 송창(宋昌), 김우항(金宇杭), 이세재(李世載) 등이 연명으로 상소하여 복역할 겨를이 없었으니 큰 실착이고, 유신

27 스승이……말한다 : 스승을 흉내낸다는 말이다. 안회(顔回)가 공자에게 "스승님께서 걸으면 저도 걷고, 스승님께서 빨리 걸으면 저도 빨리 걷고, 스승님께서 달리면 저도 달립니다."라고 한 말을 인용한 것이다. 《莊子 田子方》

28 예전에……아니었는데 : 신유의서(辛酉擬書)를 말한다.

29 복역(覆逆) : 승정원에서 국왕의 명령을 잘못이라고 판단하여 돌려보내는 것이다.

(김진규)이 상소로 지척한 것이 바로 여론이라고 하였다.

집의 이정겸(李廷謙)의 이름이 장리(贓吏)의 공초(供招)에 올라 감히 공무를 행하지 못했는데, 이때에 이르러 염치를 무릅쓰고 나와 공을 탄핵하며 파직하고 서용하지 말도록 하였다. 성상이 번거롭게 하지 말라고 답하였다.

지평 정유점(鄭維漸)은 이정겸이 염치를 돌아보지 않고 하위직이 행해야 하는 성상소(城上所)[30]를 갑자기 대신 행하여 대각의 체모를 손상하였다며 인피하였다. 장령 김덕기(金德基)가 말을 만들어 처치(處置)하여 정유점을 출사하게 하고, 이어서 이전의 계사를 정지하였다. 처치 계사에 대한 비답에 "부자와 사제 중에 어느 것이 무겁고 어느 것이 가벼운가."[31]라는 하교가 있었기에 지평 이언경(李彦經)이 성상의 뜻에 영합하여 이정겸의 뒤를 이어 나와서는 다시 공을 논죄하였는데 말뜻이 거짓되고 패악하기가 이전의 계사보다 갑절이나 심했다. 성상이 즉시 윤허하였다.

이때부터 시배가 '부자와 사제 중에 어느 것이 무겁고 어느 것이 가벼운가.'라는 성상의 하교를 빌미로 국시를 확정하였다. 공은 이것이 비단 한때의 시비를 밝히지 못할 뿐 아니라 장차 세도에 끝없는 화를 끼칠 것이라 여겨 마침내 경전에 근거하고 의리를 참작하여 〈사생설(師生說)〉[32]을 지어 후학을 깨우쳤으니, 문집에 보인다.

30 성상소(城上所) : 사간원과 사헌부의 관원이 공사(公事)를 출납하는 행위를 말한다.

31 부자와……가벼운가 : 1698년(숙종24) 11월 1일, 사헌부의 계사에 대한 숙종의 비답에 보인다. 《肅宗實錄 24年 11月 1日》

이듬해 봄, 비국에서 천거하여 동래 부사(東萊府使)에 임명되고 통정대부의 품계를 더하였다. 공은 작년 이후로 더욱 세상에 뜻이 없었는데, 단지 변방 수령의 체모상 감히 병을 말할 수 없어 억지로 부임하였다. 몸가짐이 청렴하고 엄격하여 역관들이 숨을 죽이고 왜인이 복종하였다.

경진년(1700, 숙종26), 체직되어 돌아왔다. 이듬해 봄, 또 천거받아 광주 부윤(廣州府尹)에 임명되었다가 오래지 않아 파직되어 돌아왔다. 겨울에 예조 참의가 되었다가 승정원 동부승지로 옮겼다.

이보다 앞서 남구만(南九萬), 유상운(柳尙運) 등이 나라의 역적을 옹호하여 대궐의 변란을 양성하였다. 그러다가 인현왕후(仁顯王后)가 세상을 떠나자 성상이 직접 무고(巫蠱)의 옥사를 캐내어 장희재(張希載)를 주살하고 남구만과 유상운의 당파를 쫓아냈다. 그리하여 이세백(李世白) 공이 정승 자리에 있으면서 공과 함께 국정을 담당하고자 하였다. 그러나 공에게 확고한 뜻이 있다는 것을 알고 수암(遂菴 권상하)에게 편지를 보내 조정에 나오도록 권하게 하였다. 수암이 누차 말하기를,

"이 정승이 성심으로 인정하고 시세가 큰 일을 할 기회입니다. 시대를 위해 한 번 나와 평소 품은 뜻을 펴되, 만약 안 된다면 다시 은거하는 것이 진퇴의 의리에 합당하지 않겠습니까."

하니, 공은 수암의 말에 감동하고 또 한결같이 버티는 것은 온당치 않다고 여겨 마침내 명을 받들고 도성에 들어갔다. 이공은 공이 온다

32 사생설(師生說) : 《장암집》 권26에 실려 있는 〈사생설문답(師生說問答)〉을 말한다.

는 소식을 듣고 몹시 기뻐하여 매사를 반드시 상의하였다. 공이 김진규 공 등 두세 명류(名流)와 함께 청론을 주장하고 세도를 유지하니, 선비들이 크게 의지하였다.

성균관 대사성을 거쳐 이조 참의로 옮겨 임명되었다. 청탁을 단절하고 적체된 이들을 선발하였으며, 집에는 잡스러운 손님이 없어 참새 잡는 그물을 칠 만하였다. 하루는 삼연(三淵) 김창흡(金昌翕) 공이 도보로 찾아왔다. 공이 말하기를,

"공은 어찌하여 몸을 굽혀 이곳으로 왔습니까?"

하니, 김공이 웃으며 말하기를,

"내가 마침 지나가는 길에 공의 집을 보니 물과 같아 현달한 사람의 집 같지가 않으므로 왔습니다."

하였다. 그리고는 조용히 한참 동안 이야기하다 떠났다. 겨울에 정사하는 일로 인하여 대신의 뜻을 거슬러 파직되었다.

계미년(1703, 숙종29) 2월, 다시 이조 참의에 임명되었다. 수찬 오명준(吳命峻)이 상소하여 이조를 공격하여 분을 풀려고 하였는데, 비난이 공에게도 미쳤다. 오명준은 오도일의 종손(從孫)으로 오도일이 권세를 잃는 모습을 보고는 한두 이름난 선비에게 아첨하고 빌붙으며 행장을 꾸려 왕래하며 오도일의 잘못과 악행을 드러내면서 못하는 짓이 없었다. 여러 공들이 그에게 속아 장차 이조 좌랑에 천거하려 하였으나 공만은 말하기를,

"오도일은 참으로 배척해야 하지만 오명준이 그래서는 안 된다."

하였다. 하루는 한포(寒圃) 이공(李公 이건명(李健命))이 공을 만나러 와서 오명준의 자를 부르며,

"오보경(吳保卿)을 이조에 천거하기로 여러 사람의 논의가 이미 정

해졌는데, 공은 어째서 그리 고집하는가?"

하니, 공이 말하기를,

"그의 심사를 따져보면 분명 불길한 사람이니, 공은 훗날 보게 될 것이오."

하였다. 며칠이 지나지 않아 과연 그의 상소가 나왔다.[33] 공이 이공에게 말하기를,

"공의 보경이 과연 어떠한가?"

하고, 함께 큰 소리로 웃었다. 당시 이 정승(이세백)이 갑자기 세상을 떠나자 공은 함께 나랏일을 할 사람이 없다고 염려하여 휴가를 내어 체직되고는 새벽에 즉시 강가로 나갔다. 이날 홍문관 부제학에 임명되자 그대로 강을 거슬러 올라가 동쪽으로 돌아가 상소를 올려 새로운 명령을 사양하였으나 허락을 받지 못하였다. 재차 사양하고 이어서 우암이 받은 무고를 변론하였다.

이에 앞서 박세당(朴世堂)이라는 자가 조금 문예는 있었으나 행실을 멸시하였다. 아내가 죽어 장사지낸 뒤 즉시 혼인하니, 우암이 듣고서 그르다고 하였다. 이 때문에 젊어서 이조 낭청에 천거되는 길이 막히자 몹시 유감과 분노를 품고 마침내 벼슬하지 않고 교외로 물러나 살았다. 명목은 독서한다지만 주자의 학문을 헐뜯고 사서(四書)의 주석을 고쳐 《사변록(思辨錄)》이라 하였다. 후생을 속여 유혹하고 오로지 그의 저술 및 《장자(莊子)》, 《열자(列子)》 따위의 책을 사사로이 가르쳤다. 또 정승 이경석(李景奭)의 묘도문에서 우암을 모욕하여 소정묘(少正

33 며칠이……나왔다 : 오명준이 이조 정랑에 천거되지 못하자 이조 판서 김구(金構)와 참의 정호를 탄핵하는 상소를 올렸다. 《肅宗實錄 29年 4月 21日》

卯)에 비유하였으니[34] 지극히 거짓되고 패악하였다. 이는 우암이 예전에 손적(孫覿)이 어떤 글을 지은 일을 가지고 이 정승의 〈삼전도비(三田島碑)〉를 비난한 적이 있으므로 이를 기회로 삼아 원망하는 글을 쓴 것이었다.[35]

사론이 일제히 분개하여 성균관 유생이 상소하여 변론하고, 또 경전을 훼손하고 성인을 모욕한 죄를 제기하니, 성상께서 그 사람을 유배보내고 그 책을 불태우라고 명하였다. 이 정승(이경석)의 자손이 조부의 신원을 핑계로 우암을 무함하고 박세당을 편들었다. 공은 이 일이 사문의 중대한 시비에 관계되니 논사(論思)하는 직임에 있으면서 말이 없을 수 없다고 하며 마침내 사실에 근거하여 조목별로 분명히 변론하였다. 또 선조조에 정개청(鄭介淸)의 배절의론(排節義論)[36]을 공격하여 깨뜨리고 중외의 학교에 반포하여 보인 고사를 인용하여, 경학에 뛰어난 글짓는 신하에게 명하여 박세당이 고친 주석의 괴벽한 말을 일일이 논박하게 하여 사람들이 분명히 깨닫게 하고 선비의 풍습을 바로잡게 하였다. 연달아 이조 참의에 임명되고 홍문관 부제학으로 옮겼다.

34 정승……비유하였으니 : 박세당이 이경석의 신도비를 지으면서 이경석을 비난한 송시열을 노(魯)나라 정사를 어지럽힌 소정묘에 비유하였다. 《肅宗實錄 29年 4月 17日》

35 우암이……것이었다 : 송나라 손적이 금나라에 항복하는 글을 짓자 주자가 '오래 살고 건강할 것이다.〔壽而康之〕'라고 비꼬았다. 송시열은 이경석의 궤장연(几杖宴) 서문에 이 말을 인용하였다

36 정개청(鄭介淸)의 배절의론(排節義論) : 정개청은 영의정 박순(朴淳)의 문인이었으나 그가 파직되자 동인(東人) 정여립(鄭汝立) 등과 친교를 맺었다. 이로 인해 스승을 배반하였다는 비난을 받자 〈절의청담변(節義淸談辨)〉을 지어 자신을 변호하였는데, 서인들은 이를 두고 절의를 배격한 논의라 하여 '배절의론'이라고 하였다.

갑신년(1704, 숙종30) 봄, 가선대부 함경도 관찰사로 발탁되었다. 떠나기 앞서 입대하여 성상께 아뢰기를,

"신은 번방(藩邦)에 임명되어 자주 청을 올릴 수 없으니, 소회를 다 아뢰고 가겠습니다."

하고, 명나라 두 황제의 사당을 세우는 것이 마땅하다고 극진히 아뢰며 성상의 뜻을 결정하도록 도왔다. 이 해에 숙종이 명나라가 멸망한 것을 애통해하고 옛 갑자가 다시 돌아온 것에 감격하여 신종(神宗)과 의종(毅宗) 두 황제를 높이고 보답할 방도를 다하도록 논의하였으니, 한편으로는 임진년(1592)의 잊기 어려운 은혜를 갚기 위해서이고, 한편으로는 《춘추》의 존주(尊周) 의리를 밝히기 위해서였다. 대신 이하가 대부분 두려워하고 꺼려서 막았기에 조정의 논의가 아직 귀일되지 않았는데, 공이 예전부터 개탄하였으므로 언급한 것이었다.

함경도에 거듭 기근이 들어 굶어죽은 시체가 가득하고, 새로 부임한 뒤라 창고가 고갈되었다. 이에 쓸데없는 비용을 절약하고 진휼할 밑천을 긁어모았다. 또 조정에 청하여 영동(嶺東) 연해 여러 고을의 곡식을 옮기도록 하였다. 정성을 다해 구휼하니 온 도의 백성이 이에 힘입어 죽음을 면하였다.

공은 예전에 경성 판관을 지냈기에 함경도의 방비가 허술하다는 것을 잘 알고 있었다. 또 관찰사는 한 도의 주인인데 수하에 군사가 없으니 만약 급한 일이 생기면 방어하기 어렵다는 점은 과거 신면(申㴐)의 일[37]로 알 수 있었다. 마침내 조목별로 형편을 진술하여 장계로 아뢰고

37 신면(申㴐)의 일 : 신면은 신숙주(申叔舟)의 아들로 1467년(세조13) 함길도 관찰사가 되었다가 이해 이시애(李施愛)의 난이 일어나자 반란군에게 죽음을 당하였다.

허락을 받아 함흥에 독자적인 진을 새로 설치하고, 각종 군기는 모두 스스로 마련하였다. 가을에 대규모 훈련을 시행하고 살펴보니, 앉고 일어나고 나아가고 물러남에 거의 방법을 알았다. 또 양사청(養士廳)을 설치하여 조약을 세우고 스승을 가려뽑아 양식을 주어 어리석은 선비를 가르쳤다. 간혹 향음주례와 향사례를 시행하니 북방 사람들이 고무되었다.

탐욕스럽고 잔인한 관리를 법으로 다스려 출척(黜陟)의 법을 엄격히 하였다. 이로 인해 비방하는 논의가 간혹 나왔는데, 어떤 이는 정사가 너무 엄격하여 사림들이 불안해 한다고 하였다. 서울에 있는 친구들 중에는 편지를 보내 경계한 사람도 있었다. 마침 불법을 저지른 어떤 무관 수령을 조사하였더니, 간사하게 훔친 정상이 낭자하였다. 그 사람은 평소 윗사람을 잘 섬겨 출세하였다. 죄를 심리하는 자리에 있는 자가 몰래 그 사람을 위해 어사를 따로 보내 그 일을 조사하도록 청하였다. 이른바 어사라는 자는 바로 이정제(李廷濟)였다. 이정제는 이보다 앞서 함흥 판관(咸興判官)에 임명되었는데, 공은 그의 아비가 당시 도내의 수령을 맡고 있으므로 체례상 방해가 된다는 이유로 장계로 논하여 체직시켰다. 이정제는 몹시 원한을 품고 있다가 이때에 와서 소사한 안건을 전부 뒤집고 장리(贓吏)의 죄를 벗을 수 있었다. 공은 소정이 이렇게 관찰사를 믿지 않으니 의리상 하루도 자리를 차지할 수 없다고 여겼다. 이때 또 본가에서 부인의 상을 당하자 연달아 상소하여 힘껏 사직한 결과, 체직되어 동지중추부사 겸 동지의금부사에 임명되었다. 돌아와 도성 밖에 이르러서 편비(編裨)를 시켜 밀부(密符)를 대신 바치게 하고, 곧장 고향으로 돌아갔다.

3월, 도승지에 임명되었다가 부제학으로 옮겼다. 연달아 사직하였으나 윤허를 받지 못했다. 이해 겨울 성상이 오랫동안 편찮았는데 홀연 선위(禪位)하겠다는 명을 내렸다. 백관이 놀라고 당황하여 호소하여 중지하도록 청하였다. 공은 감히 물러나 있지 못하고 다급히 상경하였는데, 길에서 예전의 전지를 도로 거두어들였다는 소식을 듣고 마침내 도성에 들어가 상소하여 병을 다스리고 마음을 다스리는 방도와 노기를 잊고 남을 대하는 방도를 극진히 아뢰었다. 얼마 후 매복(枚卜)[38]하는 일이 박두하자 성상이 정승을 책망하며 공정하지 않다고 지목하였다. 승정원이 복역(覆逆)하자 또 아첨한다며 배척하였다. 공은 근심과 탄식을 견디지 못하고 즉시 동료와 함께 차자를 올려 구원하였는데, 말이 몹시 간절하였다. 성상이 비답을 내려 구원한다고 배척하니, 마침내 상소를 올려 견책을 청하고 체직되어 돌아갔다. 겨울에 한성부 우윤에 임명되었다.

병술년(1706, 숙종32) 봄, 어사 유술(柳述)의 서계(書啓)로 인하여 심문을 받았다.[39] 갑신년(1704) 가을 부인의 상을 당했을 때 연원역(連原驛) 관사(館舍) 뒷산 기슭에 산소를 정하였는데, 언덕 하나를 사이에 두고 있었으며 관청과는 매우 멀고 또 보이지도 않았다. 그러므로 예전부터 사대부들이 왕래하며 표식을 해 둔 자가 많았기에 집에 있던 자제들이 본 주인에게 얻어서 썼던 것이다. 공은 수천 리 떨어진 함경 감영에 있어 관여하지 않았다. 유술은 권세를 믿고 빼앗아 점유하였다고 무고하였는데 말이 지극히 허망하였다. 자제들이 사실대로 격쟁(擊錚)

38 매복(枚卜) : 정승 후보를 추천하는 일을 말한다.

39 어사……받았다 : 유술은 충청좌도 어사(忠淸左道御史)로 정호가 국법을 무시하고 민가를 훼철하며 투장(偸葬)하였다고 탄핵하였다. 《肅宗實錄 32年 4月 3日》

하여 하소연하려 하자 공이 통렬히 금지하며,

"집안 일은 가장이 맡는 법이다. 더구나 시배들이 반드시 내게 해를 끼치려 하는데, 어찌 모른다고 해명하여 구차히 모면할 수 있겠는가."

하였다. 조정에서 재차 한성부 낭관을 보내 형세를 그려 오게 하였다. 그 낭관이 시배의 사주를 받고 이전의 낭관이 한 말과 완전히 반대로 보고하니, 헌사(讞司 의금부)에서 억지로 끌어다 법을 적용하여 도년(徒年)으로 청풍(淸風)에 유배하였다. 그해 가을, 사면을 받고 장암으로 돌아왔다. 이때부터 몇 년 동안 서용하는 명이 내리지 않아 날마다 유생들과 강학하는 것을 즐거움으로 삼았다. 그러나 정사의 잘잘못과 세도의 성쇠에 대해 걱정하고 사랑하며 감동하고 분개하는 마음은 나아가나 물러가나 차이가 없었다.

최석정이 자기가 편찬한 《예기유편(禮記類編)》을 바치며 경연에서 강하도록 청하였다. 공이 듣고서 탄식하며,

"이 화는 역적 윤휴에게서 시작되어 박세당과 최석정이 뒤를 이었다. 그러나 윤휴가 고친 것은 단지 《중용》의 주석 뿐이었지만 박세당은 사서의 주석을 전부 고쳤고, 박세당이 바꾸고 어지럽힌 것은 집주에 그쳤으나 최석정은 경문(經文)까지 무너뜨렸으니, 세도와 사문의 화가 장차 어디서 그칠지 모르겠다. 누가 능히 밝히여 물리쳐 도를 지킨 맹사의 공로를 계승하겠는가."

하고, 마침내 수암에게 편지를 보내 상소를 올려 명백히 분변하고 통렬히 배척하여 위로는 성상의 의혹을 풀고 아래로는 방향을 잃은 선비들을 인도하도록 권하였다.

수암은 당시 겸양으로 자처하였기에 갑자기 세도의 책임을 맡으려 하지 않았다. 또 몸은 나가지 않으면서 말을 한다면 말하고 침묵하는

도리가 아니라며 어려워하였다. 공이 또 말하기를,

"안자(顔子)가 나오지 않은 것은 공자가 있었기 때문입니다. 그렇지 않았다면 안자는 결코 꼼짝 않고 누추한 골목에서 지조를 지켰을 리가 없습니다."

하였다. 또 난신적자는 누구나 토벌할 수 있으니 반드시 사사(士師)라야 주벌할 수 있는 것은 아니라는 말[40]을 거론하며 서로 의견을 주고받으며 바로잡도록 청하였다.

경인년(1710, 숙종36) 봄, 성상이 병간호를 신중히 하지 않는다는 이유로 최석정의 죄를 성토하고 대사간으로 공을 불렀다. 공은 이천(伊川)이 서감(西監)으로 나아간 전례[41]에 따라 명을 듣자마자 가서 상소하여 최석정의 일을 논하였다.

"그의 죄상은 일일이 거론하기 어려우나 우선 한두 가지 큰 것을 말하자면, 역적의 자식을 풀어주도록 하여 훗날 이익을 도모할 바탕으로 삼고, 임부(林溥)의 옥사를 어지럽게 만들어 사류를 일망타진하려는 계책을 세운 것이니, 그의 마음은 길 가는 사람도 알고 있습니다. 그러나 온 조정의 관원들이 우물쭈물하며 감히 전하를 위해 분명히 말하는 자가 없습니다. 그 권위가 아래로 옮겨갔으니, 아, 두렵습니다.

40 난신적자는……말 : 《맹자집주》 〈등문공 하〉의 "《춘추》의 법도에 따른다면 난신적자는 사람마다 토벌할 수 있으니, 반드시 사사(士師)라야 하는 것은 아니다.〔如春秋之法, 亂臣賊子, 人人得而討之, 不必士師也.〕"라는 말을 인용한 것이다.

41 이천(伊川)이……전례 : 서감은 서경 국자감(西京國子監)이다. 정이(程頤)가 부주(涪州)에 유배되었다가 풀려나 서경 국자감에 제수되자 곧바로 황제를 알현한 뒤 한 달 동안 녹봉을 받고 물러났다. 《二程全書 卷50 伊川年譜》

약원의 일 한 가지는 원래 성상의 하교가 나오게 된 발단과 합계하여 조목별로 나열한 것으로 말하자면 실로 인지상정으로 생각할 수 없는 것이며 사람의 이치로 헤아릴 수 없는 것입니다. 전하의 신하된 자가 그 죄를 성토하는 것은 몹시 분명한 이치인데, 공(公)을 저버리고 당파를 위해 죽으려는 무리가 번갈아 나와 구원하고 앞장 서서 상소하여 마치 절개를 세우는 것처럼 하니, 이것은 무슨 이치입니까.

이른바 《예기유편》이라는 것도 근원을 깨뜨리지 않으면 안 됩니다. 육경과 사서, 주석의 글은 모두 요, 순, 공자 이래 정자, 주자가 서로 진수한 뜻으로 변치 않는 법이니, 이를 벗어나 말을 하면 오랑캐의 가르침이요 이단의 사설일 뿐입니다. 불행히 근년 이래로 사도(斯道)가 액운을 만나 정자와 주자를 공격하는 논의가 잇달아 나왔습니다. 역적 윤휴와 박세당이 앞에서 창도하고, 최석정이 뒤에서 호응하였습니다. 지금 그가 편찬한 책은 경문을 바꾸어 놓고 장구를 고치고서 감히 중외에 간행하여 배포하며 방자하게 아뢰었습니다.

윤휴의 학문은 흘러서 흉패와 반역으로 귀결되었으니, 이는 임금을 무시하는 무리입니다. 박세당의 학문은 흘러서 예의를 등지고 제사를 폐하는 행위가 되었으니, 이는 아비를 무시하는 가르침입니다. 이는 모두 성인을 업신여기고 경전을 훼손하는 데서 시작하여 방자하게 날뛰어 결국 인륜을 없애는 지경에 빠졌으니, 최석정이 군주의 병을 가볍게 보고 불충, 불효의 죄를 저지른 것은 모두 성인을 모욕하고 경전을 훼손하는 버릇이 뿌리가 된 데서 말미암았습니다. 그렇다면 이 일이 정사의 득실과는 그다지 관계가 없는 듯하나, 세교에 해를 끼치고 나라에 흉하기가 이처럼 매서우니, 어찌 몹시 한심하지 않겠습니까."

또 율곡 이 선생이 선조의 체후가 회복된 뒤 경계를 아뢴 상소의 말을 인용하여 성학(聖學)에 힘쓰고 정치의 근본을 바르게 하는 요점으로 삼으니, 성상이 모두 융숭하게 답하였다. 또 3년 동안 상식(上食)을 폐한 박세당의 자제와 문생의 죄를 다스려 풍속을 바로잡도록 청하였다.

사헌부 대사헌으로 옮겨 임명되고 비변사 당상을 겸하였다. 부제학으로 옮기고 동지성균관사를 겸하였다. 처음 최석정이 《예기유편》을 편찬할 적에 윤증도 함께 참여하였는데, 이때에 이르러 영남과 호서의 유생 홍주형(洪胄亨), 곽경두(郭景斗) 등 수백 명이 상소하여 함께 경전을 훼손한 죄를 극언하였다. 성상이 갑자기 엄하게 배척하고, 또 이르기를,

"조정 신하들이 의론을 좋아하니 나는 몹시 취하지 않는다."

하였으니, 공을 가리킨 것이었다. 옥당이 차자를 올려 구원하였으나 들어주지 않고 또 하교하기를,

"정호의 강직한 점은 취할 만하지만 의론을 좋아하는 점은 내가 취하지 않는다. 승지는 나가서 정호에게 말하여 의론을 너무 좋아하지 않도록 하라."

하였다. 그러자 시배가 이태우(李泰宇)를 사주하여 상소를 올려 비방하게 하였는데, 그중에 "정 아무개는 자기 아들을 보내어 곽경두를 불러와 사주하여 유생들의 상소를 짓게 하였습니다."라는 말이 있었다. 당시 공의 두 아들이 모두 시골에 있었다는 것은 사람들이 모두 아는 사실이니, 그밖에 날조한 것들은 이를 미루어 알 수 있다. 성상이 몹시 성내어 하교하기를,

"정호는 크고 작은 의론을 모두 앞장서서 담당하고 그간 유생의 상소

를 모두 사주하였다. 성균관에서 소란을 일으키고 속셈을 자행하였으니, 이는 실로 오랑캐 땅으로 쫓아내어 중국에 함께 살지 못하게 해야 하는 자이다."

하고, 극변에 원찬(遠竄)하라고 명하였다. 다시 바꾼 유배지가 가깝다는 이유로 금부 당상을 파직하고, 특교로 함경도 갑산(甲山)에 유배하며 즉시 출발하라고 하였다. 이날 큰 비바람이 불고 도성에 물이 넘쳐 교량이 부서지고 가옥이 떠내려갔기에 사람들이 모두 기이하게 여겼다. 공은 감히 장마를 이유로 지체하지 않고 급히 유배지로 달려갔다. 회양(淮陽)에 이르자 산골 물이 갑자기 쏟아져 건너지 못할 뻔한 적이 여러 번이었다. 철령(鐵嶺)을 넘자 함경도 백성이 공이 왔다는 소식을 듣고 모여서 바라보며,

"이분은 우리의 옛 안찰사이다. 갑신년(1704)에 우리 공이 아니었다면 우리는 이미 굶어죽은 귀신이 되었을 것이다."

하였다. 선비들이 곳곳에서 맞이하고, 차마 떠나지 못해 따라가는 자도 많았다. 유배지에 도착하자 풍토와 풍속이 사람이 살 만한 곳이 아니었으나 공은 운명처럼 편안히 여기고 독서를 멈추지 않으며,

"예전 송강(松江 정철) 선조께서 강계(江界)에 위리안치 되었을 때 울타리의 나무를 깎아《대학》의 의심나는 뜻을 써서 공부하였으니,[42] 나는 감히 잊을 수 없다."

하였다. 함흥 이북, 단천(端川) 이남 여러 고을의 선비들 중에 양식을

42 예전……공부하였으니 : 정철은 강계(江界)에 위리안치되었을 때 둘러친 울타리의 장목(長木)을 하얗게 깎아《대학》을 써놓고 아침저녁으로 사색하였다.《宋子大全 卷155 松江鄭公神道碑銘》

싸들고 와서 수업을 받는 자가 항상 수십 명이었다. 공은 그때마다 부자의 인륜과 군신의 의리를 알려주고, 〈오전잠(五典箴)〉, 〈구용잠(九容箴)〉, 〈구사잠(九思箴)〉 등을 지어 인도하였다. 또 사광(師曠)의 말을 뽑아 〈노학잠(老學箴)〉을 지어 스스로 경계하고 성찰하니, 시간을 부족하게 여기는 뜻이 있었고 구속된 괴로움을 거의 잊었다. 대간 어유귀(魚有龜), 남도규(南道揆)가 잇달아 상소하여 공의 원통함을 하소연하였으나 모두 대답하지 않았다.

신묘년(1711, 숙종37) 5월, 영의정 서종태(徐宗泰) 공이 성상께 아뢰기를,

"정 아무개가 벌을 받은 지 지금 이미 한 해가 지났습니다. 또 유생들이 올린 상소에 나오는 '아들을 보내 사람을 사주하여 상소하게 하였다.'라는 이야기는 전혀 사실과 다르다고 합니다. 경연의 우두머리에게 당초 중도를 지나친 벌을 내렸고, 오랫동안 외딴 변방에 있다가 행여 살아 돌아오지 못한다면 어찌 태평성대의 누가 되지 않겠습니까."

하고, 우의정 조상우(趙相愚) 공도 영의정처럼 말하였다. 성상이 이르기를,

"지금 들으니 아들을 보내어 불러왔다는 이야기는 이미 사실과 다르다고 하고, 벌을 시행한 지도 이미 한 해가 지났으니 그대로 둘 수 없다. 풀어주라."

하니, 대간과 성균관 유생들이 무리지어 일어나 막았다. 8월, 강원도 평창현(平昌縣)으로 이배하고, 임진년(1712) 1월, 완전히 풀어주라는 명이 내렸다. 대신(臺臣) 이정억(李禎億)이 상소하여 공이 무함을 받은 실상을 아뢰니, 성상의 비답에,

"나는 본디 정호를 영원히 버리려는 뜻이 없었으나 갑자기 복직하는 것은 안 된다."

하였다.

계사년(1713, 숙종39) 2월, 영의정 이유(李濡) 공이 연석에서 아뢰기를,

"정호의 일은 지난 번 대간의 상소에 대한 비답에 '영원히 버리려는 것이 아니다.'라고 하교하셨습니다. 성상께서 포용해 주시는 도량을 누군들 우러러 공경하지 않겠습니까. 또 그가 죄를 입을 때의 사실에 실상이 아닌 것이 있습니다. 아무개의 강직함은 성상께서 통촉하시는 바이며, 문학과 견식도 남보다 뛰어납니다. 지금 때맞추어 서용하신다면 실로 성상의 덕이 빛날 것입니다."

하고, 병조 판서 조태채(趙泰采), 이조 참판 이만성(李晩成)이 입을 모아 그의 청렴결백한 절개를 칭송하였다. 이만성은 또 말하기를,

"정호는 지난 번에 시골 유생에게 무함을 받아 결국 유배되기까지 하였습니다. 신이 들으니 그는 유배지에 있을 때 강학을 그만두지 않았고, 오로지 학자를 가르치는 것을 임무로 삼았기에 함경도 사람들이 보고 감동하는 효과가 없지 않았습니다. 그가 마음을 다해서 곤궁에 처하는 의리를 알 수 있습니다."

하였다. 옥당 이택(李澤), 헌납 김부택(金普澤) 등도 잇달아 아뢰었는데, "이해를 돌아보지 않고 성심으로 나라를 제몸처럼 여겼습니다."라고도 하고, "비단 절개가 훌륭할 뿐만 아니라 늙어서도 책을 읽으니 지금 조정 관원 중에 그보다 경학을 잘 하는 자가 없습니다."라고도 하였다. 성상이 즉시 서용하라 명하고 대사성에 임명하였다. 상소로 대략 아뢰기를,

"신이 받은 죄명은 지금 대략 모두 밝혀졌으나 그중에 '크고 작은 논의를 모두 담당한다.'라는 성상의 하교는 신이 실로 해명할 수 없습니다. 어째서이겠습니까. 몇해 전 스승을 배신한 죄로 사람을 배척한 것도 신이고, 그 뒤에 3년 동안 제사를 지내지 않은 죄를 논한 것도 신이며, 경전을 훼손하고 성인을 모욕한 죄를 다스리도록 청한 것도 신입니다. 이는 모두 비상한 관계가 있는 일로 세상 사람들이 말하지 않은 것인데 신은 번번이 함부로 논하기를 그치지 않아 끝내 큰 벌을 받았습니다. 지금 여러 신하들이 아뢰고 성상께서 관대히 용서하신 것은 신이 징계를 받았을 것이라 생각하기 때문입니다. 그러나 신의 편협함은 더욱 고질이 되어 잘못인 줄 모르겠으니, 스스로 새로워져 군주가 성취시켜 주려는 뜻과 죄를 씻어주는 은혜에 부응하지 못할까 걱정입니다. 비록 이 때문에 또 큰 벌을 받더라도 신은 사양하지 않을 것입니다."

하니, 성상이 지극한 말로 하유하고 곧 병조 참판, 부제학에 임명하였다. 존호를 올리는 논의를 계기로 상소하여 효종의 뜻과 사업을 아뢰어 계승하는 의리를 돕고, 송 문정공을 종묘에 배향하도록 청하였다. 묘당에 명을 내리자 여러 사람이 '전례에 따르면 반드시 그 임금 당시에 죽은 신하라야 할 수 있다.'라고 하며 난색을 표하였다. 조보(趙普)는 송 태조(宋太祖)의 묘정에 배향되고, 우리나라의 홍언필(洪彦弼)은 인종(仁宗)의 묘정에 배향되었으니[43] 모두 반드시 그렇지는 않았는

43 조보(趙普)는……배향되었으니 : 조보는 송 태조가 붕어한 17년 뒤인 995년에 세상을 떠났으나 진종(眞宗)의 명으로 태조의 묘정에 배향되었다. 홍언필은 인종이 승하한 4년 뒤인 1549년에 세상을 떠났으나 1554년 인종의 묘정에 배향되었다. 《明宗實錄

데, 논의가 마침내 시행되지 못하자 식자들이 한스럽게 여겼다.

봄부터 여름까지 제수하는 전지가 자주 내렸으나 누차 상소하여 간절히 사직하고, 소명이 내릴 때마다 부득이 도성에 들어가 사은하였다. 한번은 연석에 들어가자 성상께서 조용히 대면하고 간곡히 타이르다가 마침내 문청공(文淸公 정철)의 일을 언급하며,

"송강(松江 정철)의 문집은 어찌 그리 소략한가?"

하니, 공이 감격하고 황공하여 절하고 사례하고서 대답하였다. 이날 이 광경을 본 신하들은 모두 영예롭게 여겼다. 오래지 않아 휴가를 청하여 돌아가자 옥당에서 글을 올려 붙잡도록 청하였으나 대답이 없었다. 겨울, 성상이 편찮으시다는 소식을 듣고 필마로 출발하여 문안하는 반열에 참석하였다.

갑오년(1714, 숙종40) 봄, 정언 정수기(鄭壽期)에게 비난을 받았다.[44] 정수기는 공의 동종(同宗)이었으나 윤증의 문도 나양좌(羅良佐)의 사위였기에 항상 윤증을 위해 유감을 풀려는 생각을 품고 있었다. 언관에 임명되자 홀로 계사를 올리기에 급급하였다. 처음에는 지적하여 말할 것이 없자 단지 추악하고 패만한 말로 제멋대로 모욕하고 장황하게 내뱉었는데 거의 수천 자였다. 사람들은 탄핵하는 글이 생긴 이래로 못 보던 것이라 하였으며, 그의 동류들조차 모두 놀라고 비웃었다. 공은 상소하여 스스로 변론하지는 않고 단지 정자(程子)가 이른바 '지극히 어리석은 친족 자제는 책망하기 부족하다.'[45]라는 뜻으로 처신하

9年 9月 15日》

44 정언……받았다 : 정수기는 정호가 윤증을 비난한다는 이유로 삭탈관작하고 문외출송하도록 청하였다. 《肅宗實錄 40年 2月 19日》

였다. 조정에서는 공이 처지상 편안히 있기 어렵다고 논의하여 경기 감사에 임명하였다. 누차 사직하였으나 허락받지 못하여 억지로 부임하였다. 오래지 않아 대사헌 윤덕준(尹德駿)이 이태우(李泰宇)의 상소에 나오는 말을 다시 답습하여 헐뜯기를 그치지 않았다. 공이 상소하여 사면을 청하자 성상의 비답에 '대사헌의 말을 깊이 혐의로 삼을 필요는 없다.'라는 하교가 있었으나 공은 연달아 상소하여 체직되었다.

8월, 한성부 좌윤에 임명되었다가 곧 형조 참판으로 옮겼다. 교대한 뒤 밀부(密符)를 대신 바치게 하고 도성 밖에서 배를 세내어 돌아왔다. 겨울, 삼척 부사(三陟府使)에 임명되고 이듬해 봄에 부임하였다. 여름, 부제학으로 소명을 받자 곧장 누암(樓巖)[46]의 강가 거처로 돌아갔다. 시배들이 또 내직으로 옮긴 것을 그르다고 하자 공은 연달아 사직하고 나아가지 않았다. 마침《가례원류(家禮源流)》발문에 관한 일 때문에 엄한 비지가 거듭 내렸는데, 대각이 계사를 올려 유배를 청하였으나 삭출하라고만 명하였다.

시남(市南) 유계(兪棨) 공이 금산(錦山)으로 물러나 살면서《가례원류》를 편찬할 때, 윤선거(尹宣擧)는 강화도의 변란을 겪은 지 얼마 안 되어 비방하는 논의가 세상에 가득하였다. 유공은 평소 그와 친하였기에 의지할 데 없는 그를 불쌍히 여겨 이웃에 불러다 놓고《가례원류》의 일을 돕게 하였다. 유공이 훗날 지우를 입어 명을 받고 조정으로

45 지극히……부족하다 : 정이(程頤)가 조카 정공손(程公孫)과 친구 형서(邢恕) 때문에 배주(涪州)로 유배되었는데, "친족 자제는 지극히 어리석으니 책망하기 부족하고, 정이 두터운 친구는 감히 의심할 수 없다.〔族子至愚不足責, 故人情厚不敢疑.〕"라고 하였다.《宋元學案 卷30》

46 누암(樓巖) : 충주에 있다.

돌아가자, 마침내 《가례원류》의 초본(草本)을 윤증에게 맡기고 교감하여 책을 만들게 하였다. 윤증은 어릴 적부터 그의 문하에서 수업을 받았기에 정분이 부자 관계와 같았기 때문이었다. 그 뒤 시남이 임종을 앞두고 편지를 보내 윤선거에게 영결을 고하고, 말미에,

"인경(仁卿)에게는 기운이 짧아 두루 편지를 보낼 수 없으니, 부탁한 일은 죽은 뒤라도 반드시 알려달라."

하였다. 인경은 윤증의 처음 자(字)이니, 그의 마음은 《가례원류》에 연연했던 것이다. 윤신거가 시남의 행장을 지으면서도 "공의 저술에 《가례원류》가 있다."라고 하였다.

그로부터 수십 년 이래로 시남의 아들들은 모두 일찍 죽고, 손자 유상기(兪相基)가 윤증의 집을 오가며 계속 옛 우의를 다졌다. 그런데 《가례원류》를 언급할 때마다 "아직 교정을 다하지 못했으니 다 마치면 즉시 돌려주겠다."라고 하였다. 유상기는 이후 서울의 두세 집안에 《가례원류》의 사본이 있는데 이를 두고 윤씨 집안의 책이라고 하는 말을 들었다. 유상기는 그 말이 잘못된 것을 괴이하게 여겼으나 교감이 이미 끝났을 것이라고 짐작하였다. 그리하여 《가례원류》의 본말을 정승 이이명(李頤命)에게 모두 말하니 그가 연석에서 아뢰어 전라 감사에게 간행하게 하라고 청하였다. 유상기가 마침 전라도의 수령으로 임명되어 지나는 길에 윤증을 만나보고 《가례원류》를 간행하여 배포하라는 명을 전하고 교감한 본을 달라고 하였다. 처음에는 즉시 내 주었으나 곧 다시 요구하여 되찾아가 다시 내 주지 않으면서,

"이 책은 대대로 전해 오며 우리 집안의 책이 된 지 오래이다. 대신이 아뢴 말은 실상과 전혀 다르니, 갑자기 간행하여 배포할 수 없다."

하였다. 유상기는 비로소 종전의 '미처 마치지 못했다.'라는 말과 베껴

서 남의 집에 전한 일이 오로지 현혹시켜 빼앗으려는 계책에서 나온 줄 알았다. 마침내 자기 집에 보관된 최초의 본을 가져다 교감하여 목판에 새기고, 수암과 공에게 서문과 발문을 청하였다. 공이 탄식하며 말하기를,

"한번 우옹을 배반한 것도 이미 세상의 변고인데, 지금 또 시남을 배반하는가?"

하고, 발문에 곡절을 대략 서술하였다.

이때 와서 유상기가 간행하여 바치자, 성상께서 서문과 발문을 보고 몹시 화를 내며 책에서 발문을 제거하라고 명하고 특별히 공을 파직하였다. 승정원에서 복역(覆逆)하고 옥당에서 차자를 올려 구원하였으며, 대사간 이관명(李觀命)은 파직하라는 명을 도로 거두어들이도록 계청하였으나 모두 온당치 않다는 하교를 내렸다. 소인들이 날뛰며 장차 기회를 틈타 모함하려고 하였으니, 그들의 계책은 본디 유배 정도에 그치지 않았으나 숙종의 현명함에 힘입어 끝내 계책을 이루지 못했다.

병신년(1716, 숙종42) 봄, 정언 조상건(趙尙健)이 상소하여 윤증이 스승을 배반한 근원을 거슬러 올라가 논하며 극렬히 말하고, 이어서 공이 견책을 받은 일을 언급하였다. 적신(賊臣) 이진유(李眞儒)가 입대하여 제멋대로 거짓을 말하고 마침내 《가례원류》를 오로지 윤씨 집안의 책으로 삼아 수암과 공을 모함하며 못하는 말이 없었다. 성상께서 가납하고 즉시 조상건을 영해로 유배하였다.

옥당 유봉휘(柳鳳輝) 등이 또 차자를 올려 수암을 파직하고 아울러 서문을 제거하라고 논하였다. 성균관 유생 및 서울과 지방의 유생들이 잇따라 상소하여 논하고, 대사성 민진원(閔鎭遠) 공 역시 상소하여

변론하였으나 모두 받아들이지 않았다. 그러자 시배는 윤증이 스승을 배반한 죄가 또 나와서 끝내 감추고 비호하기 어려우니, 만약 우암을 형편없는 소인으로 몰아넣으면 윤증은 저절로 군자가 될 것이라 여겼다. 그 무리 최석문(崔錫文) 등이 상소하여 윤증을 변호하며 먼저 송 아무개가 묘갈명에서 윤증의 부친을 배척하였으니 윤증의 처신은 그럴 수 밖에 없었다고 하였다. 다음으로 윤증이 신유년에 우암에게 보내려던 편지〔신유의서(辛酉擬書)〕를 꺼내었는데, 모욕한 내용이 추악하고 참혹하여 차마 말할 수 없었다. 정승 이여(李畬)가 상소하여 윤증이 우암에게 보내려던 편지를 논하며 "혹독한 관리의 조작보다 심하다."라고 하였으니, 실상에 맞는 말이었다. 성상의 비답에 비록 "조용히 개진하고 의리가 명백하다."라는 하교가 있었으나 끝내 받아들일 뜻이 없었다. 이때부터 세상에 감히 더 이상 윤증의 일을 말하는 자가 없었다.

그해 가을, 성상이 갑자기 승정원에 명하여 윤선거의 묘갈명과 윤증이 우암에게 보내려던 편지를 찾아 들이게 하고, 속히 비망기를 내려 후회한다는 뜻을 자세히 개진하고 옳고 그름을 확실하게 정하였다. 특명으로 공을 서용하고 사관을 보내 수암을 위로하였으며 서문과 발문을 도로 남겨두게 하였다. 이달 예주 찬판에 임명되었다. 성상은 윤증의 부친이 이미 묘갈명에서 모욕을 받았으니, 윤증이 스승을 배반한 것은 부득이하였다고 여겼다. 그러므로 윤증을 배척하는 공의 논의에 대해 번번이 너무 심하다고 의심하였던 것이다. 그러다가 묘갈명과 윤증이 우암에게 보내려던 편지를 한 번 어람하고는 묘갈명에는 모욕하는 말이 없고, 보내려던 편지에는 실로 잠혹한 모함이 있었기에 마침내 오늘날의 광명한 처분을 내린 것이었다.

얼마 후 대사헌으로 공을 부르니 가다가 이천(利川)에 이르러 상소

하여 사직하고 나아가지 않고는 윤선거의 죄를 덧붙여 아뢰기를,

"윤선거는 강화도에서 절개를 잃은 사람으로서 함부로 성조(聖祖 효종)를 끌어다 환난을 함께 한 사람이라고 하였습니다. 그러나 성조의 뜻과 사업을 비난하며 구천(句踐)은 속임수를 썼고 연광(延廣)은 미친 사람이라고 하였습니다.[47] 또 복수설치(復讎雪恥)의 논의를 두고서 한갓 말만 번거롭게 할 뿐 실제로는 마음껏 놀고 태만하게 지내는 결과를 면하지 못하였다고 하면서 자신을 두거(杜擧)의 경계[48]에 견주었습니다. 또 윤휴의 무리와 함께 몰래 논의하여 글을 짓고 상자에 깊이 감추어 먼 훗날을 기다렸다가 비로소 방자하게 세상에 간행하여 자기 잘못을 감출 바탕으로 삼았으니 몹시 무엄합니다. 뒤늦게라도 견책을 시행하여 국시를 정해야 합니다."

하였다. 성상이 융숭하게 답하고 오래지 않아 윤선거 부자의 관작을 추탈하였다. 옥당 김재로(金在魯)가 이미 백골이 된 사람을 뒤늦게 벌주는 것은 헤아려 용서하는 방도가 아니라고 하였다. 공이 상소하여 말하기를,

"성조에 대해서는 능침의 소나무와 잣나무가 제법 굵어진 뒤에 잘못

47 구천(句踐)은……하였습니다 : 이 말은 윤선거의 《노서유고(魯西遺稿)》 별집에 실려 있는 〈의답송영보(擬答宋英甫)〉에 보인다. 구천은 월(越)나라 왕으로 오(吳)나라에 항복한 뒤 복수를 도모했고, 연광은 후진(後晉)의 경연광(景延廣)으로 거란에게 도발하였다가 생포되어 자살하였다. 《史記 卷41 越王句踐世家》《新五代史 卷29 景延廣列傳》

48 두거(杜擧)의 경계 : 임금의 잘못을 일깨웠다는 말이다. 춘추 시대 진(晉)나라 대부 지도자(知悼子)가 죽었는데 평공(平公)이 술을 마시고 풍악을 울리자 두궤(杜蕢)가 술잔을 들어 잘못을 지적하였다. 《禮記 檀弓下》

하여 무함을 받았는데도 미워할 줄 모르고, 윤선거 부자에 대해서는 각기 자기가 저지른 죄 때문에 이미 백골이 된 뒤 삭탈관직의 벌을 받았다고 하여 구하기에 급급하니, 도대체 무슨 의리입니까."

하였다. 겨울, 이조 참판으로 옮겨 임명되었다.

이듬해 봄, 성상이 온천에 행차하였다. 공은 마침내 직산(稷山)에서 어가를 맞이하여 행궁까지 배종(陪從)하고 사은한 뒤 이어서 문안하는 반열에 참석하였다. 어가가 돌아갈 때 병들었다고 아뢰고 수원(水原)에서 뒤에 남았다. 가을, 병들었다고 아뢴 장계를 도로 보내라는 하교[49]가 있어 마침내 수로로 출발하였다가 여주(驪州)에 이르러 병이 위독해져 체직을 청하였다. 성상의 비답에 '반드시 경을 불러오고자 한다.'라는 하교가 있었으나 묵은 병이 더욱 심해져 명을 받들지 못하고 물러나 돌아갔다. 얼마 후 동궁이 대리청정하였는데, 공은 병으로 조정에 나아가지 못하여 글을 올려 대죄하며 학문에 힘쓰는 방도를 아뢰고, 이어서 효종의 뜻과 사업을 계승하는 중대한 근본으로 삼고, 세도를 부지하며 기강을 세우도록 청하였다. 연달아 상소하여 전조(銓曹)의 직임에서 체직해달라고 청하였으나 동궁의 회유에,

"경의 사직하는 글이 누차 올라왔으나 시종일관 허락하지 않고 반드시 올라오게 하려는 이유가 따로 있으니, 더 이상 병으로 사양하지 말고 즉시 길에 오르라."

하였다. 12월, 특지로 자헌대부 예조 판서로 승진하였다. 주자의 '사양

49 병들었다고……하교 : 충청도 관찰사 윤헌주(尹憲柱)가 정호의 병이 위중하여 올라갈 수 없다는 장계를 올리자 숙종이 도로 보내라고 하였다. 《承政院日記 肅宗 43年 6月 13日》

하고 받고 나가고 물러나는 것은 비단 한 몸의 일이 아니라 풍속의 성쇠에 관계됩니다. 그런데 근래 사대부들은 빙자하고 기만하여 높고 중요한 관직을 조용히 사양하면서 편안히 앉아 반드시 오게 합니다.'라는 말을 인용하며 연달아 상소하여 고사하였다. 마침 빈궁의 상이 있다는 소식을 듣고 마침내 가서 곡하기 위해 출발하여 도성에 들어가 사은하였다. 얼마 후 휴가를 청해 돌아가려는데 홀연 수유 단자(受由單子)[50]를 돌려주라고 명하고, 가을이 되기를 기다려 휴가를 청하라는 영지(令旨)가 내렸다. 지의금부사를 겸하였다.

2월, 이조 판서로 옮겨 임명되었다. 당시 동궁이 새로 대리청정하였기에 조정에서는 장차 공에게 의지하여 안정시키려고 논의하였다. 공은 처음 왔을 때는 오래 머물 생각이 없었는데 지금 그대로 떠나지 않으면 영화와 총애를 탐내는 것이니 진퇴의 의리가 아니라고 여겨, 마침내 글을 남기고 지레 돌아갔다. 공이 과거 예조에 있었을 때 성균관 유생들이 상소하여 윤선거의 사당을 철거하도록 청하자 공이 복주하여 그대로 시행하였다. 그 뒤 대신이 너무 심하다고 배척하며, 사액(賜額)과 관향(官享)만 철거하고 그 사당은 남겨두도록 청하였다. 이때 와서 오명준(吳命峻), 이명의(李明誼) 등이 상소하여 공을 공격하였다. 공이 상소하여 변론하기를,

"만약 윤선거에게 죄가 있다면 사액과 관향만 철거하고 그 사당을 그대로 남겨두는 것은 몹시 앞뒤가 맞지 않는 일이 아니겠습니까."

하였다. 이로 말미암아 저들은 의지할 곳을 얻어 저절로 일망타진하려는 계획을 세우게 되었다. 옛사람이 이른바 '은혜가 내게 돌아오기를

50 수유 단자(受由單子) : 휴가를 요청하기 위해 올리는 단자이다.

바란다면 원망은 누가 감당하게 하겠는가.'[51]라는 말은 참으로 귀신도 울릴 만하다.

얼마 후 체직되어 예조 판서에 임명되고 예문관 제학을 겸하였다. 동궁이 홍진을 앓는다는 소식을 듣고 경기의 경계까지 나아가 안부를 듣기 편하게 하였다. 대사헌에 옮겨 임명되었으나 모두 나아가지 않았다.

기해년(1719, 숙종45) 1월, 다시 치사(致仕)를 청하고, 또 정자(程子)의 '1년이면 반드시 1년치 공부가 있어야 한다.'[52]라는 말을 인용하여 날마다 덕업을 새롭게 하는 방도를 권면하고 마음을 비우고 겸손하며 반복하여 논란하도록 청하였다. 신료들이 질문하기 부족하다고 여기지 말고, 홀로 터득하였다고 스스로 만족하지 말라고 하였다. 당시 동궁이 서연에 나와 강연을 들을 때 오로지 침묵하였으므로 공이 듣고서 걱정하여 새해의 경계를 올린 것이었다. 한성부 판윤으로 옮겼다. 공이 먼저 나이가 많다는 이유로 기로소에 들어가고, 당시 성상이 태조조의 고사를 따라 친히 기로소에 들어갔다. 공은 세상에 보기 드문 경사라 여겨 병든 몸을 억지로 일으켜 진하하는 반열에 참석하였다. 얼마 후 공조 판서로 옮겼다.

4월, 또 친림하여 기로소의 신하들에게 잔치를 베풀었다. 예를 마친 뒤 성상이 공에게 더 이상 나이를 핑계대지 말고 안심하고 도성에 머물

51 은혜가……하겠는가 : 송나라 왕증(王曾)이 관원의 진퇴(進退)를 결정하면서 아무도 모르게 하였는데, 범중엄(范仲淹)이 "사류를 분명히 등용하는 것은 재상의 직임이다."라고 충고하자 왕증이 한 말이다. 《宋史 卷310 王曾列傳》

52 1년이면……한다 : 《근사록》 권9 〈치법(治法)〉에 나오는 말이다.

라고 하였다. 공은 몹시 노쇠한 실상을 아뢰며 사양하고 사례하고서 물러났다. 겨울, 대사헌으로 옮겨 임명되고 대제학 권점에 참여하였다. 곧 특지로 숭정대부 판의금부사에 발탁되었다. 의정부 좌참찬에 임명되자 새로운 명을 힘껏 사양하였다.

경자년(1720, 숙종46) 봄, 성상의 환후가 위중해졌다는 소식을 듣고 도성에 들어가 명을 받들고, 연달아 문안하는 반열에 참석하였다. 성상의 환후가 날마다 위독해지자 대궐 아래로 거처를 옮겼는데 걱정이 외면에 드러났다. 동궁의 명을 받들어 산천에 기도하는 제문을 지어 올렸다. 성상이 승하하자 애통히 사모하고 통곡하니 마치 살고 싶지 않은 것 같았다. 겨우 성복(成服)을 마치자 즉시 빈전 도감 제조(殯殿都監提調), 찬집청 당상(撰集廳堂上)에 차임되어 그대로 궐내에 숙직하였다. 공은 평소 고질병이 있었는데 한 달 넘게 애태우고 다급해한 뒤에 이어서 대상(大喪)을 당하여 근력이 소진되어 보는 사람들이 근심하였다. 이때에 이르러 병세가 갑자기 심해져 궐 안에서 들것에 실려 처소로 돌아왔다. 연달아 빈전도감과 찬집청의 일로 날마다 소명이 내렸으나 모두 명을 받들지 못하였다. 공이 말하기를,

"가만히 있으면서 명을 어긴 죄를 쌓느니 차라리 지레 돌아가는 죄를 저지르겠다."

하고, 마침내 퇴계 선생의 고사를 인용하여 상소를 남겨 돌아가겠다고 고하며,

"옛적 선정신 이황(李滉)이 명종(明宗)께서 빈전(殯殿)에 계실 때 고하지 않고 지레 돌아갔는데 당시에도 의심하는 자들이 많았습니다. 이황은 친구에게 편지를 보내 늙고 병들어 머물기 어렵다는 뜻을 스스로 드러내었으니, 옛사람은 몹시 부득이한 상황에서 부득이하

게 행동한 적이 있었던 것입니다. 지금 형편없는 신이 감히 스스로를 선현의 출처에 비기는 것은 아니지만, 늙고 병들어 부득이한 실상은 옛사람보다 갑절이나 심합니다. 더구나 이황의 덕망에는 국가의 안위가 달려 있으니, 그의 거취는 절로 가볍게 할 수 없는 것이 마땅한데도 오히려 이렇게 하였습니다. 더구나 신은 있으나 없으나 마찬가지인 일개 노쇠한 사람이니, 어찌 떠나지 않는 것을 의리로 삼을 필요가 있겠습니까. 그러나 지금 시대는 이황의 시대보다 더욱 멉니다. 이황이 이미 당시에 의심을 받았는데, 신이 오늘날 감히 면하기를 바랄 수 있겠습니까."

하였다.

가을, 애책문 제술관(哀冊文製述官)으로 도성에 들어가 글을 지어 올렸다. 겨울, 인산(因山)에 나아갔는데, 먼저 능 아래에 가서 대여(大轝)[53]를 맞이하고, 졸곡(卒哭)이 지난 뒤 즉시 고향으로 돌아갔다. 이후 대신이 연석에서 조정 관원들이 너도나도 고향으로 내려간 잘못을 논하고, 또 휴가를 청하지 않고 지레 돌아갔다고 말하였으니, 공을 지적한 것이었다. 그리고는 불러 들이기를 청하니, 공이 상소하여 견책을 청하였다. 얼마 후 빈전 당상을 맡고 애책문을 제술하였다는 이유로 말을 하사하고 품계를 올려주라는 명이 내렸다. 상소하여 외람된 상전을 거두어 달라고 청하고, 겸하여 예문관 및 여러 관사의 제조 직임을 사직하였으나 허락받지 못했다.

이듬해 6월, 국상(國祥)에 나아갔다가 돌아왔다. 당시 조정에서 별유(別諭)로 시골에 있는 신하들을 부르니, 공은 상소하여 늙고 병들어

53 대여(大轝) : 국상(國喪)에 사용하는 상여이다.

억지로 나가기 어려운 실상을 아뢰고 거듭 치사를 청하였다. 가을, 지금 성상이 동궁의 자리에 올랐다. 당시 나라의 근본이 비로소 정해져 사람들의 마음이 의지할 곳이 생겼다. 그러나 적신 유봉휘 등은 그 논의가 자기에게서 나오지 않았다는 이유로 감히 기뻐하지 않는 뜻을 품고, 환관 및 궁녀와 결탁하여 번갈아 어지러이 참소하니, 삼전(三殿)의 사이가 멀어졌다. 그리하여 세제가 합문을 나와 자리에서 물러나려 하고, 대비는 글을 내려 애통하다는 뜻을 보였다. 정승 조태구 등은 감추고 발설하지 않다가 그제서야 환관과 궁녀를 국문하도록 청하고, 지레 먼저 처형하여 입을 막을 계획을 세웠다. 공이 속히 상소 수백 자를 써서 흉당이 번갈아 무함한 죄를 극언하였다. 대략 이르기를,

"신은 병들어 죽어가는 와중에 삼가 들으니, 전하께서 새로 중대한 처분을 내려 선조(숙종)께서 예우하던 대신을 전부 쫓아내고, 아래로 일을 말한 신하와 성균관 유생들은 모두 형벌을 받거나 감옥에 갇혔다고 합니다. 신이 시골에 있어 본디 무슨 일 때문에 무슨 죄악을 저질렀는지 자세히 알지 못하지만 실로 문헌에서 보지 못한 일입니다. 어찌 진심을 다하여 바로잡는 정성을 조금이나마 바치지 않을 수 있겠습니까마는, 신 또한 선조의 옛사람이니 생사와 영욕을 의리상 혼자만 달리할 수 없습니다. 위축되어 엎드린 채 벌벌 떨면서 삼가 주벌을 기다립니다.

지금 또 삼가 들으니, 나라의 근본이 동요될 조짐이 있어 자성께서 애통해 하는 하교를 내리셨다고 합니다. 신은 참으로 마음이 무너지고 아픔이 뼈에 사무쳐 차라리 살지 않고자 합니다. 아, 우리 성상의 춘추가 한창이신데 후손이 번성하는 경사가 아직도 늦어지고 있으니, 온 나라의 민심이 의지할 사람이 동궁이 아니면 누구이겠습니

까. 그런데 한 종류의 무엄한 무리가 감히 불리하게 하려는 마음을 품고서 번갈아 나와서 흔들며 반드시 동요시키고야 말려고 합니다. 지금 한두 명의 환관과 궁녀가 갑자기 번갈아 무함하려는 계책을 내었으니 그 요사하고 사악한 죄는 형벌을 받아 마땅합니다. 그러나 어찌 보잘것없고 무식한 자가 혼자서 할 수 있는 일이겠습니까.

더욱 놀라운 것은 지난날 자성께서 손수 쓰신 하교의 뜻이 과연 무엇인지는 알 수 없으나, 대신된 자가 중간에서 가로막아 봉환하기에 급급하여 자성의 애통하고 박절한 뜻이 감추어져 드러나지 않게 하였습니다. 또 어전에 나왔을 때도 엄하게 국문하기를 청하지 않고 지레 처형하도록 청하였으니, 이것이 무슨 의도이며 이것이 무슨 옥사의 체모입니까. 친애하는 마음을 더욱 독실히 하고 참소를 미워하는 현명함을 더욱 넓혀 자전의 뜻을 받들고 동궁의 지위를 편안히 하소서."

하였다. 흉도들이 보고서 몹시 으르렁거렸으며, 들은 이들은 혀를 내두르며 모두 곧 큰 화를 당할 것이라 하였다. 그러나 상소가 들어간 지 몇 달이 지나도록 답이 없었다.

공은 한창 대명하던 중에 정승 김창집(金昌集)이 멀리 외딴 바닷가에 유배되었다는 말을 듣고 달천(達川)의 길가로 나가 기다렸다. 김공이 말에서 내려 다가가 땅에 자리를 깔고 앉아서는 술잔을 들고 작별하였다. 한참 동안 담소하는데 두 사람 모두 한탄하거나 위로하는 말이 없었다. 공이 돌아가 자제들에게 말하기를,

"김공은 기상이 몹시 좋으니 장차 살아 돌아올 것이다."

하였다. 그해 여름, 김공은 끝내 화를 면하지 못하였다. 이때 흉당의 기세가 더욱 치성하여 사람들이 제몸도 보전하지 못하였기에 상여가

지나가는 곳에서는 평소의 친구조차 감히 문안하는 자가 없었다. 공만 홀로 술과 안주를 가지고 뱃머리에서 곡하며 제사를 지내니, 사람들은 화를 보탤 것이라 두려워하였으나 공은 돌아보지 않았다. 6월에 이르자 상소에 대한 비답은 마침내 내리지 않고, 옥당의 계사가 비로소 나와 멀리 이산(理山)에 유배되었는데 명을 들은 즉시 떠났다. 유배지에 도착한 지 겨우 몇 달 만에 또 추가로 형벌을 내리라는 논의가 있어 강진(康津)의 신지도(薪智島)로 이배되고 위리안치를 더하였다.

처음 발계(發啓)한 자는 박세당의 사위 김홍석(金弘錫)이고, 추가로 형벌을 내린 자는 윤증의 문도 이세덕(李世德)이었다. 그들이 만들어낸 죄는 몇년 전의 일 때문에 유감을 푼 것에 불과하였다. 이세덕의 계사에서는 또 김공에게 제사를 지낸 일을 거론하며, 애도하는 글에 '하늘이여, 사람이여, 시운인가, 운명인가.' 따위의 말이 있다고 하며 탄핵하는 글에 올려 죄안 하나를 보탰다. 그러나 당초 애도하는 글에는 단지 '오호 슬프구나. 흠향하소서.〔嗚呼哀哉尙饗〕' 여섯 글자 뿐 더 이상 한 마디도 없었으니, 나머지 무함을 미루어 알 수 있다.

공이 유배지로 갈 적에는 모두 날씨가 몹시 덥거나 추웠는데 서쪽에서 남쪽으로 4, 5천 리 길을 걸어가며 어려움과 위험을 두루 겪었다. 비록 유 충정(劉忠定)이 광동(廣東)과 광서(廣西)로 갔을 때[54]도 필시 이처럼 심하지는 않았을 것이다. 그저 만나는 상황에 따라 편안히 여기고 원망하거나 탓하지 않았다. 그러므로 하루도 병에 걸린 적이 없었다.

54 유 충정(劉忠定)이……때 : 유 충정은 송(宋)나라의 유안세(劉安世)이다. 장돈(章惇)과 채변(蔡卞)에게 미움을 받고 유배되어 광동과 광서를 일곱 차례나 전전하였다.《宋史 卷345 劉安世列傳》

섬으로 들어간 뒤에는 가시 울타리가 높고 커서 해가 보이지 않았지만 작은 집에 조용히 앉아 오직 경전과 사서로 시간을 보냈다. 원근의 사우들이 바다를 건너와서 어울렸기에 집에 신이 항상 가득하였다. 이웃 고을에 유배된 친구들이 손님을 사절하여 해를 멀리하라고 충고하기도 했지만 공은 그때마다 웃으며,

"주자께서 '이백기(李伯紀)와 호방형(胡邦衡)이 바닷가에 있으면서 날마다 문인 및 친구들과 수창하며 오갔으나 진회(秦檜)가 체포하여 다 죽이지 못했다.'[55]라고 하지 않았는가. 만일 화가 닥친다면 이 또한 하늘의 뜻이다. 어찌 문을 닫고 구멍을 막는다고 피할 수 있겠는가."

하였다. 옥오재(玉吾齋) 송공(宋公 송상기)이 강진(康津)의 유배지에서 세상을 떠나자 공은 애통해 하며 속히 사람을 시켜 제문을 가지고 가서 전을 올리게 하였다. 하루는 큰 바람이 홀연 불더니 가시 울타리를 남김없이 전부 뽑았다. 사람들은 가시울타리가 비바람에 무너지더라도 원래 수리하는 법이 없다고 하였으나 고을 수령은 당시 여론을 두려워하여 몸소 와서 수리를 감독하여 이전보다 더욱 엄중해졌다. 섬 백성이 모두 말하기를

"하늘이 이미 철거하였는데 사람이 도리어 수리하는가."

하였다.

갑진년(1724, 경종4) 가을, 경종(景宗)이 승하하였다는 부고가 이

55 이백기(李伯紀)와……못했다 : 이백기와 호방형은 송(宋)나라의 이강(李綱)과 호전(胡銓)이다. 이강은 금나라와의 화친을 반대하다가 유배되고, 호전은 진회의 처형을 주장하다가 유배되었다.

르자 가시울타리 안에서 곡위를 만들고 아침저녁으로 임곡(臨哭)하였다. 죄인이라는 이유로 감히 최복을 받지 못하고 단지 생포(生布)로 옷과 삿갓을 만들어 백성과 함께 성복하였다.

겨울, 또 큰형 동추공의 상을 당했다. 공은 형제가 여덟 명인데, 큰형만 아흔이 넘은 나이로 살아 있었다. 이때 부고를 받자 몹시 슬퍼하고 상심하여 남에게 말하기를,

"내가 이곳에 있으면서 다른 생각은 전혀 없고, 바라는 것은 요행을 만나 집으로 돌아가 늙은 형과 의지하며 여생을 마치는 것이었는데 이제는 끝났다."

하며 슬픔을 이기지 못했다.

을사년(1725, 영조1) 봄, 은혜를 입어 북쪽으로 돌아왔다. 달려와 전송하는 온 도의 선비들이 길에 이어졌다. 광주(光州)에 이르자 모인 사람이 수백 명이었고, 사람과 말이 모두 꽉 차서 촌가에 들어가기 어려웠다. 마침내 길가의 절로 가서 하루 묵고 헤어졌다. 보는 사람들이 감탄하며,

"우암이 제주로 갔을 때도 이와 같았는데 이제 다시 보는구나."

하였다. 가다가 장성(長城)에 이르러 예조 판서에 임명되었다는 소식을 들었다. 연로의 각 고을에서는 모두 관청의 비용으로 대접하려 하였으나 공은 모조리 사양하였다. 공산(公山) 경계에 이르자 정승에 임명되었다는 소식을 들었다. 공은 비로소 이천(伊川)이 소성(紹聖) 연간에 했던 전례[56]를 따르고자 곧장 도성으로 가서 사은하고 즉시 돌아오려고 하였으나, 이렇게 되자 마침내 이전의 계책을 변경하여

56 이천(伊川)이……전례 : 316쪽 주41 참조.

다시 고향 가는 길로 가서 선영과 동추공의 새 묘소를 차례로 성묘하였다.

2월, 집으로 돌아왔다. 승지와 사관이 잇따라 와서 재촉하여 부르는 전지를 선포하자 현(縣)과 도(道)를 통해 상소를 올려 새로 임명된 정승직을 힘껏 사직하였으나 성상이 허락하지 않고 비답과 하유가 융숭하였다. 당시 정승 자리가 거의 비고 모든 일이 소략하여 크고 작은 정사는 모두 대신이 올라오기를 기다리라고 명하였다. 마침내 억지로 조정으로 나아가 도성 밖에 이르러 또 새로운 명을 사직하였다. 성상이 즉시 승지를 보내 재촉하여 들어오게 하니, 공이 명을 받고 나가 숙배하고 이어서 사대(賜對)하였다. 성상이 이르기를,

> "경은 선조(先朝 숙종) 때 이미 정승 후보가 되었고 유림에서도 중망을 받고 있다. 오늘날 정승으로 임명한 것은 아무 이유 없이 한 것이 아니다. 경이 들어오는 것을 보니 기쁘고 다행스러운 마음을 견디지 못하겠다."

하였다. 공이 절하고 사례하며 늙고 병들어 정승직을 감당할 수 없는 상황을 극진히 아뢰고, 어질고 덕 있는 이를 다시 임명하며, 또 학문에 힘쓰고 정사를 부지런히 하라는 뜻으로 간곡히 아뢰었다.

성상이 또 선조의 실록 편찬이 지연되는 것을 걱정하여 면대하고 총재의 직임을 맡겼다. 공은 힘껏 사양하고 물러나 며칠 뒤 차자를 올려 면직을 청하고, 이어서 성상 앞에서 다 말하지 못한 소회를 아뢰었다.

> "군주는 하루 사이에도 천만 가지 일을 해야 하는데, 은미한 마음에 근본하지 않은 것이 하나도 없습니다. 마음에 가려진 것이 있으면 일이 반드시 두서가 없어지고 정사가 반드시 어지러워집니다. 전하

의 학문은 날마다 진보하고 있으나, 다만 인(仁)을 좋아하여 덮어주는 것이 너무 지나쳐 악인의 우두머리가 법망을 벗어났다는 탄식이 있고, 혐의를 피하려는 뜻이 너무 우세하여 명령에 거대한 체재가 없습니다. 이 병통을 제거하지 않으면 무슨 일을 할 수 있겠습니까. 지금 말하는 사람들은 걸핏하면 성상의 무고를 변론하고 나라의 역적을 토벌하는 것이 가장 중요한 의리라고 하는데, 그 말이 참으로 옳기는 합니다. 그러나 전하께서 앞서 논한 일에 대해 하나라도 완전히 석연치 않은 것이 있으면 성상의 무고는 끝내 변론할 수 없고 나라의 역적은 끝내 토벌할 수 없습니다."

얼마 후 정승 후보를 추천하라는 명을 받고 민진원(閔鎭遠), 이의현(李宜顯), 신임(申銋)을 추천하였다. 민공은 우의정이 되고, 공은 좌의정으로 승진하여 세자부를 겸하였다. 상소하여 사직하며 새 정승을 나오라고 권면하고 늙은 신하는 물러나도록 허락하기를 간곡히 청하였다. 성상이 머물기를 권면하며 허락하지 않자, 또 사대신(四大臣) 및 원통하게 죽은 신하들의 일을 극론하며 속히 신원하기를 청하니, 성상이 허락하였다.

과거 흉당이 경종에게 병이 있는 틈을 타서 거짓으로 큰 옥사를 일으키고 살육을 자행하였다. 이때에 이르러 주살될까 몹시 두려워하여 당시의 일을 전부 경종의 책임으로 돌려 스스로 빠져나가려는 계책으로 삼고, 선왕의 병은 신하가 감히 말할 수 있는 것이 아니라고 선언하였다. 성상은 그 말에 넘어가 누차 엄한 비지를 내리고 말하는 것을 금지하였다. 공이 마침내 선왕에게 불행히 병이 있어 소인들에게 속았으니 이러한 내용으로 종묘에 고하고 교서를 반포하여 선왕의 덕을 드러내고 후세 사람의 의혹을 풀어야지, 소인에게 속아서는 안 된다고 극언하였다. 성상이 처음에는 옳다고 여기지 않았으나 한참 뒤에 비로소 허락하였다.

당시 동궁의 책례가 이미 정해지고 공은 도감의 제조였다. 마침 막내아들 순하(舜河)가 따라왔다가 갑자기 천연두에 걸렸다. 공은 자기 몸이 이미 전염되었으므로 대궐을 출입할 수 없다는 이유로 상소하여 사면을 청하였으나 성상이 위로하며 허락하지 않았다. 마침내 아들의 상을 당하자 성상이 연석에서 측은해 하는 말씀을 하셨다. 공은 본디 한 번 사은하고 곧장 돌아가려 하였고 또 아들의 상을 당하였기에 더욱 잠시도 머물 생각이 없었다. 대신이 차자를 올려 만류하기를 청하니 성상이 마침내 별유를 내렸다. 공이 말하기를,

> "군주와 정승의 뜻은 이와 같으나 사사로운 의리상 끝내 오래 지체할 수 없습니다. 다만 동궁의 책례가 이미 거행되었고, 또 사부의 반열에 올랐으니, 한번 서연(書筵)에 올라 동궁을 뵙고 돌아가는 것은 실로 인정과 예의상 그만둘 수 없는 것입니다."

하고, 마침내 대궐로 나아갔다. 상견례(相見禮)를 행하려 하는데 정석삼(鄭錫三)과 송인명(宋寅明) 등의 상소가 갑자기 나와 오로지 '병이 있었다.〔有疾〕'[57]라는 두 글자로 성상을 위협하고 흔들며 공이 가리키는 뜻을 헤아릴 수 없다고 배척하였다. 공이 대궐에서 곧장 상 너머로 나가자 성상이 사신을 보내 위로하고 정석삼은 유배하라고 명하였으

57 병이 있었다 : 1725년(영조1) 정호가 올린 차자에 나오는 "선왕께서 병환이 있었으니, 대리청정을 거행한 데 어찌 다른 뜻이 있었겠습니까.〔先王既有疾患則代理之擧, 豈有他意.〕"라는 말에서 '유질(有疾)' 두 글자를 지적한 것이다. 《英祖實錄 1年 3月 1日》

며, 이어서 내국 제조에 임명하였다. 공은 가다가 여주(驪州)에 이르러 상소하여 본직과 겸직을 모두 사직하였다. 집으로 돌아온 뒤 성상이 영의정으로 승진시켜 임명한다는 명을 내리고 손수 쓴 어찰(御札)을 내렸는데 타이르는 뜻이 지극히 간절하였다. 상소하여 사직하고 사례하며 말단에 또 인책하기를,

> "전하께서 처음에 '병이 있었다.〔有疾〕'라는 두 글자를 교서(敎書)에 보태 넣도록 허락하셨다가 끝내는 명을 거두어들이셨습니다. 이와 같다면 성상께서는 정석삼의 말을 옳다고 여기신 것입니다. 정석삼의 말이 옳다면 신의 죄가 큽니다. 전하께서는 정석삼의 말을 따르면서 그의 몸은 버리고, 신의 말은 벌하면서 신의 몸은 총애하시니, 신은 감히 깨닫지 못하겠습니다. 지금 '선왕께서 불행히 병이 있어 흉인들에게 속았으니, 내리신 처분은 선왕의 본뜻이 아닌 것이 많다.'라고 말하는 것이 성대한 덕과 지극한 인에 무슨 손해가 되겠습니까. 신하가 차마 들을 수 없고 차마 말할 수 없는 것이 아닙니다. 기필코 병이 있다는 사실을 숨기고 한 무리가 일으킨 사화가 모두 선왕의 결단에서 나온 것이라 하면서 무고하고 해친 죄를 슬쩍 면하려 하는데, 이것은 유독 차마 들을 수 있고 차마 말할 수 있겠습니까."

하였다. 성상이 온화한 비답을 내리고 또 다섯 관사의 제조 및 호위대장으로 임명하였다. 연달아 사직하였으나 허락하지 않았다.

가을, 국상(國喪)의 연제(練祭) 때문에 서울로 가다가 이천(利川)에 이르러 병으로 나아가지 못하고, 관아의 뜰에서 곡하는 반열에 참석하였다. 변제례(變除禮)[58]를 행하고 봉한 상소를 올려 대죄하다가 돌아왔다. 당시 대신이 무고를 변론하고 죄인을 성토하라며 백관을 거느리고

정청(庭請)하였으나 성상이 허락하지 않았는데, 또 이삼(李森)의 이름이 역적의 공초에서 나와 감옥에 가두었는데, 성상이 행차를 계기로 갑자기 의금부에 가서 국청의 죄수를 모두 풀어주었다. 대신과 삼사가 간쟁하였으나 받아들이지 않았다. 공이 상소하여 극언하기를,

"흉인들이 성상을 위태롭게 하려고 모의하고 선한 이들을 해친 죄는 이루 다 주벌할 수 없으니, 자기와 관련된 일이라는 이유로 혐의로 삼아 법을 적용하지 않을 수는 없습니다. 선유(先儒)가 말하기를, '사흉(四凶)은 순(舜)이 자기 윗자리에 있는 것을 싫어하여 심복하지 않아 죄악이 드러났다. 그러므로 순이 부득이 주살하였으니, 순이 피혐하는 바가 있어 주벌을 그만둔 적이 있었는가.'라고 하였습니다. 저 흉당이 성상을 위태롭게 하려고 모의하고 사류를 해친 죄는 분명히 드러나 사람들이 모두 알고 있으니, 비단 심복하지 않은 사흉에 비할 바가 아닙니다. 그런데 전하께서는 추방하는 법을 시행하지 않고 삭출하는 벌로 감률(勘律)하고자 하시며, 대궐 뜰에 가득한 신하들의 논의를 억지로 거스르고 곡학아세하는 선비의 피혐해야 한다는 논의를 따르시며 위대한 순의 지극히 공정한 도리를 잊으시니, 이것이 신이 감히 알지 못하는 바입니다.

이삼에게 죄가 있는지 없는지는 신이 멀리 있어 본말을 자세히 알지 못합니다. 다만 이미 죄수의 공초에서 이름이 나오고 제법 중요하게 끌어들여 단서가 드러나게 되었으니, 이는 통렬히 심문하여 실정을 캐내도록 힘써야 마땅합니다. 그런데 갑자기 친림하여 지레 국청의 일을 파하였으니, 이것이 무슨 행동인지 모르겠습니다. 문왕

58 변제례(變除禮) : 상복을 바꾸어 입고 상을 마치는 절차이다.

(文王)은 여러 송사와 여러 금계(禁戒)를 도맡아 처리하지 않았는데,[59] 지금 전하께서는 옥리의 일을 행하고 계시니, 신은 삼가 애석하게 여깁니다."

하였다.

겨울, 장릉(長陵)에 재해가 일어나 상소하여 위로 드리고 이어서 책임을 지고 사면하기를 청하였으나 허락받지 못했다.

병오년(1726, 영조2) 봄, 조현명(趙顯命)이 상소하여 정석삼이 남긴 논의를 주워모아 간사한 짓으로 화를 옮기는 계획을 시행하려 하였다. 또 권부(權扶)라는 자가 임징하(任徵夏)의 상소에 나오는 '한번 어지러워졌다.〔一亂〕'라는 말을 두고 선왕을 무함하는 것이라 하며 무리지어 일어나 글을 올리니,[60] 실로 조현명과 표리 관계였다. 공은 더욱 편안히 있을 수 없어 상소하여 견책을 청하고 또 아뢰기를,

"임징하의 상소는 과연 무슨 죄입니까. 이른바 '어지럽다'라는 말은 바로 그 당시 신하들이 형편없어 오로지 속이고 감추기만 일삼아 성상의 다스림에 누를 끼쳤다는 것입니다. 이것이 어찌 선왕의 성대한 덕에 터럭만큼이라도 손해가 되겠습니까. 옛날 우리 선조대왕께서 승하하신 초기에 고 판서 신 정경세(鄭經世)가 전지(傳旨)에 응하여 상소하였는데, '십여 년 이래로 요행의 문이 활짝 열려 대궐이 시장처럼 되고 각기 뇌물을 받아 조정이 더럽고 어지럽기가 극에

59 문왕(文王)은……않았는데 : 《서경》 〈입정(立政)〉의 "문왕은 호령과 송사와 금계를 도맡아 처리하지 않았다.〔文王罔攸兼于庶言庶獄庶愼〕"라는 말을 인용한 것이다.

60 권부(權扶)라는……올리니 : 권부가 상소하여 임징하의 상소에 나오는 '한번 어지러워졌다.'라는 말이 숙종의 시대를 가리킨 것이라고 하였다. 《英祖實錄 2年 2月 18日》

달하였습니다.'[61]라고 하였습니다. 정경세는 선조(先朝)를 비방하였다는 이유로 장차 처형되러 하였는데, 고 문충공(文忠公) 신 이항복(李恒福)이 누차 아뢰어 신구(申救)하니, 벌이 파직에 그쳤습니다.

정경세의 말은 곧장 아뢰고 통렬히 배척하며 꺼리거나 피하지 않았으니, 임징하와 비교하면 더 지나칩니다. 그런데 당시 토죄해야 한다는 논의가 없었고, 대신이 체모를 얻었다는 칭찬이 있었습니다. 이것이 어찌 모든 사람이 군신의 의리를 몰라서이겠습니까.

가령 임징하가 말을 가리지 않고 뜻이 완곡하지 않아 지난 일을 허물하는 성상의 지극한 마음에 저촉된 것이 없지 않다면, 광망(狂妄)하다고 꾸짖고 특별히 체직하더라도 괴이할 것이 없습니다. 그러나 신하의 도리에 있어서는 언로가 막힐 것을 염려하고 성상의 포용하는 덕을 권면하기를 마치 이항복이 정경세에게 했던 것처럼 해야 마땅합니다. 저 문자를 집어내어 기화(奇貨)로 삼고 반드시 한 판 승부에서 이기려 하는 자는 그 마음이 있는 곳을 분명히 알 수 있습니다. 지금 당초에 일을 말한 신하와 함께 뒤섞어 견책을 시행하는 벌을 내려 선악이 하나가 되고 시비가 밝혀지지 않아 승정원이 복역하고 대간이 논계하는데도 한결같이 물리쳐 끝내 지나친 행동이 되었습니다. 어찌 청명한 세상에 이러한 행동이 있을 줄 생각이나 했겠습니까."

하였다. 당시 좌의정과 우의정 이관명(李觀命) 공은 모두 대의(大義)를 펴지 못했다는 이유로 체직을 청하여 허락을 받았다. 공은 이때부

61 십여……극에 달하였습니다 : 정경세가 1608년(광해군즉위년)에 올린 상소에 나오는 말이다. 《光海君日記 卽位年 5月 2日》

터 연달아 상소하여 사정을 아뢰고 두 신하와 거취를 함께 하겠다고 청하였다. 그러나 성상이 그때마다 온화한 비답을 내리고 허락하지 않았다.

이해 겨울, 성상이 비로소 상을 마치고 상참(常參)에 나오기 시작하였다. 대신 홍치중(洪致中)과 조도빈(趙道彬)이 입대하였다가 대간이 역적을 토벌하라는 청을 올리려는 것을 보고는 두려워하며 듣지 않으려고 이유 없이 지레 물러났다. 공이 상소하여 말하기를,

"며칠 전의 상참은 전하께서 처음으로 정사를 의논하는 기회였는데 대신이 일을 피하여 지레 물러났으니 신은 몹시 통탄스럽습니다. 이는 성상께서 평소 혼자만 지혜롭다고 생각하며 세상을 다스리려는 뜻이 있어 도를 논하는 삼공의 직임을 홀시한 까닭입니다. 사람을 등용할 때는 두려워할 만한 사람을 뽑지 않고 아끼는 사람을 뽑으며, 신하에게 잘못을 바로잡으라고 요구하지 않고 단지 인원수만 채우니, 세도와 인심이 날마다 추락하는 것이 이상할 것 없습니다."

하니, 성상이 기뻐하지 않으며 '일 만들기를 좋아한다.'라고 하였다. 공이 또 상소하여 견책을 청하며,

"지금 조정에 있는 신하들은 위로 종묘사직의 원수를 잊고 아래로 부형의 원한을 버렸습니다. 오직 녹봉을 받고 자리를 지키는 것만 도모하여 풍속이 무너지고 인륜이 끊어졌으니, 나라의 우환이 이미 말할 수 없을 정도입니다. 그런데 전하께서 또 '일 만들기를 좋아한다.〔喜事〕'라는 두 글자로 온 세상 사람들을 금지하여 입을 열지 못하게 하시니, 이는 진정 앞으로 군주를 버리고 어버이를 뒷전으로 삼는 논의를 조정에서 방자하게 제기하게 만드는 것입니다. 누가 전하를 위해 분명히 말하겠습니까. 이것이 신이 몹시 두려워하는

바입니다."

하였다. 성상이 비답을 내려 '여전히 이전의 뜻을 고집한다.'라고 책망하고, 홍치중과 조도빈은 얼마 후 모두 관직을 버렸다. 공은 처지가 더욱 위태로워져 연달아 십여 차례 상소하여 더욱 간절히 급한 사정을 청하였다.

정미년(1727, 영조3) 5월, 비로소 체직을 허락받고 판중추부사로 옮겼다. 또 치사를 청하였으나 허락받지 못했다. 가을, 성상이 홀연 반대편 당파를 등용하고 특별히 공을 파직하였는데, 전지(傳旨)에 당론(黨論)을 죄안으로 삼았다.[62] 이어서 '한쪽 사람들이 태산북두처럼 우러러본다.'[63]라고 하교하자 양사에서 합계하여 유배하라고 청하였으나 오랫동안 윤허하지 않았다.

무신년(1728, 영조4) 1월, 비로소 영천(榮川)에 유배되었다가 이듬해 5월에 풀려나 편의대로 거주하게 하였다. 경술년(1730) 봄, 서용되어 판중추부사에 임명되었다. 당시 성상이 여주(驪州)에 능을 살피러 갔는데, 병으로 어가를 맞이하지 못하여 상소하고 대죄하니, 사관을 보내어 위로하는 말씀을 베풀고 이어서 음식을 하사하였는데 예우가 몹시 두터웠다. 한번은 연석에서 민진원 공에게 하교하기를,

62 전지(傳旨)에……삼았다 : 1727년(영조3) 7월 1일 영조가 정호를 파직하라며 비망기에 "백발의 노년에 당습을 일삼았다.〔白首殘年, 斷斷黨習.〕"라고 한 말을 가리킨다. 《承政院日記 英祖 3年 7月 1日》

63 한쪽……우러러본다 : 1727년(영조3) 7월 4일 영조가 내린 비망기에 "그간 여러 사람이 반드시 정호를 태산북두처럼 우러러본 이유는 다름이 아니라 정호의 평소 논의가 각박하기에 힘썼기 때문이다."라고 한 말을 가리킨다. 《承政院日記 英祖 3年 7月 4日》

"정 판부사 또한 서덕수(徐德修)를 신구(伸救)하였으니, 무신년 역적의 변란은 이유가 없지 않다."

하였다. 공은 원래 이런 일이 없었는데, 성상이 우연히 잘못 살핀 것이었다. 공은 황공하여 감히 말을 허비하며 스스로 변호할 수 없어 단지 오래된 일이라 기억하지 못한다고 상소에서 대략 언급하였다. 성상이 이에 《승정원일기》를 살펴보고 비답을 내려 위로하며 혐의를 풀어주는 뜻을 통쾌히 보였다.

신해년(1731, 영조7), 경연의 신하가 조용히 물러나고 청렴결백한 공의 절조를 말하며 각별히 대우하는 방도가 있어야 한다고 말하였다. 성상이 즉시 관찰사에게 주급(周急)하라고 명하고, 또 이조에 명하여 공의 아들을 가까운 고을의 수령에 특별히 임명하여 편히 봉양하게 하였다. 그 뒤 또 달마다 쌀과 콩을 보내주었다. 어떤 이가 말하기를,

"옛적 우암은 이러한 은혜가 있을 때마다 반드시 힘껏 사양하다가 부득이한 뒤에 비로소 감히 받았고, 간혹 끝내 받지 않은 때도 있었다. 오늘날의 의리도 이와 같아야 한다."

하였다. 공은 웃으며 말하기를,

"노선생께서는 본디 사양하고 받는 절차에 엄격하였으나, 성상께서 도와주신 것을 끝내 사양한 적이 언제 있었는가. 간혹 그렇게 하지 않은 것은 원래 그 사이에 뜻이 있었기 때문이다. 이것이 어찌 후세 사람이 한결같이 준칙으로 삼을 수 있는 것이겠는가. 내가 받은 남다른 은혜는 참으로 감당할 수 없는 점이 있지만, 은혜롭게 보살피신 은전은 반드시 사양해야 할 의리가 없고, 이미 베푼 은혜도 갑자기 거두기 쉽지 않다. 이와 같다는 것을 알고도 여전히 번거롭게 아뢰어 사양하기를 청한다면, 이것이 어찌 거짓없고 성실한 도리이겠는가.

옛사람이 말하기를, '사양하여 본래 이익은 잃지 않으면서 아름다운 이름까지 얻는다.'[64]라고 하였는데, 나는 실로 부끄럽다. 단지 한 번 상소하여 사양하여 예의를 갖추고 그만둘 뿐이다."

하였다.

복직한 뒤로 즉시 치사를 청하고 기어이 허락을 받으려 하였는데, 이때 봉조하 중에 적임자가 아닌 사람이 있었고, 성상이 사람을 물러나게 할 적에도 예의로 하지 않았다. 공이 한숨 쉬며 탄식하기를,

"나이가 되면 관직에서 물러나는 것이 예법의 중대한 규정이지만, 근래 윗사람과 아랫사람이 이 의리에 처할 적에 모두 마땅한 경우를 보지 못했다. 영예가 아니라 단지 치욕이니, 이러한 때 함께 더러워질 수 있겠는가."

하고, 이때부터 다시는 청하지 않았다. 의심하여 묻는 사람이 있으면 그때마다 웃으며 대답하기를,

"나 같은 사람이 어찌 맑은 조정의 성대한 법을 욕되게 하겠는가."

하고, 그 본뜻이 무엇인지는 말하지 않았다. 5, 6년 이래로 스스로 늙고 병들어 물러난 사람이라고 하며 나라에 크게 경하하고 위로할 일이 있지 않으면 절대 상소하지 않으며,

"일에 보탬이 되지도 않으면서 그저 은혜만 바라는 것은 감히 할 수 없다."

하였다. 그러나 나라를 걱정하고 임금을 사랑하는 정성은 늙을수록

64 사양하여……얻는다 : 송나라 유창(劉敞)이 상소하여 겉으로 사양하는 풍조를 비판하며 "사양해도 처음의 이익은 잃지 않고 더욱 높은 명성을 얻는다.〔讓不失始利而得名益高〕"라고 한 말을 인용한 것이다. 《資治通鑑長編 卷190》

더욱 독실해지고 간곡한 말은 자다가도 나올 정도였다.

간사한 자가 정권을 잡아 겉으로는 탕평의 명분을 빌리고 안으로는 영합하려는 계책을 이루었다. 성상이 그의 말에 넘어가 조정 신하 중에 다른 논의를 하는 자는 모두 죄를 얻었다. 기쁨과 노여움이 너무 갑작스럽고 잘못된 행동이 많았으며, 옥체도 편치 않은 때가 많았다. 공이 마음 속으로 깊이 걱정하였는데, 마침 이때 영중추부사로 승진하여 임명되었다. 상소하여 사직하고 이어서 경계를 아뢰었는데, 대략 이르기를,

"신이 삼가 들으니 성상께서 편찮으신 가운데 처분이 중도를 지나친 일이 많았다고 합니다. 이는 비단 원기(元氣)를 보존하고 성명(性命)을 기르는 방도에 크게 방해가 될 뿐만 아니라, 다스림의 근원을 맑게 하고 사무에 응하는 사이에도 해가 적지 않을 것입니다. 어찌 고명하신 성상의 학문으로 이를 모르시겠습니까. 참으로 신하들 사이에 화합하는 풍도가 이루어지지 않고, 조정에서는 탕평의 효과를 기약할 수 없어 성상을 격노하게 만든 것입니다. 이는 신하들의 죄이니 본디 이루 벌할 수 없을 정도지만, 밝으신 성상께서 위에서 표준을 세우신 것도 지극하지 않은 점이 있습니다. 수많은 사람의 서로 다른 논의를 합하여 한때의 국시(國是)를 굳게 정한다면, 보합하는 정사에는 도움이 되지 않고 표준을 세우는 의리에 해가 될 뿐입니다. 오직 바라건대, 전하께서는 피차의 서로 다른 이야기를 가슴 속에 두지 말고 한 마음을 맑게 하도록 힘쓰고 이치의 옳고 그름을 보아 취사를 정하신다면 사람들이 저절로 심복하고 기강이 저절로 펼쳐져 비로소 탕평을 논의할 수 있을 것입니다."

하였다. 이후 성상이 겨울 우레 때문에 사관을 보내 재이(災異)를 누

그러뜨릴 방책을 하문하니, 공이 이전 상소의 내용을 다시 아뢰고, 송(宋)나라 건중(建中) 연간의 지난 자취[65]를 인용하여 경계로 삼았다. 또 아뢰기를,

“우레와 천둥은 호령의 형상이니, 그간의 지나친 거조를 모두 거두어 들이고, 쫓아내어 보임한 유신(儒臣)을 돌아오게 하여 수신하고 반성할 방도로 삼으소서.”

하였으나 성상이 기뻐하지 않았다.

을묘년(1735, 영조11) 봄, 왕자가 태어났다. 공은 듣고서 몹시 기뻐하며 상소하여 하례하고, 백성을 만날 때마다 행여 모를까 먼저 이야기하였다. 기뻐하는 모습이 손에 잡힐 듯하여 보는 사람들이 나라를 제몸처럼 여기는 깊은 정성에 감탄하였다. 병진년(1736) 10월 10일 무렵 일찍 일어나 갑자기 모시는 사람에게 말하기를,

“오늘 선친께서 명을 내리셨으니 나는 세상에 오래 있지 않을 듯하다.”

하고, 이때부터 약간 피곤한 모습을 보이더니 며칠이 지나자 증세가 갑자기 위독해져 마침내 13일 인시(寅時)에 누암 강가 집에서 세상을 떠나니 향년 89세였다. 고을에서 미처 부고를 올리기 전에 대신이 듣고서 연석에서 아뢰니, 성상이 몹시 애도하며 치계(馳啓)를 느슨히 했다는 이유로 특별히 관찰사를 추고하고, 이어서 뒤늦게 애도하는 윤음을 내렸다. 예장과 녹봉 등의 일은 한결같이 전례대로 하고, 승지를 보내어 조문하게 하며, 또 예관을 보내어 치제하여 죽은 이를 높이는 의리를 갖추었다.

65 송(宋)나라……자취 : 건중은 송 휘종(徽宗)의 연호 건중정국(建中靖國)이다. 이때 신법당과 구법당을 조정하려 하였으나 끝내 실패했다.

이듬해 1월 8일, 고을 남쪽 지장리(知藏里) 화영산(花英山) 선영 아래 자좌오향(子坐午向)의 언덕에 장사지냈으니, 부인 강릉 최씨(江陵崔氏)가 묻힌 곳으로, 그 광(壙)을 열고 합장하였다. 원근에서 모여 장사지낸 자가 수백 명이었다.

공은 외모가 맑고 수척하며 타고난 자질이 강하고 굳세었다. 사람들이 바라보면 처음에는 엄격하여 사귈 수 없을 듯하지만 다가가면 낯빛과 웃음이 친근하였다. 간격을 두지 않고 마음을 열어 성의를 보이니 끝내 감복하지 않는 사람이 없었다. 지조가 근엄하고 논의가 엄준하였으며, 집에서는 효성과 우애가 지극히 독실하여 남들이 하기 어려운 점이 있었다. 매번 부모가 살아있을 때 봉양하지 못한 것을 지극히 통탄스러워하였다. 앞에 놓인 반찬이 조금이라도 풍성할 때마다 즐거워하지 않고 근심하며,

"예전에는 늘 부족하였는데 지금은 남는구나."

하고, 반드시 범 문정(范文正)의 말[66]을 거론하여 자손을 경계하고 오열하기를 그치지 않았다. 외직에 부임할 적에는 형님에게 청하여 임시로 가묘를 모시고 가서는 날마다 관복을 입고 새벽에 알현하였는데 심한 병이 아니면 하루도 그만둔 적이 없었다. 제사에는 정성과 예의를 다하여 미리 재계하고 경계하며 깨끗이 목욕하였다가 닭이 울면

66 범 문정(范文正)의 말 : 범문종은 송나라 재상 범중엄(范仲淹)이다. 그가 자손들에게 경계하기를 "내가 젊었을 적 네 어머니와 함께 몸소 밥을 지었으나 어버이에게 맛있는 음식을 올린 적이 없다. 지금은 후한 녹봉을 받아 어버이를 봉양하고 싶지만 어버이가 계시지 않고 네 어머니도 세상을 떠났으니, 내가 가장 한스러워하는 점이다. 차마 너희들에게 부귀의 즐거움을 누리게 할 수 있겠느냐." 하였다. 《宋名臣言行錄 前集 卷7》

일어나 직접 도구를 살피고, 제사를 지낼 적에는 혼령이 옆에 있는 것처럼 엄숙하였다.

집에 있을 적에는 반드시 부모가 평소 좋아하던 것을 구하여 제수에 보탰다. 감찰공이 병중에 청어(靑魚)를 먹고 싶어하였으나 마침 때가 일러 바치지 못하였기에 평생 입에 대지 않았다. 기일에는 저녁 내내 슬퍼하였으며, 간혹 꿈에 어버이의 얼굴을 뵈면 슬퍼하는 기색이 오랫동안 겉으로 드러났다. 집안 사람들은 그 안색을 볼 때마다 꿈에 나타난 줄 알았는데, 말년에 이르기까지도 그렇지 않은 적이 없었다.

을미년(1715, 숙종41), 감찰공의 묘소를 옮길 적에 묘소를 열 때부터 다시 봉할 때까지 거의 십여 일 동안 아침저녁으로 곡하고 상식을 올리는 절차를 자제들이 대신하게 하지 않고 몸소 수행하며 처음 상을 당한 날처럼 슬퍼하였는데, 당시 나이 68세였다. 형제 여덟 사람 중에 순서가 중간이었는데 위로는 형들을 받들고 아래로는 아우들을 거느리며 기뻐하고 즐거워하며 하루종일 어울렸다. 넷째 아우가 불행히 일찍 죽자 몹시 슬퍼하며 자기 일과 다름없이 그의 집안을 다스렸다. 또 고아가 된 딸을 데려다 시집보내고 자기 자식처럼 조카들을 돌보았다. 가르치는 방도는 엄격하면서도 자애로와 고식적인 방법으로 사랑하지 않았다. 조카들도 가르침을 받들고 복종하여 자기 아버지가 아니라는 것도 거의 모를 정도였다. 집안을 다스림에 법도가 있어 조정을 다스리는 것처럼 질서정연하였다. 안팎의 사람들이 두려워하며 숨을 죽이고, 아래로 노비에 이르기까지 감히 앞에서 함부로 말하지 못했다.

조정에 있을 적에는 관직에 있으면 직분을 다하고 군주를 도에 맞게 인도하는 것을 자기의 임무로 삼았다. 이해와 화복으로 마음이 흔들린 적은 한번도 없었으며, 아는 것은 말하지 않은 것이 없고, 말하면 다하지 않은 적이 없었다. 어진 이를 등용하고 사악한 이를 내쫓는 때와 세도가 오르내리는 기미에는 더욱 뜻을 다하여 반드시 군주의 은미한 마음에 근본을 두고 말하였으니, 비록 군주에게 죄를 짓고 권신에게 미움을 받더라도 돌아보지 않았다.

윤증이 스승을 배반한 일은 실로 고금의 큰 변고이니, 우리 당에 속한 사람이라면 누군들 분개하지 않겠는가. 그러나 그가 권세를 떨쳐 화복이 즉시 뒤따랐기에 사람들이 모두 분노하면서도 감히 말하지 못한 지 오래였다. 오직 공만은 자취가 외롭고 위태로우면서도 거센 기세를 맞닥뜨려 두려워하거나 기죽지 않고 누차 일어났다가 누차 쓰러졌다. 한유(韓愈)가 이른바 '만약 이 도가 나로 말미암아 조금이나마 전해진다면 비록 죽어 없어지더라도 전혀 한이 없을 것이다.'[67]라는 말이 바로 공의 뜻이리라.

공이 앞장 서서 한 마디 하지 않았다면 시비가 장차 어두워져 기사년(1689, 숙종15) 윤증이 다시 유현으로 대우받은 뒤로 그는 필시 태연히 유현으로 자처하며 죽을 때까지 영화를 누렸을 것이다. 이는 하늘이 윤증 한 사람을 낳아 인륜을 무너뜨리게 하고는 또 공을 낳아 바로잡게 하지 않을 수 없었던 것이다. 아, 어찌 우연이겠는가.

세상을 걱정하고 도를 지키려는 공의 마음은 한결같이 지극히 공정한 데서 나왔으니, 애당초 자기의 사사로운 이해와는 관계가 없었다. 그러므로 위로는 성상을 깨우치고 아래로는 선비들의 방향을 인도하였다. 세속의 논의하는 사람들이 처음에는 의심하였으나 끝내는 믿었고, 국시는 조금 굽혀졌다가 크게 펴졌다. 이는 비록 우리 선왕의 성대한

67 만약……것이다 : 《창려집(昌黎集)》 권18 〈여맹상서서(與孟尚書書)〉에 보인다.

덕과 지극한 선에 힘입은 덕택이지만, 공이 계발하고 드러낸 효과는 끝내 거짓이 될 수 없다. 훗날 박태보와 최석정이 경전을 훼손하고 성인을 모욕한 죄를 변론하여 배척한 것을 보아도 알 수 있다. 미워하여 편당으로 지목하거나 아끼면서도 너무 심하다고 의심한 자들이 어찌 공이 보존한 것을 엿볼 수 있겠는가.

평생의 거취로 말하자면 나아가기는 어렵게 여기고 물러나기는 쉽게 여겨서 과거에 급제한 뒤 50여 년 동안 조정에서 벼슬한 기간은 10년을 채우지 못하였다. 조금이라도 마음에 불안하면 당일로 과감히 물러나 조금도 지체하지 않았다. 녹봉과 지위 버리기를 마치 여관 떠나는 것처럼 하여 끝내는 몹시 용감하게 곧장 돌아갔다. 그 절개는 바위와 같아 끝내 돌릴 수 없었으니, 출처의 중대한 절개는 옛사람에게 부끄러울 것이 없다고 하겠다. 청렴결백으로 말하자면 본디 공에게는 대수롭지 않은 일이었다. 평생 몸에 좋은 옷을 가까이 하지 않았으며 입으로는 거친 음식을 싫어하지 않았으니, 사람들은 견디지 못하였으나 편안하게 처하였다. 칠순이 넘은 뒤 집안 사람이 비로소 비단옷과 가죽옷을 바치며 '비단옷이 아니면 따뜻하지 않다.'[68]라는 뜻을 아뢰자 비로소 허락하였다. 그러나 바지는 끝내 무명으로 짠 것을 그대로 입었다.

누차 관찰사를 역임하고 지위가 성승에 이르렀으나 집에 선물이 저절로 끊기고 관청에 뇌물이 오지 않았다. 토지와 노비는 끝내 한 뙈기,

68 비단옷이……않다 : 《맹자집주》 〈양혜왕 상〉의 "50에 비로소 쇠하여 비단옷이 아니면 따뜻하지 않으니 50이 되지 않은 자는 입을 수 없다.〔五十始衰, 非帛不煖, 未五十者, 不得衣也.〕"라는 말을 인용한 것이다.

한 사람도 늘어나지 않았으며, 거주하는 낡은 집은 거의 비바람도 막지 못할 정도였다. 성상께서 예전에 인조조 이원익(李元翼)의 전례에 따라 정사(精舍)를 지어주고 아울러 노비를 하사하라는 명을 내렸으나 역시 사양하고 감히 받지 않았다. 상을 당하자 승지가 왕명을 받고 와서 조문하였는데, 그 사람은 바로 정미년(1727, 영조3) 합계한 대간이었다. 그가 돌아와 친한 사람에게 말하기를,

"내가 재상집을 많이 보았는데 이처럼 청렴한 사람은 보지 못했다."

하며, 감탄하여 마지않았으니 '원망하는 적이라도 무고하기 어렵다.'[69] 라고 하겠다. 그러나 분수를 따르고 진실에 맡겨 명예를 추구하는 일을 좋아하지 않았다. 오만하고 고고한 행동과 과격하고 구차한 일로 세상 사람들의 이목을 현혹시키는 행위는 마음으로 하지 않았을 뿐만 아니라 다른 사람이 하더라도 몹시 미워하고 통렬히 배척하였다. 한 번은 말하기를,

"명예를 위하는 것과 이익을 위하는 것이 맑고 깨끗함은 다르지만 탐하는 마음은 마찬가지이니, 사군자는 경계하지 않으면 안 된다."

하였다. 시골에서 지낸 5, 60년 동안 때로는 강가에 머물고 때로는 산속에 살았는데 손님을 사절하고 지조를 지키며 남에게 관여하지 않아 시골 백성은 이웃에 재상이 있는 줄도 몰랐다. 누차 유배를 겪어 7도(道)를 두루 다녔는데 인정과 물태가 가는 곳마다 각기 달랐으나 원망하고 허물하는 말은 터럭만큼도 하지 않았다. 비록 당시 여론이

69 원망하는……어렵다 : 진사도(陳師道)의 〈왕평보문집후서(王平甫文集後序)〉에 나오는 "원망하는 적이라도 감히 논의할 수 없었다.〔雖其怨敵, 不敢議也.〕"라는 말을 인용한 것으로 보인다.

위태롭고 험악하였으나 귀양살이를 잘 하였다고 칭찬하지 않는 사람이 없었다.

공은 사우 관계에 있는 사람들에게 정분이 몹시 도타웠다. 우암을 존숭하고 믿기를 남달리 하였으며, 언행과 출처를 모두 본떠 자신의 법도로 삼았다. 매번 벼슬길에 잘못 나와서 전념하여 배우지 못한 것을 지극한 한으로 여겼다. 예전에 수암 권공, 직재(直齋) 이기홍(李箕洪) 공과 도의(道義)의 교분을 맺고 마음과 힘을 합쳐 사우들의 앞장을 서서 사문에서 널리 알리고 논저하려 하는데 미처 하지 못한 것이 있으면 모두 함께 경영하였다.

예컨대 화양(華陽)의 만동사(萬東祠)를 처음 영건할 때 세속의 논의가 산처럼 많았고 비난도 받았다. 그러나 공과 수암이 시종일관 담당하여 산속을 드나들면서 빈번함을 꺼리지 않아 마침내 세상을 떠난 스승의 뜻을 이루었다.

《문의통고(問義通攷)》[70]로 말하자면 우암이 제주에 있을 때 처음 시작하여 수암에게 편찬을 맡긴 것이었다. 수암은 문집과 《차의(箚疑)》의 일 때문에 겨를이 없었기에 공에게 교정하여 책을 만들라고 하였다. 공은 아직 없어지지 않은 선생의 수택(手澤)에 감동하고 후학에게 은혜를 베푸는 일에 관계된다는 점을 유념하여 편찬하고 교정하며 정력을 다하였으니, 지금 간행된 것이 바로 이 책이다.

스승을 그리워하는 마음은 늙을수록 더욱 독실하여 한번이라도 무고가 퍼져 연원에 미치면 개탄하고 근심하며 나서서 분명히 변론하여

70 문의통고(問義通攷) : 송시열의 저술로 《논어》, 《맹자》의 《혹문(或問)》에 《논맹정의(論孟精義)》를 조목별로 덧붙여 엮은 책이다.

반드시 올바르게 하고야 말았다. 동문의 여러 공들이 많지 않은 것은 아니었지만 널리 알리고 모욕을 막는 일은 공에게 맡기지 않은 적이 없었다.

근세의 명공을 논할 적에는 문곡(文谷 김수항)과 노봉(老峰 민정중)을 높이며 본받을 만하다고 하였고, 두 공 역시 공을 후배로 여기지 않았다. 노봉과는 젊어서부터 어울렸기에 교분이 얕지 않았다. 한번은 공이 일 때문에 서울에 들어갔는데, 당시 민공은 정승의 자리에 있었다. 공은 예전에 사우 관계에 있었으므로 혐의로 여기지 않고 특별히 찾아갔다. 문지기가 전갈을 받고 들어가 곧장 소리높여 성명을 아뢰었으니, 정승 집안의 전례가 그러하였기 때문이었다. 공은 듣자마자 개탄하며 발길을 돌려 민공의 생질이 된 재종제를 찾아가,

"내가 오늘 민공을 만나러 간 것은 속된 재상이 되지 않기를 기대했기 때문이다. 어찌 일단 정승 자리에 오르자 마침내 선비를 예우하는 절차를 바꿀 줄 생각이나 했겠는가."

라고 이유를 말하고는 마침내 떠났다. 그때 민공은 공이 왔다는 말을 듣고 속히 들여보내라고 하였으나 끝내 만나지 못했다. 민공은 처음에 몹시 의아해 하였으나 얼마 후 그 곡절을 다 듣고는 망연자실하여 몸소 찾아가 사죄하려고까지 하였다. 그러나 공은 이미 고향으로 돌아갔다. 민공이 자제들을 돌아보며 말하기를,

"선비의 몸가짐은 이와 같아야 하지 않겠는가. 너희들은 모범으로 삼아야 한다."

하였다.

공은 평소 학문으로 자처한 적이 없었다. 한번은 자제들에게 말하기를,

"나는 어려서 형제들의 말에 쫓겨 잘못하여 집안을 위한 계책을 세우느라 한번 세상의 그물에 빠져 마음대로 하지 못하였다. 나아가서는 시행한 것이 없고 물러나서는 터득한 것이 없이 어느덧 노년에 이르렀다. 그저 늙어도 어지럽기만 하다는 탄식이 간절하니, 후회해도 소용 없다. 너희들은 경계할 줄 알아야 한다. 집안을 위한 계책은 과거에 있는 것이 아니다."

하였다. 그러나 이것은 단지 공이 겸손하게 남을 가르친 말일 뿐이다. 젊어서 독서할 때부터 이미 마음 쓸 곳이 있는 줄 알았으니, 과거 응시에 쓰는 데 그치지 않았다. 그러다가 갑인년(1734) 사화가 일어난 뒤 외물을 사모하는 생각을 끊고 향상공부(向上工夫)에 전념하여 깊이 연구하느라 먹고 자는 것도 잊을 정도였다. 과거에 급제하자 우암 선생이 편지를 보내 권면하기를,

"지금 사람들은 한 번 급제하면 할 일을 다 했다고 여겨 마침내 서책과 멀어진다. 나는 그대가 반드시 그렇지 않을 줄 안다."

하였다. 공은 이 편지를 받은 뒤로 더욱 가다듬어 비록 벼슬하는 기간에 공무가 바빠도 책 보기를 그만두지 않았다. 장암에 거처를 정한 뒤로는 방 하나를 깨끗이 청소하고 좌우에 도서를 두었다. 한번은 말하기를,

"나는 이미 늙었으니 더 이상 독서하는 시절이 아니다. 만약 대충 보고 널리 찾는다면 정력만 낭비하고 심신에 무익하다. '유격 기마병이 너무 멀리 가면 돌아올 수 없다.'[71]라는 옛사람의 비유를 경계삼을

71 유격……없다 : 정자의 "유격 기마병이 너무 멀리 가면 돌아올 수 없다.〔若遊騎太遠, 則却歸不得.〕"라는 말을 인용한 것으로, 박학에 힘쓰다가 근본을 놓치는 것을 말한

만하다."

하고, 마침내 사서(四書), 《근사록(近思錄)》을 되풀이하여 보고 이해하기를 그치지 않았다. 또 배우는 이들에게 말하기를,

"이치를 궁구하는 공부를 그만둘 수는 없으나, 알기만 하고 실천하지 않으면 일이 이루어지지 않는다."

하였다. 그러므로 항상 힘써서 반드시 실천 한 쪽을 중시하였다. 우선 언행으로 드러나는 것으로 확인해 보면, 의관은 반드시 정돈하고, 음식은 반드시 절제하고, 용모는 반드시 엄숙하고, 걸음은 반드시 편안하였다. 게으른 기색을 몸에 나타내지 않고, 비속한 말을 입에서 내지 않았으며, 서책 따위와 사소한 기물에 이르기까지 위치가 조금이라도 어긋나면 반드시 정돈한 뒤에야 마음에 흡족하게 여겼다. 마음의 은미한 사이를 보존하고 다스리는 공부가 엄격하고 정밀하여 항상 말하기를,

"직(直) 한 글자는 성현이 서로 전수한 심법(心法)이니, 공자가 이른바 '사람이 살아가는 이치는 정직함이다.'[72]라는 말과 맹자가 이른바 '곧게 길러야 한다.'[73]라는 말이 모두 이것이다. 주자(朱子)에 이르러 비로소 드러내어 '천지가 만물을 낳고 성인이 만사에 응하는 방법은 직 자 하나뿐이다.'라고 하였으니, 그 뜻이 크다고 하겠다.

다.《二程遺書 卷7》

72 사람이……정직함이다 : 《논어》 〈옹야(雍也)〉의 "사람이 살아가는 이치는 정직함이니, 정직하지 않으면서 사는 것은 요행히 죽음을 면한 것이다.〔人之生也直, 罔之生也, 幸而免.〕"라고 한 말을 가리킨다.

73 곧게 길러야 한다 : 《맹자》 〈공손추 상(公孫丑上)〉의 "호연지기는 지극히 크고 강하니, 곧게 길러 해치지 않으면 천지 사이에 가득찬다.〔其爲氣也, 至大至剛. 以直養而無害, 則塞于天地之間.〕"라고 한 말을 가리킨다.

노선생이 평생 받아 쓴 것도 오로지 여기에 있다. 초산(楚山 정읍)에서 임종할 때 문인에게 당부한 비결도 이를 벗어나지 않는다.[74] 이것이 선현을 계승하고 후학을 인도하여 우리나라의 고정(考亭 주자)이 된 이유이다. 후세의 학자들이 잃지 않고 지킨다면 길이 어긋나지 않을 것이다."

하였다. 이 때문에 자신을 위해서나 남을 위해서나 애당초 이 직 자를 한 글자를 부적으로 삼지 않은 적이 없었으니, 병풍에 걸어놓고 아침저녁으로 보며 반성하기를 그치지 않았다. 그러므로 드러난 행적이 명백하고 강직하여 마치 물이 만 길 절벽을 만나 내려갈 곳에서는 곧바로 내려가며 굽이돌지 않는 것과 같았으니, 여기에서 터득하였으리라.

공은 문장을 지을 적에 수식을 일삼지 않고 오직 뜻을 전달하는 것을 위주로 삼았다. 시 또한 예스럽고 기세와 풍격이 있어 볼 만하였다. 문집 약간 권이 집에 보관되어 있다. 예전에 독서하고 강학한 끝에 손 가는대로 뽑아 기록하였는데 은미한 말과 오묘한 뜻을 드러내어 밝힌 것이 많았으나 재차 수정하지 못하였다. 또 한번은 말하기를,

"우리나라 사람은 중국의 사적에 대해서는 마치 직접 경험하고 목도한 것처럼 모두 분명히 알지만, 우리나라의 고사에 대해서는 허술하기가 막심하니, 참으로 '몸이 이 산 속에 있어 진면목을 보지 못한다.'[75]라는 말과 같다."

74 초산(楚山)에서……않는다 : 《송자대전(宋子大全)》 〈부록〉 권11 연보(年譜)에 보인다. 같은 책 권134에 〈시제자손질손등(示諸子孫姪孫等)〉이라는 제목으로 실려 있다.

75 몸이……못한다 : 우리나라 사람이 오히려 우리나라 고사를 알기 어렵다는 뜻이다. 소식(蘇軾)의 〈제서림벽시(題西林壁詩)〉에 나오는 "여산의 진면목을 알 수 없으

하고, 마침내 우리나라 역사책을 가져다 위로는 단군(檀君)부터 아래로는 고려 말에 이르기까지 치란과 흥망에 가장 관계가 밀접한 약간 조목을 뽑고, 증씨(曾氏)의 《사략(史略)》을 바탕으로 그 시기를 살펴 역대(歷代) 연도의 아래에 덧붙였다.[76] 편집하고 간행하여 어린이들이 배우기 편하게 하였다.

부인 최씨(崔氏)는 목사 응천(應天)의 딸이다. 훌륭한 행실과 아름다운 덕이 있었으나 공보다 먼저 세상을 떠나 공이 직접 묘지명을 지었다.[77] 장남 희하(羲河)는 현감을 지냈고, 차남 순하(舜河)는 일찍 죽었다. 두 딸은 권돈(權墪), 진사 유탁기(兪度基)에게 시집갔다. 손자는 매(梅), 건(楗), 실(宲), 채(寀)이다. 실은 문과에 급제하여 응교를 지냈으며 간언하다가 제주로 유배되었는데[78] 한해 남짓 있다가 비로소 육지로 옮겼으니, 공의 가법이 사라지지 않았다는 것을 알 수 있다.

공을 장사지낸 뒤 아들 현감공이 가전(家傳)을 주고서 그 행적을 모아 행장을 짓게 하였다. 나는 감히 사양하지 못하고 삼가 중요한 의론과 행실을 서술하여 당세의 입언군자(立言君子)를 기다린다.

을축년(1745, 영조21) 5월 모일, 아무 관직에 있는 이재가 쓴다.

니, 단지 몸이 이 산 속에 있기 때문이다.〔不識廬山眞面目 只緣身在此山中〕"라는 구절을 인용한 것이다.

76 우리나라……덧붙였다 : 정호가 편찬한 《사략보요(史略補要)》를 말한다. 《丈巖集 卷23 史略補要序》

77 공이……지었다 : 《장암집》 권14에 실려 있는 〈망실 정부인 강릉 최씨 묘지명(亡室貞夫人江陵崔氏墓誌銘)〉을 말한다.

78 간언하다가 제주로 유배되었는데 : 정실은 1743년(영조19) 민창수(閔昌洙)의 억울함을 상소하였다가 제주에 유배되었다. 《英祖實錄 19年 4月 26日》

도암집

제50권

행장 行狀

진사 김공 행장[1]

進士金公行狀

공은 휘가 광원(光遠)인데 만년에 명원(明遠)으로 고쳤으며, 언명(彦明)은 자이고 월봉(月峰)은 그의 호이다. 김씨(金氏)는 처음에 경주(慶州)에 나왔는데 나중에 영광(靈光)으로 옮겨 마침내 영광 사람이 되었다. 시조는 공조 전서를 지낸 대용(台用)이고 증조는 참판에 추증된 경의(敬義)이나. 조부는 이조 참판을 지낸 율(瑮)이고 부친은 사간원 헌납을 지낸 괴(塊)이며, 헌납의 막내 동생 홍문관 전한 몰(坳)은 추강(秋江) 남효온(南孝溫)과 친한 벗으로 두 세대는 명성과 행실이 크게 드러났다. 모친 단양 우씨(丹陽禹氏)는 판서 효신(孝新)의 딸로 그 외조부가 익성공(翼成公) 황희(黃喜)이다.

공은 어려서 부친을 여의고 정암 선생(靜菴先生 조광조(趙光祖))에게 수학하였는데, 선생이 공을 재목으로 여겼다. 승문원 습독관에 분관되었다가 기묘년(1519, 중종14) 사마 양시(司馬兩試)에 급제하였는데, 이 해에 선생이 화를 만나고 한 시대의 명류(名流)들이 화를 당하여 거의 죽었다. 공은 분개하고 허탈하며 벼슬하려는 마음이 없어져 장흥(長興)의 고향으로 돌아가 문을 닫고 세상에 뜻을 접었다.

신사년(1521, 중종16)에 송사련(宋祀連)의 고변(告變)[2]으로 공도

1 진사 김공 행장 : 저자가 김명원(金明遠, 1478~1550)을 위해 쓴 행장이다.

2 송사련(宋祀連)의 고변(告變) : 안처겸(安處謙)이 이정숙(李正叔), 권전(權磌) 등과 더불어 기묘사화를 일으킨 남곤(南袞)과 심정(沈貞) 등 대신들을 해칠 것을 모

이에 연루었다. 공이 산사(山寺)에서 독서하고 있었는데, 옥리(獄吏)가 공을 체포하러 오니 승려들이 모두 놀라서 동요하였다. 공이 차분하게 말하기를,

“너희들은 두려워하지 마라. 체포되는 자는 필시 나일 것이다.” 하였다. 심문을 받을 적에는 안색이 평소처럼 태연하였다.

닥칠 화를 가늠할 수 없었는데, 정승 정광필(鄭光弼)의 구제 덕분에 사형을 면해 해남(海南)에 유배되었다가 얼마 뒤 사면되어 돌아왔다. 흥룡동(興龍洞)에 집을 지어 살면서 덕을 기르고 행실을 닦았다. 나이 73세가 되던 가정(嘉靖) 경술년(1550, 명종5) 5월 19일에 세상을 떠났고 당곡(堂谷) 경좌(庚坐)의 언덕에 안장하였다.

공은 지극한 효성으로 모친을 섬겼다. 상을 당해서는 묘 아래에서 3년 동안 시묘 살이를 하며 아침저녁으로 성묘하고, 제사를 지낼 적에는 극심한 추위도 아랑곳하지 않고 제수를 반드시 직접 씻었다. 자제들을 가르침에 법도가 있었으니, 병이 위독해지자 ‘술을 조심할 것〔愼酒〕’, ‘윗사람을 존중할 것〔尊上〕’, ‘아랫사람을 보살필 것〔恤下〕’, ‘재물 앞에서 구차하지 말 것〔臨財毋苟〕’이라고 손수 유훈(遺訓)을 쓰고는, 목욕을 하고 자리를 바르게 한 다음 세상을 떠났다.

아! 공은 명문가의 자제로 큰 선비의 문하에 종유하여 훈도를 받은 것이 또한 더욱 깊었으니, 만약 공이 덕과 도량을 갈고닦아 지업(志業)을 펼쳐내었다면 그 성취한 바가 어찌 우뚝하지 않았겠는가. 그러나

의하였다고 무고한 사건을 가리킨다. 이로 인해 안당(安瑭), 안처겸(安處謙), 안처근(安處謹) 삼부자를 비롯하여 그들과 관련된 많은 사림들이 연루되어 처형되거나 유배되었다.

멸정(蔑貞)의 운세[3]를 만나 끝내 곤궁하게 살다가 죽었으니 이 어찌 유독 공만의 불행이겠는가. 은봉(隱峰) 안방준(安邦俊)의 《기묘보록(己卯補錄)》에 "공의 기량과 풍도는 넓고 심원하며 재능과 행실은 남보다 뛰어나다."라고 하였으니, 이 한 마디 말로 공의 됨됨이를 상상할 수 있다. 또 나는 주자(朱子)가 오래된 측백나무를 기록한 글을 읽다가 "불에 타고 도끼에 찍히고서도 쓰러지지 않고 우뚝하게 서있는 모습이 마치 뜻 있는 선비와 어진 이가 변고를 겪으면서도 홀로 의연하게 서 있으며 쇠하지 않고 늠름한 것과 같다."[4]라고 한 부분에 이르러서는 단식하며 눈물을 흘리지 않은 적이 없었는데, 이것은 거의 공의 진면목을 잘 묘사한 말인 듯하다. 숭정(崇禎) 계사년(1653, 효종4)에 공을 예양서원(汭陽書院)의 영천(靈川) 신잠(申潛)을 모신 사당에 배향하였으니, 신공(申公) 또한 기묘명현(己卯名賢)이다.

부인 경주 이씨(慶州李氏)는 통례원 통찬 영손(榮孫)의 딸이다. 아들 귀년(龜年)은 의금부 도사를 지냈고 귀수(龜壽)는 형조 좌랑을 지냈고 귀명(龜命)은 진사에 합격하였다. 도사의 아들은 참의에 추증된 율(慄), 찰방을 지낸 척(惕), 만호를 지낸 계(悈), 돈(惇), 신(愼), 이(怡)이다. 좌랑의 아들은 열(悅), 만호를 지낸 흔(忻)이다. 진사의 아들은 승지에 추증된 항(恒)이다. 율(慄)과 척(惕)과 계(悈)는 모두 2명의 아들을 두었으니, 첨정 여숙(汝璹), 찰방 여규(汝珪), 첨정 여홍

3 멸정(蔑貞)의 운세 : 올바른 도리가 사라지고 소인이 군자를 업신여겨 득세하는 것을 말한다. 《주역》〈박괘(剝卦) 초육(初六)〉에 "평상의 다리를 깎는 것이니, 곧음을 없애므로 흉하다.〔剝床以足, 蔑貞, 凶.〕"라고 한 데서 나온 말이다.

4 불에……같다 : 주희(朱熹)의 〈소문정공 직절당기의 발문〔跋蘇文定公直節堂記〕〉에 보인다.

(汝弘), 판관 여강(汝剛), 봉사 여건(汝健), 선전관 여순(汝順)이다. 돈(惇)의 아들은 의룡(懿龍)이다. 신(愼)의 아들은 여룡(汝龍)이다. 이(怡)의 세 아들은 여진(汝珍), 경상 도사 여원(汝瑗), 여형(汝珩)이다. 열(悅)의 아들은 여중(汝重)이다. 항(恒)의 네 아들은 여휘(汝徽), 여전(汝全), 훈련원 정 여정(汝珽), 여준(汝璇)이다. 나머지는 다 기록하지 않는다.

나는 젊은 시절 공의 후손 지(滔)와 종유하였는데 나를 위해 공의 사적을 매우 자세하게 말해주었다. 지(滔)가 세상을 떠나고 십여 년이 지났을 때 그의 형 호(澔)가 천 리 밖에서 찾아와 내게 행장을 부탁하였기에 의리상 차마 사양할 수 없었다. 공의 아름다운 덕과 훌륭한 행실이 비록 민멸되어 전해지는 것이 적으나 당적(黨籍)[5]에 밝게 빛나 백세 뒤에도 민멸되지 않을 것이니 또 어찌 나의 말이 필요하겠는가. 다만 선배들이 서술한 것 가운데 확인할 수 있는 것들을 기록하여 입언군자(立言君子)의 선택을 기다리노라.

5 당적(黨籍) : 김정국(金正國)의 《기묘당적(己卯黨籍)》 등 기묘사화(己卯士禍) 때 화를 입은 사람들을 기록한 책이다.

진사 권공 행장[6]

進士權公行狀

공은 휘가 극중(克中)이고 자가 정지(正之)이고 호가 청하(青霞)이니 안동(安東) 사람이다. 고려(高麗) 때의 이름난 재상 한공(漢功)의 후손으로 고조부 관(寬)은 의금부 경력을 지냈고, 증조부 사형(士衡)과 조부 만영(萬英)은 모두 사마를 지냈으며, 부친은 준(俊)이고, 외조부 함열(咸悅) 남궁희(南宮憘)는 사섬시 정을 지냈다.

공은 만력(萬曆) 을유년(1585, 선조18)에 고부(古阜)의 송산(松山)에서 태어났다. 집안 사람의 꿈에 구슬을 엮어 장식한 옷을 입고 있는 어린아이 꿈을 꾸었는데 그 구슬 장식이 모두 문자를 이루고 있었다. 태어나면서부터 영특하여 말을 배우자마자 곧 글을 읽었으며 장난을 즐기지 않았다. 6, 7세 때 말을 하면 사람을 놀라게 하여 신동(神童)이라 불렸다. 임진왜란 때 피난 가는 도중에 모친상을 당하였는데, 공이 당시 어린 나이임에도 전쟁 통이라고 해서 예법을 잃지 않았다. 떠돌다가 관동(關東)에 우거하였는데 《초사(楚辭)》 한 책을 지니고 다니면서 범빛으로 송독하였으니, 공의 시격(詩格)은 여기에 근원한 것이다. 난리가 끝나자 비로소 고향으로 돌아와 석계(石溪) 최명룡(崔命龍) 공에게 수학하여 성리(性理)와 관련된 여러 서적들을 모두 읽었다. 석계가 말하기를,

"문장도 몰라서는 안 된다."

6 진사 권공 행장 : 저자가 권극중(權克中, 1585~1659)을 위해 쓴 행장이다.

하고, 또 장성(長城)에 가서 현주(玄洲) 조찬한(趙纘韓)에게 수학하도록 하니 현주가 훌륭한 글 솜씨라고 칭찬하였다. 석주(石洲) 권필(權韠) 공이 공의 〈장홍(長虹)〉 시를 읽었는데, "어떻게 하면 용천(龍泉)의 긴 보검으로 바꾸어, 결의를 다지고 천지의 간웅을 주벌할 수 있겠는가.〔安得化作龍泉一長劒, 唾手天地誅奸雄.〕"라는 구절에 대해 무릎을 치고 찬탄하였다. 16세에 석계를 통하여 사계 선생(沙溪先生)에게 인사를 드렸는데, 공이 견식이 명석하여 속학(俗學)의 부류가 아니라고 석계가 말하여 선생이 그대로 수 개월 머물도록 하였는데, 공이 변석하고 질정한 것이 많았다. 《중용》의 계신공구(戒愼恐懼)에 대해 미발(未發)과 이발(已發)을 겸한 것으로 간주하고, 하늘이 명한 성(性)은 생명이 있는 것은 똑같이 가지고 있으니 맹자(孟子)가 개와 소의 성(性)을 설명한 것[7]은 다만 기질(氣質)의 관점에서 말한 것일 뿐이라고 논한 데 이르러서는, 선생이 감탄하며 말하기를,

"내가 평생 깨달은 것은 이 말을 벗어나지 않는다."

하였다.

임자년(1612, 광해군4)에 진사에 합격하였다. 일찍이 별시 전시(別試殿試)에 응시하러 가는 길에 석계에게 들렀는데 석계가 병으로 세상

7 맹자(孟子)가‧‧‧‧것 : 《맹자》 〈고자상(告子上)〉에 나오는 내용이다. 고자(告子)가 "생(生)이 곧 성(性)이다."라고 하여 생의 본능과 인간의 본성을 동일시하는 주장을 펼치자, 맹자(孟子)가 반박하기 위해 "백우(白羽)의 백색이 백설(白雪)의 백색과 같으며, 백설(白雪)의 백색이 백옥(白玉)의 백색과 같은 것인가?"라는 질문을 차례로 던진다. 이 모든 질문에 대해 고자가 "그렇다."라고 대답하자, 맹자는 "그렇다면 개의 성(性)이 소의 성(性)과 같으며, 소의 성(性)이 사람의 성(性)과 같단 말인가?"라고 반문하면서, 고자의 주장이 틀렸음을 최종적으로 확인한다.

을 떠났다. 사계 선생이 조문을 왔다가 상례(喪禮)를 공에 맡기자 공이 정성과 의식을 모두 극진히 행하고 그대로 과거에 응시하지 않았으며, 3년 동안 남의 연회에 참석하지 않았다. 중간에 성균관에서 유학하였는데 시세가 어지러운 것을 보고 옷을 떨치고 돌아왔다. 인목대비(仁穆大妃)가 서궁(西宮)에 유폐된 변고를 듣고서 북쪽을 바라보며 통곡하고, 이때부터 출사할 생각을 접은 채 문을 닫고 독서하였다. 시사를 언급할 때면 그때마다 강개한 마음이 일어 눈물을 흘렸다. 평소 몸가짐이 단정하고 엄숙하였는데 좌우에 도서를 두고 고명하게 사색하며 종일토록 묵묵히 앉아있으니, 남들이 그 끝을 헤아릴 수 없었다. 일찍이 말하기를,

> "배우는 자는 밤에 암송하는 공부 과정을 두어야 크게 진보할 수 있다."

하였다. 생각이 나면 그때마다 빨리 기록하였는데 늙어서도 깨알 같은 글씨를 쓸 수 있었다.

항상 제생들과 더불어 음양(陰陽)과 성정(性情)의 덕과 고금에 인물의 출처와 득실에 대해 강론하였는데 명백하고 통쾌하여 듣는 이들이 흔연히 깨닫는 바가 있었다. 또 간간이 마음이 통하는 이와 만나면 심수를 담론하고 문장을 평론하기도 하였으며, 술이 조금 오르면 호탕하게 노래하며 훌훌 속세를 벗어나려는 심사가 있었으니, 당시에 호중(湖中)의 고매한 선비를 말할 때면 반드시 공을 으뜸으로 꼽았다. 공에게 배운 선비들 중에 권면하여 성취시킨 이들이 또한 많았다고 한다.

공은 봉곡(鳳谷) 김동준(金東準), 백석(白石) 유집(柳楫)과 도의(道義)로 사귀었으며, 중년에는 순창(淳昌)의 오산촌(鰲山村)에 우거하여 제호(霽湖) 양경우(梁慶遇)와 함께 시와 술을 즐기며 종유하였

다. 기옹(畸翁) 정홍명(鄭弘溟) 공이 김제 군수(金堤郡守)가 되었는데, 공에게 편지를 보내 말하기를,

"남쪽으로 내려와 군수가 되어 다행인 점은 그대의 거처가 가까운 것이네."

하였다. 택당(澤堂) 이식(李植) 공이 공에게 부친 시에,

호남의 권극중에게 한 마디 말 부치노니	寄語湖南權克中
하늘로 치솟는 그 의기 본디 호걸이었네	凌雲意氣本豪雄

하였다. 공이 사우(士友)에게 존중을 받음이 이와 같았다.

공은 두 형을 잘 섬겼는데 밤마다 침상을 맞대고 화락게 지냈으며 형이 잠들지 않으면 감히 물러나지 않았다. 큰 형이 성미가 엄하고 급하여 때때로 심하게 화를 내었는데 공은 반드시 관을 벗고 문밖에서 있다가 화가 풀리면 비로소 물러났다. 한번은 민가에 묵었는데 주인의 어린 딸이 밤을 틈타 와서는 말하기를,

"계모가 나쁜 사람이라 어르신을 따라갔으면 합니다."

하니, 공이 엄하게 나무라며 회초리를 쳤다. 마침 그 집에 도둑이 들어 솥을 훔치고 있었는데 부끄럽고 두려운 마음에 그것을 두고 떠났다가 길가에서 공에게 절하고 죄를 청하였다. 품행이 집안에서 닦여지고 남들에게 믿음을 받음이 또한 이와 같았다.

공은 75세의 나이에 집에서 세상을 떠났다. 죽음을 앞두고 슬퍼하는 마음이 없이 손발을 씻고 의관을 정제하고 새 대자리에 누워서 세상을 떠났다. 염습(斂襲)과 장례(葬禮)를 검소하게 치르라고 명하였으니, 이는 난리 중에 모친을 제대로 장사지내지 못하여 죽을 때까지 한이

되었기 때문이었다.

공의 부인 창녕 조씨(昌寧曺氏)는 한량(漢良)의 딸이다. 외아들 상신(相信)을 두었고, 상신의 아들은 덕수(德壽)이고 딸은 김익명(金益明)에게 시집갔다. 익(榏), 환(桓), 숙(橚), 욱(楰)은 덕수의 아들이다. 김익명의 아들은 상도(尙道)이고, 박치원(朴致元)과 김수현(金壽顯)은 사위이다.

공은 일찍이 송(宋)나라, 명(明)나라, 우리나라 유현(儒賢)의 문집 가운데 요체가 되는 말을 모았으며, 또《독서록(讀書錄)》한 책, 〈중흥십조(中興十條)〉, 〈만세사업설(萬世事業說)〉, 〈경연의대팔조(經筵擬對八條)〉,《역대사요(歷代史要)》,《참동계주해(參同契註解)》등의 여러 책을 저술하였으니 집에 보관되어 있다. 정승 민진원(閔鎭遠)이 호남 관찰사를 지낼 적에 공의 문집을 가져다 세상에 간행하였다.

공은 천성이 청명하고 재능이 남달랐다. 문사(文辭)에 있어선 배우지 않고도 솜씨가 뛰어났는데 다만 본 바가 컸기 때문에 여기에 힘쓰지 않았다. 만년에는 내면을 채우고 기르는 데 방도가 있었으며 화순하고 온후하여 기상이 매우 좋았다. 견식이 넓고 실천이 독실했던 것은 남들이 미치지 못할 바인데 공을 아는 세상 사람들은 문장지사(文章之士)라고만 말하니 아, 참으로 말엽적인 것이다. 그러나 공이 평생 저술한 것 또한 불후하게 전해지기 충분하니 후세의 양자운(揚子雲)[8]이 없으

8 후세의 양자운(揚子雲) : 그 저술에 대해 올바르게 평가해 줄 안목을 갖춘 후세 사람을 뜻한다. 자운(子雲)은 한(漢)나라 때의 양웅(揚雄)을 가리키는데, 그가《태현경(太玄經)》을 지었을 때 사람들이 모두 그것을 비웃자 이르기를, "세상이 나를 믿어주지 않아도 상관없다. 후세에 다시 양자운이 있다면 반드시 이 책을 좋아할 것이다." 하였다.《御定唐宋文醇 卷3 昌黎韓愈文4 與馮宿論文書》

리라 걱정하지 않는다. 살아서 부귀했으나 죽어서 이름이 민멸되어 일컬어지지 않는 자에 비하면 어떠하겠는가.

나의 조부 의정 부군 형제가 소싯적에 공의 조카 진사 상훈(相勛)에게 시를 배웠으니, 이 때문에 공의 덕과 행실을 매우 자세히 들었다. 지금 공의 족손 추(樞)의 부탁으로 위와 같이 대략 서술하여 세상의 입언군자(立言君子)를 기다리노라.

진사 정공 행장[9]

進士鄭公行狀

공은 휘가 치(穉)이고 자가 장유(長孺)이니 진주(晉州) 사람이다. 먼 조상인 을부(乙孚)가 청천부원군(菁川府院君)이고, 그 후손 좌찬성 계동(繼童)이 또 크게 현달하였다. 사평 휘 종필(宗弼), 찰방 휘 함일(咸一), 진사 휘 희득(希得)이 공의 3대이다. 대대로 호남(湖南)의 함평(咸平)에 살았고, 모친은 함풍 이씨(咸豐李氏)이다.

공은 만력(萬曆) 계사년(1593, 선조26)에 태어났다. 3세 때 글자를 알아서 날마다 수백 글자를 암송하였다. 정유재란이 일어나자 온 집안 사람들이 순절하였는데, 공의 모친과 조모가 모두 칠산(七山) 바다에 투신하였고 부친 또한 왜적에게 붙잡혀갔다. 공은 의지할 데 없는 외로운 처지가 되어 외가에 의탁하였는데, 당시 매우 어린 나이에도 성인처럼 애통해 하였다. 또래 아이들과 노닐 적에는 농담을 하지 않았으며, 집안 사람이 국에 고깃국물을 섞었다는 것을 알고서 곡을 하고 먹지 않았으며, 이후론 비록 채소국이라도 함부로 먹지 않았다. 부친이 남쪽 바다에서 돌아와[10] 죽은 모친을 위해 뒤늦게 상을 치르며 아침저녁으로 곡을 하자 공 또한 곁에서 곡하고 부친이 곡을 그치면 자신도

9 진사 정공 행장 : 저자가 정치(鄭穉, 1593~1667)를 위해 쓴 행장이다.

10 부친이……돌아와 : 월봉(月峯) 정희득(鄭希得)은 정유재란 때 영광 묵방포 칠산에서 왜적에게 붙잡혀 그의 형과 함께 일본까지 끌려갔다가 2년 뒤에 귀국하였다. 또한 일본에서 생활한 것을 일기 형식으로 《해상록(海上錄)》을 지었다.

그쳤으며 또 삼년상을 마칠 때까지 함께 소식(素食)을 하였다. 부인이 처음 집에 들어왔을 적에 그 복식이 화려한 것을 보고 슬픈 기색을 보이자 부인 또한 감동하여 눈물을 흘리며 아름다운 복식을 없앴다. 칠산(七山) 바다에서 나온 생선과 건어물은 차마 입에 대지 않아 집안 사람들이 시장에서 사오지 않았다.

부친은 병이 잦았기 때문에 잠시도 그 곁을 떠난 적이 없었는데, 죽을 끓이고 약을 조제하는 일을 남에게 시키지 않았다. 병이 위중해지면 그때마다 눈물을 흘리며 부친의 변을 맛보았다. 병이 차도가 있어도 한 번도 의복과 띠를 풀지 않았으며, 늘 밤이 깊어 물러가라고 명하면 부득이하게 문밖으로 나와 몰래 코고는 소리를 살피다가 편안히 잠이 든 것을 안 뒤에야 물러났다.

또 계모를 잘 섬겼는데 계모가 항상 감탄하며 말하기를,

"내가 낳은 자식이라 한들 어찌 이보다 더 잘할 수가 있겠는가."

하였다. 계모의 상을 당해서는 공은 이미 노쇠했는데도 부친의 상 때처럼 똑같이 시묘살이를 하면서 몸을 상할 정도로 슬퍼하였다. 매일 해가 뜰 무렵이면 일어나 세수를 하고 의관을 정제하여 용의(容儀)가 엄숙하였으니 자제들 또한 예복을 갖추어 입고 곁에서 모시며 공경히 일을 보았다. 제삿날이 되면 집안이 고요해 아무런 소리가 나지 않았으며, 비록 병이 들어 제사에 참여하지 못해도 제삿날이면 반드시 촛불을 밝히고 새벽까지 자지 않았으니, 공의 지극한 행실이 이와 같았다.

혼조(昏朝 광해군) 무오년(1618, 광해군10)에 영광(靈光) 사람 이해(李垓) 등이 국모를 원수로 대하는 논의를 이어받아 상소를 준비하는 모임을 본현(本縣 함평)에서 열었는데,[11] 공이 공정한 의분(義憤)을 깊

이 품고 여러 선비들을 이끌고 그들을 경계 밖으로 내쫓아버렸다. 남들이 위태로운 화가 곧 닥칠 것이라고 하였으나 공은 조금도 동요하지 않았는데, 마침내 이로 인해 정거(停擧)[12]되었다. 공은 평소 출사에 뜻이 없었으나, 부친의 명 때문에 억지로 힘써 기묘년(1639, 인조17) 진사시에 합격하고는 이후로 다시는 과거에 응시하지 않았다. 여러 차례 공천(公薦)에 올랐으나 끝내 말단의 관직도 받지 못하였으니 공론이 안타깝게 여겼다. 비천(飛川) 가에 집을 짓고 그 이름을 탁영당(濯纓堂)이라 하였으며, 좌우에 도서를 두고서 유유자적하게 지냈다. 정미년(1667, 현종8) 6월 3일에 세상을 떠나니 향년 75세였다. 같은 고을 판교(板橋) 유좌(酉坐)의 언덕에 안장하였다.

부인 양성 이씨(陽城李氏)는 4남1녀를 두었으니, 필주(弼周), 명주(鳴周), 이주(以周), 창주(昌周)이고, 사인 이표(李杓)는 사위이다. 만중(萬重)과 만진(萬鎭)은 장남 소생이며, 사례(思禮)와 사의(思義)는 차남 소생이며, 만종(萬鍾)과 만익(萬翊)은 삼남 소생이며, 막내의 딸 한 명은 사인 최휘(崔撝)에게 시집갔다. 만중의 아들은 진종(晉宗)이고, 만진(萬鎭)의 아들은 진후(晉後)이고, 사례의 아들은 무(埜), 야(埜), 계({洎+土}), 옥({沃+土})이고, 사의의 아들은 규(奎)이고, 만종의 아들은 기홍(器弘)이고, 만익의 아들은 수홍(壽弘), 제홍(濟

11 영광(靈光) 사람……열었는데 : 1618년(광해군10) 이해(李垓), 이위(李偉), 윤유겸(尹惟謙) 등 57인이 정인홍(鄭仁弘), 이이첨(李爾瞻)과 결탁하여 인목대비(仁穆大妃)를 폐위하자는 상소를 올리자고 발의하고, 인접 고을 선비들이 상소를 준비하는데, 그 장소가 함평 향교로 정해졌다.

12 정거(停擧) : 유생에게 가하는 형벌의 한 가지로, 일정한 연한(年限) 동안 과거에 응시할 자격을 정지시키는 벌을 뜻한다.

弘)이다.

공은 천성이 충성스럽고 후덕하여 남들과 잘 어울리며 모난 구석이 없었는데, 몸가짐이 올바르고 일처리가 의로워 남들이 사랑하면서도 감히 함부로 대하지는 못했다. 성품이 남을 위하고 도와주는 것을 좋아하였으니 궁핍한 친족이 제 집처럼 찾아오고 와서는 돌아갈 줄 몰랐다. 특히 집안 형편을 따지지 않고 남의 상례를 도와주었으니 이 때문에 고을에서 존중을 받았다.

제홍(濟弘)이 내게 가승(家乘) 한 부를 보여주면서 행장(行狀)을 부탁하였다. 공의 아름다운 덕은 한두 가지로 그치지 않으나, 독실한 집안에서의 행실과 올바른 가법은 옛날에 어질고 효성스러운 사람이라 일컬어지는 자라도 거의 이보다 나을 수 없을 것이니, 이에 그 대체를 취해 서술하여 후손들에게 경계하노라. 세상에 입언군자(立言君子)가 나타난다면 이 글에서 확인할 수 있을 것이다.

학생 현공 행장[13]

學生玄公行狀

공은 휘가 정규(正規)이고 자가 군칙(君則)이다. 현씨(玄氏)는 처음 성산(星山)에서 나왔는데, 나중에 분파되어 광주(廣州) 사람이 되었으니, 고려조의 이름난 재상 덕수(德秀)의 후손이다. 본조 초기의 용부(用富)는 좌명공신(佐命功臣)에 녹훈되고 관직은 공조 참판에 이르렀다. 그의 증손 중만(仲滿)은 토호 세력으로 연좌되어 명천(明川)으로 유배되었는데 자손들이 그대로 그곳에 살다가 몇 세대가 지난 뒤에 또 길주(吉州)로 옮겼다. 증조는 구정(九鼎)이고 조부는 연(演)이고 부친은 태허(太虛)이다. 모친 양천 허씨(陽川許氏)는 길성군(吉城君) 유례(惟禮)의 후손이다.

공은 차남이고 장남은 의규(儀規)이다. 어려서부터 용의(容儀)가 단정하고 행동거지가 모두 법도가 있었기에 고을의 부로들이 공경하고 존중하여 현씨 집안의 난형난제라고 칭찬하였다. 13세에 조부의 상을 당하자 형제들이 《가례(家禮)》와 《상례비요(喪禮備要)》를 참고하였는데 그 가운데 자음(字音)과 문의(文義)를 이해하기 어려운 것들에 대해서 일일이 해석하며 위로 여러 경서까지 거슬러 올라가 모두 환하게 이해하였으니, 이로부터 상례를 다스리고 제사를 돕는 일에 잘못하는 일이 드물었다. 또 의심나는 문제 십여 조목을 노봉(老峰) 민공(閔公 민정중(閔鼎重))을 통해서 우암 선생(尤菴先生)에게 질정하였으며,

13 학생 현공 행장 : 저자가 현정규(玄正規, 1635~1686)를 위해 쓴 행장이다.

선생이 덕원(德源)에 유배되었을 때엔 다시 문후를 드리며 질정하니 온 고을 사람들이 모두 감복하며 모범으로 삼았다. 또 구용(九容)과 사물(四勿)[14]을 몸가짐과 마음의 준칙으로 삼았다. 일찍이 스스로를 경계하는 시를 지었는데,

주돈이의 기와 장재의 예를 오래 연구하고 周幾張豫沈潛久
정자의 경과 주자의 성을 깊이 완미했네 程敬朱誠玩味深

라는 시구가 있었으니, 공이 힘을 기울인 곳을 알 수 있다.

또 《서경(書經)》 〈우서(虞書)〉의 선기옥형(璿璣玉衡)과 윤월(閏月)[15]에 대한 주석에 대해 어렴풋하게 그 오묘한 이치를 얻은 바가 있는 듯하여 주소(註疏)를 증보하였으니, 공의 다재다능함이 또 이와 같았다.

공은 부모에게 순종하고 형제와는 우애가 있었으며 벗에게는 신의가 있었다. 자제들을 가르칠 적에는 항상 악(惡)을 물리치고 선(善)을 따르는 것을 요체로 삼았다. 어떤 고을 사람이 혼례를 치르면서 풍악을 울리니 공이 그것을 걱정하여 예법으로 깨우쳐 주고 다시 시를 남겨

14 구용(九容)과 사물(四勿) : 구용(九容)은 군자가 몸을 닦는 데에 마땅히 지녀야 할 '족용중(足容重)' 등 아홉 가지 자세이고, 사물(四勿)은 인(仁)을 행할 때 경계해야 할 '비례물시(非禮勿視)' 등 네 가지 실천 강령을 말한다.

15 서경(書經)……윤월(閏月) : 선기옥형(璿璣玉衡)은 천체(天體)를 관측하는 혼천의(渾天儀)를 가리키는데, 《서경(書經)》 〈우서(虞書) 순전(舜典)〉에 보인다. 윤월(閏月)은 1년을 366일로 정한 이른바 '기삼백(朞三百)'에 기초한 윤달을 가리키는데, 이와 관련된 천체의 주위와 각도를 설명한 내용이 《서경》 〈우서 요전(堯典)〉에 보인다.

알려주니 또한 교화가 고을에 행해졌다고 이를 만하다. 남들과는 설만(褻慢)하게 지내지 않고 특히 여색의 경계에 엄격하여 혐의를 멀리하고 홀로 있을 때 삼갔으니 남들이 미치지 못하는 점이 많았다. 일찍이 옛사람의 "재물에 대해 분명한 것이 대장부이다〔財上分明大丈夫〕"[16]라는 말을 즐겨 외워 스스로 권면하였다.

공의 행적을 살펴보면 실로 북방(北方)의 명망 있는 선비이거늘, 민멸되어 알려지지 않은 것이 안타깝다. 공은 모친상을 당하여 장례와 제사의 여러 일들에 각기 그 예법을 다하여 보는 이들이 감복하였는데, 미처 상을 마치기도 전에 병인년(1686, 숙종12) 8월 23일에 세상을 떠나니 향년 52세였다. 이듬해 2월에 도산(刀山)에 안장하였다가 나중에 노로동(老老洞)으로 이장하였다.

공은 두 번 장가들었으니, 충주 김씨(忠州金氏)와 양천 허씨(陽川許氏)이다. 아들은 도장(道章), 덕장(德章)이고, 사위는 허명(許蓂), 허명하(許明夏), 이도희(李道希)이다. 손자는 성후(聖垕), 창후(昌垕), 세후(世垕), 용후(用垕), 배후(配垕)이다.

도장(道章)이 멀리서 공의 행장(行狀)을 부탁하기에 내가 허락하고는 미처 완성하지 못했는데, 도장이 갑자기 세상을 떠났다. 나는 그의 뜻을 마음 아파하며 이 행장을 지어 여러 자식들에게 돌려보낸다.

16 재물에……대장부이다 : "술 마시고 말이 없는 것이 참된 군자요, 재물에 대해 분명한 것이 대장부이다.〔酒中不語眞君子, 財上分明大丈夫.〕"라고 한 데서 나온 말이다. 《明心寶鑑 正己》

처사 대곡 신공 행장[17]

處士大谷愼公行狀

공은 휘가 후윤(後尹)이고 자가 동로(東老)인데, 전의(全義)의 대곡(大谷)에 살았기 때문에 학자들이 공을 대곡 선생(大谷先生)이라 일컫는다. 시조 수(修)는 개봉부(開封府) 사람이니 상선(商船)을 타고 동쪽으로 와서 고려의 좌복야를 지냈는데, 그대로 거창(居昌)을 관향으로 삼았고 높은 벼슬아치들이 이어졌다. 우리 조정에는 찬성 이충(以衷)이 있고, 또 4대가 내려와 참찬 희복(希復)이 있으니 바로 공의 고조부이다. 이분이 좌랑 휘 재(在)를 낳고, 이분이 주부 휘 수호(秀豪)를 낳고, 이분이 휘 영집(英集)을 낳았는데 후사가 없어 종제(從弟) 영망(英望)의 아들을 데려와 후사로 삼았으니 바로 공이다.

공은 어려서부터 진중하고 과묵하며 장난치지 않아 성인처럼 의젓하였다. 16세에 부친상을 당하자 밤낮으로 가슴을 치고 울부짖으며 관 곁을 떠나지 않았으며, 장사를 지낸 다음 묘소에 손수 소나무와 회나무를 심으니 고을 사람들이 모두 감탄하였다. 당시 타우(打愚) 이 선생(李先生 이상(李翔))이 같은 고을에 살았는데, 공은 백부의 명으로 선생에게 가서 수학하여 위기지학(爲己之學)을 알게 되었다. 모친이 살아계셨기 때문에 과거공부를 병행하였으나 시부(詩賦)를 익히는 것을 달가워하지 않았다. 어떤 이가 시부를 익히라고 권하면 공이 말하기를,

17 처사……행장 : 저자가 신후윤(愼後尹, 1640~1714)을 위해 쓴 행장이다.

"과거에 응시하는 것은 장차 자신이 공부한 바를 지극히 쓰려고 하는 것인데, 선비 된 자가 먼저 부박한 것을 익힌다면 장차 어디에 쓰겠는가."

하였다. 얼마 뒤 선비의 습속이 더욱 어긋나는 것을 보고 개연한 마음이 일어 과거공부를 그만두고서 여러 성리(性理) 서적들에 전심하였는데 궁벽한 고을이라 서적이 적었기 때문에《중용(中庸)》·《대학(大學)》·《심경(心經)》·《근사록(近思錄)》·《가례(家禮)》를 손수 베껴 써서 걸어다닐 때나 앉아있을 때나 항상 몸에 지녔다. 본생부(本生父)의 상례 때에 지나치게 슬퍼하다 거의 목숨을 잃을 지경이 되었는데, 그의 둘째 아우 덕윤(德尹)이 팔을 베어 그 피를 마시게 한 덕에 살아났다. 모친의 병이 위독해지자 공은 손가락을 베어 그 피를 약에 섞어 올려드렸고, 상을 치를 때에는 예제(禮制)를 집행하는 것이 더욱 확고하였다.

갑인년(1674, 현종15)에 우암(尤菴) 노선생(老先生)이 바닷가에 위리안치되고 타우 선생 또한 영해(寧海)로 유배를 가게 되자, 공은 동지들과 함께 상소를 올려 우암의 무고를 변론하고 또 타우를 따라 적소(謫所)에 가서 강학(講學)을 게을리 하지 않았다. 세도(世道)가 크게 회복되자 공은 또 사계 선생(沙溪先生)을 문묘(文廟)에 종사(從祀)하는 논의를 주청하여 동지들과 함께 궐문에서 호소하였다.

계해년(1683, 숙종9)에 타우 선생이 화양(華陽) 산중에서 우암과 종유할 적에 공이 따라가《심경》을 강학하였다. 우암은 공이 손수 베껴 쓴 책을 보고 그가 부지런히 공부한다고 칭찬하였다. 타우 선생이 화양에서 겨울 한철을 머무는 동안 다른 자제들은 없이, 공이 곁에서 나태하지 않고 부지런히 모시며 편찮으시거나 가려워하시면 주무르고 긁어

주어 모두 그 공경을 다하였다. 선생이 돌아와 서자에게 말하기를

"신 아무개가 나를 섬기는 것이 비록 효자가 부모를 섬기더라도 이보다 더 잘할 수는 없을 것이니, 너희들은 본보기로 삼아야 할 것이다."

하였다.

공은 화양에서 우암에게 직접 가르침을 받게 되면서 보고 느낀 것이 더욱 깊어져 《중용》의 심오한 뜻과 사례(四禮)의 의문 나는 것들을 여러 차례 질정하였고 이에 대해 노선생은 일일이 가르쳐주며 공을 더욱 장려하고 칭찬하였다. 고을 사람들이 수차례 공의 학행(學行)을 조정에 추천하고 대관들도 번갈아 공을 천거하였으나 공은 벼슬길에 뜻이 없었다. 타우 선생의 아우 상서공(尙書公 이익(李翊))이 한번은 전의(全義)에 이르러 공을 만나보고자 하였는데, 공은 요직에 있는 사람을 만나는 것을 혐의로 여겨 사양하고 만나지 않았다. 이보다 앞서 윤증(尹拯)이 사문(師門)에 죄를 짓자 타우 선생이 편지를 보내 절교를 고하자, 반대쪽 사람들이 선생을 미워하고 원망하였다. 무진년(1688, 숙종14)에 대사헌을 사직하는 선생의 상소가 올라오자 선생을 미워하는 무리들이 이때를 기회로 삼아 날조하여 무고하기를 끝없이 하였는데,[18] 공은 동지들과 함께 상소를 올려 선생의 억울함을 변론하

18 선생을……하였는데 : 당시 충청도에서 부친을 살해하고 계모와 간음한 변고가 일어나 사람들이 모두 분개하였는데, 옥사를 담당하는 이들이 모두 느슨하게 다스렸다. 이상(李翔)은 이 일이 풍교(風教)에 관련된 것이라 생각하여 사직상소에다 형정(刑政)이 느슨해진 잘못을 대략 언급하였다. 윤증(尹拯)의 무리가 항상 선생을 음해하려고 했으나 기회를 얻지 못하고 있었는데, 이때에 이르러 그 무리 가운데 관찰사로 있는 자로 하여금 비밀리에 여러 죄수들을 꾀어 제멋대로 날조하여 옛날의 판결문을 모두 뒤집고, 계모와 간음한 옥사를 선생에게 뒤집어씌워 증거로 만들어 선생을 해치려고

기를 그만두지 않았다.

기사년(1689, 숙종15)에 우암이 화를 당하자 공은 이조(李竫) 공과 함께 궐문에 엎드려 상소를 올려 사문(斯文)이 무함을 받은 일을 극진히 말하였다. 이듬해 타우 선생이 옥사하자 공이 그 상례를 맡아 한결같이 예법대로 치렀는데, 당시 화(禍)의 기운이 하늘에 닿아 선생의 서자와 다른 문생들이 줄줄이 고문을 받다가 죽었지만 공은 태연하게 개의치 않았다. 얼마 뒤에 흉당들의 계사로 공을 함경북도 무산(茂山)에 유배시켰다. 모부인이 당시 70여 세의 나이였는데, 공이 인사를 고하며 온화한 기운으로 말하기를,

"어머니께서는 불초자를 염려하지 마십시오. 천도(天道)는 곧잘 돌아오는 법이니 어찌 사면되어 돌아오는 날이 없겠습니까."

하고, 그의 아들 이전(爾典)을 돌아보며 말하기를,

"네가 나를 따라온다면 누가 다시 늙은 모친을 모시겠느냐. 하루도 그 곁을 떠나지 말아서 우리 모자의 정을 위로하도록 하여라."

하였다.

타우 선생을 막 양근(楊根)에 안장하였을 때라 조카 이눌(爾訥)을 보내어 제문(祭文)을 가지고 가서 제사지내게 하고, 적소(謫所)에 이르러서는 곡위(哭位)를 설치하여 곡을 하였는데 기년(朞年)에 지난 뒤에 그만두었다. 공은 고통스럽고 험난한 상황에 처해서도 글을 읽고 이치를 궁구하기를 하루도 게을리한 적이 없었다. 우암의 문인 직재(直齋) 이기홍(李箕洪) 또한 북쪽에 유배되었는데 편지를 주고받으며 강론한 것이 많았다. 배우기를 청하는 선비가 있으면 비루하게 여기지

하였다. 《陶菴集 卷46 從祖打愚先生墓誌》

않고 가르쳤다. 변방으로 강제 이주된 사족(士族)으로 장성해서도 아직 없는 자가 있었는데 공이 안타깝게 여겨 고을 수령에게 말하여 그로 하여금 장가들게 하여 마침내 삶을 이루어주었다.

함경도 관찰사 권시경(權是經)이 공과 인척(姻戚) 관계라, 수령을 시켜서 공에게 곡식을 주면서 아무런 편지도 없었기에 공이 그것이 명분이 없음을 혐의하여 물리쳤다. 수령은 이미 곡식을 주었다고 먼저 보고한지라 일이 벌어질까 걱정하여 강고하게 청하니, 공이 어쩔 수 없이 받고는 모두 흩어서 곤궁한 이들을 구휼하였다. 얼마 뒤 그 일을 후회하며 말하기를,

"내가 달가워하지 않는 것을 남에게 베풀었으니 의리가 아니다."

하였다.

갑술년(1694, 숙종20)에 정국이 바뀌자 비로소 풀려나 돌아왔다. 적소의 남은 재물을 내놓아 모두 유배객들한테 주고 자신은 오직 심의(深衣)를 지을 베 한 필만 사서 돌아갔다. 도중에 베를 판 이가 염가(廉價)로 주었다는 얘기를 듣고는 즉시 전송하러 온 학도(學徒)에게 도로 맡겨서 그 사람에게 돌려주게 하였다. 북방에서 지낸 5년 동안 공의 덕에 감화된 이들이 매우 많았기에 대부분 눈물을 흘리며 공을 전송하였고 어떤 사람은 공의 언행을 기록하여 모범으로 삼았다. 공이 돌아오고 15년이 지나서 내가 평사(評事)가 되어 북방을 순행하였는데,[19] 신 선생(愼先生)의 안부가 어떠한지를 내게 찾아와 물어보는 유생이 많았다.

19 내가……순행하였는데 : 저자는 1709년(숙종35)에 함경북도 병마평사(咸鏡北道兵馬評事)가 되었다.

공이 돌아왔을 적에 모부인은 여전히 무탈하였으니 공은 축수의 잔을 올리고 색동옷 입고 춤을 추며 힘써 모부인의 마음을 즐겁게 해드렸다. 경진년(1700, 숙종26)에 모친상을 당하자 연로함에도 예법을 집행하는 것이 오히려 해이하지 않았다.

공은 일찍이 사우들과 함께 타우 선생의 사당을 세워 선비들이 공부하는 장소로 삼는 일을 논의하였는데, 미처 완수되기 전에 대관(臺官)으로 있던 정식(鄭栻)이 그곳을 훼철하기를 청하고 그 유생들에게 죄를 물었다. 공이 실제 그 의리를 주도하고 공의 아우 제윤(齊尹)이 그 일을 맡았는데, 제윤은 공이 연로한 나이로 다시 유배될까 걱정하여 자신이 공을 대신하고자 하였다. 공이 말하기를,

"그대는 진실로 그런 심정이겠지만 내 의리에 있어 구차히 피할 수 없다."

하고, 마침내 자수하여 아산(牙山)에 유배되었다.

정해년(1707, 숙종33)에 풀려나 돌아왔다. 계사년(1713, 숙종39)에 병으로 누웠으나 정신은 또렷하여, 자식과 조카들이 한담이나 나누고 있는 것을 보면 "말이 많으면 마음을 해친다."라고 경계하고, 문인들 가운데 바른 자세로 앉아 있지 않은 자가 있으면 "머리를 곧게 세우라."[20]라고 큰소리로 말하였으며, 병중에 자신이 쓴 관(冠)의 모양이 바르지 않으면 바로잡으라고 명하였다. 죽음을 앞두고 말하기를,

"죽고 사는 것은 천명(天命)이지만, 사문(師門)의 억울함이 풀리는 것을 보지 못했으니 죽어서도 눈을 감지 못할 것이다."

20 머리를 곧게 세우라 : 원문의 두용직(頭容直)은 군자의 몸가짐을 경계한 구용(九容) 가운데 하나이다. 《禮記 玉藻》

하였다. 이듬해 1월 6일에 세상을 떠나니 향년 75세였다. 3년 뒤에 타우 선생이 신원되어 관작이 회복되고, 또 2년 뒤에 조정에서 공의 효행과 학문을 포상하여 사헌부 지평에 추증하였다.

공은 천성이 돈후하고 지조가 확고하여 스승을 섬기는 30여 년 동안 한결같이 부지런하고 독실하였다. 성명(性命)과 도덕(道德)의 설에 대해 연구하지 않은 것이 없었고, 특히 계구신독(戒懼愼獨)의 공부에 힘을 기울여 만년의 공부가 더욱 숙련되었다. 평소 몸가짐이 단정하고 엄숙하여 일찍이 잠시라도 마음을 놓은 적이 없었다. 집안에서의 행실은 부모님을 섬김에 물심양면으로 지극히 봉양하였고, 형제들에게는 화목하고 즐거운 정을 다하였다. 재산을 나눌 적에는 설포(薛包)의 고사[21]처럼 자신은 늙은 하인과 황폐한 전답을 가져가고, 의지할 데 없는 생질에게 자신의 재산을 나누어 주었다. 항상 옛 사람이 형제들과 함께 사는 의리를 사모하여 형과 한집에 살았는데, 온 집안이 엄숙하면서도 늙은이와 어린아이들은 화기애애하였다.

새벽이면 가묘(家廟)를 알현하였고, 병이 들어 제사에 참석하지 못하게 되면 새벽닭이 울 때에 병을 무릅쓰고 일어나 앉아서 제사가 끝나기를 기다렸다. 상기를 마친 지 오래되어도 선친을 언급할 때면 반드시 눈물을 흘렸고, 조천(祧遷)한 신위를 옮길 적에도 눈물이 줄줄 흘렀으며, 여러 종친들을 가르쳐 의론을 세워 해마다 친진(親盡)의 무덤에

21 설포(薛包)의 고사 : 동한(東漢) 여남(汝南) 사람으로 자는 맹상(孟嘗)이다. 계모가 그를 미워하여 내쫓았는데도 대문 밖에 움막을 짓고 살면서 부모의 봉양을 극진히 하였다. 부모가 돌아가신 뒤에는 재산을 분할하면서 자기는 나쁜 것을 갖고 좋은 것은 모두 동생들에게 나누어 주었다. 《小學 善行》

제사지냈다. 향당에 있어서는 예로 사귐이 공손하고 말 기운이 온화하여, 충애(忠愛)의 마음이 표정에 드러나고 정성스런 삼정이 말하기 전에 있었다. 이 때문에 남의 허물을 꾸짖음에 남이 조금도 원망하지 않았으며, 남의 선(善)한 일을 인정함에 남들이 모두 권면되었다.

후학들을 인도할 적에는 비천하거나 나이 어린 자를 가리지 않고 어리석거나 지혜로운 자를 따지지 않고서 각기 그 재능에 맞추어 지성으로 가르쳤다. 선비의 일이 아니면 말하지 않고, 성현의 글이 아니면 읽지 않았다. 가르칠 적에는 반드시 순서를 두어 엽등(躐等)하게 하지 않았으며, 위기지학(爲己之學)을 하고 실질에 힘쓰며 겉치레를 일삼지 않았다. 공이 말하기를,

"근래에 배우는 자들이 《소학》을 일삼지 않고는 고원함을 얘기하는 것을 급선무로 여기며, 제 몸과 마음은 살피지 않고 언어와 문자를 공부하는 것이 큰 폐단이다."

하였다. 일찍이 서원에서 〈은병학규〔隱屛約束〕〉[22]를 수정하여 후학들의 준칙으로 삼았으며, 또 별도로 서당(書堂)을 만들어 동재(東齋)와 서재(西齋)를 세워 동재에서는 《소학》 및 여러 성리서를 강학하고 서재에서는 《춘추(春秋)》 및 사(射)·어(御) 등의 절문(節文)을 강하하고자 하였으니, 물력이 부족하여 이루지 못하였다.

항상 사문(師門)의 억울함 때문에 지극히 애통해 하여 당세에 뜻이

22 은병학규〔隱屛約束〕: 은병학규(隱屛學規)를 말한다. 율곡 이이가 해주 석담천(石潭川)에 은거하면서, 주희(朱熹)가 무이산(武夷山) 아홉 굽이의 다섯째 굽이에 무이정사(武夷精舍)를 짓고 살았던 것을 본떠서 1576년(선조9) 석담천 아홉 굽이의 다섯째 굽이에 은병정사(隱屛精舍)를 짓고 학생들을 가르치면서 만든 규약을 말한다. 《輿地圖書 黃海道 海州》

없는 듯하였으나 시대를 걱정하고 시속을 개탄할 때면 의기(意氣)가 격렬해져 반드시 천리(天理)를 밝히고 인심(人心)을 바로잡으며 절의(節義)를 숭상하고 강상(綱常)을 부지하는 것을 급선무로 삼았다. 만년에 《춘추》 읽기를 좋아하였는데, 탄식하며 말하기를

"오늘날 가장 중요한 의리는 복수하는 일이 아니겠는가. 《춘추전(春秋傳)》에 이르기를 '건시(乾時)의 전투는 비록 패하였으나 오히려 영예롭다.'[23]라고 하였으니, 우옹(尤翁)이 평생토록 간직한 뜻이 바로 여기에 근본한 것이다."

하였다. 본래 시를 읊조리기를 좋아하지 않았으나 복수에 대한 일은 여러 번 시에서 드러내었다. 갑신년(1704, 숙종30)에 성상께서 멸망한 명(明)나라를 애통해 하며[24] 교서를 내리자, 공이 받들어 읽고 감개하여 한 통의 상소를 지어 존왕양이(尊王攘夷)의 의리를 진술하였는데, 실제 올라가진 못하였다. 아! 이를 어찌 속인들과 함께 쉽게 이야기하겠는가.

평소 《소학》과 《근사록》을 독실하게 믿고 《심경》에 귀의하였으며, 또 《대학》과 《가례》에 힘을 기울여 자신의 말처럼 암송하였다. 제례(祭禮)는 《격몽요결(擊蒙要訣)》을 위주로 하였고 상제(喪制)는 《상례비요(喪禮備要)》로 판단하였다. 어떤 이가 대하척(帶下尺)[25]을 사용하

23 춘추전(春秋傳)에……영예롭다 : 노(魯)나라 장공(莊公) 9년에 제(齊)나라 군대와 건시(乾時)에서 전투하다가 노나라 군대가 대패하였다. 이 일에 대해 호안국(胡安國)은 《춘추호씨전(春秋胡氏傳)》에서 "여기서 패배했다고 굳이 말한 것은 원수와 전투하면 비록 패하더라도 또한 영예로운 것이기 때문이다.〔此其言敗者, 爲與讎戰, 雖敗亦榮也.〕"라고 하였다.

24 갑신년에……하며 : 갑신년(1644)에 명(明)나라가 멸망하였다.

지 않자 공이 말하기를,

"《가례》에 비록 없으나, 《상례비요》에 이미 기록되어 있으니 사용함에 무슨 의문점이 있겠는가."

하였다. 공이 세상을 떠났을 때 문인들이 《상례비요》를 따라 상례를 집행한 것은 공의 유명(遺命)을 따른 것이다. 공은 저술하기를 좋아하지 않았는데, 만년이 지은 《사생수수록(師生授受錄)》 한 권은 사기(辭氣)가 평담하고 의리가 깊이 담겨있으니 진실로 덕 있는 자의 말이었다.

부인 경주 이씨(慶州李氏)는 문익공(文翼公 이경억(李慶億))의 딸로, 공보다 먼저 경진년(1700, 숙종26)에 세상을 떠났다. 1남1녀를 두었으니, 아들은 이전(爾典)이고 딸은 송선길(宋善吉)에게 시집갔다. 이지(爾志) 및 김일용(金一庸)과 홍치서(洪致叙)의 아내는 측실 소생이다. 이전의 아들은 무위(無違)이고 사위는 최여성(崔與聖), 신의하(申義夏)이다. 사위 송선길의 두 아들은 진태(鎭泰), 진대(鎭岱)이다.

나는 식견이 어둡고 학문이 미천하지만 노년의 공을 만나보니, 옛사람의 이른바 "진실한 마음으로 각고의 공부를 하는"[26] 사람은 바로 공 한 사람뿐이었다. 게다가 근래 스승과 제자 사이의 유리가 땅에 떨어진 지 오래되었는데, 공은 생사가 갈리는 위급한 상황에서 스승을 위해 지성으로 노력하다가 남쪽과 북쪽으로 유배되어 곤경 속에 떠돌아다니며 비록 아홉 번 죽더라도 후회하는 바가 없었으니, 이는 옛날의

25 대하척(帶下尺) : 질대(絰帶)가 매어지는 허리 부분을 감싸서 치마가 드러나지 않도록 하기 위하여 한 자 길이의 옷감을 저고리의 아래에 덧붙이는 것을 말한다.

26 진실한……공부를 하는 : 56쪽 주46 참조.

역사책에서도 본 적이 없는 일이다. 생삼사일(生三事一)[27]의 의리는 공에 이르러 비로소 크게 밝아졌으니 세도(世道)에 보탬이 되는 것이 어떠하겠는가. 이에 감히 공의 언행을 모아서 입언군자(立言君子)의 선택을 기다리노라.

27 생삼사일(生三事一) : 부모와 스승과 임금을 똑같이 섬기는 것을 가리킨다. 진(晉)나라 대부 난공자(欒共子)가 "사람은 세 분에게서 살게 되었으니 이분들을 섬기기를 똑같이 해야 한다. 아버지는 나를 낳아주시고, 스승은 나를 가르쳐 주시고 임금은 나를 먹여 주셨다.〔民生於三, 事之如一. 父生之, 師敎之, 君食之.〕"라고 한 데서 나온 말이다. 《國語 晉語》《小學集註 明倫》

처사 현공 행장[28]

處士玄公行狀

공은 휘가 이규(以規)이고 자가 자강(自强)이며 호가 백암(白菴)이다. 그 선조는 광주(廣州)에서 나왔으니 고려 때 성산부원군(星山府院君) 덕수(德秀)가 시조이다. 본조에 들어와 참판 용부(用富)가 개국공신에 녹훈되었으며, 그의 증손 중만(仲滿)은 도호 세력으로 연좌되어 명천(明川)에 유배되었다. 5대가 지난 뒤에 길주(吉州)로 옮겨 자손들이 마침내 길주(吉州) 사람이 되었다. 조부의 휘는 연(演)이고 부친의 휘는 태허(太虛)이며, 모친 양천 허씨(陽川許氏)는 길성군(吉城君) 유례(惟禮)의 후손으로 그 부친은 응로(應魯)이다.

공은 어려서부터 우뚝하게 거인(巨人)의 기개와 도량이 있었으며, 장성해서는 남달리 총명하여 경사(經史)에 통달하였다. 18세에 《상서(尙書)》의 기삼백(朞三百)과 선기옥형(璿璣玉衡)에 대한 주석을 읽고 묵묵히 그 이치를 이해하고는 초학자가 이해하기 어렵다고 걱정하여 별도로 보주(補註)를 지어 그 심오한 이치를 밝혔다. 또 대나무를 쪼개어 혼천의(渾天儀)를 만들었는데 밤낮의 길이와 계절의 변화에 털끝만큼의 오차도 없었다. 의약(醫藥), 복서(卜筮), 산수(算數) 등의 서적도 모두 두루 통달하였으나 즐겨 일삼지는 않았다.

부모님을 섬길 적에는 항상 기쁜 얼굴과 온화한 태도로 그 마음을 즐겁게 해드리는 데 힘썼으며, 부모님이 남에게 화를 내기라도 하면

28 처사 현공 행장 : 저자가 현이규(玄以規 , 1641~1706)를 위해 쓴 행장이다.

그때마다 숨을 죽이고 더욱 삼가면서 화가 풀리기를 기다렸다가 비로소 감히 얼굴을 폈다. 늙은 하인이 잘못을 저질러도 부모님이 부리는 사람이라 하여 감히 죄주지 않았으며, 자제들이 잘못을 저지르면 또한 반드시 온화한 말로 타이르되 남의 장단과 득실을 언급할 경우엔 반드시 통렬하게 못하도록 하였다. 둘째 형이 일찍이 전염병에 걸렸는데 자식들이 곁에 있는데도 공이 직접 약 수발을 하며 자리를 떠나지 않았다. 사촌누이가 악창(惡瘡)에 걸리자 직접 가서 구환하고 병이 나은 다음에 돌아왔다. 기복(朞服)과 공복(功服)을 입는 친척의 상에도 소식(素食)을 하고 술을 마시지 않으며 상기(喪期)의 달수를 채웠으니, 가정에서의 행실이 이처럼 훌륭하였다.

일찌감치 예학(禮學)에 전념하여 편지로 두 송 선생(宋先生 송시열과 송준길)에게 질정한 것이 수십 조목이었다. 우암(尤菴 송시열)이 덕원(德源)에 유배되었을 적에 찾아가 뵙고 의문 나는 것을 물었으며 또 물러나서는 그 문답을 기록하였다. 이때부터 과거공부를 그만두고 문을 닫은 채 독서하며 의리(義理) 공부에 몰두하였는데, 《근사록(近思錄)》에서 가장 깊이 힘을 얻었다.

집이 몹시 가난하였으나 종신토록 걱정하는 기색이 없었다. 위기지학(爲己之學)에 독실하게 뜻을 두고 남들이 알아주기를 구하지 않았으며, 언행이 일치하고 행동거지에 법도가 있었다. 특히 여색을 경계하는 데 엄격하여 종일 술을 마셔도 위의(威儀)를 잃는 일이 없었으며, 항상 "화를 내면 훗날의 어려움을 생각한다〔忿思難〕[29]"는 세 글자를 처신하

29 화를……생각한다 : 군자가 마땅히 지녀야 할 아홉 가지 마음가짐인 구사(九思) 가운데 하나이다. 《論語 季氏》

는 요체로 삼았다. 또 일찍이 배우는 이들에게 말하기를

"분노를 징계하고 욕심을 막는 것[30]〔懲忿窒慾〕이 존심양성(存心養性)을 할 수 있으나, 응당 하나의 경(敬)을 위주로 해야 한다."

하였다.

정승 서종태(徐宗泰)가 명을 받들고 이 고을에 이르렀을 때[31] 공의 명성을 듣고 만나보기를 청했으나, 공은 병을 핑계로 사양하고 가지 않았다. 어사(御史)가 공을 조정에 천거하였으나 실제로 등용되지는 않았다. 병술년(1706, 숙종32) 11월 7일에 세상을 떠나니 향년 66세였다. 이듬해 3월에 본주(本州) 도산(刀山)의 간향(艮向)의 언덕에 안장하였다. 고을 사람들이 모두 놀라고 탄식하며 서로 말하기를,

"어진 선비가 세상을 떠났다."

하고, 각자 쌀 몇 섬과 석회 몇 섬을 내어 부의하였다.

공은 양천 허씨(陽川許氏)를 아내로 맞이하여 2남3녀를 두었다. 아들은 익장(益章), 득장(得章)이고, 김필(金泌), 최만중(崔萬重), 허업(許業)은 사위이다. 익장의 아들은 경후(慶垕)이고 사위는 송홍서(宋弘緖)이다. 득장의 아들은 아무, 아무개이다. 김필의 아들은 흥식(興植)이고, 최만중의 아들은 두성(斗成)이고, 허업의 아들은 주(籌)이다.

공은 먼 변방에서 일어나 앞장서 예학을 밝혀 관혼상제에 있어서 한결같이 옛 예법을 따랐으니, 원근의 선비들이 모범으로 삼았다. 이와

30 분노를……것 : 《주역》 〈손괘(損卦) 상전(象傳)〉에 "산 아래에 못이 있는 것이 손(損)이니, 군자는 이를 본받아 분노를 징계하고 욕심을 막는다.〔山下有澤, 損, 君子以, 懲忿窒慾.〕"라고 한 데서 나온 말이다.

31 정승……때 : 1702년(숙종28)에 서종태(徐宗泰)는 함경북도 별시고관(別試考官)이 되어 길주(吉州)에 갔다.

같은 북방의 호걸지사(豪傑之士)가 세상에 쓰이지 못하고 묻혀버린 것이 안타깝다. 기억하건대, 내가 젊은 시절 병마평사(兵馬評事)로 북쪽에 갔을[32] 적에 공이 세상을 떠난 지 이미 몇 년이 되어 공을 만나보지 못한 게 한스러웠다. 이여(李璵) 군이 공의 문인 여상현(呂尙賢)의 말을 가지고 내게 와서 행장(行狀)을 부탁하였다. 나는 이미 공의 덕의(德義)를 사모하고 또 여생(呂生)의 뜻을 가상히 여겨, 보여준 행록(行錄) 가운데 그 대략을 서술하여 돌려보내니 훗날의 군자가 상고할 수 있을 것이다.

32 병마평사(兵馬評事)로 북쪽에 갔을 : 저자는 1709년(숙종35)에 함경북도 병마평사(咸鏡北道兵馬評事)가 되었다.

직장 집암 황공 행장[33]

直長執菴黃公行狀

공은 휘가 순승(順承)이고 자가 득운(得運)이다. 사람됨이 독실하여 선(善)을 행하는 데 과감하였으며 고집스럽게 지키는 바가 있으면 확고하여 바꾸지 않았다. 고을의 부녀자와 어린아이들이 모두 공을 고집스런 황생(黃生)이라 일컬었기 때문에 공도 스스로 '집암(執菴)'이라 호를 지었다.

황씨(黃氏)는 창원(昌原)에서 나왔다. 고려 때 을구(乙耉)라는 이가 공신에 책훈되어 제안군(齊安君)에 봉해졌는데 그 자손들이 그대로 본적을 옮겨 제안(齊安) 사람이 되었다. 제안은 옛날 황주(黃州)의 속현이었다. 여러 대가 지나 호조 전서 인(裀)에 이르렀는데, 이분이 강원 감사 유선(惟善)을 낳았고, 본조에 들어와 그의 아들 곽산 군사(郭山郡事) 석령(錫齡)이 공의 10대조이다. 집안이 대대로 평양(平壤)에 살게 된 것은 이때부터 시작되었다.

고조부 응성(應聖)은 이천 부사(利川府使)를 지내고 예조 참판에 추증되으며 임진왜란의 호성공신에 녹훈되었다. 증조부 휘 윤후(胤後)는 문장과 행실이 있었으며 승정원 승지를 지냈다. 조부 휘 대요(戴堯)는 진사에 합격하고 은거하여 어버이를 봉양하였는데 침랑에 제수되었으나 응하지 않았으며 사헌부 지평에 추증되었다. 부친 휘 회량(誨良)은 출사하지 않았으며, 장연(長淵) 노수만(盧秀萬)의 딸을 아내로 맞

33 직장……행장 : 저자가 황순승(黃順承, 1652~1718)를 위해 쓴 행장이다.

이하여 숭정(崇禎) 임진년(1652, 효종3) 3월 18일에 공을 낳았다.

5세 때 이웃이 햇과일을 먹어보라고 주자 사양하며 먹지 않고 말하기를,

"부모님이 아직 맛보지 않았고 가묘(家廟)에도 아직 올리지 않았습니다."

하니, 듣는 이가 말하기를,

"효자의 집안에 효자가 다시 났구나."

하였다. 어려서부터 한창 자라고 있는 초목은 꺾지 않고 개미집을 함부로 밟지 않았으니 어질고 효성스러운 덕은 천성에서 나온 것이었다. 집이 몹시 가난하였으나 맛있는 음식으로 부모님을 봉양함에 힘을 다해 마련하였으며 직접 음식을 조리하고 동복(童僕)에게 맡기지 않았다. 아침저녁의 식사도 반드시 부모님이 직접 지은 뒤에야 감히 올렸다. 또 손수 불을 때어 부모님이 거처하는 방의 온도를 알맞게 해드렸으며, 밤에 부모님의 잠자리를 보아드린 후에 문밖에 서 있다가 반드시 부모님이 편안히 주무시면 물러갔다. 부모님이 병환을 앓자 손가락의 피를 올려드리고 변을 맛보았으며 또 종기의 고름을 직접 빨아드리기도 하였다. 매일 밤 머리를 조아리고 하늘에 기도하였는데 남들이 알지 못하게 하였다.

계해년(1683, 숙종9)에 부친상을 당하자 기성(箕城)의 북쪽 자화산(慈化山) 화원동(花原洞)에 안장하였다. 산중에 재실(齋室)을 만들어 그 이름을 '영모(永慕)'라 하고 그 안에서 독서하였는데, 공을 믿고 따르는 원근의 학자들이 많았다. 일찍이 삼주(三洲)에서 농암 선생(農巖先生 김창협(金昌協))을 뵙고 수 개월 머물며 강학하였는데, 농암이 세상을 떠나자 달려가 곡하고 심상(心喪)으로 삼년을 마쳤다. 또 수암

선생(遂菴先生 권상하(權尙夏))을 뵈었는데, 선생이 감탄하며 말하기를

“내게 수학하는 이들이 많은데, 확고하게 스스로를 지키는 것은 황군 만한 이가 없다.”

하였다.

예전 무자년(1708, 숙종34)에 내가 명을 받들고 본도(本道)를 염찰(廉察)하였는데,[34] 본도의 경계에 들어서자마자 공의 성대한 명성을 듣게 되었다. 그 명성은 다음과 같았다. 고을에 효도하지 않고 우애가 없거나 또 의롭지 않은 일을 하는 이가 있으면 모두 공이 그 사실을 알게 될까 두려하였다. 어떤 이가 시장에서 제기(祭器)를 파는 것을 보고 말하기를 “이 제기는 화려하니 필시 황 효자(黃孝子) 집안에 있던 물건이다.” 하고, 그것을 사서 돌려주니 실제 공의 집안에서 잃어버린 것이었다.

감복교(感伏橋)가 선산을 오가는 길에 있었는데, 공이 그 돌다리의 생김새를 보고는 옛사람의 무덤 앞에 있던 물건이라 생각하여, 마음 아파하며 말하기를 “이것은 효성스러운 자손들이 마음을 쓴 것이니 내 어찌 차마 이것을 밟을 수 있겠는가.” 하였다. 나중에 도적들이 돌다리 옆에 모여 있다가 캄캄한 밤에 물을 건너는 행인을 보고 말하기를 “이 사람은 필시 황고집(黃固執)이다.” 하며 해코지하지 않기로 서로 경계하고 또 공을 호송까지 해주었다.

나는 마침내 공의 행의(行誼)를 조정에 아뢰었는데, 전후로 공을 천거하는 이가 이어졌고 대신이 또 차자로 아뢰었다. 계사년(1713, 숙종39)에 비로소 경릉 참봉(敬陵參奉)에 제수되었다. 어떤 이가 낮은

34 내가……염찰하였는데 : 저자는 1708년 관서(關西) 암행어사(暗行御史)가 되었다.

관직에는 나아가지 말라고 권하자 공이 말하기를,

"내가 비록 늙어 녹사(祿仕)를 감당할 수는 없지만, 명예를 구하는 것 또한 부끄러워하는 바이다. 임금을 섬기고 부모님을 섬기는 것은 똑같은 도(道)이다. 내가 일찍이 선영(先塋)에 힘을 다했으니 어찌 능침(陵寢)에 정성을 바치지 않겠는가."

하고, 곧장 일어나 명에 응하였다.

공은 성품이 나무 심기를 좋아한지라 항상 뿌리가 굵어지고 가지가 뻗어나가는 모습을 보면 기뻐하였다. 이 때문에 묘를 쓴 산의 소나무와 측백나무는 모두 공이 손수 심어 몇 만 그루인지 헤아릴 수 없을 정도였으니 멀리서 바라보면 울창하게 푸르러 백 리 밖에서도 모두 공의 선산(先山)임을 알 수 있었다. 참봉으로 재직시 짚신을 신고 산에 올라가 한번 두루 살펴보는 것을 일상으로 삼았는데, 나쁜 초목은 없애버리고 좋은 나무를 심었으며, 상처 입은 나뭇가지를 보면 자신의 아픔처럼 슬퍼하였다. 고을 사람들이 공의 지성에 감동하여 도끼를 들고 감히 그 근처에 가지 못했는데, 혹 그것을 어기는 자가 있으면 공이 반드시 눈물을 흘리며 매질을 하였다.

당시 병충해로 사방의 산에 있는 소나무가 거의 죽었는데, 유독 경릉(敬陵)의 수목만은 예전 그대로였다. 혹자가 말하기를 "까치와 까마귀가 몰려와 송충이를 쪼아 먹어 없애버렸으니 비유하자면 유곤(劉昆)이 바람이 불어오는 곳을 향해 머리를 조아리니 불이 꺼진 것[35]과 같다."고

35 유곤(劉昆)이……것 : 후한(後漢)의 유곤(劉昆)이 강릉 영(江陵令)으로 있을 때 고을에 해마다 화재(火災)가 나자, 유곤이 불을 향해 머리를 조아리니 비가 내리고 바람이 그쳤다. 《後漢書 劉昆列傳》

하였다. 경릉의 외안산(外案山)인 만월봉(滿月峰)이 벌거숭이 산이 된 것을 걱정하여 보호하고 기르는 데 더욱 마음을 쏟으니, 몇 년 사이에 초목이 무성해졌다. 사람들이 경릉의 관리로 일을 수행한 사람 가운데 전후로 공과 비교할 만한 이가 없다고 하였다.

선공감 봉사로 옮겼는데, 마침 명(明)나라 장수 경략사(經略使) 양호(楊鎬)의 비각(碑閣)을 개수하는 일에 파견되었다. 비석이 북쪽으로 뻗어있는 길 가에 있고 한 칸 너비의 짧은 처마가 비바람을 제대로 막을 수 없었다. 공이 탄식하며 말하기를,

"남쪽으로 보이는 송파(松坡)에는 단청한 비각이 우뚝하게 서있는데,[36] 이 비각은 어째서 이 지경이란 말인가."

하였다. 마침내 상소를 올려 만력(萬曆) 연간의 재조지은(再造之恩)을 극진히 아뢰고, 비각의 규모를 크게 만들어 존주(尊周)의 뜻을 부치고 만일 저 오랑캐가 위협한다면 신(臣)을 들어 대답하여 화를 막기를 청하니, 조정의 의론이 이를 곤란하게 여겼다. 공의 말이 비록 실행되지는 못했으나 식자들은 훌륭하게 여겼다.

전생서 직장으로 옮겼는데, 공이 말하기를,

"희생(犧牲)은 종묘와 사직 그리고 산천에 사용되는 것이니, 공경하지 않아서야 되겠는가."

하였다. 위로는 지붕을 씌우고 아래로는 널판을 깔아 분뇨를 깨끗이 치웠으며 날마다 반드시 조복(朝服) 차림으로 그 먹이 주는 것을 감독

36 남쪽으로……서있는데 : 송파리(松坡里) 삼전도(三田渡)에 세워져 있는 송덕비(頌德碑)를 가리킨다. 이 비석은 병자호란 때 청 태종(淸太宗)이 인조(仁祖)의 항복을 받고, 자신의 공덕을 자랑하기 위해 강제로 세운 송덕비이다.

하니 소와 양이 잘 번식하였다. 직질(職秩)이 차서 육품(六品)으로 승진을 앞두고 있었는데, 공이 말하기를,

"내 나이가 떠나야 하는 때가 되었다."

하고, 고강(考講)에 응하지 않아 스스로 파직되었다. 행장을 꾸리고 서쪽으로 돌아가려고 할 적에 우연히 병에 걸려 무술년(1718, 숙종44) 12월 29일에 관서 옆 마을 집에서 세상을 떠났다.

공이 처음 병에 걸렸을 적에 명성 있고 지위가 높은 공경들이 연이어 의원을 보내 문병하였고, 공이 세상을 떠난 뒤에 영의정 몽와(夢窩) 김창집(金昌集)과 상서 지재(趾齋) 민진후(閔鎭厚) 등 여러 공들이 널감을 마련하거나 부조를 보내 도와주어 공의 장례에 유감이 없도록 하였다. 이듬해 1월에 고향으로 운구하였다가 4월 17일에 화원동(花原洞) 선영에 안장하였다. 온 도(道)의 사람들이 모두 공의 지극한 행실을 칭송하여 관찰사가 조정에 아뢰니, 지금 성상 갑인년(1734, 영조10)에 사헌부 지평에 추증되었다.

공은 두 번 장가들었으니, 경주(慶州) 최숙(崔淑)의 딸과 곡산(谷山) 강위(康瑋)의 딸과 혼인하였다. 아들 내미(內美)와 신미(愼美), 그리고 이민정(李敏政)의 아내가 된 딸은 최씨(崔氏) 소생이다. 강씨(康氏)에게는 한 명의 아들 양미(讓美)가 있었는데 요절하였다. 내미의 아들은 진중(鎭重)이고, 신미의 아들은 진정(鎭正)과 진청(鎭淸)이다.

나는 예전에 한번 공의 집을 방문하였는데 공이 시묘살이를 하고 있을 때라 만나지 못하고 돌아왔다. 그러다가 공이 경릉 참봉으로 오게 되자 내가 거처하던 화전(花田)의 옛 집과 몇 리 되는 가까운 곳이라 공이 여러 번 나를 찾아왔다. 가을날 한번은 동산에서 얘기를 나누었는

데, 아이들이 막대기로 대추나무를 치는 것을 보고 말하기를,

"이렇게 하면 가지가 상하여 열매가 번성하지 못하니, 어째서 열매가 무르익어서 저절로 떨어지기를 기다리지 않는가."

하였다. 내가 사례하며 말하기를,

"다행스럽게도 공을 통해 수목을 기르는 방도를 알게 되었습니다."

하였다.

또 다음과 같은 얘기를 들었다. 공이 제사를 지낸 다음 마을 사람이 찾아와서 제사 지내고 남은 약과를 구하였는데, 공이 손을 씻고 새 종이를 꺼내 약과를 포장하고는 그 사람을 향해 무릎을 꿇고 절하며 건네주었다. 이어 말하기를,

"당신에게는 맛난 음식을 바칠 모친이 살아계시지만, 나는 홀로 없구나."[37]

하고, 눈물을 줄줄 흘렸다. 이 하나의 일에서 공이 여러 가지의 선(善)을 갖추었음을 알 수 있다.

또 다음과 같은 얘기를 들었다. 공이 길에서 어떤 이가 살아있는 게를 가지고 있는 것을 보고는 그 게를 사서 가져가 물에 놓아주었는데, 그 사람이 돈을 받은 뒤에 공이 지나가기를 기다렸다가 다시 게를

37 당신에게는……없구나 : 정(鄭)나라 장공(莊公)과 영고숙(潁考叔)의 고사에서 나온 말이다. 장공이 영고숙에게 음식을 하사하자, 영고숙이 고기는 먹지 않고 한 곳으로 모아놓았다. 장공이 그 까닭을 물으니, 영고숙이 "소인에게는 어머니가 계신데 소인이 올리는 음식은 모두 맛보았으나 임금의 국은 맛보지 못하였으니 이 고기를 어머니께 갖다 드리고자 합니다."라고 대답하였다. 그러자 장공은 "그대에게는 맛난 음식을 바칠 모친이 살아계시지만, 나는 홀로 없구나.〔爾有母遺, 繄我獨無.〕"라고 하였다. 《春秋左傳 隱公 元年 五月》

잡아서 가버렸다. 또 한 번은 재실(齋室)에서 잠을 자는데 바지가 없어졌는데도 끝내 말을 하지 않았으니 차마 하리(下吏)를 의심하는 마음이 들지 않아서였다. 남들이 더러 공의 우활함을 전해가며 비웃기도 하지만 이 또한 인애(仁愛)의 일단(一端)이다.

또 다음과 같은 얘기를 들었다. 공은 정려문(旌閭門)을 지나면 말에서 내리고, 도성 문이나 부성(府城)이 보이면 말에서 내리고, 남의 묘소를 지나면 말에서 내리고, 부녀자를 만나면 말에서 내리는 터에 말을 갈 때가 매우 적었으니, 공과 동행한 자가 그렇게 말해주었다.

공이 또 한 번은 내 앞에서 시를 외웠는데 "평생 큰 욕심[38]을 막아서라네〔爲是平生遏大欲〕"라는 시구가 있었다. 듣자니 공은 상기(喪期)를 마친 후에도 스스로 종신토록 상중에 있다고 생각하여 고기를 먹지 않고 또 여색을 가까지 하지 않았다고 한다.

내가 일찍이 공에게 말하기를,

"근래 공과 친숙한 사이가 되었는데, 내가 보고들은 것으로 살펴보면 공의 질박한 행실은 거의 옛날의 이른바 제(齊)나라와 노(魯)나라의 대유(大儒)들도 미치지 못하는 점[39]이다. 다만 질박한 행실이 비록 훌륭하나 너무 지나친 점이 많습니다. 부자(夫子)께서 '과유불급(過猶不及)'이라고 말하지 않았습니까. 이 어찌 견식이 주밀하지 않아

38 큰 욕심 : 맛난 음식과 여색에 대한 욕심을 가리킨다. 《예기(禮記)》 〈예운(禮運)〉에 "음식과 남녀 간의 일에는 사람의 큰 욕심이 존재한다.〔飮食男女, 人之大欲存焉.〕"라고 한 데서 나온 말이다.

39 이른바……점 : 한(漢)나라 석분(石奮)과 그의 네 아들이 모두 2천 석(石)의 관직에 이르렀다. 석분에 대해 평가하기를 "만석군의 질박한 생실은 제(齊)나라 노(魯)나라의 제유(諸儒)들도 모두 미칠 수 없다고 여겼다."고 하였다. 《史記 萬石張叔列傳》

서 그런 것이 아니겠습니까. 만약 공이 일찍부터 경학(經學)에 힘을 쏟아 수레의 바퀴와 새의 날개처럼 양쪽에 부족한 부분이 없었다면, 절로 성인의 중정(中正)한 경지에 이르렀을 것인데 그렇게 하지 못한 것이 안타깝습니다."

하니, 공이 또 말하기를,

"맞습니다."

하였다.

공의 상을 당했을 때 나는 승중(承重)으로 거상(居喪) 중이라 곡 한번 하지 못하여 마침내 천고의 한이 되고 말았으니 아, 애통하도다! 내미(內美)가 자기 손자 염조(念祖)를 내게 보내서 공의 행장(行狀)을 부탁하였다. 옛일을 추억하며 거듭 공을 위해 눈물을 흘리고 이어 그 대체를 모아놓아 입언군자(立言君子)의 선택을 기다리노라.

참봉 소은 김공 행장[40]
參奉素隱金公行狀

공은 휘가 성호(性豪)이고 자가 영숙(英叔)인데 만년에 기옹(嗜翁)으로 바꾸었으며 호가 소은(素隱)이다. 경주 김씨(慶州金氏)는 처음에 대보 알지(閼智)에서 나왔는데, 김부왕(金溥王 신라 경순왕(敬順王)) 이후로 고려조에 벼슬하여 대대로 고관대작이 이어졌다. 본조에 들어와 휘 균(稛)은 태조(太祖)를 도와 조선을 개국하여 계림군(鷄林君)에 훈봉(勳封)되었고 시호는 제숙(齊肅)이니 바로 공의 12대조이다. 증조 휘 원립(元立)은 포의 신분으로 혼조(昏朝 광해군)에 의리를 내세웠고 나중에 문과(文科)로 출사하여 종성 부사(鍾城府使)로 관직을 마쳤다. 조부 휘 민효(敏斅)는 공조 좌랑을 지냈고, 부친 휘 재현(載顯)은 행 승정원 도승지를 지냈는데 박실(樸實)한 행실로 이름이 났다. 모친 청송 심씨(青松沈氏)는 동지중추부사 진(榗)의 딸로, 대사헌 의겸(義謙)의 후손이니, 숭정(崇禎) 기해년(1659, 효종10) 12월 15일 서울 낙동(駱洞)에서 공을 낳았다.

어려서부터 장난치기를 좋아하지 않았고 조금 자라서는 이미 문장에 힘을 쏟았다. 정사년(1677, 숙종3)에 선비들이 우암 선생(尤菴先生)을 위해 억울함을 호소하였는데 공은 당시 관례를 치르기 전이었는데도 동참하였으며, 소두(疏頭)가 유배를 당하자 개탄하며 과거에 응시하지 않았으니 젊어서부터 지조가 이와 같았다. 무진년(1688, 숙종

40 참봉……행장 : 저자가 김성호(金性豪, 1659~1720)를 위해 쓴 행장이다.

14)에 금리(禁吏)가 궁액(宮掖)의 일로 인해 궁궐 안에서 장살(杖殺)을 당하자,[41] 공이 탄식하며 말하기를,

"시사(時事)를 알 만하다."

하였다. 이때부터 과거공부를 그만두고 옛 성현들의 글을 가져다 문을 닫은 채 탐구하느라 먹고 자는 것을 거의 잊을 정도였다.

병신년(1716, 숙종42)에 돈녕부 참봉(敦寧府參奉)에 제수되었으나 부임하지 않았다. 이듬해 학문에 매진하는 선비를 특별히 천거하게 하자, 대신이 공을 천거하여 서연(書筵)의 강직(講職)에 추천하였다. 차츰 등용될 참이었으나 공은 이미 병에 걸렸다. 죽음을 앞두고 시중드는 이에게 병들었을 때의 옷과 이불을 빨라고 시켰으며, 또 억지로 일어나 목욕하려고 하니 자제들이 만류하자 공이 말하기를,

"군자는 덕으로 남을 사랑하는데, 너희들은 내가 몸을 깨끗이 하여 돌아가기를 원하지 않느냐."

하였다. 병이 심하여 말을 못하자 글씨를 써서 뜻을 전했는데 그 자획이 평소와 같았다. 유명(遺命)을 남겨 상례를 검소하게 치르고 염의(斂衣)는 청(淸)나라 물건을 사용하지 말며 명정(銘旌)에는 '처사(處士)'라고 쓰라고 당부하였다. 경자년(1720, 숙종46) 5월 3일 용인(龍仁) 갈천(葛川)의 계당(溪堂)에서 세상을 떠났다.

41 금리(禁吏)가……당하자 : 1688년(숙종14)에 숙종의 후궁 소의(昭儀) 장씨(張氏)가 왕자를 출산하자, 장씨의 어미가 장씨의 산후조리를 돕기 위해 입궐하면서 옥교(屋轎)를 타고 들어온 일이 있었는데, 지평 이익수(李益壽)가 이를 참람하다고 여겨 사헌부의 금리(禁吏)를 보내어 옥교를 멘 종들을 잡아 죄를 다스리고 상소하여 법도를 바로 세울 것을 간언하였다. 이에 노하여 금리들을 잡아와 장살(杖殺)하게 하고 엄중한 하교를 내렸다.《肅宗實錄 14年 11月 12日》

유인(孺人) 청주 한씨(淸州韓氏)는 첨정 지원(志遠)의 딸이자 우의정 응인(應寅)의 증손녀이다. 공보다 3년 일찍 세상을 떠났는데, 이때에 보라산(甫羅山) 병좌(丙坐)의 언덕에 합장하였으니 계당(溪堂)에서 몇 리 떨어져있다. 1남1녀를 두었는데 아들은 정(碇)이고 딸은 교관 이현윤(李顯允)에게 시집갔다. 측실 소생 아들 한 명이 있는데 어리다. 이현윤의 사위는 김이정(金履禎)이다.

공의 학문은 박실(朴實)한 데에 전적으로 힘을 쏟았는데, 스승의 도움 없이 마음을 다해 스스로 공부하였다. 일찍이 말하기를,

"배우는 자들이 다행스럽게도 정자(程子)와 주자(朱子) 이후에 태어나 학문의 과정이 미혹되지 않고 분명하니 요컨대 깊이 생각하여 실천하는 데 달려있다."

하였다. 경전의 뜻을 논함에 있어 새롭거나 다른 것을 추구하지 않고 오직 평정(平正)하고 적실(的實)한 것을 귀결처로 삼았다. 또 저술을 좋아하지 않았는데, 항상 정자가 주장문(朱長文)에게 답한 글[42]을 예로 들면서 경계로 삼았다. 독서하다가 사색한 것이 있으면 손가는 대로 기록하되 두서가 없이 하였으니 입언(立言)에 가까워질까 혐의해서였다. 젊은 시절에 기억력이 좋았는데 늙어서도 한결같이 애쓰고 노력하였다. 사서(四書)를 더욱 깊이 공부하였고 나머지 성리(性理)

42 정자가……글 : 정이(程頤)가 주장문(朱長文)에게 보낸 편지글을 가리킨다. 정이는 그 편지글에서 "후세 사람들은 처음 책을 잡으면 문장을 우선으로 여겨서 평생에 하는 바가 번번이 성인보다 많으나 있어도 도움 되는 바가 없고 없어도 부족한 바가 없으니, 바로 쓸데없는 군더더기의 말이다. 군더더기의 말일 뿐만 아니라 이미 요점을 얻지 못하였으면 진리를 배반하고 정도를 잃어서 도리어 도를 해칠 것이 틀림없다."라고 하였다. 《伊川先生文集 卷5 答朱長文書》

와 관련된 글들도 모두 탐구하였으며, 상수(象數)와 율려(律呂)에 대해서도 그 원류를 섭렵하였다. 만년에는 《주역(周易)》 읽기를 그치지 않아 아침 일찍 일어나고 밤늦게 잠들었으며 의관을 정제하고 꼿꼿이 앉아서 날을 마쳤다. 심한 병이 아니면 조금도 게을리 하지 않았으니, 간혹 한밤에도 잠자지 않고 이불을 끼고서 경서를 두루 암송하였다.

어버이를 섬길 적에는 잠시도 그 곁을 떠난 적이 없었고 잠자리는 반드시 직접 봐드렸으며 어버이의 뜻에 앞서 안색을 살피며 한마음으로 공경하였다. 옛 예법대로 상례를 집행하고 장례를 지낸 다음에도 염장(鹽醬)을 먹지 않았기에 그 애통함이 고을 사람들을 감동시켰다. 모친상을 당했을 적에는 이미 노쇠하였음에도 부지런히 예를 다하였으며, 형이었던 신녕공(新寧公 김윤호(金胤豪))[43]을 부친처럼 섬겼다. 선대에서 행하는 상례와 제례의 여러 가지 일이 간혹 시속을 따른 것이 있었는데 공에 이르러 비로소 일체 《가례(家禮)》를 표준으로 삼으니 신령공도 믿고 따랐다. 충원(忠原)의 선영이 멀어서 보살피기 어려웠기 때문에 직접 그곳에 재실(齋室)을 지었고, 그곳을 지키던 노비가 빈곤하여 장차 흩어지려고 하자 양식을 나누어주어 구제하였다. 큰누이가 영남에서 죽고 여동생 하나가 남쪽 지방에 떨어져 살았기에, 항상 생사(生死)의 지극한 통한으로 여겼다. 신녕공이 관소에서 세상을 떠나자 상류(上流)에서 맞이하여 곡을 하고 지나치게 슬퍼하다가 병에 걸려 마침내 일어나지 못하였다.

평소 처자식을 매우 엄하게 대하였고, 동복(僮僕)을 다스릴 적에는

43 신녕공(新寧公) : 김성호(金性豪)의 형 김윤호(金胤豪)는 1718년(숙종44)에 신녕 현감(新寧縣監)에 부임하였다가 이듬해 관소에서 세상을 떠났다.

위엄보다 먼저 은혜를 베풀었으며 종당(宗黨)을 대우할 적에는 곡진히 은혜로운 마음이 있었으나, 의롭지 못한 일을 하면 반드시 용서하지 않고 꾸짖었다. 후학에 대해서는 정성을 다해 가르치고 어린아이의 구두(口頭) 학습에 이르기까지 또한 기꺼이 부지런히 가르쳤으나, 절대로 스승의 도(道)로 자처하지 않았다. 특히 남들과 교유가 드물었으니 중년에는 비록 서울에 살았으나 문밖을 나서지 않았다. 속인과 마주하여 얘기를 하면 이내 마음이 분란해진다고 생각하여 학문에 뜻을 둔 이후로 일찍이 한 번도 장자(長者)의 집을 출입하지 않았다. 한번은 부친의 명으로 현석(玄石) 박세채(朴世采) 공을 찾아뵈어야 했는데, 현석이 평소 공의 명성을 듣고서 마음을 열고 맞이하려 했으나 공은 끝내 가지 않았다. 항상 우옹(尤翁)을 한번이라도 만나보지 못한 것을 한스럽게 여겨 만의(萬義)의 장례[44] 때 자신을 밝히지도 않고 들어가 곡을 하고 상주(喪主)를 보지도 않고 나와 버려 좌중에 있던 모든 이들이 놀랐다. 학사 송주석(宋疇錫)이 말하기를,

"이것이 옛날의 의리이다."

하였다.

당숙 재해(載海)와는 어려서부터 함께 공부하여 정의(情義)가 매우 돈독하였는데, 만년 이후로 논의가 어긋나 서로 맞지 않고 경서의 뜻에 관해 또 어긋나는 점이 있었다. 공은 지성으로 일깨워도 되지 않으면 또 더불어 따지지 않고 요컨대 정의를 해치지 않는 것을 중시하였으니

44 만의(萬義)의 장례 : 송시열(宋時烈)은 1689년(숙종15)에 정읍(井邑)에서 사사된 다음 수원(水原) 만의(萬義) 무봉산(舞鳳山)에 임시로 안장되었다가, 1757년(영조33)에 이르러 청주(淸州) 청산(靑山)으로 이장(移葬)되었다.

공의 충실하고 후덕함을 알 수 있다. 물욕(物欲)에 일절 담박하였으며 특히 여색을 조심하였다. 부친 지신공(知申公)을 모시고 관소에 가면 대부분 기방이 있는 곳이었는데 끝내 여색을 가까이 하지 않았다. 지신공의 맑은 덕이 조정 안팎에 드러남에 있어 공이 조석으로 도운 바에 힘입었다고 한다.

평생 굶주림을 참으며 곤궁하게 살았는데 사양하고 받는 일에 있어선 조심하고 엄격하였다. 한 유인(韓孺人)이 늘그막에 병이 드는 터에 집안일을 다스리지 못하여 변변찮은 끼니도 항상 잇지 못했으나, 태연하게 거처하였다. 공이 자신의 자(字)를 바꾼 설(說)을 읽어보면 그 은미한 뜻을 상상할 수 있다. 곤궁하게 살면서 세상에 뜻이 없는 듯하였으나, 나라를 걱정하는 마음이 지성에서 나와 조정의 잘못된 거조(擧措)를 들으면 그때마다 저녁 내내 즐겁지 않았다. 군민(軍民)의 부역(賦役)과 변방의 방수(防守)에 대해서도 또한 마음속으로 생각한 바가 있어서 일찍이 북한산성(北漢山城)에서 노닐 적에 지은 설이 있었으니, 공을 고리타분한 선비라고 말하는 이는 참으로 공을 제대로 알지 못하는 것이다. 시론(時論)에 대해선 한 번도 한쪽에 치우쳐 주장하지 않고 오직 의리를 따랐으니 선악(善惡)과 소상(消長)의 구분에 엄격하였기 때문이었다. 항상 말하기를,

"나랏일을 맡은 자가 분명하게 시비를 가려 전심으로 일을 수행하되 우선 자신을 다스려 남의 마음을 감복시키는 데 힘쓴다면 절반은 넘게 깨달은 것이다."

하였다. 또 근래 유자의 출처의 잘못에 대해 논하기를,

"조정에서 성심으로 선비를 대우하지 않고 오직 성명(聲名)과 이록(利祿)으로 농락하고, 선비는 사양하고 물러나기만을 일삼으니 군

신(君臣)의 의리가 거의 무너졌다. 이러한 길이 한번 열리면 고관 대작을 편안히 앉아서 해마다 승진할 것이니, 어찌 이러한 이치가 있는가."

하였다. 어떤 이가 말하기를,

"그대의 말이 맞다. 조만간 조정에서 부른다면 그대는 어떻게 처신하겠는가?"

하니, 공이 웃으며 대답하기를,

"그렇다면 내가 어찌 감히 그렇게 하겠는가. 세상 사람들에게 내가 실질이 없음을 조금이라도 알게 한다면, 물러나기를 구하지 않아도 절로 물러나게 될 것이다."

하였다. 공의 견식이 정밀하고 확실함이 이와 같았다.

문장은 조리가 통창하고 내용이 형식보다 뛰어났으며, 시는 평측(平仄)에 얽매이지 않아 참된 풍격이 볼 만하였으니, 유고 약간 편이 집에 보관되어 있다.

나는 외람되이 집안끼리의 교분으로 인해 젊은 시절부터 공을 익숙히 알았다. 말과 표정, 행실이 남과 다를 게 없는 듯하였으나 멀리서 바라보면 저절로 공경하는 마음이 일어났으며 나아가 질정하면 대답하는 말씀이 끝없이 이어지고 정성스런 마음이 넘쳐흘렀으니 군자다운 사람임을 알 수 있었다. 배우는 이의 위기(爲己)와 위인(爲人)이 고금의 다름이 있는 것이 공자(孔子)께서 살던 당시에도 그러하였으니[45]

45 배우는……그러하였으니 : 《논어》 〈헌문(憲問)〉에 "옛날에 배우는 자들은 자신을 위한 학문을 하였는데, 지금에 배우는 자들은 남을 위한 학문을 한다.〔古之學者, 爲己, 今之學者, 爲人.〕"라고 하였다.

하물며 오늘날은 어떠하겠는가. 공과 같은 이는 지금 세상을 살면서 옛 도에 뜻을 두었으니, 곤궁함을 지키고 학문을 좋아하여 죽을 때까지 부지런히 힘써, 자신의 몸에 덕을 닦으면서도 무능한 사람처럼 겸손하였다. 이 때문에 세상 사람은 명성이 실질보다 지나치지만 공은 명성이 실질에 미치지 못하였으니, 이것이 남들보다 매우 훌륭한 점이다. 어찌 면재(勉齋 황간(黃榦))의 이른바 진실한 마음으로 각고의 공부를 하는[46] 경우가 아니겠는가. 만일 공이 그 뜻과 사업을 조금이라도 펼쳤다면 세교(世敎)에 보탬이 되었을 것인데, 끝내 곤궁하게 살다가 세상을 떠났으니 필시 그 책망을 받을 자가 있을 것이다. 그러나 학문은 자신에게 달려있고 알아주고 알아주지 않는 것은 남에게 달려있으니, 공에게 무슨 해가 되겠는가. 아들 정(碇)이 애통한 마음으로 멀리서 나를 찾아와 유사(遺事) 한 통을 주면서 행장(行狀)을 부탁하기에 삼가 위와 같이 가려서 모아놓아 입언군자(立言君子)의 선택을 기다리노라.

46 면재(勉齋)의……하는 : 56쪽 주46 참조.

처사 조공 행장[47]

處士趙公行狀

구봉처사(九峰處士) 조명은(趙鳴殷) 공은 자가 여형(汝衡)이니 양주(楊州) 사람이다. 일찍이 속리산(俗離山) 구병봉(九屛峰) 아래에 은거하였기 때문에 구봉(九峰)이라고 호를 지었다. 그 시조 잠(岑)은 고려(高麗) 때 판원사를 지냈다. 국초의 영중추부사 문간공(文剛公) 말생(末生)이 크게 현달하였는데, 문간공의 아들은 관찰사 근(瑾)이고 손자는 정언 중휘(仲輝)이니 공의 8대조와 7대조이다. 조부 휘 상우(相禹)는 제릉 참봉(齊陵參奉)을 지내고 이조 참판에 추증되었고 호가 시암(時菴)이며, 부친 휘 이후(爾後)는 동지중추부사를 지냈는데, 2대가 경학(經學)과 행의(行誼)로 이름이 났다. 동추공(同樞公)은 두 번 장가들었으니, 파평 윤씨(坡平尹氏)와 원주 원씨(原州元氏)이다. 공은 원씨 소생이니, 운곡(耘谷) 천석(天錫)의 후손 휘 희일(熙一)이 외조부이다.

공은 숭정(崇禎) 계묘년(1663, 현종4)에 태어났다. 어려서부터 훌륭한 자질이 있었고 장난치기를 좋아하지 않았다. 부모님이 병에 걸리면 걱정하는 마음이 겉으로 드러나고 잠시도 그 곁을 떠나지 않았으니 남들이 효동(孝童)이라고 하였다. 동추공은 90세의 나이에도 학문을 게을리 하지 않았는데, 공은 평소 생활할 적에 그 가르침을 벗어나지 않았기에 덕성과 도량이 일찍 이루어져 남들과 크게 달랐다. 중간에

47 처사 조공 행장 : 저자가 조명은(趙鳴殷, 1663~1732)을 위해 쓴 행장이다.

부친의 명으로 과거에 응시하였으나 좋아하는 바가 아니었다.

갑자년(1684, 숙종10)에 윤증(尹拯)이 율곡 선생(栗谷先生)을 비방하고 무고했을 때[48] 공이 동학 장의(東學掌議)로서 논의를 내세워 팔도에 통문(通文)을 돌렸는데, 그 사의(辭義)가 엄정하였다. 우암 선생(尤菴先生)이 그 글을 읽고 문인들에게 말하기를,

"시암공(時菴公)이 훌륭한 손자를 두었구나."

하였다. 이로 인해 어전정거(御前停擧)되었다가 오랜 시간이 지난 뒤에 풀려났다.

기사년(1689, 숙종15) 세상의 화란 이후로 다시는 과거에 응시하지 않고 오직 실학(實學)에 잠심하여 날마다 여러 성리서(性理書)를 읽어 조예가 더욱 깊어졌다. 얼마 뒤 동추공과 원부인이 잇달아 세상을 떠나자 공은 더욱 출사할 뜻이 없어졌다.

경인년(1710, 숙종36)에 노년을 마칠 계획으로 가솔을 모두 데리고 구병산(九屛峰)에 들어가, 두건을 쓰고 청려장(靑藜杖)을 짚고서 산골짜기를 배회하였다. 평소 거문고를 좋아하여 흥이 오르면 간혹 몇 곡조를 연주하며 울적한 심사를 달래었다. 사대부들이 공의 지절(志節)을 존경하여 종유하는 자가 날마다 늘어났는데, 공이 그때마다 못마땅해하며 말하기를,

48 윤증(尹拯)이……때 : 윤증이 부친 유선거(尹宣擧)의 강화도 행적을 해명하면서 말하기를 "이제 강도(江都)의 일로써 선인(先人)을 헐뜯는 이가 있으니 이는 곧 율곡(栗谷)의 이망색비(以妄塞悲) 상소를 가리켜 자신의 도리를 다했다고 하는 것과 무엇이 다르겠는가. 그러나 율곡은 참으로 산에 들어갔던 과실이 있었지만, 선인에게는 처음부터 죽어야 할 이유가 없었다."라고 하여 율곡이 젊은 시절 불도(佛徒)가 된 것을 비방하였다.

"남들이 나를 은자라고 생각하는가?"
하고, 마침내 병을 핑계로 연기(燕岐)로 옮겨 살았다.

얼마 되지 않아 연기 사람이 공의 지극한 행실을 들어 관찰사에게 아뢰고, 관찰사가 조정에 아뢰었다. 공은 일찍이 여러 번 천거되었는데 이때에 또 관직을 제수하는 명이 내려오자, 공은 더욱 편안하지 않아 거처를 옮겨 아산(牙山)으로 갔다. 공은 산야를 정처 없이 떠돌아 한곳에 몇 년 동안 머문 적이 없었으나, 가는 곳마다 고을 사람들이 모두 공의 덕의(德義)를 흠모하여 공이 떠나면 추억하기를 그치지 않았다.

임자년(1732, 영조8) 윤5월 16일에 아산(牙山)의 옥암(玉巖) 우사(寓舍)에서 세상을 떠났다. 병이 위독할 때도 부축을 받고 가묘(家廟)를 알현하였으며, 집안 사람들과 영결할 때는 평소처럼 태연하였다. 당시 큰 가뭄이 들었기에 몇 번이고 비가 내리냐고 물어보았는데, 갑자기 구름이 사방에서 일어나더니 퍼붓는 듯이 큰비가 내렸다. 공이 일어나 옷을 갈아입고 침소에 들어 세상을 떠나니 비도 갑자기 그쳐 보는 이들이 기이하게 여겼다. 동현(同縣) 부황동(扶皇洞) 임좌(壬坐)의 언덕에 안장하였다.

공은 천성이 침착하고 도타우며 기미가 참되고 순수하여 바라보면 세속의 뜻이 없으니 학문에 독실한 군자임을 알 수 있다. 공의 행실은 효제(孝悌)에 근본하였다. 부모님을 섬길 적에는 곁에서 부지런히 봉양하여 한 가지 일도 남에게 시키지 않았으니 직접 불을 때어 부모님이 거처하시는 방의 온도를 알맞게 해드렸다. 병이 들면 밤에도 옷의 띠를 풀지 않았고 한데 서서 하늘에 기도하였으며, 또 거상(居喪)을 잘 하여 장례를 치르기 전에는 죽을 먹고 소상(小祥)을 지낸 다음에 채과(菜果)를 먹어 한결같이 옛날의 예법대로 하였다.

집이 몹시 가난하였으나 부모님이 살아계실 때는 맛있는 음식으로 봉양하였고 돌아가셨을 때는 달마다 해마다 올리는 제수에 유감이 없게 하였다. 큰형과는 우애가 지극하여 맛난 음식 하나라도 먼저 먹지 않고 물건 하나라도 따로 챙기는 일이 없이 한 집에 거처하면서 형을 공경함에 태만한 적이 없었다. 형이 세상을 떠나자 형수를 모친처럼 대우하여 아침저녁으로 반드시 만나 뵙고, 뵐 때면 계집종에게 시립(侍立)하게 하였다. 종사(宗祀)를 대리하여 맡았으나 일을 감히 마음대로 처리하지 않고 반드시 형수에게 여쭙고 허락을 받은 뒤에 시행하였다. 종친들에게 후덕하였는데 일찍이 말하기를,

"집안사람끼리 화목하지 않음은 곧 선조를 잊은 것이다."

하였다.

벗들과 교제할 적에는 출입에 반드시 일어나 예를 다하였으며 종신토록 정의(情義)가 도타워 호들갑스럽게 관계를 맺는 일이 없었다. 가법이 매우 엄격하여 동복(僮僕)들이 감히 시끄럽게 떠들지 못하였다. 허름한 집은 휑하니 서적들만 가득하고 꼿꼿이 정결하게 앉아있으니 지나가는 자가 아무도 살지 않는 듯이 여겼다. 가산(家産)이 쇠락하여 변변찮은 식량도 자주 떨어졌는데 태연하게 거처하였다. 어떤 이가 이를 두고 안빈낙도(安貧樂道)라고 말하면 그때마다 공이 웃으며 말하기를,

"만약 안빈낙도에 일부러 뜻을 둔다면 이른바 안빈낙도라는 것도 거짓이다."

하였다.

독서는 완색(玩索)을 위주로 하였으니 온종일 말을 안 하기도 하였고 한밤중에 잠을 안 자기도 하였다. 마음에 들어맞는 부분을 만나면

낭랑하게 외우고 읊조려 그 취지(趣旨)를 지극히 하였다. 일찍이 말하기를,

"학문은 고원함에 있지 않고 다만 마음을 전일하게 하는 데 있으니, 만약 마음을 보존하지 않으면 공부를 착수할 곳이 없게 된다."

하였다. 또 말하기를,

"성현(聖賢)의 도(道)는 서적에 환하게 실려 있으니 배우는 자는 다만 그것을 체인(體認)하여 힘써 행해야 한다. 그 외 외물(外物)은 모두 자기의 본분과 관계가 없다."

하였다. 또 자식들에게 경계하기를,

"'시서(詩書)는 가문에 전해온 유업이고 청백(淸白)은 집안 대대로 전해온 것이네〔詩書遺業, 淸白傳家〕'라는 두 송 선생(宋先生)의 친필이 있다.[49] 이것이 우리의 가법이니 너희들은 응당 여기에 힘써야 할 것이다."

하였다.

공을 찾아와 수학하기를 청하는 자가 있으면 다만 하학(下學)의 차례대로 가르쳤으니 여기서 공의 마음가짐과 몸가짐의 방도를 알 수 있다. 공은 또 말하기를,

"노년이 되어 독서하니 이제야 의리(義理)의 무궁함을 알게 되었다. 살날이 많지 않음이 안타까울 뿐이다."

49 시서(詩書)는……있다 : 송준길(宋浚吉)이 조명은(趙鳴殷)의 막내삼촌 조이병(趙爾炳)에게 친필로 "시서(詩書)는 가문에 전해온 유업이고 청백(淸白)은 집안 대대로 전해온 것이네. 백성을 다친 사람처럼 보살피고 나라를 집안일처럼 걱정하네.〔詩書遺業, 淸白傳家. 視民如傷, 憂國如家.〕"라고 써서 준 일이 있다.《宋子大全 卷210 掌令趙公行狀》

하였다. 또 주자(朱子)가 지은 〈재거감흥(齋居感興)〉 시의 남긴 뜻을 본받아 시를 지어 자신의 뜻을 서술하였으니 공과 같은 이는 늙어서도 배우기를 좋아하는 자라고 이를 만하다. 공의 학문은 한결같이 위기지학(爲己之學)으로 마음을 세웠으니, 원수를 피하듯 명예를 꺼리고 사탕수수를 먹듯 선(善)을 좋아하여 묵묵히 스스로를 닦아 안으로만 온축하고 밖으로 드러내지 않았다. 이 때문에 세상에 공을 아는 이가 없었으나 공은 자기의 천성을 온전히 하여 자기의 마음에 부끄러움이 없고자 했을 뿐이었으니, 남들이 알아주든 알아주지 않든 무엇을 따지겠는가.

공의 부인 해주 오씨(海州吳氏)는 좌랑 두룡(斗龍)의 딸로 자애롭고 화순하여 군자의 배필로 어긋남이 없었다. 공보다 3개월 일찍 세상을 떠났으니 향년 71세로 공과 합장하였다.

3남4녀를 두었으니, 장남 문빈(文彬)은 약관의 나이로 요절하였고 차남 덕언(德彦)도 요절하였으며 막내 영언(英彦)은 진사에 합격하였다. 딸들은 각각 진사 홍찬기(洪燦箕), 사인 최상언(崔尚彦), 이의저(李義著), 이장진(李長鎭)의 아내가 되었다. 영언(英彦)의 세 아들은 완경(完慶), 최경(最慶), 인경(寅慶)이다. 외손은 약간 명이다.

나는 공의 진실한 덕을 심복하지만 본래 글 솜씨가 없어서 공의 깊은 어진 덕을 만분의 일도 드러낼 길이 없기에 다만 언행의 대체만을 모아 놓아 입언군자(立言君子)를 기다릴 따름이다.

처사 기공 행장[50]

處士奇公行狀

공은 휘가 정룡(挺龍)이고 자가 현경(見卿)이니 행주(幸州) 사람이다. 그 선조는 기자(箕子)에서 나왔고 기씨(奇氏)는 대대로 이름난 이들이 많다. 판중추부사 건(虔)은 청백리에 녹훈되었는데 광해군(光海君)이 즉위하자 병을 핑계로 치사(致仕)하고 생을 마감하였다. 그의 후손 물재(勿齋) 진(進)과 아우인 복재(服齋) 준(遵)은 기묘당적(己卯黨籍)에 들었는데, 복재가 세상을 떠나자 광주(光州) 고룡(古龍)의 골짜기에 은거하여 자손들이 그대로 거기에 살았다. 물재의 아들 대승(大升)은 세상에서 고봉 선생(高峰先生)이라 일컬어진 분인데 그의 형이 참봉 대임(大臨)으로 공의 5대조이다. 증조는 의헌(義獻)이고, 조부 침(琛)은 권지 승문원 부정자를 지내고 일찍 세상을 떠났고, 부친은 진성(震省)이니 모두 문행(文行)으로 가업을 계승하였다.

모친 평양 박씨(平陽朴氏)는 장령에 추증된 상현(尙玄)의 딸이다. 공은 숭정(崇禎) 후 경술년(1670, 현종11) 9월 16일에 고룡리(古龍里)에서 태어났다. 타고난 바탕이 도에 가까워 어려서부터 입으로 비속한 말을 하지 않았으며 기국과 도량이 우뚝하여 기쁘거나 성난 감정을 겉으로 드러내지 않았다. 처음에는 과거공부를 하였으나 공의 뜻이 아니었다. 여러 번 초시에 합격하였으나 마침내 과거에 급제하지 못하자 모부인(母夫人)이 말하기를,

50 처사 기공 행장 : 저자가 기정룡(奇挺龍, 1670～1738)을 위해 쓴 행장이다.

"네가 좋아하는 바를 따르거라."

하니, 이때부터 문을 닫고 들어앉아 의리(義理)를 깊이 탐구하였으니, 견식이 정밀하고 분명하였고 문로(門路)가 매우 올바르게 되었다. 공의 장인 손재(遜齋) 광일(光一)이 공을 칭찬하기를,

"고봉(高峰) 이후의 단 한사람이다."

하였다.

공의 마음가짐은 겸허하여 세상의 모든 명리(名利)에 대해 나약한 사람처럼 물러나고 피하였으니, 어떤 이가 자신을 경학지사(經學之士)라 지목하면 그때마다 움츠려들어 말하기를,

"내가 어찌 감당하겠는가."

하였다. 평소엔 아무 일 없는 듯이 편안하게 지내다가도 성리(性理)의 심오한 이치와 예가(禮家)의 차이나는 의견을 논할 적에는 거침없이 막히는 것이 없었으나 또한 묻지 않으면 응하지 않았다. 또 자기 얘기를 고집스럽게 주장하기 좋아하지 않아 그저 "나의 견해는 이와 같은데 과연 어떠한지 모르겠다."라고만 말하였다. 일찍이 말하기를,

"사람이 응당 자신의 심신(心身)에 진실한 공부를 한다면 차츰 의(義)가 정밀하고 인(仁)이 완숙해짐에 이르러 자연히 털끝만큼의 거짓이 없게 될 것이다. 만약 단지 문자를 통해 그 나머지를 내놓을 뿐이라면 어찌 상채(上蔡)가 앵무새와 같다고 한 기롱[51]을 피할 수

51 상채(上蔡)가……기롱 : 상채(上蔡)는 사양좌(謝良佐)의 호로, 송(宋)나라 정이(程頤)의 제자이다. 《심경부주(心經附註)》 권4에 사양좌가 당시 학자들을 평하기를 "명리(名利)의 관문을 통과해야 비로소 조금 쉴 수 있는 곳이니, 지금의 사대부야 어찌 말할 게 있겠는가. 말만 잘하는 것이 참으로 앵무새와 같다.〔透得名利關, 方是小歇處, 今之士大夫何足道? 能言眞如鸚鵡也.〕"라고 하였다.

있겠는가."

하였다. 공이 전적으로 실행에 힘쓴 것이 이와 같았다.

천성이 지극히 효성스러워 부친이 병을 앓을 적에 손가락을 베어 피를 올려드렸으며, 상을 치를 적에는 한결같이 《주자가례(朱子家禮)》를 따랐다. 모친을 섬길 적에는 기쁘고 즐거운 모습으로 대하고 한결같이 뜻을 받드는 것을 위주로 하여 좌우에서 심부름을 하는 것이 어린아이와 다름이 없었다. 한번은 잠깐 외출했다가 술에 취해 말에서 떨어지고 돌아오자 모부인이 걱정하였다. 그 후로 취할 정도로 술을 마시지 않았다.

모친이 세상을 떠나자 이미 연로했음에도 상중에 얼굴빛이 검어지고 몸이 앙상해져 애통함이 고을 사람들을 감동시켰다. 제사는 검소하고 정갈하게 지냈으며 속기(俗忌)에 구애되어 제사를 폐하는 일이 없었다. 제삿날에는 바깥일을 보지 않았고 혹한에도 반드시 목욕재계하며 늙어서도 제사를 주관하였으니 그 진퇴가 볼 만하였다. 자신의 생일에도 부모님 생각에 종신토록 술자리를 마련하지 않았다. 여러 아우들과 함께 살지 못한 것을 안타깝게 여겨 가르치고 보살핌에 각기 그 방도를 다하였다.

어린아이를 가르칠 적에는 한 번도 속이는 것을 보여주지 않았으며,[52] 여러 자식들을 의리로 다스리고 동복(童僕)을 은혜로운 마음으로 대하였다. 〈규훈(閨訓)〉 15조목을 만들고 상례와 제례의 여러 예법에

52 어린아이를……않았으며 : 《예기(禮記)》 〈곡례(曲禮)〉에 "어린 자식에게 항상 속이지 않음을 보여주며 설 때에는 반드시 바르게 하며 머리를 기울여 듣지 않는다.〔幼子常視毋誑, 立必正方, 不傾聽.〕"라고 하였다.

이르기까지 또한 뽑아 적어 언해(諺解)하여 집안사람들이 익히게 하니, 규문(閨門) 안이 조정처럼 엄숙하여 무당, 여승, 중매쟁이 같은 부류가 감히 얼씬거리지 못하였다. 친족들 가운데 도리에 어긋난 일을 저지르면 자신에게 돌이켜 반성하였고 성내고 미워하는 마음이 없었으니 끝내 모두 공에게 감복하였다.

허물어진 몇 칸의 집은 비바람도 가리지 못할 정도였고 종종 밥도 짓지 못하는 경우가 여러 날이었으나 태연하게 처신하며 한 번도 미간을 찌푸리지 않고 입으로 '빈(貧)' 글자를 말하지 않았다. 딸이 비단저고리를 지어 공에게 올리자 공이 말하기를,

"평소 어버이를 모시면서 가볍고 따뜻한 옷가지도 챙겨드리지 못했거늘 내 어찌 감히 스스로 편안할 수 있겠는가."

하고, 끝내 입으려 하지 않았다. 사양하고 받는 일은 오직 의리를 좇아 매우 작은 것이라도 남에게 취하지 않았고 남들 또한 감히 털끝만큼도 공에게 구하지 않았다. 한 수령이 관가의 곡식으로 구제하려고 했으나 공은 고사하고 받지 않았으니 그가 청렴하지 않음을 싫어했기 때문이었다.

평소에 똑 부러진 모난 행실과 과격한 논의를 좋아하지 않았으나, 시비와 선악의 구분과 같은 경우에 있어선 단칼로 두 동강 내어 확고하게 뺏을 수 없는 점이 있었다. 충담하고 화락하여 남들과 경쟁하지 않아 화순한 기운이 밖으로 흘러넘쳤기에 보는 이들은 비린(鄙吝)한 생각이 절로 사라졌다.[53] 이 때문에 현명하거나 어리석은 사람, 존귀하

53 화순한……사라졌다 : 황헌(黃憲)의 고사에서 나온 말이다. 후한(後漢) 때 황헌은 청수하고 총명하여 당시 사람들로부터 안자(顏子)에 비유되기까지 했는데, 같은

거나 비천한 사람들에게 모두 환심을 얻었다. 고을 사람들에게는 더욱 공경을 다하여 자신이 나이가 많고 덕도 높다는 것도 생각지 않았다. 한번은 도적이 횃불을 들고 집에 쳐들어왔는데 공은 편안히 앉은 채로 동요하지 않았다. 도적이 떠나자 자제들을 나무라기를,

"어찌 이리도 놀라고 두려워하느냐."

하였다.

남방의 풍속이 천연두를 몹시 기피하였다. 어떤 이와 손자의 혼사를 약조하였는데, 공이 그가 보낸 심부름꾼에게 말하기를,

"우리 손자가 아직 천연두를 앓지 않았는데, 그것을 모르셨소?"

하니, 혼사가 마침내 이루어지지 못했다. 이와 같은 몇 가지 일을 통해 그 나머지를 미루어 알 수 있다.

관찰사와 어사가 번갈아 상소를 올려 공을 추천하였는데, 공은 그 소식을 들을 때마다 두려워하며 망연자실하였다. 병이 위독해지자 자식들에게 말하기를,

"여러 아우들의 상례 때에 모두 후하게 염습(殮襲)하지 못했으니, 비록 재물이 있더라도 어찌 차마 나만 후하게 염습할 수 있겠느냐. 하물며 재물도 없는 경우에랴. 그저 수족(手足)의 형체만 염습하더라도[54] 괜찮을 것이다."

고을 사람인 진번(陳蕃)과 주거(周擧)는 항상 말하기를 "두어 달만 황생(黃生)을 보지 못하면 마음속에 비린(鄙吝)한 생각이 다시 싹터 버린다.〔時月之間不見黃生, 則鄙吝之萌, 復存乎心.〕"라고 하였다. 《後漢書 卷53 黃憲列傳》

54 그저……염습하더라도 : 공자(孔子)의 제자 자로(子路)가 일찍이 말하기를 "슬프다, 가난이여. 어버이가 살아계실 적에는 봉양할 수가 없고 돌아가신 뒤에는 예를 행할 수가 없도다."라고 하자, 공자가 말하기를 "콩죽을 먹고 물만 마실지라도 그 기쁨을

하였다.

무오년(1738, 영조14) 2월 16일에 세상을 떠나니 향년 69세였다. 원근의 인사들이 모두 탄식하며 말하기를,

"현인(賢人)이 세상을 떠났으니 이제 남방에는 사람이 없도다."

하였다. 4월 8일에 집의 오른쪽에 있는 선영 아래에 안장하였다.

부인 성산 이씨(星山李氏)는 남로(南老)의 딸이다. 아들은 제훈(齊勳), 홍훈(弘勳), 형훈(衡勳)이고 사위는 사인 양명호(梁命虎), 현명직(玄命直)이다. 계배(繼配) 광산 이씨(光山李氏)는 만휘(萬輝)의 딸이니, 병훈(炳勳)과 표훈(彪勳)은 이씨 소생이다. 제훈이 요절하여 그의 아들 종순(宗淳)이 공의 제사를 실제로 주관하였다.

《낙암유고(樂菴遺稿)》 약간 편이 집에 보관되어 있는데, 낙암(樂菴)은 고봉(高峰)의 옛 터로 공의 집 뒤에 있었다. 공이 늘 거기서 주위를 둘러보며 즐겼기 때문에 고을 사람들이 공을 '낙암'이라고 불렀던 것이지 공 자신이 지은 호가 아니었다.

나는 다행스럽게도 공과 동시대에 살았지만 한 번도 만난 적이 없었다. 상서 이병상(李秉常)이 이 고을로 좌천되었다가[55] 돌아왔을 때 내가 그에게 묻기를,

"그대는 기(奇) 아무개를 만나보았습니까?"

하니, 그가 대답하기를,

다해드리면 그것을 효도라 하는 것이요, 수족(首足)의 형체만 염습하여 반장할 때에 덧널이 없더라도 자기 형편에 맞게만 하면 그것을 예라 하는 것이다.〔啜菽飮水, 盡其歡, 斯謂之孝. 斂首足形, 還葬而無槨, 稱其財, 斯謂之禮.〕"라고 하였다. 《禮記 檀弓下》

55 이병상(李秉常)이……좌천되었다가 : 이병상(李秉常)이 계속해서 내직을 사양하자 1733년(영조9)에 그를 외직인 광주 목사(光州牧使)에 보임시켰다.

"만나보지 못했습니다."

하였다. 그래서 내가 말하기를,

"기 아무개와 같은 현인을 가서 만나지 않았으니, 재상이 스스로를 낮춰 현인을 공경하는 의리를 이제 다시는 볼 수 없군요."

하니, 이병상이 부끄러워하며 사죄하였다. 십 수 년 이래로 공의 명성이 더욱 높아져 남방에서 온 자들은 공을 알든 모르든 모두 말하기를,

"독실하게 실천하는 군자이다."

하였다.

나는 고을 사람들이 모두 좋아하는 자를 공자께서 "아직 안 된다."라고 말한 것[56]은 어째서인지 혼자서 괴이하게 여겼다. 그러다가 공의 사적과 행실을 얻어서 천천히 살펴보니, 공이 이렇게 인정을 받은 것은 다만 하나의 겸(謙) 때문이었다. 겸은 매우 성대한 덕성으로 천지와 귀신도 모두 좋아하니 하물며 사람은 어떠하겠는가. 이른바 겸이라는 것은 음성이나 웃는 모습[57]을 말하는 것이 아니다. 터럭만큼의 사욕과 거짓이라도 마음속에 섞여 있으면 필시 이처럼 깊이 남을 감동시키지

56 고을……것 : 《논어》 〈자로(子路)〉에 나오는 내용이다. 자공(子貢)이 "고을 사람들이 모두 좋아하면 어떻습니까?"라고 묻자, 공자께서 "아직 안 된다.〔未可也〕"라고 대답하였다. "지방 사람들이 모두 미워하면 어떻습니까?"라고 묻자, 공자께서 "아직 안 된다. 고을 사람 가운데 선한 자가 좋아하고, 선하지 못한 자가 미워하는 것만 못하다."라고 대답하였다.

57 음성이나 웃는 모습 : 《맹자》 〈이루 상(離婁上)〉에 "공손한 자는 남을 업신여기지 않고, 검소한 자는 남의 것을 빼앗지 않는다. 남을 업신여기고 빼앗는 군주는 남들이 자신의 뜻에 순종하지 않을까 두려워 하니, 어찌 공손하고 검소할 수 있겠는가. 공손함과 검소함을 어찌 음성이나 웃는 모습으로 꾸며서 할 수 있겠는가."라고 한 데서 나온 말이다.

못한다. 그러나 공의 아름다운 자질과 깊은 수양으로 그 분수와 역량을 확충하여 위대한 업적을 다하지 못했으니, 이것이 내가 몹시 안타까워하는 점이다. 일찍이 당인불양(當仁不讓)[58]의 의리를 삼가 공에게 질정하고 싶었으나, 아 이제는 그럴 수가 없구나!

홍훈(弘勳)이 내게 와서 행장(行狀)을 부탁하였는데, 나는 우매하여 어찌 공을 제대로 알겠는가마는 삼가 손재(遜齋)의 문인 민사하(閔師夏)가 쓴 기록을 가지고 위와 같이 차례대로 서술한다. 또 감히 다음과 같이 총론한다.

"공과 같은 이는 옛 글에 이른바 콩죽을 먹고 물을 마시면서도 그 기쁨을 다하는 자[59]요, 빈천(貧賤) 때문에 불안해하지 않고 부귀(富貴) 때문에 안절부절 하지 않는 자[60]요, 자신의 무능함을 병으로 여기고 남이 자신을 알아주지 못함을 병으로 여기지 않는 자[61]일 것이니 후세의 입언군자(立言君子)을 기다리고자 한다."

58 당인불양(當仁不讓) : 인(仁)을 행함에 있어서는 그 누구에게도 양보하지 않는다는 뜻이다. 《논어》〈위령공(衛靈公)〉에 "인(仁)을 당하여서는 스승에게도 사양하지 않는다.〔當仁, 不讓於師.〕"라고 하였다.

59 콩죽을……자 : 424쪽 주54 참조.

60 빈천(貧賤)……자 : 《예기(禮記)》〈유행(儒行)〉에 "선비는 빈천 때문에 불안해하지 않고 부귀 때문에 안절부절 하지 않는다.〔儒有不隕穫於貧賤, 不充詘於富貴.〕"라고 하였다.

61 자신의……자 : 《논어》〈위령공(衛靈公)〉에 "군자는 자기의 무능함을 병으로 여기고 남이 자신을 알아주지 못함을 병으로 여기지 않는다.〔君子病無能焉, 不病人之不已知也.〕"라고 하였다.

통덕랑 윤공 행장[62]

通德郎尹公行狀

공은 성이 윤씨(尹氏)이고 휘가 명상(明相)이고 자가 자직(子直)이고 파평(坡平) 사람이니, 고려 시중 문숙공(文肅公) 관(瓘)의 후손이다. 본조(本朝)에 휘 곤(坤)이 있으니 좌명공신으로 파평군(坡平君)에 봉해졌다. 6대가 내려와 참판 휘 인함(仁涵)이 있으니 명종(明宗)과 선조(宣祖) 연간에 훌륭한 명망이 있었다. 이분이 처사 휘 홍유(弘裕)를 낳았으니 덕을 숨기고 출사하지 않았으며, 또 이분이 휘 유익(惟益)을 낳았으니 병자호란 이후로 과거공부를 그만두고 자숙하였으며, 또 이분이 휘 정경(挺卿)을 낳았으니 군수를 지내고 맑은 지조가 있었는데 이분들이 바로 공의 4대이다. 모친 숙인 양주 최씨(楊州崔氏)는 정랑 석우(錫祐)의 딸이다.

공은 숭정(崇禎) 후 임자년(1672, 현종13) 윤7월 경자일에 태어났다. 골격이 맑고 고결하여 관상가가 공을 보고 말하기를,

"필시 올바른 사람이 될 것이다."

하였다. 4세 때 최부인(崔夫人)이 세상을 떠나자 종모(從母)의 집에 의탁하여 길러졌는데 어린나이인데도 성인처럼 의젓하였다. 또래들이 함께 축국(蹴踘) 놀이를 하자고 권하면, 공이 정색하고 말하기를,

"선비의 몸가짐은 단정함을 귀하게 여기는데 어찌 잡스런 놀이를 하겠는가."

62 통덕랑 윤공 행장 : 저자가 윤명상(尹明相, 1672~1716)을 위해 쓴 행장이다.

하였다.

독서할 줄 알고부터는 부지런하고 독실하게 공부하여 일취월장하였다. 하루는 군수공(郡守公)이 노하여 매질하려고 하여 회초리를 꺾어서 오게 하자, 공이 앵두나무 가지를 가져다 불에 그슬어서 올렸다. 군수공이 그 이유를 물으니, 공이 대답하기를,

"날이 추워서 가지가 얼어있으니, 그 냉기가 몸에 닿을까 걱정되었습니다."

하였다. 군수공이 공의 등을 어루만지며 말하기를,

"이 아이는 천생 효자이다."

하였다. 10세 이후로 능히 과장(科場)을 출입하였는데 시의 풍격이 아정하고 굳세어 남들이 기동(奇童)이라 지목하였다.

기사년(1689, 숙종15)에 인현왕후(仁顯王后)가 폐위되자 공은 제생들과 함께 대궐 앞에서 울부짖었다. 이때부터 출사할 생각이 없어져 과거공부를 위한 글들을 모두 묶어서 보관해두고, 학문에 전심하였는데 《소학(小學)》 한 책과 《삼선생유서(三先生遺書)》[63]를 손수 써서 탐구하고 완미하였다. 일찍이 말하기를,

"성현의 글을 읽는 자는 반드시 구절마다 몸소 실행해야 한다. 자신의 평소 행실과 비교하고 검증하여 반드시 하나하나 성현의 가르침에 어긋남이 없는 이후에야 성현의 글을 입으로만 읽는 병통에서

63 삼선생유서(三先生遺書) : 박세채(朴世采)가 이황(李滉)의 《성학십도(聖學十圖)》, 성혼(成渾)의 《위학지방(爲學之方)》, 이이(李珥)의 《격몽요결(擊蒙要訣)》을 합하여 3권 1책으로 편집하였는데, 심수량(沈壽亮)이 1685년(숙종11)에 안변 부사(安邊府使)로 재직하면서 목판(木板)으로 간행한 책이다.

벗어날 수 있다."

하고, 힘써 실행하는 데 더욱 마음을 쏟았다.

평소에 말과 웃음이 구차하지 않았고 걸음걸이에 법도가 있었다. 하루는 현석(玄石) 박공(朴公 박세채(朴世采))의 집에 문후(問候)하러 갔는데, 박공이 공을 보고 기특하게 여기며 말하기를,

"나이는 어리지만 뜻이 장대하고 학문의 독실함이 또 이와 같으니 훗날의 성취를 가늠할 수가 없구나."

하였다. 이후로 공의 이웃 사람이 그의 집에 방문하면, 박공이 그때마다 묻기를,

"윤(尹) 아무개가 사는 곳과 가까운가? 이 사람은 유익한 벗이다."

하였다.

갑술년(1694, 숙종20)에 중전이 복위되자 공은 다시 부친의 명으로 과거에 응시하였는데, 글을 지음에 붓을 잡으면 즉석에서 써내려갔다. 고고한 것을 좋아하여 시속의 글과는 부합하지 않았기에 왕왕 초시에 합격하였으나 끝내 과거에 급제하지 못하여 남들이 모두 안타깝게 여겼다.

공은 지극한 효성으로 부모님을 섬겼으니 종일토록 곁에서 모시며 잠시라도 그 곁을 떠난 적이 없었고 부모님의 심부름을 남에게 대신시키지 않았다. 부친이 병을 앓으면 그때마다 먹고 자는 것을 폐하고 근심하는 마음이 겉으로 드러났다. 부친이 물러가라고 명하면 또한 차마 대번에 물러나지 않고 문밖에 한데 앉아 깊이 잠이 드신 이후에야 물러났는데, 그래도 옷을 벗지 않고 문밖에서 빈번히 살피다가 새벽이 되어서야 그만두었다.

계모 한씨(韓氏)의 상을 만나자 예법에 지나치게 슬퍼하여 몸을 상

하였는데, 군수공이 공의 정성을 가련하게 여겨 또한 차마 그 뜻을 빼앗지 못하였다. 제전(祭奠)에 올리는 제수는 반드시 몸소 마련하였는데, 집안 사람이 만류하기라도 하면 공이 말하기를,

"자식으로서 상례와 제례에 정성을 다하지 않는다면 어디에 그 정성을 쏟겠는가."

하였다. 군수공을 봉양함에 지극히 하지 않음이 없었으니, 온전한 옷 한 벌 걸치지 않고 모친에게 맛난 음식을 극진히 올린 왕연(王延)[64]이라도 이보다 더할 수는 없을 것이다.

모친상을 당하였을 때 3세의 어린 아우가 공의 어린 자식과 동갑이었다. 공이 눈물을 흘리며 부인에게 등유(鄧攸)가 조카에게 한 것[65]처럼 기르자고 하니 듣는 이들이 감격하였는데, 공의 어린 자식이 5세의 나이로 요절하였으니 천도(天道)는 과연 무지하구나! 이때부터 그 어린 아우를 보살피며 더욱 부지런히 정성을 다하였다. 추위와 더위, 굶주림과 배부름을 공이 반드시 미리 챙기고 잠잘 때는 한 이불을 덮고

64 온전한……왕연(王延) : 진(晉)나라 때의 왕연(王延)은 집이 매우 가난하여 품팔이로 모친을 모셨는데, 여름철이면 모친의 침석에 부채질을 해서 시원하게 하고, 겨울철이면 모친의 이불 속에 자신이 먼저 들어가 자신의 체온으로 이불을 따뜻하게 해드렸다. 그리고 아무리 추운 겨울이라도 자신에게는 온전한 옷 한 벌이 없었지만 모친에게는 좋은 옷과 맛난 음식을 항상 올려드렸다. 《晉書 卷88 王延列傳》

65 등유(鄧攸)가……것 : 진(晉)나라 때 등유(鄧攸)가 석륵(石勒)의 병란(兵亂)을 당하여 어린 아들과 죽은 아우의 소생인 어린 조카를 데리고 피난하였다. 그는 도중에 두 아이를 다 온전히 데려가지 못할까 염려한 나머지 마침내 자기 아들을 버리고 조카만 보호하여 데려갔는데, 이후로 끝내 자식을 두지 못하였다. 당시 사람들이 그를 의롭게 여겨 슬퍼하여 말하기를 "천도(天道)가 무지하여 등백도(鄧伯道)로 하여금 자식이 없게 하였구나.〔天道無知, 使伯道無兒.〕"라고 하였다. 《晉書 卷90 鄧攸列傳》

먹을 때는 같은 상에서 먹었으며, 아우가 장성하자 화락하게 지내는 것을 즐거움으로 삼았다.

매일 새벽이면 가묘(家廟)를 배알하였다. 하루는 세찬 바람에 춥고 눈까지 내렸는데, 이웃의 무인(武人)이 혼잣말로 말하기를,

"오늘도 윤 아무개가 새벽에 가묘를 배알했을까?"

하고 일찍 일어나 살펴보니, 공은 이미 섬돌 위의 눈을 쓸고 있어 감탄해 마지않았다.

신묘년(1711, 숙종37) 군수공이 세상을 떠날 적에 공이 손가락을 베어 피를 올려드렸으며 상제(喪制)를 집행함이 매우 확실하였다. 소기(小期) 이전에는 국과 간장조차 먹지 않아 몸이 야위고 상하였으며 기력이 고갈되었는데도 자력으로 곡하고 전을 올리는 일을 한 번도 그만둔 적이 없었다. 공이 부친을 위해 손가락을 베었을 적에 밤새도록 흘린 피가 거의 몇 되나 되었고 애통하여 가슴을 치며 어쩔 줄 몰랐는데 남들은 또한 그 사실을 알지 못했다. 이 때문에 팔이 굽고 종기가 생겼다. 근근이 3년을 보내고서 몸져누워 일어나지 못했는데도 손님을 대하거나 책을 볼 때면 정신과 기운이 편안하여 보는 이들이 공이 위독한지 알지 못하였다.

병신년(1716, 숙종42) 6월 15일에 세상을 떠나니 향년 45세였다. 죽음을 앞두고 종이와 붓을 구하여 글로 써서 그 아우에게 부탁하기를, 군수공의 상례 때 화려한 널을 마련하지 못했으니 자신은 반드시 검소하게 염습(斂襲)하고 검소하게 장사지내라고 하였다. 9월에 동쪽 성곽 보동곡(甫同谷) 유좌(酉坐)의 언덕에 안장하였다. 이후에 조정에서 효자지문(孝子之門)으로 정려(旌閭)하라는 명이 내려졌다.

공은 천성이 매우 고결하였으며 몸은 깡마르고 골격은 꼿꼿하여 세

속의 기운이 한 점도 없었다. 평소 기개와 절조를 숭상하여 언론이 격앙되었는데, 매번 노중련(魯仲連)의 사람됨[66]을 찬탄하며 위로 천고(千古)의 인물과 벗하는 뜻이 있었다. 일찍이 《주역(周易)》을 읽다가 곤괘(坤卦)의 육이(六二)에 "곧고 방정하고 위대하니 이롭지 않음이 없다.〔直方大, 无不利〕"[67]라는 구절에 이르러 깨달은 듯 기뻐하며 말하기를,

"군자의 수신(修身)은 이 '직(直)' 한 글자보다 나은 것이 없다."

하였다.

남의 선행을 들으면 기쁜 기색이 완연하였고, 어떤 이가 남의 악행을 말하면 그때마다 입을 벌리고 웃으며 말하기를,

"경솔하게 말하지 마십시오. 어찌 이런 일이 있겠습니까."

하였으니, 그런 얘기를 꺼렸을 뿐만 아니라 실제 믿지도 않아서였다. 《중용》과 《대학》 두 책에 더욱 힘을 기울였고, 남들이 이해하기 어려운 〈태극도(太極圖)〉, 《황극경세서(皇極經世書)》, 《율려신서(律呂新書)》, 《역학계몽(易學啓蒙)》등의 여러 도서(圖書)에 대해 그 심오함을 모두 통달하였으며, 기타 병가(兵家)나 성력(星曆)의 부류도 한 번만 보면 환히 알았으나 일찍이 자랑하지 않고 모르는 것처럼 하였다.

66 노중련(魯仲連)이 사람됨 : 노중련(魯仲連)은 전국시대 제(齊)나라의 고사(高士)로 높은 기개가 있었다. 일찍이 조(趙)나라에 갔다가 진(秦)나라가 조나라를 포위하자, 위사(魏使) 신원연(新垣衍)이 함께 진나라를 황제로 섬기자고 청하였는데, 노중련이 "만일 진(秦)나라를 황제로 추대한다면 나는 동해에 빠져 죽으리라."라고 말하였다. 평생 출사하지 않고 바닷가에 은거하다가 생을 마쳤다. 《史記 卷83 魯仲連列傳》

67 육이(六二)에……없다 : 《주역(周易)》 〈곤괘(坤卦) 육이(六二)〉에 "곧고 방정하고 위대하니, 익히지 않아도 이롭지 않음이 없다.〔直方大, 不習, 无不利〕"라고 하였다.

공의 뜻과 사업이 비록 드러나지 않았으나 그 신의(信義)는 이웃 고을까지 미더웠기에 공을 모르는 이도 공의 집을 가리키며 말하기를,

"이 안에 효자가 살고 있다."

하였으며, 공이 세상을 떠나자 모두 탄식하며 말하기를,

"효자가 세상을 떠났다."

하였으니, 인심(人心)의 지극한 공정함을 확인할 수 있다.

초배(初配) 완산 이씨(完山李氏)는 첨지 재(栽)의 딸이고, 계배(繼配) 순흥 안씨(順興安氏)는 환(瓛)의 딸인데 자식이 없어 아우 명시(明蓍)의 아들 봉문(鳳文)을 후사로 삼았다. 나는 평소 공의 뜻과 행실에 감복하였기에 그 대체를 대략 기록하여 입언군자(立言君子)의 선택을 기다리노라.

큰고모 정경부인 이씨 행장[68]

伯姑貞敬夫人李氏行狀

부인은 우리 조부 의정부 우의정부군 휘 숙(翻)의 장녀이다. 우리 이씨(李氏)는 우봉(牛峰)에서 나왔으니, 시조는 고려 시중 삼주백(三州伯) 공정(公靖)이고, 본조(本朝)의 관찰사 휘 길배(吉培), 판서 휘 승건(承健), 부제학 휘 지신(之信)이 가장 명성이 있었다. 부제학공이 휘 할(劼)을 낳았는데 좌찬성에 추증되었다. 이분이 휘 유겸(有謙)을 낳았는데 참의를 지내고 영의정에 추증되었으니 의정부군의 부친이다. 2대가 유학(儒學)과 덕업(德業)으로 세상에 크게 현달하였다. 의정부군의 부인 나주 박씨(羅州朴氏)는 첨지중추부사를 지내고 이조판서에 추증된 휘 호(濠)의 딸이자 관찰사 휘 동열(東說)의 손녀이다. 엄정하고 정순하였으며 부녀자의 덕을 순수히 갖추었다.

부인은 숭정(崇禎) 계미년(1643, 인조21) 5월 20일에 부안(扶安)의 유천(柳川)에 있는 의정부군의 우사(寓舍)에서 태어났다. 16세의 나이에 담포(淡圃) 홍공(洪公 홍수헌(洪受瀗))에게 시집갔는데, 홍씨(洪氏) 집안은 우리나라의 명문 가문이니 가계(家系), 명성과 덕업은 원래의 행장(行狀)에 기록되어 있다.

부인은 어려서 외가에서 자랐는데 외조모 윤 부인(尹夫人)이 매우 사랑하였으며, 외조부 판서공은 성품이 엄격하여 자손들이 모두 두려

68 큰고모……행장 : 지은이가 자신의 큰고모 우봉 이씨(牛峯李氏, 1643~1716)를 위해 쓴 행장이다.

워하며 감히 올려다보지도 못했는데 부인만이 뜻을 어김이 없이 곁에서 받들었다. 윤 부인이 세상을 떠나자 판서공이 부인을 머물게 하여 집안의 일을 주관하도록 하였다. 의정부군이 어린 딸을 가엾게 여겨 여러 번 본가로 돌아오기를 부탁했으나 뜻대로 되지 않았다. 부인이 상사(喪事)를 다스려 안으로 노친을 모시고 밖으로 손님을 접대함에 있어 한결같이 윤 부인이 살아계셨을 때처럼 하였다. 시집가서는 시부모님을 효성으로 섬기니, 시부모님이 칭찬하기를,

"참으로 훌륭한 집안의 자식이구나."

하였다. 생신 때마다 물심양면으로 봉양을 지극히 하니, 시아버지가 기뻐하며 말하기를,

"이것은 우리 효성스런 며느리의 솜씨를 거친 것이니 내 어찌 배부르지 않겠는가."

하였다.

또 동서 간에 잘 처신하여, 성격이 각기 달랐으나 한결같이 온화하고 공손하게 대우하니 모두들 기뻐하며 감복하였다. 시어머니가 감탄하며 말하기를,

"우리 며느리가 우리 집에 들어온 지 오래되었지만, 삼가고 부지런함이 처음과 같으니 나는 며느리의 허물을 아직 보지 못하였다."

하였다.

담포공(淡圃公)이 임술년(1682, 숙종8)에 과거에 급제하고 갑술년(1694, 숙종20)에 통정대부에 오르고 경진년(1700, 숙종26)에 가선대부에 오르자, 부인은 누차 숙부인(淑夫人)과 정부인(貞夫人)에 봉해졌다. 계미년(1703, 숙종29)에 담포공이 이조 판서에서 판의금부사에 발탁되어 부인이 또 정경부인(貞敬夫人)에 오르자, 근심하며 말하기를

"이는 우리 시어머니와 우리 모친도 미처 받지 못한 봉작(封爵)인데, 복도 없고 덕도 미천한 내가 어찌 감당하겠는가."

하였다.

신묘년(1711, 숙종37)에 담포공의 병이 위독해지자 부인은 임종을 지키며 영결하고자 하였는데, 공이 실눈으로 바라보며 말하기를,

"이때에 부인이 어찌 들어올 수 있단 말이요"

하였다. 부인이 눈물을 흘리며 나와서 말하기를,

"지아비의 바르게 생을 마치는 의리를 내가 감히 어길 수 없다."

하였다. 상을 치르게 되자 아침저녁으로 올리는 제수는 반드시 직접 마련하여 노쇠하였다고 해서 조금도 게을리 하지 않았다. 병신년(1716, 숙종42) 1월 13일에 장남 우제(禹齊)의 제천(堤川) 치소에서 세상을 떠나니 향년 74세였다. 이해 3월에 담포공의 묘에 합장하였다.

부인은 남달리 총명하여 어릴 적에 《내훈(內訓)》과 《소학(小學)》 책을 의정부군에게 배웠는데 한번 입으로 읽기만 하면 잊지 않았다. 장성해서는 서사(書史)를 좋아하여 고금에 대략 통달하였는데, 일찍이 말하기를,

"내가 남자로 태어났다면 어찌 만 권의 서적을 독파하지 못했겠는가."

하였다.

담포공의 집안이 내내도 청빈한지라 부인이 손수 길쌈을 하여 생계를 꾸려갔는데, 재물이 남으면 비축해두어 그 여분을 가지고 집을 지었다. 담포공은 평소 담박하여 살림살이를 신경 쓰지 않았는데, 부인이 공의 뜻을 잘 받들어 한 번도 가산의 형편을 말하지 않았다. 만년에 관직이 현달하여 봉록이 넉넉해졌는데도 부인은 자제하고 두려워하는 마음을 깊이 간직하여 한결같이 절약하는 데 뜻을 두었기에 의복과

음식을 공의 포의 시절처럼 하였다. 심한 병이 아니면 잠시라도 편안히 지내는 것을 싫어하여 늙어서도 침선이나 길쌈 등의 일에 부지런하였다.

한번은 방물장수가 보물을 가지고와서 팔려고 하였는데, 집안 사람들이 너도나도 가져가서 살펴보았다. 부인이 말하기를,

"이것은 나의 분수가 아니니 살펴본들 무엇 하겠는가."

하고 끝내 손대지 않았다. 의정부군의 형제들이 번갈아 이조와 병조의 판서가 되고 사는 곳도 가까웠는데, 부인은 사적으로 조금도 요구하지 않았다. 담포공이 내외직을 두루 맡을 적에 부인은 그때마다 곳간의 자물쇠를 엄히 단속하고 사양하고 받는 일에 신중하였다. 송경(松京)은 옛날 고려의 도읍인지라 풍속이 장사치가 많고 물자가 마구 모여들었는데,[69] 계집종이 시장을 드나들며 물건을 사고팔지 못하도록 통렬히 금하였으며, 또 장인을 시켜 기완(器玩)을 제작하지 않았다. 담포공이 전의서(典醫署), 사역원(司譯院), 평시서(平市署) 세 관서를 관장한 것이 거의 십 년인데 청탁이 한 번도 부인의 앞에 이르지 않았다. 담포공의 청렴한 덕성이 세상을 압도한 것에 부인의 도움이 많았다고 한다.

담포공의 집에서 조묘(祧廟)를 받들었고 또 종손이 가난하고 어린지라 돌아가신 부모님을 위해 제사 준비를 갖추었다. 부인이 손수 제수를 마련함에 정성을 다해 정갈하게 하였고, 기일(忌日) 때마다 눈물을 흘리며 그리워하였다. 우리 선친이 일찍 세상을 떠났는데 부인은 선친

69 송경(松京)은……모여들었는데 : 1700년(숙종26)에 홍수헌(洪受瀗)은 개성 유수(開城留守)로 부임하였다.

을 언급할 때면 서글퍼하였다. 판서공(判書公 이만성(李晩成))과 관찰공(觀察公 이만견(李晩堅)) 두 숙부와는 서로 지극히 사랑하여 하루라도 보지 못하면 허전하여 즐거워하지 않았는데, 죽음을 앞두었을 때 다른 말은 하지 않고,

"우리 동생들을 보지 못한 게 안타까울 뿐이다."

라고만 하였으니, 그 효성과 우애의 독실함이 이와 같았다.

담포공의 조카 우서(禹瑞)가 한번은 수원 부사(水原府使)가 된 외숙을 위해 부인에게 옥정자(玉頂子)를 구하였다. 옥정자는 홍씨 집안의 옛 물건이었는데, 담포공이 그때 유배 중[70]이었다. 부인이 정색하며 말하기를,

"내가 듣건대 그대의 외숙은 국모(國母)를 해친 흉도이거늘[71] 어찌 차마 선대부께서 사용한 유물을 줄 수 있겠느냐."

하였다.

임오년(1702, 숙종28)에 우서(禹瑞)와 재(縡)는 같은 날 급제하였다. 부인은 재(縡)의 소식을 듣고 기뻐하며 말하기를,

"이는 우리 동생이 누리지 못한 데에 대한 보답이다."

하였고, 우서의 소식이 도착하자 더욱 기뻐하며 말하기를,

"우리 집안에는 그래도 두 명의 동생이 있지만, 홍씨의 가문에 이 사람이 없으면 거의 삭막해질 것이다."

70 담포공이 그때 유배 중 : 홍수헌(洪受瀗)은 기사환국 때 무안(務安)으로 유배되었다

71 그대의……흉도이거늘 : 홍우서(洪禹瑞)의 외숙인 조위수(趙渭叟)가 수원 부사를 역임한 바 있으나, 인현왕후와 관련된 그의 사적은 미상이다.

하였으니, 대체를 아는 것이 또 이와 같았다.

내가 어려서부터 아침저녁으로 곁에 있으면서 삼가 살펴보니, 부인과 담포공은 손님처럼 공경히 서로 대하였고 여러 자녀들이 앞에 가득하여 화락한 기운이 성대하였다. 부인은 천성이 단정하고 정숙하여 유순하면서도 법도가 있고 강직하면서도 은혜로웠다. 윗사람을 섬길 적에는 삼가고 공경하였으며 아랫사람을 다스릴 적에는 자애롭고 엄격하였다. 지위가 높아질수록 더욱 겸손하였고 녹봉이 많아질수록 더욱 검약하였다. 명령이 규문(閨門) 밖으로 나가지 않고 은택이 종당(宗黨)에 두루 미쳤다. 이러하니 하늘이 장수하고 덕이 있게 하며 치성하고 번창하게 하여[72] 자손들을 보존한 것이 마땅하도다! 《시경(詩經)》에서 "그 집안을 화순하게 하리라.〔宜其家室〕"[73]라고 하였고, 또 "온갖 복록(福祿)을 받도다.〔百祿是荷〕"[74]라고 하였으니, 부인이 그러하다. 감히 덕행(德行)의 대체를 가려서 모아 입언군자(立言君子)에게 알리노라. 조카 재(縡)가 삼가 쓰다.

72 하늘이……하여 : 《시경》 〈비궁(閟宮)〉에 "너로 하여금 치성하고 번창하게 하며 너로 하여금 장수하고 덕이 있게 하노라.〔俾爾熾而昌, 俾爾壽而臧.〕"라고 하였다.

73 그……하리라 : 《시경》 〈주남(周南) 도요(桃夭)〉에 "복숭아꽃이 예쁘고 예쁨이여, 그 잎이 무성하구나. 이 아가씨의 시집감이여, 그 집안을 화순하게 하리라.〔桃之夭夭, 有蕡其實. 之子于歸, 宜其家室.〕"라고 하였다.

74 온갖 복록(福祿)을 받도다 : 《시경》 〈상송(商頌) 현조(玄鳥)〉에 "은(殷)나라가 명(命)을 받음이 모두 마땅한지라 온갖 복록(福祿)을 받도다.〔殷受命咸宜, 百祿是荷.〕"라고 하였다.

큰외숙모 정경부인 연안 이씨 행장[75]

伯舅母貞敬夫人延安李氏行狀

정경부인(貞敬夫人) 연안 이씨(延安李氏)는 우리 큰외숙 좌참찬 충문공(忠文公) 휘 민진후(閔鎭厚)의 계배(繼配)이니, 밀양부원군(驪陽府院君) 문정공(文貞公) 휘 유중(維重)의 큰며느리이다. 문정공은 모두 세 번 장가들었는데 문충공은 은성 부부인(恩城府夫人) 송씨(宋氏) 소생이다. 저헌(樗軒) 문강공(文康公) 휘 석형(石亨)이 부인의 9대조이고, 조부 휘 천기(天基)는 관찰사를 지냈으며, 부친 휘 덕로(德老)는 현감을 지냈는데 출계하여 족부(族父) 찰방 휘 경(憬)의 후사가 되었다. 찰방의 부친 죽창(竹窓) 충목공(忠穆公) 휘 시직(時稷)은 정축년(1637, 인조15)에 강도(江都)에서 순절하였다. 현감공(縣監公)의 부인은 풍양 조씨(豐壤趙氏)이니 그 부친은 현감 옥(沃)이다.

부인은 현종 갑진년(1664, 현종5) 4월 25일에 회덕(懷德)의 소제촌(蘇堤村)에서 태어났다. 조모 송부인(宋夫人)은 우암 선생(尤菴先生 송시열)의 누이고, 은성부인(恩城夫人)은 동춘 선생(同春先生 송준길)의 딸인데, 동춘 선생과 우암 선생이 내외종 관계라 은성부인이 이따금 본가로 와서 서로 왕래하였나. 부인이 겨우 7, 8세가 되었을 때 송부인의 곁에 있었는데 영민하고 조숙하며 용모가 순걸하여, 은성부인이 보고서 몹시 사랑하여 향낭(香囊)을 풀어 부인에게 매어주면서

75 큰외숙모……행장 : 저자가 자신의 큰외숙모 연안 이씨(延安李氏, 1664~1733)를 위해 쓴 행장이다.

말하기를,

"훗날에 너는 나를 잊지 않도록 하여라."

하였다. 부인은 19세에 충문공에게 시집왔는데 그때는 은성부인이 세상을 떠난 뒤였다. 부인은 은성부인을 언급할 때마다 오열하며 말하기를,

"나는 시어머니를 생전에 섬기지 못했다고 생각하지 않는다."

하였다.

이보다 1년 전에 인현왕후(仁顯王后)가 중전의 자리에 올랐으니 경신환국(庚申換局) 이후 문정공(文貞公) 형제가 함께 국정을 담당하여 가문이 매우 성대한 데다 또 왕실의 인척이 된 것이다. 부인은 시골에서 생장하고 복식이 또 매우 소박했지만, 처신함에 부끄러워하거나 두려워하지 않았다. 겸손함을 지키고 행동이 법도가 있었으며 사리에 통달하여 어떤 일이든 막힘이 없으니, 집안사람들이 모두 감탄하고 기특하게 여겼다. 문정공의 형 문충공(文忠公 민정중(閔鼎重))은 성품이 엄격하여 남을 인정하는 경우가 드물었는데 유독 부인만은 매우 어질게 여겼다. 예전에 문충공이 연경(燕京)으로 사행을 갔을 때 사람을 시켜 충문공을 위해 운수를 보니, "응당 어진 아내를 맞이할 것이다." 하였다. 그래서 부인이 시집왔을 때 문충공이 감탄하며 말하기를,

"점쟁이의 말이 징험되었구나."

하였다. 4년 뒤에 충문공이 급제하였고 그 이듬해에 문정공이 세상을 떠났다.

기사년(1689, 숙종15)에 인현왕후가 사제(私第)로 물러나자,[76] 충

76 기사년에……물러나자 : 숙종의 계비(繼妃) 인현왕후 민씨(閔氏)가 폐위된 사건

문공 형제는 처음에 옥에 갇혔다가 풀려난[77] 뒤에 가족을 모두 데리고 성 밖으로 나갔다. 당시 환난을 당하여 집안 형편이 더욱 어려워 거친 밥도 잇기 어려웠지만, 부인은 한 번도 근심하는 기색을 드러내지 않고 날마다 길쌈으로 생계를 꾸려 위로는 폐위된 인현왕후를 봉양하고 아래로는 제사와 손님을 위해 음식을 장만하는 일에 모두 심력을 다하되 문충공이 가산의 형편에 대해 알지 못하게 하였다.

부인이 일찍이 병을 앓아 위독하였는데 인현왕후가 충문공에게 편지를 보내 말하기를,

"나의 기구한 운명 때문에 믿고 의지하는 어진 언니로 하여금 장차 수명을 재촉하게 만들었으니, 이것이 나의 통한입니다."

하였다. 충문공이 대답하기를,

"이 사람은 끝내는 필시 존귀함과 영예를 한 번 누릴 것이니, 심려치 마십시오."

하였는데, 얼마 뒤에 과연 병이 나았다.

갑술년(1694, 숙종20)에 성상께서 화란을 후회하여 중전이 복위되자 충문공이 비로소 옛 집으로 돌아왔다. 집안에 다른 식구가 늘 네댓

늘 말한다. 1688년(숙종14) 숙원(淑媛) 장씨(張氏)가 뒷날 경종(景宗)이 된 왕자 윤(昀)을 낳았는데, 1689년 2월 송시열(宋時烈) 등 노론(老論)이 윤을 원자(元子)로 봉하는 데 반대하면서 숙종과 대립한 결과, 기사환국(己巳換局)으로 남인(南人)이 다시 집권하면서 장씨는 희빈(禧嬪)이 되었고, 민씨는 그해 5월 남인들의 주장으로 폐위되었다.

77 충문공……풀려난 : 인현왕후의 폐위를 강력히 반대한 박태보(朴泰輔)의 상소가 민진후(閔鎭厚)와 민진원(閔鎭遠)에게서 나온 것으로 의심받아 하옥되었다가, 1689년(숙종15) 5월 9일에 방면되었다.

집이었는데 집마다 형편이 다르고 성향도 제각각이었다. 그러나 부인은 성색(聲色)을 드러내지 않고 지성으로 조화시키니 시간이 오래 지나자 모두 감복하고 끝내 이간하는 말이 없었다.

병자년(1696, 숙종22)에 충문공이 통정대부에 올라 호조 참의가 되자 부인도 따라서 숙부인(淑夫人)에 봉해지고, 그 이듬해 충청도 관찰사(忠淸道觀察使)가 되자 정부인(貞夫人)에 가봉(加封)되고, 또 9년 뒤에 판의금부사가 되자 또 정경부인(貞敬夫人)에 가봉되었다.

인현왕후가 편찮을 때 부인이 명을 받들어 종종 궁궐에 들었는데, 공손한 마음으로 조심하기를 조금도 게을리 하지 않았다. 인형왕후가 일찍이 말하기를,

"나는 모든 일에서 우리 언니를 본받고 싶었으나 그러지 못했다."

라고 하였고, 환후가 위독해지자 돌아보며 말하기를,

"우리 언니의 은혜를 이제 갚을 수 없게 되었다."

하였다.

충문공은 몸가짐이 청렴하고 엄격하였으며 부인 또한 옳고 그른 일에 분명하고 사양하고 받는 일에 엄격하였다. 비록 문생(門生)이나 옛날의 아전들이라도 감히 연줄을 대어 사사로이 청탁할 생각을 하지 않아 집안이 엄숙하였기에, 비록 다른 당파에서 공격하던 자들도 끝내 털끝만큼도 지적하지 못했으니, 이는 부인의 도움이 실제 많았던 것이다.

경자년(1720, 숙종46)에 충문공이 세상을 떠나고 이듬해 화란이 크게 일어나자[78] 부인은 여러 아들과 함께 여주(驪州)의 선영 아래로 돌

78 화란이 크게 일어나자 : 1721년(경종1)부터 1722년(경종2)에 걸쳐 일어난 신임옥

아갔다. 병오년(1726, 영조2)에 잠시 도성에 들어갔다가 정미년(1727, 영조3)에 다시 고향으로 돌아갔다. 십년 동안 곤궁하게 살아 집안살림이 더욱 쇠락하였으나 부인은 태연하게 처신하였다. 집안의 부녀자가 간혹 한탄하는 말을 하면 그때마다 도리(道理)로 깨우쳐주었다.

계고(繼姑) 풍창(豐昌) 조부인(趙夫人)은 부인보다 5세 연상인지라 조부인이 형제처럼 대하였으나, 부인은 공손하게 며느리의 도를 행하였다. 곁에서 모시고 잘 적에는 옷매무새를 가다듬거나 쓸고 닦는 일을 항상 직접 하였다. 조부인은 간소하고 점잖아 말과 웃음이 적었는데 부인이 항상 안색을 살피고 미리 헤아려 뜻을 받드니 조부인이 매우 좋아하였다.

지금 성상 계축년(1733, 영조9) 5월 3일에 우만(牛灣)의 우사(寓舍)에서 세상을 떠나니 향년 70세였다. 부고가 이르자 원근의 친족들이 모두 탄식하며 눈물을 흘렸다. 조부인이 당시에 중자(仲子) 의정공의 집에 있었는데 손수 쓴 편지를 익수(翼洙) 등에게 보내어 말하기를,

"너희 어머니는 지극히 어질고 현명한 분이었다. 내 평생의 길흉대사를 너희 어머니가 모두 직접 담당하였고, 내 딸들과 외손주들을 친자녀와 다름없이 사랑하고 가르쳤으니, 감탄스러운 마음을 어떻게 말로 다 표현할 수가 있겠느냐."

하였다. 7월 모일에 충문공의 묘 앞에 안장하였다.

사를 가리키는데, 이로 인해 소론이 정권을 장악하였다. 그 과정에서 노론 4대신인 이이명(李頤命), 김창집(金昌集), 이건명(李健命), 조태채(趙泰采)를 포함한 60여 명을 처형시키고 관련자 170여 명을 유배시키거나 치죄하여 축출시켰다.

부인은 2남1녀를 두었으니, 사헌부 장령을 지낸 장남 익수(翼洙)와 평안도 도사(平安道都事)를 지낸 우수(遇洙)는 조정에서 모두 징사(徵士)로 대우하였으며, 딸은 진사 김광택(金光澤)에게 시집갔다. 장령의 아들은 백분(百奮)이고, 도사의 아들은 생원 백첨(百瞻), 백겸(百謙)이다. 김민재(金敏材), 간재(簡材), 헌재(獻材)는 외손이다.

부인은 남달리 총명하여 어릴 때 다른 사람이 〈애강남부(哀江南賦)〉[79]를 읽는 것을 듣고 며칠 만에 암송하였다. 항상 고인의 훌륭한 말과 선한 행실을 좋아하여 한 번 들으면 종신토록 잊지 않았으며, 서사(書史)를 대략 섭렵하였으나 집안사람들은 부인이 책을 보거나 글씨를 쓰는 것을 한 번도 보지 못했다. 두 송 선생 집안의 상례와 제례에 대한 예절 및 갑자년(1684, 숙종10) 이후 유림(儒林)의 쟁변(爭辯)[80]에 대해서도 대부분 기억하여 충문공이 때때로 물어보기도 하였다. 특히 침선이나 길쌈 등의 부녀자의 일을 좋아하여 민첩하고 정교하여 각기 그 지극함을 다하였으며, 글씨도 아름다워 온 집안의 부

79 애강남부(哀江南賦) : 북주(北周)의 유신(庾信)은 본래 남조(南朝) 양(梁)나라의 신하였는데, 서위(西魏)로 사신 갔다가 억류되었다. 그 뒤 북주(北周)가 서위를 대신해 서자, 유신이 북주에서 벼슬하여 고관이 되었는데 마음속으로는 항상 자신의 고향이 있는 강남(江南)을 그리워하였다. 이에 〈애강남부(哀江南賦)〉를 지어 자신의 뜻을 드러내었다.

80 갑자년……쟁변(爭辯) : 1684년(숙종10)은 서인이 노론과 소론으로 분열된 시점이다. 이해 스승 송시열(宋時烈)에게 유감을 품고 있던 윤증(尹拯)이 박세채(朴世采)에게 편지를 보내어, 송시열의 마음과 언행을 '의리쌍행(義利雙行)', '왕패병용(王霸並用)'이란 말로 공격한 일이 밝혀졌다. 이에 송시열의 문인인 최신(崔愼)이 윤증의 도리에 어긋난 처사를 논변함과 동시에 그의 아버지 윤선거(尹宣擧)를 공격하는 상소를 올렸는데, 이로 인하여 유림(儒林) 사이에서 일이 크게 확대되었다.

녀자들이 그 글씨를 얻으면 보배처럼 여겼다.

부인은 효성스럽고 자애로우며 부지런하고 검소하였으며 인륜의 일에 마음을 쓰는 것이 지극하였다. 부모님이 병을 앓고 있다는 소식을 들으면 그때마다 문을 닫고 앉아 남들과 웃거나 얘기하지 않으며 먹고 자는 것도 거의 폐하였다가, 부모님의 병이 나은 이후에야 평소대로 지냈다. 중년에 녹봉이 풍족해졌으나 자신의 봉양에는 박하여 환난을 겪던 시절과 다름없이 하였는데, 자녀들이 이에 대해 간하면 부인은 말하기를,

"내 부모님의 의식(衣食)과 상장(喪葬)이 마음에 차지 않은 것이 얼마나 많았는데, 내 이찌 차마 홀로 부귀를 누릴 수 있겠느냐."

라고 하였다.

충문공의 서매(庶妹)가 기이한 병에 걸려 부인이 몹시 안타깝게 여겼는데, 병세가 심하여 여러 번 거처를 옮길 때마다 가서 간호하였다. 몇 달 뒤에 세상을 떠나자 부인이 직접 빗질하고 목욕을 시켜주었다. 당시 부인은 한창 임신 중이었는데 세속에서는 임산부가 상(喪)에 임하는 것이 몹시 흉하다고 여겼으나 또한 개의치 않았다.

선조의 제사를 정갈하고 공경스럽게 모셨는데, 비록 나이가 노쇠하고 지위가 높아져도 반드시 직접 그 수고를 맡아 제수와 제기를 모두 정비하였으니 원배(元配)의 제사까지도 그렇게 하였다. 원배는 정관(靜觀) 이공(李公 이단상(李端相))의 딸인데, 정관의 부인이 연로하여 살아계실 적에는 부인이 친부모님처럼 공경스럽게 모셔 명절마다 선물로 인사드리고 녹봉이 들어오면 반드시 나누어드리니, 듣는 이들이 감탄하였다.

여러 아들을 가르침이 몹시 엄격하여 비록 작은 허물이라도 조금도

용서하지 않았으며, 출처의 대체에 대해서는 또 의리로써 스스로 결단하고 부모 때문에 얽매이지 않게 하였다. 정미년(1727, 영조3) 이후로 익수(翼洙)가 여러 번 제수하는 명을 사양하다가 마지막에 문의 현령(文義縣令)이 되자 부인에게 청하기를,

"지금 집안이 날로 궁핍하여 맛있는 음식을 제대로 마련하지 못하고 있습니다. 게다가 문의(文義)는 회덕(懷德)과 경계를 접하고 있으니, 친척들과 왕래하는 것은 어머니께서 평소 좋아하시던 바입니다. 어머니께서는 한 번 가보시지 않겠습니까?"

하니, 부인이 말하기를,

"나는 본래 가난한 집의 자식이라 거친 음식이 바로 나의 본분이고, 자식과 어미가 함께 먹으면 즐거움이 그 속에 있으니 맛이 없다고 느낀 적이 없다. 게다가 나는 나 때문에 너의 몸을 수고롭게 하고 싶지 않으니, 너는 의리상 갈 만하면 가고, 가서는 안 된다면 가지 않으면 된다. 나 때문에 너의 의리를 바꾸지는 말아라."

하였다. 익수는 마침내 그 관직을 사양하여 체직되었다.

우수(遇洙)가 한번은 과거공부를 그만두는 일로 부인에게 여쭈었는데, 부인이 정색하며 말하기를,

"너는 단지 의리로 판단하면 그만인데, 하필 내게 물어보느냐."

하였다.

여형공(呂滎公 여희철(呂希哲))의 가법[81]을 매우 사모하여 여러 아들

81 여형공(呂滎公)의 가법 : 어머니가 자식을 사랑하되 법도에 따라 엄격하게 가르치는 것을 말한다. 여형공(呂滎公)은 송(宋)나라 여희철(呂希哲)의 봉호이고, 그의 자는 원명(原明)이다. 부친은 여공저(呂公著)인데, 그의 봉호는 신국공(申國公)이고, 시호

이 말을 배울 때부터 이미 외워 가르쳤다. 성품이 유학(儒學)을 좋아하여 꿈에 정자(程子)와 주자(朱子)를 본 적도 있었다. 매번 여러 아들을 경계하기를,

"나는 너희들의 영달을 원하지 않으니, 옛 서적을 읽어서 명망 있는 선비가 된다면 그걸로 다행이다."

하였다. 두 아들이 모두 학문과 행실로 세상에 알려져 부인의 뜻을 저버리지 않았는데, 성취하게 된 이유는 여원명(呂原明 여희철(呂希哲))이 정헌공(正獻公 여공저(呂公著))과 신국부인(申國夫人) 덕분에 성취한 것과 같다.

임인년(1722, 경종2) 하란 때 사위 김광택(金光澤)이 장기(長鬐)에 유배를 갔는데[82] 여주(驪州)에 들러 부인에게 하직 인사를 하였다. 당시에 마침 충문공의 대상(大祥)이고 딸이 또 만삭인지라 김군(金君)은 아내를 그곳에 머물게 하려고 하였는데, 부인은 크게 불가하다고 여기고 말하기를,

"남편 집안에 곤액이 있으면 부인은 의리상 감히 편안함을 도모하지 않는데, 하물며 지금이 어느 때란 말이냐. 죽고 사는 것도 말할 거리가 못 되는데, 어느 겨를에 다른 것을 걱정하겠는가."

하였다. 그리고는 출산 도구를 챙겨 보내며 말하기를,

는 정헌(正獻)이다. 여희철의 어머니인 신국부인(申國夫人)은 자식을 몹시 사랑했으나 가르칠 때에는 법도를 따라 실천하게 하였다.《小學 善行》

82 사위……갔는데 : 1722년(경종2)에 목호룡(睦虎龍)이 노론 명문가의 자제들인 김용택(金龍澤), 이천택(李天澤), 이희지(李喜之) 등이 경종(景宗)을 시해 내지 폐출하려고 하였다고 고변하였는데, 이로 인해 김용택이 사사되고 그의 동생인 김광택(金光澤)이 이 일에 연루되어 장기(長鬐)로 귀양을 갔다.

"만약 중도에 아이를 낳거든, 김 서방은 먼저 적소(謫所)로 가고 너는 회복되면 뒤따라가도록 하라."

하였다. 자신의 행동과 남을 가르치는 일에 반드시 예법과 의리로 판단하고 정에 이끌리는 부녀자의 습속이 없음이 대체로 이와 같았다.

부인은 일찍이 송(宋)나라 백희(伯姬)가 불에 탄 일[83]을 암송하면서 감탄하였는데, 익수가 묻기를,

"부모(傅母)가 오면 떠날 수 있거늘 굳이 보모(保姆)가 오기를 기다리다 결국 죽음에 이른 것은 너무 지나치지 않습니까?"

하였다. 부인이 말하기를,

"평소 마음가짐과 몸가짐이 능히 이와 같다면 비록 위급한 때를 당하더라도 어찌 몸을 망치고 절의를 잃는 근심이 있겠느냐. 내가 이 때문에 깊이 우러르는 것이다."

하였다.

종숙부 이지로(李之老) 공은 평소 행실을 단속하였는데, 매번 부인을 방문할 때 충문공이 있으면 들어가고 없으면 들어가지 않았다. 남

83 송(宋)나라……일 : 백희(伯姬)는 춘추 시대 때 노(魯)나라 선공(宣公)의 딸로 송(宋)나라 공공(共公)의 부인이 된 여인인데, 공공이 죽은 뒤에 수절을 잘한 것으로 유명하다. 노나라 양공(襄公) 30년에 송나라 궁에 불이 났는데, 백희가 그 안에 있었다. 좌우에서 백희에게 불을 피하라고 말하자 백희는 "부인의 도리는 부모(傅母)가 없으면 밤에 당을 내려가지 않는다.〔婦人之義, 傅母不在, 宵不下堂.〕"라고 대답하였다. 부모가 이르러 좌우에서 또 불을 피하라고 재촉하자 백희는 "부인의 도리는 보모(保母)가 없으면 밤에 당을 내려가지 않는다.〔婦人之義, 保母不在, 宵不下堂.〕"라고 대답하고는 끝내 나오지 않고 불에 타 죽었다.《春秋穀梁傳 襄公 30年》 참고로 부모(傅母)는 귀족의 딸이나 부인을 가르치는 일을 담당하던 여인이고, 보모(保母)는 몸을 돌보는 일을 담당하던 여인이다.

들이 간혹 너무 고집스러운 것이 문제라고 하면, 부인이 탄식하며 말하기를,

“지금 사람들이 공보문백(公父文伯)의 어머니가 예법을 알았던 것[84]을 안다면 우리 숙부를 고집스럽다고 여기지 않을 것이다.”

하였다. 부인의 내외의 가까운 친족에 대해서도 그들이 오면 그때마다 맞이하여 만나보되 반드시 여러 아들을 곁에 있게 하였으니 늙어서도 변치 않았다.

하인을 다스릴 적에는 우선 명분을 엄격히 행하면서도 그들의 고락(苦樂)을 체인하여 정성으로 대우하였다. 항상 말하기를,

“미천한 사람을 대우함에 더욱 정성스럽고 미덥게 해야 한다. 차라리 속임을 당하는 일이 있더라도 나를 속일까 미리 짐작해서는 안 된다.”

하였다. 덕성(德性)이 너그럽고 차분하여 매우 급박한 순간에도 낯빛이 변한 적이 없었다. 한번은 집안에 불이 났는데, 우수(遇洙)가 부인을 모시고 밥을 먹다가 맨발로 뛰어나가 불이 꺼진 뒤에 돌아와 앉았다. 그런데 부인은 여전히 수저를 들고 식사하면서 그를 나무라기를,

84 공보문백(公父文伯)의……것 : 남녀의 분별을 엄격하게 했다는 뜻이다. 《공자가어(孔子家語)》 〈공서석문(公西赤問)〉에 다음과 같은 내용이 보인다. 경강(敬姜)은 공보문백(公父文伯)의 어머니이며 계강자(季康子)의 종조모(從祖母)인데, 계강자가 찾아가자 문을 열고 이야기를 나누되 모두 문지방을 넘지 않았다. 공보문백이 할아버지 도자(悼子)에게 제사를 지낼 때 계강자도 참여하였는데, 경강이 조두(俎豆)만 올리고 작(酢)은 받지 않았으며 조두를 치운 후에는 연회에 참여하지 않았다. 공자(孔子)가 이를 듣고 말하기를 “남녀의 분별은 예의 큰 법도인데, 공보씨(公父氏)의 부인은 거동이 덕취(德趣)에 맞아 예법을 헤아렸다.” 하였다.

"어찌 이처럼 경거망동하느냐."

하였다. 항상 말하기를,

"나는 다른 일에 대해선 그다지 마음이 동요되는 일이 없으나, 오직 여러 아들이 불초한 일을 저지르는 것을 보면 그때마다 자제하지 못할 정도로 가슴속에서 불길이 치솟는 것을 느낀다."

하였다. 또 말하기를,

"나는 남들에 대해 싫어하는 것이 없으나, 민가의 부녀자들이 일을 해이하게 처리하고, 남을 만나 말을 많이 하며, 자신의 허물을 들으면 화를 내고, 모함하는 말을 들으면 덩달아 의심하고, 또 반드시 자기의 장점을 스스로 자랑하고 남의 단점을 즐겨 말하는 자를 보면 통렬하게 미워하는 마음을 가눌 수 없다."

하였다. 여기에서 부인이 평소 수양한 바를 알 수 있으니 군자의 호오(怒惡)의 올바름을 얻었다고 할 만하다.

아! 부인의 덕성과 역량은 넓고 강직하며 식견과 법도는 깊고 고원하였다. 예법은 엄격하고 언의는 올발라 일체의 빈부와 귀천, 득실 및 세속의 부녀자들이 좋아하고 싫어하며 서로 따지는 것에 대해서 모두 마음을 두지 않았으니, 이는 참으로 독서한 선비도 행하기 몹시 어려운 것이다. 시부모님 곁에서 봉양하고 친척들 사이에서 주선하는 일에 있어선 자애롭고 유순하며 주도면밀하니 또 평범한 사람이 미칠 수 있는 바가 아니다. 아래로 침선이나 길쌈 등 사소한 부녀자의 일에 이르기까지 모두 조예가 있었으니 여사(女士)로서 덕성을 온전히 갖추었다고 할 만하다. 부인이 늘그막에 우수(遇洙)에게 말하기를,

"내가 태어나서는 어진 부모님을 두어 부모님은 모두 어질고 효성스럽다고 고을에서 일컬어졌으며, 장성해서는 남편을 봉양하여 남편

의 명성과 덕망이 세상에 존중을 받았고, 재능도 없는 내가 40년 동안 집안 살림을 맡아 다행히 죄를 짓지 않았다. 늙어서는 너희들이 또 도리에 어긋난 행실이 없어 가업을 계승할 희망이 있는 듯하니, 내가 삼종지도(三從之道)에 대해 거의 유감이 없다."

하였다. 이것은 본래 부인이 겸사로 한 말씀이지만 또한 부인의 어짊과 어질게 된 연유를 알 수 있다.

나의 선비(先妣)와 부인은 서로 매우 돈독하여 형제간의 지기(知己)가 되었다. 선비가 항상 말하기를,

"자네와 말을 해야 비로소 내 흉금이 활짝 열리네."

하였다. 나는 선비를 여읜 다음 부인을 모친처럼 받들었는데, 때때로 찾아뵈면 삼연(森然)하게 법도가 있는 말씀이 마치 우리 모친에게 듣는 것과 같아서 존경하고 사모하였으니, 외숙모와 시생질의 친분 정도만이 아니었다. 나는 일찍이 생각건대, 규문(閨門)은 덕행과 교화의 근원인데 우리 두 어머님이 동시대에 살면서 덕과 뜻이 합치되어 비록 숨겨지고 드러나는 자취는 달랐지만 세교(世敎)에 보탬이 된 점은 일찍이 똑같았으니, 후세에 동관(彤管)[85]을 잡고 훌륭한 부인을 기록하는 이가 있다면 응당 거기에 포함되어 함께 전해질 것이다.

장령군(掌令君 민익수(閔翼洙))이 부인의 유사(遺事)를 엮어 내게 행장(行狀)을 부탁하니, 의리상 사양해서는 안 된다. 다만 선비(先妣)의 묘지(墓誌)를 막 짓고 있는 터라 장차 이것에 뒤이어 지으려고 하였는데 완성하기 전에 장령군이 세상을 떠났다. 내가 또 병이 든지라 끝내

85 동관(彤管) : 옛날 주(周)나라 때 여사(女史)가 쓰던 자루가 붉은붓인데, 이 붓을 가지고 궁중(宮中)의 정령(政令)과 후비(后妃)의 사적을 기록하였다.

그 부탁을 저버려 천고의 한이 될까 참으로 두려운 마음에, 선비의 묘지를 완성하자마자 병을 무릅쓰고 위와 같이 서술하였다. 필력이 쇠퇴하고 무딘지라 부인의 훌륭한 덕을 형용하여 후세에 믿음을 얻기 부족하니 이 때문에 전전긍긍할 따름이다.

생각건대, 내가 일찍이 충문공의 병문안을 갔을 적에 부인이 곁에서 모시고 있었는데, 조심스럽고 민첩하게 뜻을 잘 받들었고 좌우에서 섬기는 일이 나는 듯이 신속하여, 정성스럽고 공경하는 마음이 낯빛과 말에서 드러났으니 비록 부모를 잘 섬기는 효자라도 이보다 나을 수 없었다. 부인의 평소 거동을 보면 풍모가 엄정하고 걸음걸이가 엄중하였기에 능치 아와 같을 줄은 생각지 못했으니, 나는 지금까지도 기억하고 있다. 부녀자의 가르침이 이미 쇠퇴하고 부부(夫婦)의 예법이 폐해지고부터 옛날의 이른바 군신(君臣) 사이의 의리와 부자(父子) 사이의 공경[86]을 다시 볼 수 없었는데, 부인을 통해 거의 상상할 수 있다. 이에 감히 드러내어 말하여 부녀자로 하여금 모범을 삼을 바를 알게 하노라.

86 옛날의……공경 : 노사씨(魯師氏)의 모친 춘강(春姜)이 자신의 딸에게 다음과 같이 훈계하였다. "부인은 순종함을 급선무로 삼고 정숙함을 으뜸으로 삼는다. 그러므로 부인이 지아비를 섬기는 다섯 가지 방도가 있으니, 새벽에 비녀를 꽂고 인사 올리는 것은 군신 사이의 엄격함이 있는 것이요, 손을 씻고 음식을 올리는 것은 부자 사이의 공경이 있는 것이요, 돌아오고 나갈 때 알리는 것은 형제 사이의 도의가 있는 것이요, 반드시 약속을 지키고 정성을 다하는 것은 붕우 사이의 신의가 있는 것이요, 잠자리에서의 교제가 있은 후라야 부부 사이의 구별이 있는 것이다."《列女傳》

지은이 **이재(李縡)**

본관은 우봉(牛峰), 자는 희경(熙卿), 호는 도암(陶菴), 한천(寒泉)이다. 부친은 이만창(李晩昌), 모친은 민유중(閔維重)의 딸로 인현왕후(仁顯王后)의 동생이다. 1680년(숙종6) 9월 28일 한양 훈도방(薰陶坊) 주자동(鑄字洞) 외가에서 태어났다. 5세에 부친상을 당하여 중부(仲父) 이만성(李晩成)의 훈도를 받았다. 1702년(숙종28) 문과에 급제하여 예문관 검열, 이조 정랑, 함경북도 병마평사, 수원 부사, 대사성, 예조 참판을 역임하였다. 1722년(경종2) 중부가 신임옥사에 연루되어 옥사하자 인제(麟蹄)에 은거하였다. 영조 즉위 후 대제학, 이조 참판에 임명되었으나 모두 사직하고, 1728년(영조4) 모친상을 계기로 용인에 한천정사(寒泉精舍)를 짓고 강학에 몰두하였다. 이후 대사헌, 공조 판서, 좌참찬에 임명되었으나 모두 사직하였다. 1746년(영조22) 10월 28일 광주(廣州)에서 세상을 떠났다. 문집 《도암집(陶菴集)》과 함께 《사례편람(四禮便覽)》, 《서사윤송(書社輪誦)》, 《삼관기(三官記)》, 《주형(宙衡)》, 《검신록(檢身錄)》, 《사서강설(四書講說)》 등 많은 저술을 남겼다. 시호는 문정(文正)이다.

옮긴이

최예심(崔禮心)

1967년 충북 제천 출생. 민족문화추진회 국역연수원 연수부 및 상임연구부를 졸업하였다. 민족문화추진회를 거쳐 단국대학교 동양학연구원 연구교수로 재직 중이다. 《승정원일기》(공역), 《월정집》(공역), 《용주유고》(공역), 《어우집》(공역) 등을 번역하였다.

장유승(張裕昇)

1976년 서울 출생. 성균관대학교 한문학과를 졸업하고, 한국학중앙연구원 한국학대학원을 거쳐 서울대학교 국어국문학과에서 〈조선후기 서북지역 문인 연구〉로 박사학위를 받았다. 한국고전번역원 고전번역교육원 전문과정을 마치고 한국고전번역원 번역위원을 거쳐 현재 단국대학교 동양학연구원 연구교수로 재직 중이다. 《정조어찰첩》(공역), 《영조 승정원일기》(공역), 《동국세시기》, 《현고기》, 《한국산문선》(공역) 등을 번역하였다.

권진옥(權津鈺)

1979년 경북 영천 출생. 고려대학교 한문학과를 졸업하고, 동 대학교 국어국문학과에서 〈택당 이식의 변문·고문 연찬과 산문 창작의 실제〉로 석사학위를 받고 〈귤산 이유원의 학문 성향과 유서・필기 편찬에 관한 연구〉로 박사학위를 받았다. 고려대학교 민족문화연구원 연구원을 거쳐 현재 단국대학교 동양학연구원 선임연구원으로 재직 중이다. 《낙전당집》(공역), 《어우집》(공역), 《한비자집해》(공역), 《오천집》 등을 번역하였다.

이승용(李承容)

1981년 경북 의성 출생. 영남대학교 한문교육과를 졸업하고, 성균관대학교 한문학과에서 《조선후기 강화학파 한시연구》로 박사학위를 받았다. 한국고전번역원 고전번역교육원 연수과정과 전문과정을 마치고 단국대학교 동양학연구원 선임연구원으로 재직 중이다. 《완구유집》, 《정관정요》(공역), 《낙전당집》(공역), 《완역정본 택리지》(공역) 등을 번역하였다.

권역별거점연구소협동번역사업 연구진

연구책임자 **김문식**(단국대학교 사학과)

공동연구원 **윤재환**(단국대학교 국어국문학과)

김우정(단국대학교 한문교육과)

책임연구원 **허호구**(단국대학교 동양학연구원)

장유승(단국대학교 동양학연구원)

최예심(단국대학교 동양학연구원)

선임연구원 **이라나**(단국대학교 동양학연구원)

이승용(단국대학교 동양학연구원)

연구보조원 **유명석**(단국대학교 동양학연구원)

도암집 11

이재 지음 | 최예심 · 장유승 · 권진옥 · 이승용 옮김

2020년 12월 31일 초판 1쇄 발행

편집 · 발행 학자원

등록 2011.4.6 제2011-14호

주소 (05355) 서울시 강동구 천호대로 1121

전화 02-6403-1000 | 팩스 02-6338-1001 | 이메일 hakjaone@daum.net

값 35,000원

ISBN 979-11-6247-191-3 94810

979-11-6247-088-6 (세트)